U0525039

内蒙古社会治理与创新研究基地成果集萃（一）

Research on Social Governance and Innovation

社会治理与创新研究

白维军　主编

中国社会科学出版社

图书在版编目（CIP）数据

社会治理与创新研究 / 白维军主编. -- 北京：中国社会科学出版社，2025.1. -- ISBN 978-7-5227-4645-6

Ⅰ. D63-53

中国国家版本馆 CIP 数据核字第 2024UJ4458 号

出 版 人	季为民
责任编辑	许　琳
责任校对	苏　颖
责任印制	郝美娜

出　　版	中国社会科学出版社
社　　址	北京鼓楼西大街甲 158 号
邮　　编	100720
网　　址	http://www.csspw.cn
发 行 部	010-84083685
门 市 部	010-84029450
经　　销	新华书店及其他书店
印刷装订	北京君升印刷有限公司
版　　次	2025 年 1 月第 1 版
印　　次	2025 年 1 月第 1 次印刷
开　　本	710×1000　1/16
印　　张	31
插　　页	2
字　　数	493 千字
定　　价	178.00 元

凡购买中国社会科学出版社图书，如有质量问题请与本社营销中心联系调换
电话：010-84083683

版权所有　侵权必究

前　言

社会治理是多元主体共同参与的，旨在维护社会秩序、促进社会公平、协调社会关系、激发社会活力、推动社会进步的实践活动。共建共治共享的社会治理制度是我党在长期探索中形成的，且被实践证明符合国情、符合人民意愿、符合社会规律的科学制度。

党的十九大报告从统筹推进"五位一体"总体布局、协调推进"四个全面"战略布局的高度，明确提出打造共建共治共享的社会治理格局。党的十九届四中全会通过的《中共中央关于坚持和完善中国特色社会主义制度、推进国家治理体系和治理能力现代化若干重大问题的决定》指出，要坚持和完善共建共治共享的社会治理制度，保持社会稳定、维护国家安全。党的二十大报告进一步明确指出，健全共建共治共享的社会治理制度，提升社会治理效能。党的二十届三中全会通过的《中共中央关于进一步全面深化改革　推进中国式现代化的决定》提出要健全社会治理体系，完善共建共治共享的社会治理制度。加强和创新社会治理，完善中国特色社会主义社会治理体系，实现社会治理体系与治理能力现代化，已成为国家治理的一项重要内容。

边疆民族地区作为一个特殊且重要的社会治理场域，是国家治理的关键支撑和重要基石。我国是一个统一的多民族国家，边疆民族地区独特的自然环境、社会环境和政治环境，决定了治理的复杂性和艰巨性。边疆民族地区社会治理与国家社会治理之间存在着普遍性和特殊性的统一，加强边疆民族地区社会治理创新和社会建设发展，是完善民族区域自治制度、扎实推进民族团结和边疆稳固的主要工作和重要支撑，是全面建成小康社会、构建社会主义和谐社会和实现社会主义现代化的基础和前提。

前　言

内蒙古自治区是典型的边疆民族地区，建区70多年来，在党和政府的坚强领导和各族人民的共同努力下，形成了政治稳固、社会团结的良好局面，赢得了"模范自治区"的光荣称号。新时代，内蒙古更承担着党中央交给的"五大任务"，即将内蒙古建设成为我国北方重要生态安全屏障、祖国北疆安全稳定屏障、国家重要能源和战略资源基地、国家重要农畜产品生产基地、我国向北开放重要"桥头堡"和全方位建设模范自治区这两件大事，内蒙古社会治理面临着新的任务和使命。

2014年，内蒙古自治区党委宣传部依托内蒙古大学，设立了"内蒙古社会治理与创新研究基地"，这是内蒙古自治区首个以"社会治理"为研究特色的哲学社会科学重点研究基地。自研究基地成立以来，始终坚持以习近平新时代中国特色社会主义思想为指导，以服务国家和自治区党委政府决策为宗旨，以自治区发展所面临的重大理论和现实问题为主要研究领域，以理论研究和决策咨询为主攻方向，以改革创新为动力，充分发挥理论创新、咨政建言、舆论引导、社会服务的重要功能，为自治区经济社会发展提供智力支撑和人才保障，成为自治区新型智库体系的重要组成力量和高端智库建设的重要培育梯队。

内蒙古社会治理与创新研究基地挂靠在内蒙古大学公共管理学院，负责人由内蒙古大学分管文科的副校长担任，内蒙古大学公共管理学院院长任执行主任。基地设首席专家、副主任、秘书各1名，科研人员主要由内蒙古大学公共管理学院教师组成，研究方向涉及民族地区社会治理、民族地区社会保障、民族地区公共服务、民族地区社会安全以及边疆治理等。内蒙古社会治理与创新研究基地重视理论研究与实践服务的结合，积极发挥哲学社会科学服务社会的功能，近年来，产出了一批反映边疆民族地区社会治理与社会发展的理论成果和服务地方经济社会发展的应用对策成果，为边疆民族地区社会治理提供了理论指导和决策参考。

本书是研究基地部分成员围绕社会治理产出的优秀成果集萃，全书内容分为两篇，第一篇是"社会治理与创新理论研究"，第二篇是"内蒙古社会治理实践与创新研究"，共计收录了30篇研究论文，代表了这一领域的前沿水平。期望本书中的新思维、新观点能促进内蒙古社会治理与创新研究基地的成果转化，为广大哲学社会科学工作者提供文献资料，为各级党政机关和领导干部提供决策参考。

内蒙古社会治理与创新研究基地执行主任、首席专家

白维军

2024 年 10 月 20 日

目 录

第一篇 社会治理与创新理论研究

社会保障不平衡不充分的公共服务治理路径 …………… 白维军 3
家庭养老的风险标识及其治理 …………………………… 白维军 14
以高质量社会保障助推共同富裕：逻辑关联、现实难题与
　关键路径 ……………………………………………… 白维军 33
分层分类：我国农村养老服务的制度创新与路径构建
　………………………………………………… 白维军　王　欢 48
寻求社区治理的包容性空间 ………………… 白维军　王邹恒瑞 63
我国社会保障数字化治理的难点及其突破 ………… 曲　锋　白维军 76
政策初始设计如何影响政策执行？
　——基于草原禁牧休牧政策执行的案例研究 …………… 武俊伟 90
公共决策过程中常见认知偏差及其矫正措施：一种行为
　科学的视角 …………………………………… 刘桂英　刘新胜 110
多层次医疗保障的精细化治理路径 ……… 苏　敏　张天娇　张苇乐 128
如何让城市社区治理更有韧性
　——网络治理视角下的一个实证性研究 ………… 张　彬　马建芳 138
社会冲突研究二十年：学术图景、理论动态与视域前瞻
　……………………………………… 李慧勇　王　翔　高　猛 156
"社会熵"和"中介力量"：理解传统治理制度的联结概念
　………………………………………………… 杨腾原　高培真 180
数字治理推动医保经办效能：应用逻辑与实现路径
　………………………………………………… 宋　娟　仇雨临 195

信息技术赋能的政府治理创新
　　——基于社会技术系统理论的要素框架 ………… 李政蓉　郭　喜　204
公共服务协同供给机制动态化：一个分析框架 …… 李政蓉　郭　喜　218
从赋能到包容：数字政府建设非均衡困境生成机制及
　　化解路径 ………………………… 赵　淼　鲍　静　刘银喜　241
迈向虚实融合时代的元宇宙治理：内涵、向度、风险与进路
　　………………………………………………………… 刘　成　258
元宇宙城市治理的实践框架研究
　　——来自首尔元宇宙城市的案例考察及中国镜鉴 ………… 刘　成　276
"刷脸"治理的应用场景与风险防范 …………… 刘　成　张　丽　298

第二篇　内蒙古社会治理实践与创新研究

坚持共同性与差异性相统一　走出具有内蒙古特色的养老
　　服务发展之路 ………………………………………… 白维军　317
民族地区铸牢中华民族共同体意识：从因俗而治与因俗过度
　　谈起 …………………………………………………… 白维军　321
民族地区巩固拓展脱贫攻坚成果同乡村振兴有效衔接研究
　　——以内蒙古自治区为例 ………………… 安　华　李　蕾　333
欠发达地区县域政务营商环境建设的影响因素及作用路径
　　——基于内蒙古自治区 D 旗的质性研究 ……… 姜雅婷　刘银喜　344
中国草原制度变迁逻辑：制度成本调节与牧民行为博弈
　　——以内蒙古自治区 B 嘎查为例 …………………… 武俊伟　363
码上治理：数字技术赋能基层治理路径
　　——以鄂尔多斯康巴什区"多多评"为例
　　　……………………………… 武俊伟　聂娅娜　张睿琪　378
制度建设何以促进边疆民族地区社会稳定
　　——从价值功用到建构逻辑 ………… 李慧勇　王　翔　高　猛　395
内蒙古城乡（牧区）居民基本医疗需求的嬗变与保障 ……… 宋　娟　416

内蒙古县域内城乡义务教育一体化研究:基于整体性
　　治理视域 …………………………………………… 叶盛楠　428
智慧城市建设视角下西部地区城市发展水平及驱动机制
　　——以内蒙古为例 ………………………………… 刘　成　442
民族地区基本公共教育政策变迁的演进逻辑
　　——基于"间断—均衡"理论的视角 …………… 李政蓉　郭　喜　467

第一篇
社会治理与创新理论研究

社会保障不平衡不充分的
公共服务治理路径

白维军[*]

摘要：党的十九大对我国社会主要矛盾转变的判断，为当前社会保障发展问题的分析与解决指明了方向。社会保障不平衡主要表现为横向发展的协调性欠佳，即发展的范围和领域不平衡；社会保障不充分主要表现为纵向发展的成长性不足，即发展的水平和质量不完全。在满足人民美好生活需要，破解社会保障不平衡不充分过程中，公共服务表现出独特的解释力与适应性。新时代社会保障治理，需以公共服务为切入点，在治理主体、治理客体、治理手段、治理目标方面做出深刻变革，并以公共服务为手段，构建区域平衡、群体平衡、制度平衡、覆盖充分、待遇充分、体系充分的高质量体制机制，实现社会保障的平衡充分发展。

关键词：社会主要矛盾；不平衡；不充分；社会保障公共服务

党的十九届四中全会指出，要"完善覆盖全民的社会保障体系，满足人民日益增长的美好生活需要"。为实现上述目标，"必须健全幼有所育、学有所教、劳有所得、病有所医、老有所养、住有所居、弱有所扶等方面国家基本公共服务制度体系，尽力而为，量力而行，注重加强普惠性、基础性、兜底性民生建设，保障群众基本生活"[①]。这一论断不仅为新时代社

---

[*] 作者简介：白维军，内蒙古大学公共管理学院教授、博士生导师。主要研究方向为社会保障与社会治理。

基金项目：国家社科基金项目"基本公共服务均等化与增强西部边疆民族地区民众政治认同联动研究"（项目编号：19BZZ009）。

[①] 《中共中央关于坚持和完善中国特色社会主义制度　推进国家治理体系和治理能力现代化若干重大问题的决定》，《人民日报》2019年11月6日第1版。

会保障制度建设指明了方向,也为社会保障领域的不平衡不充分治理提供了思路。社会保障不平衡主要表现为横向发展的协调性欠佳,即发展的范围和领域不平衡,凸显了发展结构状态的复杂性;社会保障不充分主要表现为纵向发展的成长性不足,即发展的水平、层次和质量的不完全,凸显了发展积累状态的复杂性。① 党的十九大报告指出的我国"民生领域还有不少短板,脱贫攻坚任务艰巨,城乡区域发展和收入分配差距依然较大,群众在就业、教育、医疗、居住、养老等方面面临不少难题"②,都是社会保障不平衡不充分的具体表现。

关于社会保障不平衡不充分的具体表现,郑功成认为主要是制度分割、权责不清、多层次社会保障体系缺失、特殊群体公共服务建设不足。③ 何文炯则认为主要是政策、项目、待遇差距较大,社会保险基金筹资、运营机制不健全,社会保障体系框架结构不尽合理。④ 关于对社会保障不平衡不充分的治理,童星从广义社会保障即民生视角指出,当务之急是围绕民生需要,提供数量更多、质量更好的就业、教育、医疗、居住、养老等准公共物品。⑤ 席恒认为,需对社会保险、社会救助、社会福利、慈善事业、补充保险等基本保障和补充保障进行统筹规划,对社会保障中的政府责任、市场机制和个人义务进行协调处理。⑥ 党的十九大报告指出,要"完善公共服务体系,保障群众基本生活,不断满足人民日益增长的美好生活需要"⑦。当前,在人民对美好生活需求日益旺盛的情况下,社会保障公共服务已成为满足民生"三感"和解决社会保障不平衡不充分的重要手段,但学界从公共服务视角探讨社会保障不平衡不充分问题的研究不足。

---

① 张艳涛、钟文静:《科学认识与精准把握新时代我国社会主要矛盾的转变》,《观察与思考》2018年第6期。
② 习近平:《决胜全面建成小康社会 夺取新时代中国特色社会主义伟大胜利——在中国共产党第十九次全国代表大会上的报告》,人民出版社2017年版,第9页。
③ 郑功成:《全面理解党的十九大报告与中国特色社会保障体系建设》,《国家行政学院学报》2017年第6期。
④ 何文炯:《中国社会保障:从快速扩展到高质量发展》,《中国人口科学》2019年第1期。
⑤ 童星:《社会主要矛盾转化与民生建设发展》,《社会保障评论》2018年第1期。
⑥ 席恒:《新时代、新社保与新政策——党的十九大之后中国社会保障事业的发展趋势》,《内蒙古社会科学》(汉文版)2019年第1期。
⑦ 习近平:《决胜全面建成小康社会 夺取新时代中国特色社会主义伟大胜利——在中国共产党第十九次全国代表大会上的报告》,人民出版社2017年版,第45页。

因此，本文以公共服务为分析视角，以社会保障发展的不平衡不充分为研究对象，探讨公共服务在社会保障不平衡不充分治理中的可能空间与可为路径。

一 社会保障中公共服务治理路径的适应性

公共服务是一种能满足公民生存与发展直接需要的政府行为，当前人民对美好生活的需要，有很大一部分与社会保障息息相关，因此，社会保障公共服务对满足人们的生活需要具有十分重要的意义。同时，作为一项公共政策，社会保障公共服务建设对完善社会保障制度体系也有积极作用。社会保障公共服务既能从横向上缩小制度差距，强化社会保障相关制度的协调性，有效解决发展的不平衡问题，又能从纵向上补齐社会保障制度发展的短板，实现社会保障充分和高质量发展。公共服务对满足人民美好生活需要、破解社会保障不平衡不充分具有较强的解释力和适应性。这种适应性主要表现在如下几个方面。

第一，通过公共服务主体的扩展，增强社会保障服务能力，提升社会保障治理水平和效能。我国传统社会保障公共服务表现为政府直接提供、全面承担供给成本、强制分配服务资源，社会和市场的作用较为有限。新时代的社会保障治理，需打破政府单一的治理格局，以增强服务能力、提升治理水平、强化制度效能为目标，在社会保障公共服务供给中，充分发挥各主体作用，形成一个政府、社会、市场、个人多方参与、多元筹资、合作共治、协同推进的治理局面。首先，政府需担负起社会保障公共服务供给的主体责任，发挥制度优势，利用强大的财政支撑力、组织动员力和协调执行力，为社会保障治理现代化提供支持，为其他主体的参与留有空间。其次，社会组织需发挥自身优势，在救助和福利领域提供多种公共服务，不断创新，与政府共同推动社会保障治理现代化。再次，市场需在夯实社会保障资金方面积极作为，协助开展社会保障服务管理，调节社会保障服务供需，在提高社会保障服务资源配置效率方面发挥积极作用。最后，个人作为社会保障公共服务的接受者，需真实表达社会保障服务需求，积极参与到社会保障公共服务的运行中，发挥推动和监督作用。

第二，通过公共服务客体的延伸，增加社会保障服务内容，满足人民对美好生活的需要。我国传统社会保障服务内容较为狭窄、方式较为单一，针对特殊困难群体的个性化服务较为欠缺。为回应新时代人民对美好生活的需要，社会保障需尽可能增加服务内容，实现社会保障内容的全面化和社会化，让更多弱势群体享受到社会保障服务待遇，实现社会保障的均衡充分发展。具体而言，社会保障服务内容需从纵向上以政府为主导的基础保障服务，延伸至第二、三层次的补充保障服务；需从横向上单一的社会保障政策执行，延伸至对社会保障服务内容的顶层设计、社会保障服务管理的机制构建以及社会保障服务资金的筹集运营等全方位管理。新时代社会保障正在向高质量发展转变，这一高质量不仅体现在社会保障一以贯之的公平性本色上，也体现在对社会保障可持续性和高效性的追求上，①而这些目标的实现都与社会保障公共服务直接相关。以增加服务内容为目的的新时代社会保障，还需在公共服务的精准递送上积极作为。以满足人们差异化的社会保障公共服务需求为目的，做到服务内容的精准；立足不同地区、不同人群强弱不等的支付能力，在社会保障服务资金的投入上进行精准补贴。此外，还需在服务对象精准认定、服务信息精准提供上发力，打造优质优量、全面持续、精准可靠的社会保障服务体系。

第三，通过公共服务手段的更新，提高社会保障服务效率。党的十九届四中全会指出，要"创新公共服务提供方式，鼓励支持社会力量兴办公益事业，满足人民多层次多样化需求，使改革发展成果更多更公平惠及全体人民"②。我国传统社会保障服务存在效率不高、服务手段落后、便利性欠缺等问题。当前，在金保工程的技术支撑下，我国已实现部、省、市三级网络贯通和中央数据库内网数据大联网，在互联网技术和信息平台支撑下，新时代社会保障需抓住"互联网+""区块链+民生"等发展机遇，以科技手段提升社会保障公共服务的效率和水平，实现社会保障治理现代化。例如，可借助互联网技术全面推广社会保障电子政务，打造网上办事大厅、移动客户端、自助服务终端、官方微信等服务平台，推进社会保障

---

① 何文炯：《中国社会保障：从快速扩展到高质量发展》，《中国人口科学》2019年第1期。
② 《中共中央关于坚持和完善中国特色社会主义制度 推进国家治理体系和治理能力现代化若干重大问题的决定》，《人民日报》2019年11月6日第1版。

卡和移动支付的全覆盖。此外，可利用云计算技术，加大信息集中度，扩大信息共享空间，应用大数据技术进行社会保障数据挖掘、数据比对、动态感知与关联分析。这些举措不仅能有效提升社会保障治理主体获取信息和履行职责的能力，也能提高社会保障决策的科学性、实施的高效性、服务的针对性和监管的预见性，还能在技术层面完善社会保障公共服务模式，推动服务供给的网络化、智能化进程，提高社会保障公共服务的品质和效率，不断满足人民日益增长的美好生活需要，提高社会保障治理水平。①

二 社会保障不平衡的公共服务治理

社会保障不平衡是一个复杂的结构状态，既表现为不同区域社会保障发展差距过大，也表现为不同群体社会保障占有份额不合理，还表现为社会保障制度之间的不协调。这些不平衡既不利于制度自身发展，也不利于对象群体享受社会保障待遇，需以公共服务为手段着力破解。

（一）社会保障区域平衡性构建

党的十九大提出我国要"实施区域协调发展战略"，而实现社会保障的区域平衡，既是对我们党治国理政战略部署的积极回应，也是建立全国统筹、公平协调的社会保障制度的有力突破口，有助于区域间社会保障资源的合理配置。长期以来，我国社会保障发展存在区域不平衡问题，各地社会保障政策并不相同，区域间社会保障公共服务资源配置不均且信息化建设步伐不一。② 以2017年城镇职工基本养老保险参保人数和累计结余基金为例，北京市养老保险参保人数1604.5万人，基金累计结余4394.9亿元；黑龙江省养老保险参保人数为1206.1万人，基金累计结余为-486.2亿元；参保人数1077.0万人的安徽省，也有1393.9亿元的养老保险基金结余。③ 由

---

① 鲍淡如：《社保信息化发展纵横谈》，《中国社会保障》2017年第3期。
② 郑功成、郭林：《中国社会保障推进国家治理现代化的基本思路与主要方向》，《社会保障评论》2017年第3期。
③ 国家统计局编：《中国统计年鉴2018》，中国统计出版社2018年版。

此可见各省之间养老保险发展的不平衡。此外，从2017年老年人口抚养比来看，全国老年人口抚养比最高的重庆、四川分别达到20.60%和19.83%，而老年人口抚养比最低的西藏、广东分别只有8.22%和10.27%。[1] 因此，各省之间养老压力也存在不平衡。在养老服务方面同样存在区域不平衡问题，经济发达地区由于财政宽裕，社区养老服务单位和日间照料中心数量及床位较为充足，服务内容较为丰富，经济欠发达地区则较为匮乏。

推进社会保障区域平衡需以公共服务为手段。首先，加强国家财政对落后地区的社会保障财政转移支付力度，为社会保障公共服务打好资金基础。其次，提高社会保障统筹层次，合理配置社会保障公共服务资源，实现区域间社会保障资源的共济使用，逐步实现社会保障公共服务的区域均等。再次，对欠发达地区社会保障公共服务的供给能力、供给数量、供给质量、供给效率等进行综合施策，保障社会保障公共服务要素的跨地区流动，推进区域间社会保障公共服务一体化和均等化。最后，加快区域间社会保障信息化建设，打造全国联网的社会保障公共服务信息平台，扫除社会保障发展不平衡的信息障碍，既实现社会保障治理的现代化，也提升社会保障的区域平衡。

(二) 社会保障群体平衡性构建

群体平衡是衡量社会保障平衡发展的重要指标，事关人民对社会保障美好需要的实现程度。当前，我国社会保障在群体间也存在不平衡问题。一是城乡居民之间的不平衡。由于城乡社会保障制度建设的差距，我国农村居民一直无法享受到与城市居民同等程度或大体一致的社会保障待遇，政府提供的社会保障公共服务也有较大差距。以城乡社区服务为例，截至2018年底，全国共有各类社区服务机构和设施42.7万个，其中，城市社区综合服务设施覆盖率达到78.7%，而农村社区综合服务设施覆盖率仅为45.3%。[2] 二是流动人口与固定人口之间的不平衡。与具有固定单位和固定职业的工作

---

[1] 国家统计局编：《中国统计年鉴2018》，中国统计出版社2018年版。
[2] 参见《2018年民政事业发展统计公报》，中华人民共和国民政部网，http://www.mca.gov.cn/article/sj/tjgb，2019年11月30日。

者相比,流动人口可以享受到的社会保障公共服务数量有限、水平较低。三是普通群体与特殊群体之间的不平衡。随着经济的发展和社会的进步,面向普通群众的社会保障服务设施越来越全面,但面向残疾人、老年人等特殊困难群体的无障碍环境建设、生活照料和精神慰藉等社会保障公共服务依旧较为缺乏。

推进社会保障群体平衡应以公共服务为抓手。党的十九届四中全会指出,要"坚持和完善促进男女平等、妇女全面发展的制度机制。完善农村留守儿童和妇女、老年人关爱服务体系,健全残疾人帮扶制度"。① 首先,创设城乡社会保障公共服务一体化机制,均衡城乡居民在社会保障公共服务占有上的差距,让农村居民也能够享受到与城市居民基本相当的社会保障公共服务。其次,完善流动人口社会保障制度设计,通过移动互联网逐步消除流动人口在异地就医结算、异地社会保障待遇资格认证等方面的公共服务获取障碍。最后,整合基于职业、行业等劳动关系建立的各类社会保障制度,破除不同就业形式的社会保障指标差异和水平差异,建立主要以公民身份为基础的社会保障制度,使针对不同群体的社会保障趋于平衡,② 从而实现不同群体对社会保障公共服务的平等享有。

(三) 社会保障制度平衡性构建

社会保障是一个综合的制度体系,治理时需通盘考虑、协调推进,避免因制度失衡而导致效率损耗。当前,我国社会保障体系各层次、各制度之间发展不平衡,制度内部发展不协调,表现出一定程度的碎片化形态。首先,社会保障体系层次结构不平衡。第一层次的基本社会保障制度发展迅速,第二层次的补充保障制度发展不充分、企业年金覆盖面小、慈善事业发展乏力,第三层次的商业保险也基本处于缺位状态。③ 其次,社会保障制度间发展不平衡。在整个社会保障制度体系中,社会保险发展较快,

---

① 《中共中央关于坚持和完善中国特色社会主义制度 推进国家治理体系和治理能力现代化若干重大问题的决定》,《人民日报》2019 年 11 月 6 日第 1 版。
② 林嘉:《公平可持续的社会保险制度研究》,《武汉大学学报》(哲学社会科学版) 2017 年第 4 期。
③ 郑秉文:《中国社会保障 40 年:经验总结与改革取向》,《中国人口科学》2018 年第 4 期。

社会救助和社会福利界限模糊，发展缓慢。制度上的不平衡，导致上述三个子系统在公共服务供给方面的不平衡。最后，同类制度内部发展不平衡。以社会保险为例，无论是参保人数、参保率还是基金收入，失业保险、工伤保险和生育保险与基本养老保险和基本医疗保险均相差甚远。

推进社会保障制度平衡需建立统筹发展、平衡协调、公平高效的制度体系。党的十九届四中全会指出，要"坚持应保尽保原则，健全统筹城乡、可持续的基本养老保险制度、基本医疗保险制度，稳步提高保障水平。统筹完善社会救助、社会福利、慈善事业、优抚安置等制度。健全退役军人工作体系和保障制度"。[①] 首先，平衡多层次社会保障体系结构，在保证基本保障制度的基础上，大力发展补充保障制度，并辅之以高效的社会保障公共服务供给，健全国民生活保障系统。其次，加快社会救助与社会福利建设步伐，做到社会保障三大体系间的相互衔接和功能互补，同时，发展社会保障公共服务事业，调动多方力量参与社会保障公共服务建设，以更加全面、更高水平的社会保障服务补齐制度间参差不齐的发展短板，建成让人民满意的社会保障服务体系。最后，在现有社会保险体系下，推动"五险"均衡发展，利用社会保险综合信息服务平台，提高社会保险服务水平，完善社会保险制度体系。

三　社会保障不充分的公共服务治理

社会保障发展不充分是指社会保障质量不高、效益不彰，具体表现为制度覆盖不全、待遇水平偏低、体制机制不完善等。为满足人民对美好社会保障的需要，需以公共服务为手段，提升社会保障质量，实现社会保障的充分发展。

（一）社会保障制度与人口的全覆盖

社会保障全覆盖表现在两个方面：一是制度的全覆盖，二是人口的

---

① 《中共中央关于坚持和完善中国特色社会主义制度　推进国家治理体系和治理能力现代化若干重大问题的决定》，《人民日报》2019年11月6日第1版。

全覆盖。经过几十年的建设，我国基本实现了社会保障在城乡间的制度全覆盖，但人口全覆盖并未完全实现。为实现社会保障人口全覆盖，亟须通过完善公共服务制度，让全体人民享受到社会保障待遇，满足人民对美好生活的需要。以社会保险为例，虽然从制度层面已经制定了针对不同群体的不同社会保险制度，实现了养老、医疗、失业、工伤、生育的制度全覆盖，仍有不少从事临时性工作的就业者游离在社会保险制度之外。

首先，需坚持以人民为中心的发展理念，着力推进全民参保计划，通过社会保障公共服务的完善，将更多的社会成员纳入社会保障体系中，推动社会保障的充分发展。具体而言，在制度全覆盖方面，需以党的十九大提出的"幼有所育、学有所教、劳有所得、病有所医、老有所养、住有所居、弱有所扶"①为基准，查漏补缺，健全社会保障制度体系。其次，建设多层次社会保障公共服务体系，扩展社会保障服务内容，在继续扩大基本社会保障服务覆盖面的基础上，大力发展企业年金、商业保险、慈善事业等补充性保障服务，通过多层次、高质量的社会保障服务，满足全体人民对美好生活的需要。党的十九届四中全会指出，要"健全公共就业服务和终身职业技能培训制度，完善重点群体就业支持体系。构建覆盖城乡的家庭教育指导服务体系。积极应对人口老龄化，加快建设居家社区机构相协调、医养康养相结合的养老服务体系"。②最后，坚持通盘考虑、重点突破的原则，以养老、低保等最为迫切的社会保障公共服务为突破口，不断扩大服务范围，在实现制度全覆盖的基础上逐步实现人口全覆盖。

（二）社会保障待遇水平的提高

社会保障待遇可分为经济待遇和服务待遇两种。经济待遇主要是以现金方式满足受保障者的经济需求，服务待遇则主要以服务形式满足受保障者的服务需求。社会保障发展不充分中的待遇水平偏低，同样表现在这两

---

① 习近平：《决胜全面建成小康社会 夺取新时代中国特色社会主义伟大胜利——在中国共产党第十九次全国代表大会上的报告》，人民出版社2017年版，第23页。
② 《中共中央关于坚持和完善中国特色社会主义制度 推进国家治理体系和治理能力现代化若干重大问题的决定》，《人民日报》2019年11月6日第1版。

个方面。经济待遇方面，2017年全国城镇居民每月人均支出2037元，农村居民每月人均支出913元，① 但同年我国城市低保平均标准为541元/人/月，农村低保平均标准为358元/人/月，② 城市低保水平仅为城市居民平均支出的27%，农村低保水平仅为农村居民平均支出的39%。服务待遇方面，历年《中国财政年鉴》统计数据表明，我国2014—2017年社会保障公共服务供给分别为10.5%、10.8%、11.5%、16.0%。横向对比，2008年以来，欧盟社会保障支出与GDP之比一直维持在28%以上，而且，欧盟政府投入占社会保障支出比重达53.1%，而我国为39.8%。③ 财政社会保障支出水平不高，难以完全满足社会保障公共服务所必需的资金要求，进而影响了社会保障服务水平。

为提高社会保障待遇水平，实现社会保障充分发展，首先，应加大对社会保障的财政投入力度，扩大社会保障资金筹集渠道，夯实社会保障待遇提高的资金基础。其次，强化与延伸社会保障公共服务，通过政府购买服务，以及先进的互联网技术，提高社会保障待遇和服务水平。最后，在实现待遇水平提高的同时，要充分体现社会保障待遇的公平共享，这同样是解决社会保障发展不充分的重要手段。上述措施与社会保障公共服务都存在直接联系。通过社会保障公共服务的完善，既能实现福利增量，又能达到福利升质，最终实现提高社会保障待遇水平的目的。党的十九届四中全会指出，要"坚持应保尽保原则，健全统筹城乡、可持续的基本养老保险制度、基本医疗保险制度，稳步提高保障水平。加快建立基本养老保险全国统筹制度"。④ 这正是提高社会保障待遇水平、解决社会保障发展不充分的正确选择。

(三) 社会保障制度体系的完善

社会保障发展不充分，保障质量低，还有一个重要原因就是制度自身

---

① 国家统计局编：《中国统计年鉴2018》，中国统计出版社2018年版。
② 国家统计局编：《中国统计年鉴2018》，中国统计出版社2018年版。
③ "社会支出统计指标及可行性研究"课题组、察志敏、潘旭华：《我国与欧盟社会保障支出对比分析》，《调研世界》2017年第9期。
④ 《中共中央关于坚持和完善中国特色社会主义制度 推进国家治理体系和治理能力现代化若干重大问题的决定》，《人民日报》2019年11月6日第1版。

的不完善。无论是政策设计，还是各政策间的统筹协调，我国社会保障制度都有一定的改进和提升空间。制度层面上的社会保障发展不充分主要表现在：一是各项保障制度缺乏统筹，"漏保"和"重复保"同时存在，而且制度间各自为政、衔接不畅，降低了社会保障体系的运转效率，增加了运行成本；二是政策缺乏稳定性和顶层设计，例如在降低社会保险费率的政策文件中有"暂按两年执行"的表述，不利于政策的长远发展；三是各主体社会保障责任边界模糊、责任分担机制不甚合理，社会保障事务管理部门自成系统，部门间缺乏有效沟通。此外，社会组织参与不足，家庭保障与民间互助持续弱化。

以公共服务为抓手，从制度设计层面破解社会保障制度体系中的不充分问题，首先，需在科学论证的基础上，设计一套统一规范的政策体系和管理运行机制，并优化制度衔接，实现社会保障制度的自我平衡和顺畅运行。其次，从提高社会保障制度效能的角度看，需充分利用信息公共服务平台，发挥互联网、大数据、云计算、人工智能等技术优势，提高社会保障治理水平和治理效率，用现代化的治理手段，推动社会保障制度的充分发展。最后，针对制度设计中的主体责任不明确问题，应坚持共建共治共享的原则，严格规范各主体的行为边界和责任权利，形成合作治理结构，并通过公共服务内容和环节的改进，完善社会保障制度体系，实现社会保障的充分发展。

文章原载于《中国高校社会科学》2020年第1期，收入本书时略有修订。

家庭养老的风险标识及其治理

白维军*

摘要：家庭养老是实现老有所养、老有所依的重要手段，是古今中外广泛存在的一种养老方式。在我国人口老龄化、家庭小型化、养老现代化的背景下，家庭养老面临着经济、服务、技术、组织、伦理道德等多重风险。有必要通过精准的政策举措，夯实家庭养老经济基础，完善家庭养老服务保障，提升家庭养老技术支持，强化家庭养老组织保障，弘扬家庭养老伦理道德，以有效预防和应对家庭养老风险。

关键词：家庭养老；风险标识；风险治理

一 家庭养老的文献回顾与国际比较

为实施积极应对人口老龄化国家战略，《国民经济和社会发展第十四个五年规划和2035年远景目标纲要》做出"健全基本养老服务体系，支持家庭承担养老功能"[1]的重大决定，以发挥家庭养老优势，强化家庭养老责任。但是，现代社会的高度不确定性和不稳定性[2]，使家庭养老面临诸多风险，老年人随时都有可能陷入老无所养的境地。因此，有必要对家

---

* 作者简介：白维军，内蒙古大学公共管理学院教授、博士生导师。主要研究方向为社会保障与社会治理。

基金项目：国家社会科学基金一般项目"基本公共服务均等化与增强西部边疆民族地区民众政治认同联动研究"（项目编号：19BZZ009）。

[1] 《中华人民共和国国民经济和社会发展第十四个五年规划和2035年远景目标纲要》，《人民日报》2021年3月13日第1版。

[2] 曾宪才：《风险、个体化与亚政治：贝克风险社会理论视域下的社会状态与风险应对》，《社会政策研究》2021年第3期。

庭养老进行风险考察，标记风险点，指出家庭养老在哪些方面存在风险，并会导致家庭赡养的"失败"，这一过程可以被称为家庭养老的风险标识。正如习近平总书记在中共中央政治局第二十八次集体学习时强调的，"要增强风险意识，研判未来我国人口老龄化、人均预期寿命提升、受教育年限增加、劳动力结构变化等发展趋势，提高工作预见性和主动性。"① 开展家庭养老风险研究，具有重要的政策价值和实践意义。

风险标识就是对未来特定的不确定性进行辨识，将那些可能带来危害的不确定性标记为风险。通过风险标识，凸显那些未来具有危害的不确定性，警示人类社会防患指向和治理指向，帮助社会系统有针对性地避险防险减少损害、集中有限的资源治理风险，以此提高人类社会整个系统的适应性和生长性。② 对家庭养老进行风险标识，能增强养老政策的预见性和主动性，提升老龄化治理水平，推动老有所养高质量发展。

风险意味着不确定，养老风险就是指老年人进入养老周期后，由于国家、社会、家庭或个人原因，可能遭遇生存危机的一种不确定性和意外性。而家庭养老风险指的是在核心家庭成为主流家庭、"4—2—1"家庭成为典型家庭的背景下，照料老年人所面临的经济、健康成本及相关机会成本增大，由此导致子女赡养老人心有余而力不足的状态。③ 家庭养老的风险主要来自两个方面：一是家庭整体的发展策略、家庭成员的赡养意愿、行为和能力；二是对家庭养老的政策支持，即国家在强调家庭养老责任的同时，是否给予了家庭足够的政策支持。

作为大多数老年人的首选养老方式，家庭养老在我国有着坚实的文化基础和深远的路径依赖，能有效满足老年人多样化需求，具有其他养老方式无可比拟的优势和价值。但是，随着人口老龄化的加速发展，尤其是老年人口的高龄化、失能化、失智化以及家庭规模小型化、核心化，孝道文化式微等，家庭抵御养老风险的能力逐渐下降。加之我国养老政策构建中

---

① 《完善覆盖全民的社会保障体系　促进社会保障事业高质量发展可持续发展》，《人民日报》2021年2月28日第1版。
② 王海明：《风险标识及其整体迁变趋势》，《浙江社会科学》2021年第1期。
③ 穆光宗、吴金晶、常青松：《我国养老风险研究》，《华中科技大学学报》（社会科学版）2014年第6期。

家庭意识淡薄，侧重于对老年人个体、机构和社区的扶持，忽视对家庭的养老支持，进一步放大了家庭的养老风险，使家庭养老处于一种高风险运行状态。

（一）家庭养老的文献回顾

长期以来，家庭承担了提供养老服务的主要责任，家庭养老服务始终保持着核心的地位与作用，[①] 学术界对这种传统的养老方式给予了广泛关注。有研究指出，家庭养老主要包括经济供养、生活照料和精神慰藉三部分，但老人所处的区域和年龄段不同，赡养内容也会有所差异。[②] 家庭养老面临的困境主要是政府对家庭养老支持的不足、家庭养老资源和功能的削减以及孝道的日渐式微。[③] 当前，由于家庭结构、人口数量、生活方式的变化，家庭养老功能在逐渐弱化。[④] 就区域来看，农村家庭养老在经济方面出现萎缩趋势，但在生活照料和精神慰藉方面出现反向趋势；[⑤] 部分家庭经济供养功能增强，但服务功能弱化。[⑥] 支持家庭养老的对策设计应从两方面着手：一是增加不养老的成本，二是增加养老的收益。[⑦]

关于家庭养老风险，研究主要集中在独生子女家庭养老风险上。于长永指出农村独生子女家庭面临着比非独生子女、城市独生子女更大、更独特的养老风险，并从国家、社会、家庭、个人层面提出对策建议。[⑧] 徐俊、风笑天指出独生子女家庭养老面临巨大风险，表现在经济供给、生活照护

[①] 丁建定主编：《中国养老服务发展研究报告（2018）》，华中科技大学出版社2018年版，第197页。

[②] 姚远：《中国家庭养老研究》，中国人口出版社2001年版，第35页。

[③] 龙玉其、张琇岩：《家庭在养老服务中的作用：传承、变迁与展望》，《河北大学学报》（哲学社会科学版）2019年第6期。

[④] 周兆安：《家庭养老需求与家庭养老功能弱化的张力及其弥合》，《西北人口》2014年第2期。

[⑤] 肖倩：《农村家庭养老问题与代际权力关系变迁——基于赣中南农村的调查》，《人口与发展》2010年第6期。

[⑥] 黄健元、常亚轻：《家庭养老功能弱化了吗？——基于经济与服务的双重考察》，《社会保障评论》2020年第2期。

[⑦] 余飞跃：《家庭养老的困境与出路——兼论孝与不孝的理性》，《重庆大学学报》（社会科学版）2011年第5期。

[⑧] 于长永：《农村独生子女家庭的养老风险及其保障》，《西北人口》2009年第6期。

和精神慰藉方面，并构建了责任共担机制，以化解独生子女家庭养老风险。① 周璇、吴翠萍指出失独家庭存在返贫致贫、日常照料、精神赡养、家庭维系的风险，认为应动员国家、社会以及公众的力量，帮助失独家庭实现老有所养。②

国外学者同样对家庭养老予以了关注，认为即使在现代社会，家庭仍然是老年人重要的生活和精神依托，是老年人获得社会支持和生活照顾的主要来源，家庭养老有着重要的社会地位。③ 而且，家庭养老是一种低成本的养老方式，应予以大力支持。Wasilewski 等人的研究表明，家庭养老可以节省国家为应对人口老龄化而产生的开支，加拿大 2009 年这种无报酬护理估计超过 250 亿美元，而在美国，2010 年这一数字则达到了 4500 亿美元。④

Abdelmoneium 等人指出，阿拉伯国家特别强调对老年人的尊重和家庭成员之间亲情纽带的维护，将家庭作为老年人护理的主要场所，对于患慢性病、失能和失智的老人来说，家庭的养老功能十分突出。⑤ 在大多数阿拉伯国家，家庭作为一个社会机构，是老年人的主要护理提供者，这一点已得到公认，特别是当他们因严重关节炎、残疾、帕金森综合征、阿尔茨海默病等慢性病和疾病而需要帮助时，或者当他们身体虚弱时。⑥ Hermalin 等人的研究则表明，在东南亚，老年人具有很高的社会地位，家庭在养老中的作用十分明显，许多国家都将与子女共同居住视为老年人护理的一种

---

① 徐俊、风笑天：《独生子女家庭养老责任与风险研究》，《人口与发展》2012 年第 5 期。
② 周璇、吴翠萍：《基于风险视角的失独家庭养老问题研究》，《老龄科学研究》2015 年第 2 期。
③ Luis Antonio Silva Bernardo, et al., "Family Support and Teenage Pregnancy", *Trends in Psychology*, Vol. 28, No. 2, July 2020, p. 103.
④ Marina Bastawrous Wasilewski, et al., "Web-based Health Interventions for Family Caregivers of Elderly Individuals: A Scoping Review", *International Journal of Medical Informatics*, Vol. 103, No. 1, July 2017, p. 103.
⑤ Azza Omerelfaroug Abdelmoneium, Sanaa Alharahsheh, "Family Home Caregivers for Old Persons in the Arab Region: Perceived Challenges and Policy Implications", *Open Journal of Social Sciences*, Vol. 4, No. 4, January 2016, pp. 151-164.
⑥ Azza Omerelfaroug Abdelmoneium, Sanaa Alharahsheh, "Family Home Caregivers for Old Persons in the Arab Region: Perceived Challenges and Policy Implications", *Open Journal of Social Sciences*, Vol. 4, No. 4, January 2016, pp. 151-164.

重要形式,并对其进行支持。① 例如,有研究表明,家庭关系和家庭支持,特别是来自子女的经济支持,对泰国老年人预防性保健非常重要。② 当然,也有研究指出,尽管在发展中的亚洲,人们普遍相信孝顺和相互支持,但对于与成年子女一起生活是否有利于老年人的情绪健康,并没有达成共识。③

(二) 家庭养老理念与实践的国际比较

理论研究和实践行动均表明,家庭养老是中西方普遍依赖和追求的一种养老方式,在整个养老体系中具有不可或缺的地位。但是,受政治、经济、文化、历史等因素的影响,中西方在家庭养老的实施理念和路径上又存在较大差异,由此形成了各自不同的家庭养老模式。例如,在中国的传统文化中讲求"百善孝为先""夫孝者,天之经也,地之义也,人之本也。"从伦理纲常层面教导人们要尊老爱老、敬老孝老,子女理所当然要承担起照顾父母的责任,家庭是实现老有所养的第一场所。但是,西方国家受自由、独立、自给自足等价值观和保障制度、收入分配制度等社会规范的影响,老年人更希望依靠自己的能力实现独自养老,不喜欢与子女共居一室,希望与子女保持"有距离的亲近",这与我们所追求的四世同堂、几代人热热闹闹地生活在一起的理念是完全不同的。

虽然中西方对待家庭养老的理念有所不同,做法上也有差异,但各国都认识到了这一养老方式的天然优势和不可或缺,都采取积极的社会支持政策,强化家庭养老功能。例如,中国通过高龄津贴、养老服务补贴、护理补贴、独生子女家庭财政补贴、技术支持、税收减免、社会保障等方式,帮助家庭提高赡养能力。欧美国家为配合家庭养老的顺利实施,大力

---

① Albert Isaac Hermalin, *The Well-being of the Elderly in Asia: A Four-Country Comparative Study*, University of Michi-gan Press, 2002, pp. 185–229.

② Nekehia Tamara Quashie, Wiraporn Pothisiri, "Rural-urban Gaps in Health Care Utilization among Older Thais: The Role of Family Support", *Archives of Gerontology and Geriatrics*, Vol. 19, No. 1, March 2019, pp. 1–8.

③ Teerawichitchainan Bussarawan, et al., "How do Living Arrangements and Intergenerational Support Matter for Psychological Health of Elderly Parents? Evidence from Myanmar, Vietnam, and Thailand", *Social Science & Medicine*, Vol. 136, No. 1, July 2015, p. 137.

发展社区服务，强调社区支持老年人家庭，即以社区为基础提供正规服务，特别是通过提供上门服务来增强老年人在家里的生活能力。① 2002 年，美国加利福尼亚州通过了全美第一个带薪家庭假计划。该法律规定，对于需要休假以与新生儿建立关系或照顾重病家庭成员的符合条件的员工，可获得高达 6 周的部分工资。② 早在 2004 年，西班牙政府就制定了旨在保护老年人和残疾人的"依赖性白皮书"，其中明确提出要由社会保障部提供家务助理以支持家庭和个人的护理活动，同时还针对失去自理能力且独居的老年人提供家庭远程协助，为使家庭能更好地发挥养老作用，还为照料老人的家庭成员提供培训并适当延长他们的休息时间。③

韩国、日本、新加坡等国也都采取积极措施，强化家庭养老功能。例如，韩国强调儒家文化价值观，坚持"家庭照顾第一，公共照顾第二"的养老政策，并制定详细的税收优惠政策鼓励和支持家庭养老。日本非常重视家庭的作用，日本老人与子女同居的比例也非常高，他们主要与长子家庭同居养老。政府对同居型家庭养老采取支持和鼓励的态度：如果子女照顾 70 岁以上低收入老人，可以享受减税；如果照顾老人的子女要修建房子，使老人有自己的活动空间，可以得到贷款；如果卧床老人需要特殊设备，政府予以提供；提倡三代同堂，引导子女尽赡养义务，发展完善"养老护理在宅服务"，为护理老人的家庭成员提供修整时空，以使家庭养老得以顺利进行。新加坡政府将儒家的"忠孝仁爱礼义廉耻"作为"治国之纲"，认为"孝道"是伦理道德的起点，可以稳固家庭、巩固国家。他们在制定赡养法律时，强化家庭成员的赡养责任。同时，政府制定优惠政策，鼓励子女与父母一同居住。④

通过文献回顾与国际比较可见，虽然各国的体制和文化存在差异，在应对人口老龄化时也都面临不同的国情，但家庭养老无一例外地在整个养老保障体系中占据着重要位置。同时我们看到，尽管学术界从理论和实践

---

① 陈洁君:《国外家庭养老模式面面观》,《中国人口报》2007 年 6 月 6 日第 3 版。
② Lynn Feinberg, et al., *Valuing the Invaluable*: 2011 *Update the Growing Contributions and Costs of Family Caregiving*, Washington: AARP Public Policy Institute, 2010, p. 13.
③ Maria Cecília de Souza Minayo, "The Imperative of Caring for the Dependent Elderly Person", *Ciênc Saúde Coletiva*, Vol. 24, No. 1, January 2019, pp. 247-252.
④ 李小健:《家庭养老支持政策的国外镜鉴》,《中国社会报》2014 年 2 月 18 日第 3 版。

层面对家庭养老进行了广泛研究，但缺乏对家庭养老风险的考察与思考，研究内容不够全面，研究视角有待创新。为弥补这一不足，本文以家庭养老风险为研究对象，认为强化家庭养老功能，首先需清晰认识家庭养老的历史地位和当代价值；其次需精准识别家庭养老可能存在的风险，即进行家庭养老的风险标识；最后从经济、服务、技术、组织、伦理道德等方面，对家庭养老风险进行精细化治理，以保障老年人老有所养、老有所依。

二　家庭养老的历史经验与当代价值

中国古代没有系统化、制度性的养老安排，政府主要通过对家庭养老功能的打造和维护，以及对子女孝顺与否的奖惩，来规避家庭养老风险。在未富先老、未备先老、社会结构急剧变化的当下，家庭养老在弥补自我养老能力低下、社会养老体量不足方面，彰显着重要的时代价值。

（一）古代社会对家庭养老功能的维护

古代中国为发挥家庭养老作用，规避家庭养老风险，主要从两方面强化家庭养老功能，为当代中国提供了可供借鉴的经验。一是对老年人及其家庭进行物质支持和税役减免，以减轻家庭养老负担，增强家庭赡养能力，保障老有所养。例如，《汉书》记载："今岁首，不时使人存问长老，又无布帛酒肉之赐，将何以佐天下子孙孝养其亲？"；"年八十已上，赐米人月一石，肉二十斤，酒五斗。其九十已上，又赐帛人二匹，絮三斤"。[①]《后汉书》记载："年始七十者，授之以王杖，餔之以糜粥。八十九十，礼有加赐。"[②]《新唐书》记载："赐百姓有父母、祖父母八十以上者粟二斛、物二段，九十以上粟三斛、物三段。"[③]除上述赐予物质饮食外，减免赋税徭役也是保障老年人老有所养的重要举措。例如，《隋书》记载："率以十

---

① （汉）班固撰：《汉书》，中华书局1962年版，第113页。
② （南朝宋）范晔：《后汉书》，太白文艺出版社2006年版，第737页。
③ （宋）欧阳修、宋祁撰：《新唐书》，中华书局1975年版，第208页。

八受田，输租调，二十充兵，六十免力役，六十六退田，免租调"；①《新唐书》记载："一户三丁者免一丁，凡亩税二升，男子二十五为成丁，五十为老，以优民"，②以此免除老年人的税役。在减免老年人家庭税役方面，《隋书》记载："其人有年八十者，一子不从役，百年者，家不从役。"③《新唐书》记载："孝子、顺孙、义夫、节妇同籍者，皆免课役。"④此外，古代特别重视老年人的致仕终养，保障老年人安享晚年。

二是对家庭成员尽孝与否进行奖惩，督促子女承担赡养责任。为维护孝道，我国古代通过物质赏赐、举孝廉、旌表等方式鼓励和支持尽孝行为。例如，物质赏赐方面，《汉书》记载："遣谒者劳赐三老、孝者帛人五匹。"⑤《新唐书》记载："戊戌，赐孝义之家粟五斛。"⑥举孝廉方面，《汉书》记载："兴廉举孝，庶几成风，绍休圣绪。"⑦《后汉书》记载："举贤良方正……及至孝与众卓异者，并遣诣公车，朕将亲览焉。"⑧旌表方面，《后汉书》记载："凡有孝子顺孙……皆扁表其门，以兴善行。"⑨《魏书》记载："若孝子顺孙、廉贞义节、才学超异、独行高时者，具言以上，朕将亲览，加以旌命。"⑩对不孝行为的惩处，主要表现为因不孝而受罚、获罪。例如，《隋书》记载："一曰谋反，二曰谋大逆，三曰谋叛，四曰恶逆，五曰不道，六曰大不敬，七曰不孝，八曰不睦，九曰不义，十曰内乱。犯十恶及故杀人狱成者，虽会赦，犹除名。"⑪《唐律疏议》亦将恶逆、不孝作为十恶，进行严厉惩处。"'恶逆'者，常赦不免，决不待时"。⑫

---

① （唐）魏徵、令狐德棻撰：《隋书》，中华书局1973年版，第677页。
② （宋）欧阳修、宋祁撰：《新唐书》，中华书局1975年版，第1347页。
③ （唐）魏徵、令狐德棻撰：《隋书》，中华书局1973年版，第679页。
④ （宋）欧阳修、宋祁撰：《新唐书》，中华书局1975年版，第1343页。
⑤ （汉）班固撰：《汉书》，中华书局1962年版，第124页。
⑥ （宋）欧阳修、宋祁撰：《新唐书》，中华书局1975年版，第30页。
⑦ （汉）班固撰：《汉书》，中华书局1962年版，第166页。
⑧ （南朝宋）范晔：《后汉书》，太白文艺出版社2006年版，第38页。
⑨ （南朝宋）范晔：《后汉书》，太白文艺出版社2006年版，第810页。
⑩ （北齐）魏收撰：《魏书》，中华书局1974年版，第235页。
⑪ （唐）魏徵、令狐德棻撰：《隋书》，中华书局1973年版，第711页。
⑫ 曹漫之主编：《唐律疏议译注》，吉林人民出版社2005年版，第37页。

(二) 家庭养老的当代价值

家庭是社会的基本单位，家庭养老功能的有效发挥能减轻国家和社会的养老负担，积极应对人口老龄化风险。家庭养老中蕴含的血亲价值、孝道传承及其提供的经济供养、生活照料、健康照护、精神慰藉等，能充分满足老年人多样化、多层次的生活需求，在提高老年生活质量的同时，推动着家庭和睦、社会和谐的实现。

第一，积极应对人口老龄化，弥补社会养老的不足。统计数据显示，截至2019年，我国65岁及以上人口为17603万人，占总人口的12.6%，老年抚养比达17.8%，而2018年这组数字分别为16658万人、11.9%和16.8%，人口老龄化程度持续增加，抚养比不断攀升。① 面对人口老龄化，尤其是老年人口高龄化、失能化、失智化，虽然国家持续增加对机构养老和社区养老的投入，但社会养老服务依然不够充分，老年人有效的养老需求依然难以满足，潜在需求依然难以释放。

这是因为一方面，我国机构养老、社区养老存在服务水平较低、服务内容较少、服务质量较低等问题，难以满足老年人多样化、多层次的养老需求。同时，受传统观念和支付能力的影响，大多数老人都将家庭作为养老的首选场所，导致机构养老利用率低、可及性差，社会养老服务供给不足与资源浪费并存。另一方面，我国基本养老保险制度体系不完善，存在可持续性不强、参与激励缺乏、地区差异明显、养老金充足性不够、第二层次和第三层次养老保险发展缓慢等问题。当前，城镇职工养老保险基金支付压力不断增大，养老金水平难以大幅提升，城乡居民养老保险待遇仍然较低，无法满足老年人的全部生活所需，绝大多数老年人只有依靠家庭的经济和服务支持，才能保障晚年生活的衣、食、住、行。因此，在我国独特的养老文化和严峻的未富先老现实下，家庭养老既传承了优秀的孝道文化，又减轻了国家的养老负担，同时弥补了社会养老的不足，能有效应对人口老龄化危机，实现积极老龄化的美好愿景。

---

① 《中国统计年鉴（2020）》，国家统计局官网，http://www.stats.gov.cn/tjsj/ndsj/2020/indexch.htm，2021年3月6日。

第二，满足老年人多样化、多层次需求，提升老年生活质量。与社会养老相比，在中国，家庭养老有着难以替代的价值和优势，是实现老有所依、老有所养、老有所为、老有所乐的重要途径。老年人安享晚年不仅有经济保障、生活照料、健康护理的需求，也有情感支持、精神慰藉、获得尊重、自我实现等需求。家庭成员履行赡养义务，给老人以物质和情感支持，能有效避免老年人陷入经济贫困和精神荒芜，充实晚年生活。因为，随着年龄的增长，老年人自理能力下降，生活照料、健康护理需求增加，而生活照料的有效供给有较为严格的时空要求，需要人与人之间更多的默契配合和朝夕相处，建立在婚姻和血缘关系上的家庭恰好具有这种人际优势。[1] 老人与子女共居一处或分而不离，能享受到子女更多的陪伴与照护，获得家庭成员的物质帮助和情感支持，满足老年人的精神需求和归属需要，享受子孙绕膝的天伦之乐。在子女的支持、理解和帮助下，老年人也更愿意学习新知识，了解新事物，呈现健康、参与、保障的积极老龄化状态。

第三，维系和睦的家庭关系，促进社会和谐。党的十九大报告指出，要"积极应对人口老龄化，构建养老、孝老、敬老政策体系和社会环境，推进医养结合，加快老龄事业和产业发展。"[2] 家庭养老所蕴含的尊老孝老、敬老爱老文化，能有效营造养老、孝老、敬老的社会氛围，在塑造和睦家庭关系的同时，也增进了社会和谐，有利于稳定发展的大局。在家庭中，子女孝敬老人，主动承担赡养责任，既满足了老人的养老需求，也为子辈们树立了典型榜样，使他们从小耳濡目染优秀的孝道文化，在全社会形成尊重长辈、孝敬老人的良好氛围。同时，老年人在身体允许的情况下，为子女提供照看孩童、打理家务等支持，能帮助子女减轻生活负担，这种代际间的相互理解、相互支持，有效促进了家庭和睦。此外，百善孝为先，我国古代以孝治天下，孝道在家庭养老中发挥了重要作用，能促使子女主动尊老、敬老、孝老，保障老有所养、老有所依，促进了社会和谐

---

[1] 张正军、刘玮：《社会转型期的农村养老：家庭方式需要支持》，《西北大学学报》（哲学社会科学版）2012年第3期。
[2] 习近平：《决胜全面建成小康社会 夺取新时代中国特色社会主义制度伟大胜利——在中国共产党第十九次全国代表大会上的报告》，人民出版社2017年版，第62页。

稳定。当代社会,继承和发扬孝道文化,让子女主动履行赡养老人的义务,不仅能增强子女的家庭责任感,也能形成优秀的养老文化,增进社会和谐,推动社会文明进步。

三 家庭养老的风险标识

家庭养老固然有重要的理论价值和现实意义,但由于家庭规模、结构、居住方式的改变,国家对家庭养老政策支持的不足,以及个人尽孝意识和养老观念的变化,家庭养老面临诸多风险,具体包括如下方面。

(一) 经济保障风险

家庭养老首先要求家庭具备一定的经济基础,能为老人提供基本的经济保障。而老人能否获得家庭的经济支持,主要取决于家庭占有经济资源的多寡、子女创造财富的机会与能力,以及家庭整体的发展策略,这些因素的不确定性增加了家庭养老的经济保障风险。老年人晚年生活的经济来源主要包括养老金、子女资助,或者劳动所得,随着年龄的增长,子女资助的比例会逐渐增加。但工业化导致每个人,不管是子女还是其父辈,都要靠工资收入为生,在某些情况下,子女或其父辈不能左右自己的经济生活,这种靠工薪收入维持生计的事实,使子女赡养老人的能力更多不能由自身决定了。① 同时,物价的上涨,生活成本的增加,孩子教育的投入使家庭面临巨大的经济压力,子女赡养老人的经济支持处于高风险运行状态。对于老年人而言,他们在承担自身生活开支的同时,经常也承担一些照顾孙辈的费用,导致晚年生活非常拮据。还有一些老年人不仅不能从子女那里获得经济支持,还要反向为子女提供经济支持,有研究指出,我国34.7%的老年人会为子女提供经济支持,65%的老年人为子女提供生活帮助,5.9%的城乡老年人认为自己的子女或孙子女存在"啃老"行为。② 甚至有些家庭认为子代的发展关系着整个家庭的未来,是需要优先保障的,

---

① 刘燕生:《社会保障的起源、发展和道路选择》,法律出版社2001年版,第49页。
② 党俊武主编:《中国城乡老年人生活状况调查报告(2018)》,社会科学文献出版社2018年版,第23页。

而老人不再为家庭创造财富价值，被视为家庭负担而遭遇供养不足。在家庭经济资源有限的情况下，子女出于对家庭整体发展策略的考虑，会增加对下一代的投入而削减对父母的养老经济支持。这些都使家庭养老面临经济上得不到保障的风险，需要精准标识。

（二）服务保障风险

随着我国人口老龄化、高龄化发展，家庭养老的服务需求逐渐增加，但家庭规模小型化、结构核心化、代际关系淡化，却使得家庭养老服务供给减少，导致家庭养老服务需求与供给的失衡，由此形成了家庭养老的服务保障风险。老年人随着年龄的增长，照料需求逐渐增加，而计划生育政策的推行，生育观念的转变，以及家庭劳动力的社会参与，使得家庭本身照料资源减少，而当子女的家庭养老承担者角色与其他社会角色或社会规范相冲突时，家庭养老照料的数量和质量同步下降。同时，工业化、城镇化的发展也冲击了"父母在，不远游，游必有方"的行为准则，人口的大规模流动与迁移形成了大量的"空巢"家庭。有研究指出，我国老年人独居、仅与配偶同住、与子女同住、其他居住形式的比例分别为 13.1%、38.2%、41.7%、7.0%，而老年人愿意与子女同住、不愿同子女居住、看情况居住的比例分别为 56.4%、25.4%、18.3%。[①]

现实社会中居住空间的分离，增加了老年人获得子女照料的难度和成本，也改变了他们的情感交流方式，减少了子女与父母相处的时间，也限制了子女对老人的生活照料和精神支持，老年人面临家庭养老服务无保障的风险。此外，代际关系的改变也使家庭养老面临服务保障风险，代际关系朝向上位的、双向平衡运行逻辑已被朝向下位的、单向失衡运行逻辑取代，作为一种超经济伦理性的行为特征在代际关系的上位运行中逐渐消失，子代在养老行动中越来越理性化。[②] 这不仅增加了老年人从子女那里获取服务的难度，也会减少子女对老人的关心，降低老年人的生活质量。

---

① 党俊武主编：《中国城乡老年人生活状况调查报告（2018）》，社会科学文献出版社 2018 年版，第 18 页。
② 范成杰：《代际关系的下位运行及其对农村家庭养老影响》，《华中农业大学学报》（社会科学版）2013 年第 1 期。

(三) 技术保障风险

随着现代科技在养老领域的广泛使用，以及智慧养老服务的普遍推行，技术在养老中发挥了越来越重要的作用。老年人身体机能和健康状况逐渐衰退，社会适应能力开始下降，对技术性护理和智能化服务有着强烈需求，如果家庭成员缺乏相关的护理知识和技术，未能帮助老人适应现代科学技术的发展，家庭养老就会面临技术支撑的风险。据民政部、国家卫健委等部门统计，2019年，我国有2.49亿老年人，其中失能半失能老年人达4000万。[①] 加之老年人往往患有慢性疾病，或失能与失智并存，更加剧了其对技术性护理的急切需求。研究表明，我国31.16%的60岁以上老年人患有一种慢性病，13.63%的60岁老年人患有3种以上慢性病。[②] 老年人的这种生活状态和身体条件，要求他们能够进行及时的自我监测和自我控制，而这一过程对科学技术的了解和使用要求较高，如果老人或者赡养者不具备这些技能，就会大大降低养老服务的质量。另外，智慧养老服务的发展虽然方便了老年人的生活，减轻了家庭的照料负担，但智慧产品、智慧服务的设计和提供，欠缺对老年人使用能力、适应能力、学习能力的考虑，子女则多忙于工作，无暇顾及老人的技术需求，使得老年人使用这些智能产品时困难重重。以智能电视为例，很多老年人反映目前电视存在"遥控器按键太小、按错了无法纠正、开机界面不人性化、网络在线服务操作复杂难懂"等问题。[③] 在智能设备越来越普及的当代社会，技术风险是家庭养老必须标识和规避的一个重要问题。

(四) 组织保障风险

家庭养老面临的组织保障风险主要来自国家和家庭两个层面。在国家层面，一方面，政府的养老政策侧重于对社区、机构等养老服务主体的支

[①] 《2.49亿老年人4000万失能半失能老年人谁来护理》，《人民日报》2019年11月24日第9版。

[②] 党俊武主编：《中国城乡老年人生活状况调查报告 (2018)》，社会科学文献出版社2018年版，第149页。

[③] 阎志俊：《"互联网+"背景下智慧养老服务模式》，《中国老年学杂志》2018年第17期。

持，缺乏对家庭的考量，目前开展的养老保障也主要以老年人个人为单位，对家庭进行养老支持的重要性认识不够、支持不足，存在政府组织保障的不足。① 另一方面，政府的家庭政策建设不完善。尽管中国传统上非常重视家庭的作用，但尚无专门的维护家庭的政策体系。② 对家庭养老的政策支持还停留在鼓励制定政策阶段，缺少国家层面法制化、规范化的支持，缺乏可操作的政策设计，尚无专门、正式的公共部门来制定、执行家庭养老政策，家庭养老组织保障程度低，影响了家庭养老功能的发挥。家庭层面，风险社会下，家庭自身面临着诸多不确定因素，动摇着家庭养老的组织保障根基。家庭养老的不确定因素除前述经济、服务、技术等因素外，还有一个最大的不确定因素就是子女的存活率问题，家庭的瓦解、破裂会使老人直接面临老无所养、老无所依的困境。我国独生子女家庭数量庞大，唯一子女的伤亡会使家庭养老的组织风险直接最大化。研究显示，我国 60—64 岁、65—69 岁、70—74 岁、75—79 岁、80—84 岁、85 岁以上老年人无子女的比例分别为 1.90%、1.90%、1.80%、1.50%、1.00%、1.50%，③ 这不仅导致老年人失去家庭养老的组织保障，还会增加他们的心理压力和精神负担，老无所依成为这部分老年人不得不面对的残酷现实。

（五）伦理道德风险

践行家庭养老，要求家庭成员首先必须有赡养老人的意愿。如果子女在意识中无心赡养老人，对其晚年生活不管不顾，就失去了家庭养老的前提，由此形成了家庭养老的伦理道德风险。在传统社会，老年人掌握的生产经验、知识以及占有的财富，保障了他们在家庭中的权威和地位，子女往往需要依赖老人获取经验、继承财富，因此，他们会主动孝老敬老，积极履行赡养义务。但在当代社会，子女对老人的依赖大大减弱，他们获取知识、学习经验的渠道增多，而且随着生产生活方式的改变，老年人所掌

---

① 白维军、李辉：《"老有所养"家庭支持政策体系的构建》，《中州学刊》2020 年第 7 期。
② 童星：《重视养老服务中的风险防范与化解》，《中国社会工作》2019 年第 23 期。
③ 党俊武主编：《中国城乡老年人生活状况调查报告（2018）》，社会科学文献出版社 2018 年版，第 122 页。

握的技能与经验，很快被社会淘汰，其对家庭的控制力减弱，地位和权威也逐渐下降，子女变得越来越"不听话"，尽孝行为也大打折扣。同时，在社会转型期，工业化弱化了传统孝道的经济基础，民主化弱化了传统孝道的政治基础，流动性动摇了传统孝道的时空基础，个体化动摇了传统孝道的文化基础，世俗化淡化了传统孝道的智识基础。[①] 老年人在家庭中地位的下降、子女价值观的转变、孝道的式微，加之道德舆论监督不够、法律约束力不强等，使得子女赡养老人的意识逐渐淡化，他们更多的是希望从老人那里获取经济支持、服务帮助，却不愿敬老孝老承担养老责任。也有部分老人对子女的生活横加干涉，甚至提出不切实际的赡养要求，导致家庭关系紧张，家庭养老难以顺利实现。也有一些老年人年青时未尽到为人父母的责任，晚年却要求子女全力养老，而遭到子女的无视与拒绝。以上种种，使得家庭养老面临严峻的道德考验。

四 家庭养老风险的治理

家庭养老的深厚基础和独特优势，决定了其在我国应对老龄化战略中的重要地位。治理家庭养老风险，需夯实家庭养老经济基础，完善家庭养老服务保障，提升家庭养老技术支持，强化家庭养老组织保障，弘扬家庭养老伦理道德，以增强家庭养老功能、分担国家养老责任。

（一）夯实家庭养老经济基础

中国古代通过对老年人及其家庭进行物质赏赐，或对负有赡养义务的家庭进行赋税减免，以减轻家庭养老的经济负担。现代社会，夯实家庭养老经济基础，仍需从老年人和家庭两个层面予以经济支持。老年人层面，需完善现有养老保险制度，提升社会福利水平。一方面，实现城乡老年人"应保尽保"参保全覆盖，对参保困难人员进行资助，确保老年人退出劳动领域后能领到一定数额的养老金。同时，增强基本养老保险制度可持续

[①] 田北海、马艳茹：《中国传统孝道的变迁与转型期新孝道的建构》，《学习与实践》2019年第10期。

性，根据经济社会发展水平，逐渐提高老年人的养老金待遇。

另一方面，完善老年人福利补贴和优待制度，扩大高龄津贴、服务补贴、护理补助范围，降低老年人日常出行、休闲娱乐的经济成本，帮助有就业意愿且有劳动能力的老年人实现再就业，在增加老年人收入的同时，实现其社会价值。家庭层面，根据子女赡养老年人的年龄、数量以及健康状况，给予个人所得税减免；对愿意与老人同住，主动赡养老人的家庭给予一定的购房、租房补贴或经济支持；对"4—2—1""4—2—2"这类养老需求较大的家庭，直接予以经济帮助，避免老年人陷入贫困。除直接的养老经济支持外，对愿意赡养老人但家庭确实困难的子女，进行就业和创业援助，使其具有稳定而持续的收入来源，夯实家庭养老的经济基础。

(二) 完善家庭养老服务保障

由家庭成员提供养老服务，既能减轻国家的为老负担，也能降低老人在享受服务中的陌生感和不适感，提升养老质量。完善家庭养老服务保障，需加强对家庭的人力支持、职业支持和住房支持，全方位地为家庭养老服务创造条件。人力支持方面，在稳定子女照顾的同时，创造条件鼓励社会组织、志愿团体开展规范的上门养老服务，鼓励社区开展互助养老服务，或者由政府为有需要的困难家庭购买养老服务，缓解家庭养老照料人员不足的问题。研究表明，持续低生育带来的最大风险是养老的人力支持不足，生育资源是最根本的养老资源，需要人口的储备和转化。[①] 这就要求完善生育政策，降低生育成本，完善育儿服务，提高家庭生育意愿。职业支持方面，为赡养老人的职工建立护理假、孝亲假制度，保障子女有时间照顾、陪伴老人，对愿意执行带薪陪护假、探亲假的企业单位给予一定的税收减免、财政补贴或政策优惠。同时，保障家庭照料者的就业权益，平衡家庭成员内部的照料责任，为家庭照料者提供就业培训、就业机会，规范兼职就业，使不同的人能根据自身的不同偏好，平衡工作与家庭生活。[②] 住房支

[①] 穆光宗：《低生育时代的养老风险》，《华中科技大学学报》(社会科学版) 2018 年第 1 期。

[②] N. 吉尔伯特、R. A. 范沃勒斯、霓：《家庭政策的悖论》，《国外社会科学》2004 年第 2 期。

持方面，为方便子女就近照顾老人，在子女购房时可出台优先选房政策，鼓励其靠近父母居住；政府在建造保障性住房时，应设计适合多代居住的住宅，为子女与父母共同居住创造条件。

（三）提升家庭养老技术支持

现代科技的广泛应用在给家庭养老带来便利的同时，也给老年人提出了新的挑战，他们必须熟练掌握这些新技术，方能享受到科技进步带来的高质量养老。应对家庭养老的技术风险，需帮助老年人跨越"技术鸿沟"和"数字鸿沟"，让其享受到更周全、更贴心、更直接的便利化养老服务。① 为此，国务院办公厅于2020年11月印发了《关于切实解决老年人运用智能技术困难的实施方案》，要求"坚持以人民为中心的发展思想，满足人民日益增长的美好生活需要，持续推动充分兼顾老年人需要的智慧社会建设，坚持传统服务方式与智能化服务创新并行，切实解决老年人在运用智能技术方面遇到的困难。"②

就家庭照护服务技术而言，需通过"线上+线下"相结合的方式，对家庭照料者提供护理知识技能培训，提升其养老服务的技术水平。就老年人技术支持而言，一方面，提高老年人对智能技术的适应能力，鼓励子女、志愿者、社区工作者对老年人使用智能设备进行培训，确保老人能熟练使用养老智能设备，提高老年人网络信息的获取能力和认知能力，帮助老年人正确保护个人隐私、分辨网络消息。另一方面，智能适老产品的研发设计、智慧化养老服务项目的供给要注重老年人使用的满意度、接受度、认可度，智慧养老服务和产品的功能设置需适应老年人的切实需求，穿戴设计需适应老年人的生理特征，使用操作需适应老年人的认知能力，设备维护需适应老年人的生活习惯。③ 由此，从家庭和个人两个层面提升家庭养老的技术能力，适应现代社会智能化养老需求。

---

① 王杰秀、安超：《我国大城市养老服务的特点和发展策略》，《社会政策研究》2019年第4期。
② 国务院办公厅：《关于切实解决老年人运用智能技术困难的实施方案》，中国政府网，http://www.gov.cn/xinw-en/2020-11/24/content_5563861.htm，2021年3月16日。
③ 鲁迎春：《让智慧养老真正"致惠"老人》，《社会科学报》2020年9月24日第3版。

(四) 强化家庭养老组织保障

发挥家庭养老功能,规避家庭养老风险,还需强化家庭养老组织保障,从国家和家庭两个层面为家庭养老提供持续而稳定的组织支持。国家层面,政府需对家庭养老提供综合而持续的支持。在养老政策制定中,充分考虑家庭因素,由支持老年人个体转向支持整个家庭,以家庭的力量和资源,满足老年人多样化的养老需求;在家庭政策制定中,提高对养老领域的重视,逐步建立普惠性的家庭养老政策,为家庭养老提供全方位的、实质性的支持。同时,借鉴发达国家经验,在家庭养老政策领域重视法律规范,通过立法,成立专职机构统筹政策的制定和执行,使政策呈现高度的立法化、机构化与职业化。以此强化家庭养老中的国家责任,通过国家的政策打造,发挥家庭养老功能,增强家庭抵御养老风险的能力。家庭层面,需维护家庭稳定,形成养老实体,降低子女发生意外的风险和家庭瓦解分裂的风险。这就要求加强对子女及老人的风险教育,提升风险防范意识,降低子女伤亡风险,保证完整家庭的存在,以此维系家庭的和谐稳定,为家庭养老提供有力的组织保障。

(五) 弘扬家庭养老伦理道德

中共中央政治局 2021 年 5 月 31 日审议通过的《关于优化生育政策促进人口长期均衡发展的决定》指出,"大力弘扬中华民族孝亲敬老传统美德,切实维护老年人合法权益。"[1]特别强调了家庭的养老伦理,家庭养老伦理道德是子辈主动赡养老人、孝敬老人的内在动力,直接关系着家庭养老道德风险的形成与化解。我国目前城乡所出现的厌老、弃老和不养老现象,从根本上说并不能完全归于经济因素,还应从思想建设、道德建设和敬老养老文化建设方面进行思考。[2]

弘扬家庭养老伦理道德,需从两方面发力。一方面,营造养老、敬老、孝老的社会氛围,使孝老、敬老内化为家庭成员的自觉行动。这就要

---

[1] 《关于优化生育政策促进人口长期均衡发展的决定》,《人民日报》2021 年 6 月 1 日第 1 版。
[2] 韦艳、张本波:《"依亲而居":补齐家庭养老短板的国际经验与借鉴》,《宏观经济研究》2019 年第 12 期。

求：在家庭，中年一代不仅要教育、鼓励子女孝敬长辈、尊敬长辈，还应身体力行孝敬父母、赡养父母，为子代做好榜样，真正做到言传身教，从而建立良好的家庭养老伦理道德环境；在学校，注重对传统孝文化的灌输与弘扬，在德育课程中设置完整、系统的孝文化专题，增强学生对孝文化的理解，提高学生的尽孝意识；在企事业单位，将是否养老、孝老、敬老纳入综合考核体系，作为提拔、晋升的重要指标；在社会，加强对孝文化的倡导，积极传播孝老、敬老的先进事迹，形成尊老、爱老、孝老的良好社会风气，积极发挥舆论监督作用，促使子女主动履行赡养义务。

另一方面，加强家庭养老伦理道德的法治建设，德治与法治相结合，约束家庭成员主动承担养老责任。历史上，《唐律》《大明律》均将"不孝"列为十恶之一，予以严惩。我国的《婚姻法》《老年人权益保障法》虽然也都规定了子女的赡养义务，但多为倡导性条款，对子女的不孝行为约束力小、惩戒性弱。以史为鉴，需用法治手段，强化对孝行为的褒奖和对不孝行为的惩处，将子女应尽的赡养义务明确化、具体化，对虐待老人、不履行赡养义务的子女给予严厉的法律制裁，对养老、敬老、孝老的子女给予奖励和优待。

综上所述，与机构养老相比，家庭养老有着独特的优势和基础，是大多数中国老年人首选的养老方式，在缓减国家养老压力、保障老年生活方面发挥着重要作用。但随着家庭结构的变迁和城镇化的发展，家庭养老功能逐渐弱化，使家庭养老面临经济、服务、技术、组织、道德等多重风险。家庭养老风险不仅是老年人及其家庭的风险，更是整个社会的风险，需要在精准标识的基础上，进行有针对性的治理。当前，国家对家庭养老的支持主要集中在困难家庭和特殊家庭上，是一种典型的"补缺式"家庭政策，应对家庭养老风险作用有限。为规避和治理家庭养老风险，防止家庭养老风险转化为社会风险，需明确国家和家庭的组织责任，综合运用经济、服务、技术、伦理道德等手段，全方位地提升家庭养老的抗风险能力，实现老有所养、老有所依。

文章原载于《社会保障评论》2021 年第 4 期，
收入本书时略有修订。

以高质量社会保障助推共同富裕：
逻辑关联、现实难题与关键路径

白维军[*]

摘要：社会保障是实现共同富裕的重要途径，公平可持续、统一规范、系统协调、包容共享、法治化的高质量社会保障，在物质基础、构建内容、分配逻辑等方面与共同富裕高度契合，马克思的生产、分配、交换、消费关系理论也为社会保障实现共同富裕提供了坚实的理论支撑，由此形成社会保障与共同富裕的逻辑关联。针对当前社会保障发展质量不高的突出问题，需从整合优化制度体系、发挥反贫困和再分配功能、促进基本公共服务均等化等方面，提升社会保障质量，助推实现共同富裕。

关键词：社会保障；高质量发展；共同富裕

引　言

习近平总书记指出，"共同富裕是社会主义的本质要求，是中国式现代化的重要特征"，"要深入研究不同阶段的目标，分阶段促进共同富裕：到'十四五'末，全体人民共同富裕迈出坚实步伐"，"到2035年，全体人民共同富裕取得更为明显的实质性进展"，"到本世纪中叶，全体人民共同富裕基本实现，居民收入和实际消费水平差距缩小到合理区间"。[①] 共同

---

[*] 作者简介：白维军，内蒙古大学公共管理学院教授、博士生导师。主要研究方向为社会保障与社会治理。

基金项目：国家社科基金"中国社会保障体系建设与扎实推进共同富裕研究"（项目编号：21STA002）、"边疆民族地区社会治理与铸牢中华民族共同体意识互构研究"（项目编号：21BMZ016）。

① 习近平：《扎实推动共同富裕》，《求是》2021年第20期。

富裕已成为当前我国重大的理论和现实议程，是推动人的全面发展和实现第二个百年奋斗目标的重大战略举措，也是关乎民心向背和能否筑牢党长期执政基础的政治行动。关于如何实现共同富裕，习近平总书记在中央财经委员会第十次会议上指出："要坚持以人民为中心的发展思想，在高质量发展中促进共同富裕。"① 遵循高质量发展思路，在努力实现全体人民共同富裕的背景下，高质量社会保障应成为推动共同富裕的重要途径和共享经济发展成果的制度保障。因为，社会保障是保障和改善民生、维护社会公平、增进人民福祉的基本制度保障，是促进经济社会发展、实现广大人民群众共享改革发展成果的重要制度安排。②

共同富裕有两层含义：一是"富裕"，即要消灭贫穷；二是"共同"，即要消灭两极分化。邓小平同志指出："社会主义的目的就是要全国人民共同富裕，不是两极分化。"③ 共同富裕要求全体人民不论城乡、不分地区都能平等地享有经济发展成果，体现社会发展的公平与包容；要求在法治化轨道上，统一规范、持续有序地实现物质和精神富足，体现社会发展的进步与共享。但是，共同富裕不是同时富裕，也不是同步富裕，需要运用系统思维协调规划，在科学可行的行动纲要下分阶段、分步骤渐次实现。而以公平可持续、统一规范、系统协调、包容共享、法治化为特征的高质量社会保障，既高度契合共同富裕的价值追求，又为实现共同富裕提供了路径选择，由此形成高质量社会保障与实现共同富裕的理论逻辑和事实逻辑。

本文以社会保障高质量发展为切入点，探讨其与共同富裕的逻辑关联，在深入分析当前社会保障发展质量不高，制约共同富裕目标实现的基础上，从优化社会保障制度体系、发挥社会保障反贫困与再分配功能、提升社会保障基本公共服务能力等关键环节，提出高质量社会保障推动实现共同富裕的具体路径，为最终实现全体人民共同富裕提供理论依据和决策参考。

---

① 《在高质量发展中促进共同富裕统筹做好重大金融风险防范化解工作》，《人民日报》2021年8月18日第1版。
② 习近平：《促进我国社会保障事业高质量发展、可持续发展》，《求是》2022年第8期。
③ 邓小平：《邓小平文选》（第三卷），人民出版社1993年版，第110—111页。

一　何谓高质量社会保障

高质量社会保障是指通过科学的制度安排，使社会保障作为一个整体，系统、协调、规范、统一地运行在法治化轨道上，在城乡、区域、人群间形成公平、高效、共享、包容、充分、可持续的制度体系，全面保障人民对美好生活的向往。

第一，公平、可持续的社会保障。创造起点公平、维护过程公平、缩小结果的不公平是社会保障与生俱来的使命，塑造社会公平是社会保障不懈追求的目标；可持续则从发展的角度给社会保障注入不竭动力，是社会保障发挥经济、政治、社会、文化功能的根本保障。公平与可持续不仅是社会保障高质量发展的制度要求，也是坚持新发展理念的根本遵循。公平的社会保障要求全体社会成员平等地享有社会保障权利，实现法律面前人人平等。可持续的社会保障则要求社会保障制度具有发展性、战略性和前瞻性，既立足现实解决实际问题，又着眼未来解决发展中可能出现的问题，做到当前利益与长远利益兼顾；要求与经济发展水平相适应，防止落入"福利陷阱"。

第二，统一规范的社会保障。社会保障是一个全局性、整体性、系统性、协同性的制度体系，要求有一套统一规范的运行法则予以指导、约束，不能各自为政、各行其是。习近平总书记指出："要在推动社会保障事业高质量发展上持续用力，增强制度的统一性和规范性，发展多层次、多支柱养老保险体系，把更多人纳入社会保障体系。"[①] 统一规范是社会保障制度健康发展的内在要求，也是高质量社会保障的重要体现。打造高质量社会保障体系要强化顶层设计，保持制度的一致性，做到全国一盘棋；要强化制度的刚性约束，限制社会保障自由裁量权，以统一的制度规范向全国推广，提升社会保障制度的效能。

第三，系统协调的社会保障。社会保障是各种具有经济福利性的、社

[①] 《把提高农业综合生产能力放在更加突出的位置　在推动社会保障事业高质量发展上持续用力》，《人民日报》2022年3月7日第1版。

会化的国民生活保障系统，① 回应高质量发展要求，新时代社会保障制度建设需坚持系统观念，在全局与局部、整体与要素的关系中找寻规律、建立秩序，构建完整、高效的社会保障体系。要在统筹发展的视角下，均衡考虑保生存的社会救助制度、谋发展的社会保险制度、提水平的社会福利制度、补短板的补充保障制度，形成完整保障链，确保社会保障的系统性和全面性。在中观和微观层面，则要做到在某一领域或某一制度设计上的连续性和完整性，确保专项社会保障功能的充分发挥。同时要处理好各项制度之间的关系，清晰界定制度功能，相互补充、相互配合，提高社会保障统筹谋划和协同推进能力，打造高质量社会保障体系。

第四，包容共享的社会保障。社会保障是一个包罗万象的民生工程，涉及的都是老百姓最关心最直接最现实的利益问题，牵系民心，关乎政治。社会保障需以一种包容的姿态和方式，将所有主体纳入进来，形成共建共治局面，最终实现人人共享。包容性社会保障要求扩大社会保障覆盖面，在制度全覆盖的基础上实现人员全覆盖；要求将政府、企业、社会、个人等主体全面纳入社会保障治理体系，形成共建共治局面。共享型社会保障则要求以共同富裕为目标，持续加大再分配力度，提高共享份额，处理好一次分配、二次分配、三次分配的关系，让社会财富在全体社会成员间合理分配；要求利用数字技术和信息平台，为共享创造便利条件，提升群众的获得感和满意度。

第五，法治化运行的社会保障。依法治国是党领导人民治理国家的基本方略，社会保障治理同样需要在法治的轨道上稳步前进。高质量社会保障必须有健全的法治体系，应遵循立法先行、以法定制、依法实施的国际通行惯例，制定完整的社会保障立法规划并付诸行动。② 加强社会保障立法工作，既要与时俱进对已有法律进行修订完善，又要填补法律空白，使各项社会保障制度都能有法可依；实施过程中要做到有法必依，增强社会保障制度的严肃性和权威性；对发生的矛盾纠纷能及时通过法律途径妥善

---

① 郑功成：《社会保障学：理念、制度、实践与思辨》，商务印书馆2020年版，第11页。
② 郑功成：《面向2035年的中国特色社会保障体系建设——基于目标导向的理论思考与政策建议》，《社会保障评论》2021年第1期。

解决，对各种社会保障违法行为严厉惩处，做到违法必究。正如习近平总书记所言："要从立法、执法、司法、守法各环节加强社会保障工作，在法治轨道上推动社会保障事业健康发展。"

二 高质量社会保障助推共同富裕的逻辑关联

党的十九大报告指出，"我国社会主要矛盾已经转化为人民日益增长的美好生活需要和不平衡不充分的发展之间的矛盾"，[①] 美好生活既包括物质层面的满足，也包括精神层面的富足，这与共同富裕的目标追求是完全一致的。习近平总书记指出，"促进共同富裕与促进人的全面发展是高度统一的"，"共同富裕是全体人民共同富裕，是人民群众物质生活和精神生活都富裕"。[②] 高质量社会保障以公平、可持续、统一规范、系统协调、包容共享、法治化等特质，全面回应了共同富裕对"富裕"和"共享"的要求，在生产、分配、交换、消费等环节有力地推动着共同富裕目标的实现，形成了高质量社会保障与共同富裕的理论逻辑和事实逻辑。

马克思指出，"社会生产力的发展将如此迅速"，"生产将以所有人的富裕为目的"。[③] 彰显了社会主义追求共同富裕的价值与目标。中国共产党高举马克思主义伟大旗帜，对共同富裕进行中国化阐释，形成了有中国特色的共同富裕理论。我们坚持以人民为中心的发展思想，通过社会保障制度，不断改善和发展民生，积极推进人的全面发展，走共同富裕之路。中国共产党走高质量社会保障道路与马克思主义共同富裕理论在逻辑上具有连贯性，与通过社会保障实现共同富裕在理论上也具有一致性。

高质量社会保障也以其强大的经济、社会、政治、文化功能，为实现共同富裕创造条件、夯实基础，彰显出二者紧密的逻辑关联。社会保障是劳动力再生产的"保护器"，当劳动力再生产遇到障碍时，社会保障能给予劳动者最基本的生活保障，维系劳动力再生产需要，保障社会再生产的

[①] 习近平：《习近平谈治国理政》（第三卷），外文出版社2020年版，第9页。
[②] 习近平：《扎实推动共同富裕》，《求是》2021年第20期。
[③] 中共中央马克思恩格斯列宁斯大林著作编译局编译：《马克思恩格斯选集》（第二卷），人民出版社2012年版，第9页。

正常进行。社会保障也能发挥经济发展的"调节器"作用，当经济过热或过冷时，国家往往会通过社会保障来调节经济发展，为经济发展保驾护航。社会生产是经济发展的前提，经济发展则为共同富裕奠定物质基础，这也是实现共同富裕"做大蛋糕"的基础环节，高质量社会保障通过可持续、统一规范、系统协调的制度安排，为实现共同富裕创造经济条件。

高质量社会保障通过公平、统一规范、包容共享的制度安排，及时回应和解决社会问题，起到社会运行"稳定器"作用。以社会保障这一"柔性"制度，舒缓社会张力，打造富有弹性的包容性社会空间，从而为实现共同富裕提供和谐稳定的社会秩序。共同富裕的实现离不开社会分配正义，分配正义既包括经济利益的分配公正性，也包括非经济利益的分配公正性。在社会保障利益分配中，以包容、共享的理念和方式，既对高收入者进行收入调节，也对兜底性民生进行特殊保障，同时对公共安全、生活环境等予以营造，通过社会保障优化社会结构、分配社会利益、缓解社会情绪，为实现共同富裕创造社会条件。

高质量社会保障也以法治化的运行和公平正义的制度设计，为实现共同富裕创造政治条件。社会保障是治国安邦的大问题，我们党自建立之日起就十分重视发挥社会保障的政治功能。高质量的社会保障法制建设和法治化运行，既保障了公民分享经济成果的权利，也强化了政府的社会保障责任，为通过社会保障实现共同富裕提供了坚实的政治保障。而且，民生连着民心，通过社会保障提升民生福祉，赢得民心、夯实执政基础，是巩固党的领导以及团结全体人民共建社会保障，最终走向共享和共同富裕的必由之路。

高质量社会保障对实现共同富裕还有文化引导和价值引领作用，为实现共同富裕创造文化条件。习近平总书记指出，在促进人民精神生活共同富裕中"要强化社会主义核心价值观引领，加强爱国主义、集体主义、社会主义教育，发展公共文化事业，完善公共文化服务体系，不断满足人民群众多样化、多层次、多方面的精神文化需求"。[①] 在长达几千年的社会保障实践传承中，我国社会保障蕴含着丰富的集体主义和人道主义精神，也

---

① 习近平：《扎实推动共同富裕》，《求是》2021年第20期。

体现着勤劳致富的理念主张，高质量社会保障将上述优秀品质和优良传统发扬光大，对纠正共同富裕中的一些错误认识和不恰当做法具有积极意义。通过社会保障传承优秀文化、创新文化形式，能丰富共同富裕内涵，助推物质生活和精神生活共同富裕。

马克思的生产、分配、交换、消费关系理论，对高质量社会保障与共同富裕之间的逻辑关联同样具有强大的解释力。马克思指出："生产创造出适合需要的对象；分配依照社会规律把它们分配；交换依照个人需要把已经分配的东西再分配；最后，在消费中，产品脱离这种社会运动，直接变成个人需要的对象和仆役，供个人享受而满足个人需要。"① 社会保障虽然不直接从事生产活动，但其可以通过投资和调节等手段，对经济发展施加作用，从而促进社会总产品的增加，为共同富裕提供物质保障。社会保障通过调节社会总需求，平抑经济波动，保障生产活动的顺利进行；通过社会保障基金的投资，繁荣资本市场，激发社会生产活力，产出更多生活必需品；通过津贴、补助等，保障人的生存发展权，为社会生产提供高素质劳动力，确保生产、再生产的持续进行，这些都是实现共同富裕的重要保障。

高质量社会保障推动共同富裕的分配功能主要体现在再分配中，尤其是二次分配和三次分配。通过包容共享制度的设计，社会保障以社会保险、社会救助、慈善捐赠等形式，实现了社会财富再分配，使经济发展成果通过社会保障更多地惠及普通劳动者，缩小收入差距，推动人人共享，最终走向全体人民共同富裕。

社会保障交换功能广泛体现在邻里互助、代际分担、"时间银行"等实践中，其以一种"互通有无"或"投资—回报"方式，在相互交换中调配社会保障资源。保障程度的提升和生活质量的改善，对推动共同富裕具有积极的促进作用。消费也是体现富裕程度的一个重要指标，在社会生产四要素中，马克思指出："生产表现为起点，消费表现为终点，分配和交换表现为中间环节。"② 消费能力和消费水平的高低直接反映也决定着共同

---

① 中共中央马克思恩格斯列宁斯大林著作编译局编译：《马克思恩格斯选集》（第二卷），人民出版社 2012 年版，第 688—689、787 页。
② 中共中央马克思恩格斯列宁斯大林著作编译局编译：《马克思恩格斯选集》（第二卷），人民出版社 2012 年版，第 688—689、787 页。

富裕的程度，高质量社会保障通过对社会成员生、老、病、死、残等生活风险的预防，能消除人们的后顾之忧，使人们敢于将更多收入用来消费，缩小与富裕群体的生活差距。高质量社会保障通过对生产、分配、交换、消费的调节，能有效推动共同富裕，彰显社会保障与共同富裕的逻辑关系。

三 我国社会保障发展的短板与不足

党的十八大以来，党中央把社会保障体系建设摆上更加突出的位置，建成了世界上规模最大的社会保障体系。但是，我国社会保障体系仍然存在短板和不足，与高质量发展的要求仍有差距，推动共同富裕的能力还需进一步提升。

一是社会保障制度的公平性和可持续性有待提升。在新的社会主要矛盾下，社会保障领域同样面临着地区、群体、制度之间的不平衡，以及居民需求难以有效满足、基本公共服务供给不足、不充分等问题。总体来看，城市居民的保障程度远高于农村居民，不同保障项目也面临不同的财政境遇，社会保障还存在诸多不足。正如习近平总书记指出，我国"社会保障统筹层次有待提高，平衡地区收支矛盾压力较大；城乡、区域、群体之间待遇差异不尽合理；社会保障公共服务能力同人民群众的需求还存在一定差距；一些地方社保基金存在'穿底'风险"。① 这些均与高质量社会保障的要求相去甚远，对推动共同富裕的作用有限。此外，我国社会保障还存在突出的"碎片化"问题，损害着制度的公平性和可持续性。无论是宏观层面的制度林立，还是中观层面的统筹层次阻隔，抑或是微观层面的制度缺陷，都造成不同区域、不同群体在享受社会保障待遇中的不公平，损害着社会保障的可持续发展，对推动共同富裕形成了制度障碍。

二是社会保障制度尚未实现"全国一盘棋"，统一性和规范性有待加强。随着社会保障体系的不断成熟，制度的统一性和规范性被提上重要日程，过去"先行先试""多点试错"的做法须作出调整，以强化制度的规

---

① 习近平：《促进我国社会保障事业高质量发展、可持续发展》，《求是》2022 年第 8 期。

范性，压缩自由裁量空间，做到全国一盘棋。以社会保障信息化建设为例，当前社会保障信息分散在不同的管理机构，社保、民政、税务、公安、银行等各自掌握着不同的居民信息，若某一机构出于工作需要想调用另一机构掌握的居民信息，存在烦琐的行政程序和制度障碍。社会保障信息共建共享机制缺失，导致社会保障互联互通难、资源共享难、业务协同难，降低了社会保障行政效率和精细化管理水平。社会保障制度缺乏统一规范，不仅降低制度效能影响社会保障高质量发展，而且会造成新的不公平，无助于缩小贫富差距和推进共同富裕。正如习近平总书记所言："社会保障体系建设要坚持国家顶层设计，做到全国一盘棋。要增强制度的刚性约束，加强对制度运行的管理监督。各地区务必树立大局意识，严肃落实制度改革要求，不得违规出台地方'小政策'。可以允许一定时期内存在区域间社会保障水平上的差异，但不能动摇统一制度的目标，不能自行其是、搞变通。"①

三是社会保障共建共享、协同供给机制尚不完善。我国社会保障制度改革已进入系统集成、协同高效的阶段，这就要求政府、市场、社会、个人都参与到社会保障体系建设中来，改变过去政府"一枝独大"局面，形成共建共治、协同共享局面。在共同富裕背景下，实现对经济发展成果的共享，要求以高质量社会保障为手段，让全体社会成员能在参与中实现自身利益，实现社会保障共建共享，助推共同富裕。但是，当前我国社会保障"政府主导并负责管理的基本保障'一枝独大'，而市场主体和社会力量承担的补充保障发育不够"。② 个人和企业参与社会保障更多地体现在缴费和履行义务以及理论与形式层面，真正能在社会保障事务管理和监督检查中发挥作用的空间极为有限。即使在政府层面，中央政府和地方政府在某些项目上也存在职责不清和职责失衡现象，没有在全社会、全过程形成真正的共建格局。共享方面，再分配制度不完善，当前不管在国家与个人，还是富裕群体与普通民众之间的财富共享均存在不足，弱化着社会全体成员对经济发展成果的共享度，不利于共同富裕的实现。共建才能共

---

① 习近平：《促进我国社会保障事业高质量发展、可持续发展》，《求是》2022年第8期。
② 习近平：《促进我国社会保障事业高质量发展、可持续发展》，《求是》2022年第8期。

享，以共建为手段，在共建中形成共识，最终实现共享，是高质量社会保障助推共同富裕的必由之路。

四是社会保障法治化建设需大力推进。社会保障的规范运行离不开法律法规约束，更需要在良好的法治环境中稳步前行。但是，当前社会保障法制建设较为滞后，且处于碎片化状态，与高质量社会保障和以法治化为手段推动共同富裕的要求尚有差距。我国有关社会保障的制度被分散规定在不同的法律规范文件中。例如，法律层面有《中华人民共和国社会保险法》《中华人民共和国未成年人保护法》等，行政法规层面有《社会救助暂行办法》《失业保险条例》等，法律文件有《国务院关于进一步加强就业再就业工作的通知》《国务院关于完善企业职工基本养老保险制度的决定》等，尚无一部综合的《社会保障法》统一规范各种社会保障行为。社会保障法律法规碎片化、立法层次高低不一，导致全国性立法和地方性法规大量并存，弱化了社会保障的统一性和规范性。此外，还会导致社会保障立法之间的重复与冲突。在部门体制驱动下，相关部门各行其是，从各自职权和立场出发，纷纷出台法律条文和制度规定，由于目标和定位不同，经常出现法律之间重叠，甚至互相冲突，这些均与高质量社会保障法治要求不符，也不利于共同富裕的推进。

四　高质量社会保障助推共同富裕的关键路径

"国之称富者，在乎丰民。"财富的创造和分配是各国都需面对的重大问题。① 共同富裕就是要处理好财富的创造和分配问题，协调"做蛋糕"与"分蛋糕"关系，在全面建成小康社会的基础上，坚持以人民为中心的发展思想，不断满足人民对美好生活的向往，最终实现人的全面发展。如何通过高质量社会保障推动共同富裕，需对社会保障制度进行整合优化，提升制度质量，形成制度合力；需充分发挥社会保障的反贫困、再分配功能，实现财富在不同群体间的合理流动，满足人们对物质富裕的需求；需大力发展社会保障基本公共服务，满足人们对精神富裕和服务保障的需

---

① 习近平：《正确认识和把握我国发展重大理论和实践问题》，《求是》2022年第10期。

求。上述几方面是通过社会保障实现共同富裕的关键点和着力点，需深入把握、精准施策。

第一，进行制度整合优化，提升制度质量，形成制度合力，增强社会保障的公平性和可持续性，为推动实现共同富裕打好制度基础。社会救助领域，在消除绝对贫困和全面建成小康社会的基础上，扩大农村低保制度覆盖范围，将低保边缘户纳入制度空间，形成相对贫困人口生活"兜底网"。在乡村振兴背景下，需将农村社会救助制度纳入乡村振兴战略统筹谋划，实现二者相互衔接、相互促进。城市社会救助方面，需打破户籍限制，在共同富裕、共建共享背景下，以"常住"为依据，将城市低保制度和农村低保制度进行整合，让持有农业户口但常住在城市的贫困者，也能被城市低保制度覆盖，增强其生活保障性。在社会保险领域，将机关事业单位养老保险制度与城镇职工基本养老保险制度合并实施，条件成熟的地方，可以将职工基本医疗保险制度和城乡居民基本医疗保险制度进行整合，建成统一的国民医疗保险制度。生育保险已经实现了与医疗保险的整合，接下来需考虑如何将灵活就业人员、新业态从业者纳入社会保险制度，尤其是职业伤害和劳动权益保障问题，将目前他们所能享受的各种保障待遇进行整合，统一规范到以国家为主体的社会保险制度上，增强保障性。在社会福利领域，剥离针对妇女、儿童、残疾人等特殊群体的救助性福利安排，将其归并到社会救助制度中。以提高生活质量和生活水平为目的，对养老、医疗、生活等服务以及全民福利项目进行整合，将原来隶属社会救助系统的福利性项目剥离出来，纳入社会福利，形成适度普惠型社会福利制度。

第二，发挥社会保障反贫困功能，以高质量的救助、保险、福利制度，共享经济发展成果，通往共同富裕之路。随着绝对贫困的消除，我国进入相对贫困治理阶段。解决相对贫困问题是追求共同富裕的当务之急，只有科学地解决了贫困难题，才能真正达到共同富裕。[①] 在社会救助制度中，需随着国家经济的发展和人们对高品质生活的追求，健全社会救助待

---

① 付文军、姚莉：《新时代共同富裕的学理阐释与实践路径》，《内蒙古社会科学》（汉文版）2021年第5期。

遇自然增长机制，确保社会救助对象的基本需要得到满足并适度共享社会发展成果。要创新救助对象"瞄准"方法，积极探索主动发现、主动救助、主动帮扶的工作机制，不断提高社会救助的精准性。要在社会救助制度中逐步增加就业激励因素，促进有劳动能力的救助对象尽快进入劳动力市场，鼓励并支持其勤劳致富。① 在社会保险制度中，在养老保险实现全国统筹的情况下，需提高医疗保险、工伤保险、失业保险的统筹层次，以更具统筹和支付能力的财政政策，提高待遇享受群体的报销额度，在消弭地区差距的同时，节约保险对象求医问药成本，防止"因病返贫"等现象的发生。养老领域则需加快发展多层次、多支柱养老保险体系，改变目前基本养老保险"一家独大"局面，健全基本养老保险筹资和待遇调整机制，扩大企业年金和职业年金覆盖范围，规范发展个人养老金制度。同时，根据每项社会保险基金储备情况，"开源""节流"双管齐下，提升社保资金的可持续性，为推动共同富裕注入不竭动力。面向老年人、残疾人、妇女儿童的社会福利制度同样具有显著的反贫困功能，需健全完善针对这些特殊群体的物资补贴制度，提高其社会保障待遇，共享经济发展成果，与其他群体一道走向共同富裕。

第三，增强社会保障再分配功能，以社会保险、慈善捐赠为重点，不断提高共享份额，助推全体人民实现共同富裕。缴费型社会保险中的个人缴费和补充保障制度中的慈善捐赠都是重要的财富再分配手段，其以互助共济为特点，在"做大蛋糕"后的"分蛋糕"环节发挥着重要的收入调节作用，对实现共同富裕有极大影响。正如习近平总书记所言："要发挥再分配的调节作用，加大税收、社保、转移支付等的调节力度，提高精准性。要发挥好第三次分配作用，引导、支持有意愿有能力的企业和社会群体积极参与公益慈善事业，但不能搞道德绑架式'逼捐'。"② 为提高共享份额，社会保险领域首先需提高统筹层次，实现更大范围内社保基金的互助共济，避免出现"苦乐不均"。受利益羁绊短期内无法提高统筹层次的地区，则应实行调剂金制度，并逐渐加大调剂比例。另外，强化二次分配

---

① 何文炯：《建设适应共同富裕的社会保障制度》，《社会保障评论》2022年第1期。
② 习近平：《正确认识和把握我国发展重大理论和实践问题》，《求是》2022年第10期。

中个人缴费的互助功能，借鉴城乡居民基本医疗保险制度中关于个人账户改革的做法，在基本养老保险和城镇职工基本医疗保险中逐步"做小"个人账户，扩大社会统筹账户，提高全体社会成员的共享份额。遵循制度的统一性和规范性要求，加大企业年金工作力度，通过薪资结构调整和政府税惠政策，鼓励、吸引更多企业为职工建立企业年金制度，增加职工的共享份额，不让"第二支柱"成为特殊福利，而要具有普享性。慈善事业作为第三次分配的主要方式，是初次分配和再分配的重要补充，对促进共同富裕具有积极意义。① 这一过程中，首先应看到慈善的对象已发生变化，从原来的绝对贫困人口变成了相对贫困群体，慈善对象的需求也发生了变化，这就要求及时调整慈善内容，走出经济型慈善的传统思维，树立全面慈善观，提供丰富多样的"慈善产品"，满足人们多样化的生活需求。其次要更新慈善手段，随着大数据、云计算、区块链等技术的发展，慈善也应改变传统的线下模式，大力发展线上慈善，让社会上的极富裕群体和普通富裕群体能便捷地参与到慈善事业中，为推动共同富裕贡献力量。要改变慈善行为和慈善捐赠的价值评判与认可方式，通过税款优惠、表彰宣讲以及"溢出政策"等灵活方式，褒奖和鼓励慈善行为、激发慈善热情，在全社会形成良好的慈善文化，发挥慈善事业的共同富裕功能。

第四，促进社会保障基本公共服务均等化，满足人民群众精神富足、服务保障的需求，推动实现共同富裕。人民对美好生活的向往不仅有物质富裕，还有精神富足，不仅有经济保障需求，还有服务保障需求，是一个全面的保障体系。公共服务的普惠和普及是共同富裕的评判标准之一，尤其是教育、医疗、养老、住房等基本公共服务是衡量共同富裕的重要指标，其均等化水平直接决定了社会成员对经济发展成果的共享程度。因此，实现共同富裕，必须充分重视和扎实推进基本公共服务均等化，丰富社会保障的基本公共服务内容。共同富裕是物质富裕和精神富裕的共同满足，依据马克思主义经济基础决定上层建筑原理，在全面建成小康社会的

---

① 周翠俭、刘一伟：《共同富裕背景下居民慈善捐赠的同群效应研究》，《社会保障研究》2022年第1期。

背景下，应高度重视人的精神富裕问题。因而，需丰富基本公共服务内容，着眼于人民群众休闲娱乐、精神文化方面的需求，以社区为依托，通过政府财政转移，在城乡大力发展基本公共文化服务，缩小城乡之间、地区之间基本公共文化服务差距，提高精神财富共享度。随着人口老龄化和生活需求多样化，需大力发展生活照料、养老服务、精神慰藉等社会服务事业，满足人们对服务需求的愿望。同时，回应人们对教育、就业、住房等的新需求，需加大普惠性人力资本投入，完善相关领域服务体系，均衡地区和人群差距，以均等化的基本公共服务，提高共享份额，推动实现全体人民共同富裕。增强社会保障基本公共服务可及性。党的十九届四中全会指出，要"完善公共服务体系，推进基本公共服务均等化、可及性"。[①]基本公共服务可及程度，同样是衡量共享水平的重要指标，如果基本公共服务体系非常完善，但城乡居民享受到的服务却差距很大，同样不是共同富裕。在社会保障领域，应依据《关于建立健全基本公共服务标准体系的指导意见》，以幼有所育、学有所教、劳有所得、病有所医、老有所养、住有所居、弱有所扶为纲要，明确人社领域基本公共服务供给的国家清单及服务标准，并以灵活多样、方便快捷的方式递送到群众手中，提高公共服务的可及性和可得性。需根据人口规模、空间特征、居民素养，合理布局基本公共服务设施，扩大基本公共服务覆盖范围，提升公共服务水平质量，提高人们享受公共服务的便利性。同时，根据社会经济发展水平，尽量统一服务标准，让城乡、区域、人群间能享受到大体均等的一体化公共服务，从而实现共享成果、共同富裕。

社会保障是实现共享发展和走向共同富裕的基本途径与制度保障，社会保障与共同富裕在价值理念、制度内容、实践运行等方面具有高度一致性。以公平、可持续、统一规范、系统协调、包容共享、法治化的高质量社会保障为统领，通过制度整合优化，充分发挥社会保障反贫困和再分配功能，并以社会保障基本公共服务均等化为手段，不断提高全体社会成员对物质财富和精神文明的共享度，能有效满足人民对美好生

[①]《中共中央关于坚持和完善中国特色社会主义制度　推进国家治理体系和治理能力现代化若干重大问题的决定》，《人民日报》2019年11月6日第1版。

活的向往,不断实现共同富裕的阶段性目标,最终走向全体人民共同富裕。

文章原载于《人民论坛·学术前沿》2022年第16期,收入本书时略有修订。

分层分类：
我国农村养老服务的制度创新与路径构建

白维军　王　欢[*]

摘要：借鉴社会救助中的分层分类概念，根据老年人特征进行养老服务分层设计，按照服务内容进行分类供给，构建分层分类的农村养老服务制度，是积极应对农村人口老龄化、实现农村养老服务精准供给的重要保障。农村分层分类养老服务构建需以政府为主导、需求为导向，协同多元主体、适应经济发展，综合考量制度设计与运行管理、供给内容与供给方式、经济支持与技术驱动，联合供给主体、丰富供给内容、创新供给形式、推动供给赋能，全面实现农村养老服务高质量发展。

关键词：农村老龄化；分层分类；养老服务

一　问题提出

进入 21 世纪，我国人口老龄化速度明显加快，第七次全国人口普查显示，我国 60 岁及以上老年人口已达 2.64 亿人，占总人口的 18.70%，[①] 超过老龄化标准 8.7 个百分点。在农村，由于城镇化和工业化的持续发展，

---

[*] 作者简介：白维军，内蒙古大学公共管理学院教授、博士生导师。主要研究方向为社会保障与社会治理。
王欢（通讯作者），内蒙古工业大学发展规划与学科建设处（高等教育研究所）讲师，主要研究方向为社会保障与社会治理。
基金项目：国家社科基金重大项目"全面建成小康社会背景下相对贫困治理的实现路径研究"（项目编号：22&ZD060）。

[①] 国家统计局、国务院第七次全国人口普查领导小组办公室：《第七次全国人口普查公报（第五号）——人口年龄构成情况》，http://www.stats.gov.cn/sj/zxfb/202302/t20230203_1901085.html，2021 年 5 月 11 日。

青壮年劳动力纷纷进城务工,老龄化速度较城市更快、程度更深。截至2020年,我国乡村60周岁及以上、65周岁及以上老年人口占乡村总人口的比重分别为23.81%、17.72%,比城镇60周岁及以上、65周岁及以上老年人口占城镇总人口的比重分别高出7.99个百分点、6.61个百分点。①而且,农村呈"少子老龄化""高龄老龄化""空巢化"特征,农村养老面临巨大的压力和挑战。应对农村人口老龄化,化解老龄化带来的潜在风险,实现老有所养、老有所乐、老有所依、老有所安是全面应对人口老龄化风险的关键所在,也是实施乡村振兴战略、实现共同富裕的必然选择。②

在巩固拓展脱贫攻坚成果和乡村振兴背景下,国家不断加强对农村的支持力度。就养老服务而言,目前农村已基本形成居家养老为主体、互助养老为补充、困难群体为重点,面向全体老年人的养老服务格局。然而,二元发展模式的路径依赖导致我国城乡社会保障公共资源配置失衡,加之社会保障体系建设中的"重经济轻服务"倾向,导致我国农村养老服务建设比较滞后,"大水漫灌"式的无差别、粗放型养老服务供给,既浪费了宝贵的养老服务资源,也没有达到精准精细的政策目标。因此,如何在农村养老服务资源有限的情况下,提升养老服务质量和水平,满足老年人多样化需求,成为亟待解决的问题。

随着《"十四五"国家老龄事业发展和养老服务体系规划》的发布,农村养老服务需求多样化与供给有效性引发社会广泛关注,学者们对农村养老服务供给现状及存在的问题进行了大量研究,并取得了丰富成果。但我国地域辽阔,不同区域经济发展水平差距极大,不同特征老年人的养老需求也存在明显差异。因此,应改变从供给侧改革的做法,改由需求侧着眼,以更加精准、精细的举措构建差异化养老服务,满足不同老年人的不同需求,提高农村养老服务的供给质量和供给效能。本文基于农村老年人条件特征和需求的差异性,提出分层分类构建养老服务的思路,深入解读农村分层分类养老服务的内涵,分析分层分类养老服务供给的逻辑与路

---

① 国家老龄健康司发布:《2020年度国家老龄事业发展公报》,http//www.nhc.gov.cn/lljks/pqt/202110/c794a6b1a2084964a7ef45f69bef5423.shtml,2021年10月15日。
② 张志元:《乡村振兴战略下农村养老服务高质量发展研究》,《广西社会科学》2021年第11期。

径，着眼于推动农村养老服务高质量发展。

二 农村分层分类养老服务的制度设计与协同耦合

党的二十大报告提出"健全分层分类的社会救助体系"，[①] 这一主张既为探索中国特色社会救助体系指明了方向，也为社会保障其他项目的分层分类设计提供了思路。当前，社会救助分层分类研究层出不穷，但养老服务尚未引入这一概念，地方上有探索分层分类提供养老服务的做法，但鲜有理论层面的阐述和提炼。本文受社会分层理论、ERG理论、协同理论的启发，提出"农村分层分类养老服务"的概念，探究农村老年人差异化特征与多样性需求，厘清农村养老服务供给的价值追求与实施要领，为提升农村养老服务质量和水平提供理论支持和路径选择。

（一）根据老年人特征进行养老服务分层设计

"分层"（stratify）最早被用于地理地质学研究，用来解释地质构造差异。随着阶级的出现，这一概念被引入社会学领域，旨在探讨由个体掌握资源差异而造成的社会地位不平等现象。[②] 韦伯从经济、政治、社会三个层面对社会进行层次划分，进而考察社会的形塑与变迁。社会分层理论启发我们在面对数以亿计的农村老年人时，应根据老年人的不同特征对老年服务进行分层设计，不同的老年群体因养老需求不同，应当有不同的养老服务制度和政策，这样才能实现养老服务的供需匹配。

农村老年人年龄结构、健康状况、收入水平各不相同，其对养老服务资源的占有也存在明显差异。特征分层就是根据老年人年龄、收入水平、健康状况等变量，将老年人状况归纳为行动能力和经济条件两类，然后进行特征层级评价，并依此制定相应的养老服务制度和政策。以老年人的行动能力进行养老服务分层设计，能充分保障特殊老年人的特殊养老服务需求，实现农村养老服务普遍化；以老年人的经济条件进行养老服务分层设

[①] 习近平：《习近平著作选读》（第一卷），人民出版社2023年版，第40页。
[②] 李春玲：《中国社会分层与流动研究70年》，《社会学研究》2019年第6期。

计,则可找到农村"付费型"和"免费型"养老服务边界,实现农村养老服务的可持续发展。以老年人特征进行养老服务分层设计,并建立差异化养老服务供给制度,既符合低龄老年人独立自主养老意愿,又能满足高龄老年人对生活照料、医疗护理服务的强烈需求,构建系统全面、精准精细的农村养老服务供给体系,为完善农村养老服务制度提供翔实依据。

(二) 按照服务内容进行养老服务分类供给

奥尔德弗 ERG 理论将人的需求分为三类,即生存(Existence)、相互关系(Relatedness)、成长(Growth)。不同于马斯洛的需求层次理论,奥尔德弗认为人的三种需求不是渐次出现,而是同时存在的,三者之间没有先后顺序。这一理论启发我们,老年人的需求是多种多样的,很难按部就班地渐次满足,应根据服务内容进行分类供给。

基于不同的养老服务需求,以服务内容对农村养老服务进行分类设计与供给,能兼顾养老服务的普遍化和个性化,全方位满足老年人的养老需求。根据服务内容,可以大体将农村养老服务分为生活照料服务、医疗护理服务、精神文化服务三类。生活照料服务是维持老年人生存发展的关键问题,根据分类原则又可细化为餐食、家政、业务代办、安全保障等,这对保障老年生活和丰富农村养老服务内容均有重要意义。医疗护理服务是医养结合的重要内容,也是实现高质量养老的根本保障,以供给分类为手段将医疗支持、护理服务、家庭助医等服务有机融合,能提升农村老年人的健康质量,并产生正向健康效应。精神文化服务是老年人提升生活质量的重要保障,随着绝对贫困的消除,农村老年人对精神文化服务的需求逐渐增加,提供符合时代特征和农村实际的精神文化服务,可满足新时代农村老年人丰富的精神文化需求,对推动实现"物质与精神都富裕"的老年人共同富裕有积极意义。

(三) 养老服务分层分类的协同耦合

哈肯的协同理论认为,虽然社会中的系统千差万别,但系统之间存在相互影响和相互合作,各系统在相互协同中共生于整个环境。这一理论启发我们,农村养老服务是一个复杂的系统,如何维护系统的平衡,需根据老年人特征对养老服务进行分层设计,并根据服务内容进行分类供给,分层与分类相结合,达到养老服务系统的供需平衡。

基于协同理论,需构建供需适配、区域均衡、时域耦合的农村分层分类养老服务框架。分层与分类相结合,从农村老年人个体特征和实际需求出发,构建供需适配的养老服务,能建立良好的主客体关系,提升老年人对养老服务的满意度。构建区域均衡的农村养老服务供给格局是基于当前养老服务区域不平衡而做出的现实选择,以分层分类协调耦合为目标,政府需在养老服务构建与资源配置中起主导作用,并通过政策手段调动、发挥市场和社会组织等在养老服务供给中的积极作用,为农村老年人提供区域大体均衡的普惠型养老服务。时域耦合是指根据不同时期农村的实际情况,提供不同的养老服务,体现养老服务与经济发展的协调。农村养老服务构建需立足不同时期农村经济社会发展状况,坚持动态调整、时域耦合,以分层分类为原则,不断丰富供给内容、优化供给方式,提供适应农村生产方式和发展水平的养老服务。

三 农村分层分类养老服务构建的思路、要素与关键问题

在农村养老资源相对有限的情况下,构建分层分类养老服务,推动农村养老服务供给主体更多元、供给内容更丰富、供给效率更高效、医养结合更紧密、供需体系更协调,有效提升农村老年人的生活品质和生活状态。

(一) 分层分类养老服务的构建思路

第一,以需求为导向。以需求为导向是指从需求侧出发,建立适合农村老年人个体特征和需求的养老服务制度。从分层视角看,不同特征老年人对养老服务的需求是不同的,应依照老年人及其家庭的经济水平和行动能力,分清轻重缓急,优先满足农村困难群体最迫切的养老需求,再逐步满足其他群体的养老需求。从分类视角看,农村老年人养老服务需求涉及生活照料、医疗护理、精神文化等多种内容,在当前农村养老服务资源有

限的情况下,应坚持以需求为导向,突出重点,通过精准化、流动化、协同化方式,充分调动供给主体的积极性,构建符合公共服务供给逻辑、贴合老年人实际情况、满足老年人需求内容的农村养老服务。

第二,以政府为主导。以政府为主导是指政府通过直接提供、购买服务或政策引导等形式,建立一套行之有效的领导、协调、服务制度,纠正农村养老服务供给中的"市场失灵"或"志愿失灵"。从分层视角看,农村失能、低收入等特殊困难群体在养老服务获取上存在较大壁垒,为保障农村养老服务"普惠性"实现,应充分发挥政府的组织、动员、协调优势,坚持政府主导,建立科学、系统的养老服务供给体系,保障弱势群体能便捷、高效地获取养老服务。从分类视角看,农村老年人的生活照料、医疗护理和精神文化需求日益旺盛,[①] 但当前养老服务供给体系尚不完善,市场主体参与养老服务供给的意愿不强、内容不足。因此,需通过政府的政策举措拓展市场的服务边界,延展服务内容,发挥政府在建设养老服务公平竞争的统一市场、高效规范的营商环境、公正监管的法制秩序等制度供给与制度执行中的作用,[②] 满足老年人多样化的养老服务需求。

第三,多元主体协同供给。多元主体协同参与养老服务供给是指政府、市场、社会、家庭等积极回应农村老年人养老需求,实现农村养老服务资源的充分动员和利用。从分层视角看,政府需制定农村养老服务政策法规,进行市场监管,并向残疾、鳏寡等特殊老年人直接提供为老服务;市场在保有一定盈利空间的同时,尽可能让渡养老服务价格,为政府分忧解难,共同应对农村人口老龄化危机;社会组织需发挥分散、灵活的优势,向有特殊需求的老年群体提供养老志愿服务或低费养老服务;家庭需强化养老服务职能,尽可能为老年人提供养老所需的一切服务,实现家庭养老功能最大化。从分类视角看,政府需全面承担农村老年人的生活照料、医疗护理、精神文化服务责任,以政策、资金等形式体现政府的主导性;市场和社会根据自身优势和发展战略定位,就某一项或者某些养老服

---

① 青连斌:《老年人有效需求视域下的养老服务高质量发展——基于城乡老年人问卷调查的数据分析》,《社会保障评论》2022年第5期。
② 郭林、高姿姿:《"老有所养"家庭支持政策体系的完善——基于"资源—服务"视域下的家庭养老功能》,《中国行政管理》2022年第10期。

务项目开展有重点的供给服务;家庭则主要承担生活照料及精神慰藉服务。通过分层分类的制度设计,构建起政府、市场、社会、家庭分工明确的农村养老服务框架。

第四,与经济发展相同步。与经济发展相同步就是改变过去不顾经济发展水平,盲目追求"高投入""大而全"的粗放式供给模式,做到农村养老服务供给投入与经济发展水平相适应,因地制宜、因时制宜建设农村养老服务。从分层视角看,就是要保障农村"五保"、低保等困难群体的特困救济金、最低生活保障金增加与经济增速相同步,保障农村各类老年人最基本的养老服务资金需求。从分类视角看,需根据经济发展的实际情况随时调整养老服务水平和内容,坚持保障基本与突出重点的原则,优先满足老年人最紧迫的养老需求,并通过分类扶持的方式逐步推进,依次满足所有老年人的所有养老服务需求。

(二)分层分类养老服务的构成要素

分层分类农村养老服务包括制度、管理、内容、形式、经济、技术、文化等多种要素。[①] 其中,制度、管理是前提,内容、形式是基础,经济、技术、文化是保障。通过要素的有机整合和综合运用,能有效推动养老服务的快速运转,实现农村老年人对老有所养的美好期待。

制度设计和运行管理是实现农村养老服务高质量发展的重要前提。制度设计是指通过健全法律制度、完善管理制度、优化运营制度,以税收优惠、土地供应、财政补贴和保险支持等方式,整合各部门资源、明确职能定位,建立多渠道筹资、多主体参与的责任共担机制,促进养老服务供给的常态化与系统化。运营管理是通过资源整合、过程设计和监督控制等手段,实现政府、市场、社区、家庭及志愿服务组织等主体能分工协作、优势互补、互通互联,在精准了解农村老年人需求类别基础上,确定养老服务供给内容和供给方式,并由政府或第三方机构对供给质量进行评估,及时发现、改正存在的不足,提升农村养老服务供给质量。

供给内容和供给形式是农村养老服务高质量的结构基础。供给内容应

[①] 席恒:《分层分类:提高养老服务目标瞄准率》,《学海》2015年第1期。

涵盖生活照料、医疗护理和精神文化三大领域。其中，生活照料服务应包括餐食、家政、业务代办、安全保障等，实现"老有所养"；医疗护理服务应包括健康宣教、免费义诊、定期体检、药物配送等，实现"老有所医"；精神文化既应包括科学文化、体育锻炼、交流娱乐等基础文化服务，也应包括心理慰藉、权益保障等进阶性服务内容，实现"老有所乐"。供给形式是保障老年人享受养老服务的关键一环，农村分层分类养老服务供给是以居家养老为核心，社区和机构养老为补充的一种养老服务自治形式。其中，居家养老是以家庭为核心，通过家庭内部成员提供服务或由社区上门提供服务的形式，使老年人即使待在家中也能享受到应有的养老服务；社区养老是在居家的基础上，结合社区养老机构，以社区为窗口，结合社会化养老服务机构提供养老服务；机构养老是以专业养老机构为核心，让农村老年人离开家庭或住所，进驻到养老机构接受服务。

经济支持、技术推动、文化助力是实现农村分层分类养老服务的重要支撑。首先，经济支持是指以满足农村老年人基本需求为基准，增加养老服务投入力度，由过去主要依靠地方财政扶持向财政拨款、保险缴费、慈善捐款，以及集体自留经费等多元筹资渠道转变，引导金融机构、社会资本增加农村养老服务投入，以达到供需均衡。其次，通过技术推动将互联网与医疗护理、精神文化服务相结合，帮助农村老年人实现在线问诊、在线娱乐、在线社交，提升养老服务获得的便利性，并将传感设备与互联网、物联网相结合，进行充分的信息交换，实现农村老年人的安全健康监测与实时动态沟通。最后，通过养老文化建设强化家庭养老服务观念，增强子女养老意识，同时转变老年人养老观念，接受机构养老形式，转变"不照顾就是不孝"的传统观念，形成符合中华民族"孝道"文化和新时代养老服务特征的养老氛围，构建整合支持、照料持续的农村养老服务文化。

（三）分层分类养老服务构建的关键问题

分层分类养老服务制度中，首先要明确县、乡、村三级机构在养老服务供给中的角色定位，合理分配权责，构建相互协调、闭环耦合的联动体系。村级养老服务机构应基于自愿原则，通过志愿服务、互助等形式，向农村低龄、健康老人提供基础生活照料、精神文化服务，实现"应助尽助"。乡镇养老服务机构应以兜底为目标，以乡镇为单位建立特殊养老服务中心，向"五保"、失能、失智等特殊和特困老年人提供专业化服务，实现"应保尽保"。县级养老服务机构应秉持普惠、开放原则，面向县域内所有老年人提供各种形式的养老服务，实现"应有尽有"。由于县、乡、村三级机构调动养老服务资源的能力存在差异，其角色定位也应有所区别，当县、乡、村任何一级机构由于养老资源不足，无法提供某项服务时，该服务需依次向上转移。基于政策优化视角建立县、乡、村三级养老服务体系，促进农村养老服务资源整合优化，既可满足农村老年人多样化的养老服务需求，也能有效实现农村失能、低收入等特困群体的普惠性养老诉求。

分层分类养老服务的供给主体应由政府、市场、社会组织、家庭和老年人自身共同构成。其中，政府居于关键地位，不仅要提供普惠性养老服务，还需要在政策出台、协调指挥、保障兜底、服务监督中扮演重要角色；市场除提供农村老年人重点关注的服务项目外，还应积极开发普适性养老产品，扩展供给边界，提升供给质量；社会组织应通过志愿服务、公益活动等形式，推动养老服务供给常态化，为农村养老服务提供有效补充；家庭作为农村养老服务供给的坚实基础和重要主体，应提供基础生活照料和精神文化服务；老年人作为供给对象，既可以扮演监督、组织角色，也可以采取互助的形式积极参与到养老服务供给中。综上，政府、市场、社会组织、家庭、老年人等主体通过体制机制建设，明确角色定位、相互关系和行动方略，形成一套功能完善、层次清晰的农村分层分类养老服务供给体系。这一体系对降低不同行政层级、不同业务部门、不同业务形态间的行动阻力，提升农村养老服务供给质量和供给效率具有积极意义。

分层分类养老服务供给框架中，重点是将农村老年人特征分层与供给分类有机结合，确定各服务内容的优先级。需确定不同特征老年人的养老服务供给内容，依次归纳到生活照料、医疗护理和精神文化三种需求中。以分层分类为行动指引，从"需要"和"想要"角度，进行需求层次和优先级划分，了解不同特征老年人的需求内容及服务的迫切程度，分析影响因素，建立一套涵盖生活照料、医疗护理、精神文化的养老服务框架。通过增加供给总量、优化供给结构，形成重点保障失能、患病、高龄、留守和低收入特困群体，并面向所有农村老年人的养老服务内容体系。

四 农村分层分类养老服务的构建路径

分层分类提供农村养老服务是应对农村人口老龄化的恰当选择，具体建设过程中，需联合供给主体、丰富供给内容、创新供给形式、推动供给赋能，充分调动各方力量，创新运行机制，提升农村养老服务质量，满足老年人多样化、多层次的养老服务需求。

（一）联合供给主体：政府、市场、社会、家庭齐发力

政府是农村养老服务的政策制定者和执行推动者，分层视角下，政府应通过直接提供或购买服务等形式，保障所有农村老年人都能享受到一定程度的养老服务。例如，对低龄或生活能自理的老年人，政府需重视养老服务的多样性和品质性，维护养老服务自主性；对居家但生活无法自理的失能老年人，政府需通过上门服务形式，保障餐食、家政、助医等生活服务供给；对在机构中养老的老年人，政府需通过委托或向非营利机构购买，以补贴入驻的形式，无偿或低偿提供养老服务，保障老年人能住得起养老院。分类视角下，政府需通过政策手段，加大农村养老服务资金投入力度，在重点满足老年人生活照料和医疗护理服务需求的基础上，统筹城乡精神文化资源，推动精神文化服务向农村流动，实现养老服务内容全覆盖。

市场和社会是农村养老服务供给的重要补充者，分层视角下，市场需依据老年人身体条件、支付能力等，提供多样化、个性化养老服务；社会组织需发挥自身专业化、社会化特点，重点关注农村低收入、失能等困难群体，满足其养老服务需求；此外，社区需建立信息服务平台，了解辖区内老年人个体特征、养老条件与现实需求，为社区养老的老年人提供必要支持。分类视角下，市场应充分挖掘农村养老服务潜力，以多元化的异质服务满足老年人养老需求；社会组织需重点关注政府、市场和家庭供给不

足的内容，填补政府、家庭等在养老服务供给中的空缺，保障养老服务的全面性和可得性；社区需做好养老服务资源的整合调配，推动生活照料、医疗护理、精神文化"三位一体"养老服务的构建。

家庭是农村养老服务的重要支撑。分层视角下，家庭需根据老年人特征条件选择恰当的养老方式。如果老年人由于经济限制而无法享受养老服务，家庭需尽力为其提供资金支持；如果老年人处于鳏寡留守或失能状态，则应转变养老理念，选择集中、机构等更为适宜的养老方式。分类视角下，家庭需承担老年人的生活照料和精神文化服务，并做好辅助性医疗护理。家庭需与政府、市场、社会主动配合，在生活照料、医疗服务和精神慰藉中发挥积极性，理顺代际养老关系，形成良好的家庭养老氛围。

（二）丰富供给内容：居家、社区、机构共作用

首先，需明确居家养老在农村养老服务中的基础性地位，社区、机构提供养老服务的目的是弥补家庭不足或助力家庭养老，而非代替家庭，三者共同作用方能保障不同类型、不同层次老年人都能享有一定的养老服务。分层视角下，各主体需优先保障和满足老年人居家养老诉求，对有行动能力、可自理的老年人，可采取一般性养老服务方式；对生活难以自理，但期望居家养老的老年人，则应发挥各主体的特殊作用，通过丰富服务方式和服务内容，尽量创造条件使其能居家养老。分类视角下，需通过制度设计和政策引导，充分调动各主体参与养老服务的积极性，家庭、社区、机构明确服务分工，发挥各自优势，丰富养老服务内容和手段。

其次，在家庭养老的基础上，建立社区养老服务中心，打造"离家不离院"的养老方式。社区养老既能让老年人在熟悉的生活环境中得到专业化养老服务，也符合我国"安土重迁"的传统思想，在农村养老服务供给中应发挥积极作用。分层视角下，社区应根据老年人年龄、健康及收入情况进行养老服务分层设计，精准识别低收入、高龄、大病慢性病、失能失智等特殊和弱势老年人，确定不同人群的服务需求，据此提供个性化养老服务。分类视角下，社区应通过资源镶入、功能嵌入等多种形式，采取购买、置换和租赁等方式，完善社区养老服务配套设施，将市场化的养老服

务引入社区中,以社区为窗口,提供上门体检、社区护理、家庭医生和精神文化活动,通过多样化养老服务供给,发挥社区在农村养老服务中的积极作用。

最后,作为弥补家庭养老不足的重要手段,市场化养老机构应充分调动农村传统养老资源,主动融入养老服务体系,利用农村"熟人关系""亲情网络",增强老年人入驻意愿。分层视角下,应将农村机构养老定位于解决无人照料或无法自理老年人的养老问题,在重点保障残疾、独居和失能老人养老服务需求的基础上,向一般农村老年人拓展。机构养老还应兼顾普惠与差异特征,降低农村老年人及家庭的养老负担,保障低收入老年人也能享受到机构养老服务。分类视角下,养老机构需丰富服务内容、改善服务质量,增加农村养老机构数量、养老床位数、场地面积、医护人员数量,构建集生活照料、医疗护理和精神文化为一体的农村机构养老服务。

(三) 创新供给方式:流动、精准、协同相耦合

流动型养老服务能有效弥补不同地区及城乡发展差距所导致的养老服务不公平,实现养老服务高质量、高效率供给。[①] 分层视角下,流动型养老服务要求村委会主动上门记录老年人特征及需求内容,然后根据这些特性分层次为不同老年人上门提供不同养老服务,以流动服务的方式为行动不便或参与意愿不强的老年人提供养老服务。分类视角下,需以政府为主导,依托现代交通网络,采取流动文化服务车、流动医疗服务站等形式,将医疗护理、精神文化、安全服务和法律援助等服务主动送到群众身边,满足农村老年人的养老需求。精准化养老服务是补齐农村养老服务发展短板,实现群体间公平公正的重要一环,其通过精准感知、精准聚类、精准满足和精准监测,推动养老服务"点对点"供给,以精细化的养老服务,满足农村老年人的养老需求。分层视角下,精准化养老服务以精准感知和精准聚类为前提,在充分掌握不同特征老年人的需求和需求满足的优先级

---

① 白维军:《流动公共服务视角下的民族地区农村养老保障服务创新》,《内蒙古社会科学》(汉文版) 2014 年第 2 期。

差异基础上，为农村老年人提供贴合需要的养老服务。分类视角下，精准化养老服务通过细分养老服务需求，构建科学合理的农村养老服务供给体系，重点保障农村老年人物质和精神方面的需求，并进行实时动态监测，实现农村养老服务精准满足和精准监测。

协同供给可充分发挥各主体在养老服务中的积极作用，树立共担养老服务责任的正确理念，也可避免因单一主体过度承担服务责任而造成的资源短缺和服务质量低下，实现养老服务可持续发展。分层视角下，养老服务协同供给指通过家庭补贴、适老改造、假期照料等形式，支持家庭和社区共同承担一般老年人的养老服务事项；对残疾、失能等居家养老存在困难的老年人，政府应积极发展普惠型机构养老，承担该群体的兜底责任，建立起居家为基础、社区为补充、政府来兜底、社会广参与的养老服务协调供给格局。分类视角下，国家、市场、社区、家庭在养老服务决策机构的引导下建立协调工作机制，信息上互通有无，资源上相互弥补，根据农村老年人的实际需求分类提供餐食家政、基础护理、心灵慰藉、医护服务、健康宣教等养老服务，构建供需均衡的农村养老服务耦合机制。

（四）推动供给赋能：组织、经济、技术共保障

组织赋能是指通过成立专门的养老服务管理机构，或通过跨部门合作，协调推动养老服务政策的出台与实施，使人、财、物能在整个养老服务网络中顺畅运转，推动养老服务高质量发展。分层视角下，加强组织赋能可利用脱贫攻坚及乡村振兴战略中的组织体系，同时发挥农村基层政权作用，拓展农村困难群体外部关系网络，密切其与政府、企业和社会之间的联系，发挥组织优势为农村老年人提供更加细致的养老服务。分类视角下，加强组织赋能应找准政府的角色定位，落实主体责任，细化供给内容，成立专业部门分别负责协调生活照料、医疗护理和精神文化等服务，赋予村/居委会等基层主体在养老服务内容制定、管理工作、供给方式中更多自主权，以组织赋能推动农村养老服务事业发展。

经济赋能是指通过优化转移支付结构，加强转移支付力度，将养老服务供给所需资金纳入各级政府财政预算，同时积极吸纳社会资金，保障养老服务资金供给，破解养老服务资金难题。分层视角下，推动养老服务经

济赋能应加大对农村地区养老服务资金的财政投入力度，加大对农村"五保"、低收入群体的补助力度，建立农村分层收入保障体系，使其能有足够的资金实力享受养老服务待遇。分类视角下，推动养老服务经济赋能应通过增加养老服务资金投入，强化农村互助养老站及服务中心建设，丰富服务功能和服务内容，对农村养老服务供给方给予一定的税收优惠减免，以经济手段支持、吸引市场和社会主体参与农村养老服务供给的动力和能力。

技术赋能是指基于互联网、物联网、云计算和大数据等新兴技术，建立智能平台，贯通居家、社区、机构信息交流，推动农村养老服务形成有效闭环。分层视角下，技术赋能养老服务可运用大数据优化养老服务需求识别机制，分析掌握不同特征老年人的需求差异，优先保障高龄、失能、患病等特殊困难老年人的特殊养老服务需求，利用先进的科学技术为全体老年人提供精准、精细的养老服务。分类视角下，技术赋能养老服务需建立以政府为主导的"照料+医护"智能养老服务系统，利用互联网、大数据建立及时信息反馈机制，提供服务预约、健康咨询等服务，加强农村信息网络建设，丰富农村网络文化内容，增强农村老年人精神文化服务的供给质量。

农村分层分类养老服务构建是一个系统工程，涉及主体、客体、硬件、软件等诸因素，需以整体性思维一体化推进。例如，吉林省松原市整合多种资源，创新性打造的"五四三二一"农村养老服务新模式就体现出明显的分层分类特征。松原市打造"养老大院+互助站点+老年协会+志愿者+信息网络平台"的"五位一体"农村养老服务新模式；建设市、县、乡、村四级文养结合示范基地，强化"四级统筹"；实现福利型、救助型、互助型养老服务"三型融合"；加强农村特殊困难老年人保障，推进巡访关爱和救助帮扶工作"两策并施"；对床位利用率偏低、基础条件较差的农村福利服务中心进行跨乡镇整合，实现"多镇合一"。①

2023年，中共中央办公厅、国务院办公厅印发的《关于推进基本养老服务体系建设的意见》中指出，基本养老服务在实现老有所养中发挥着重

---

① 车亦雪：《补齐短板打造农村养老服务新模式》，《中国社会报》2023年8月4日第2版。

要的基础性作用,推进基本养老服务体系建设是实施积极应对人口老龄化国家战略,实现基本公共服务均等化的重要任务。① 农村分层分类养老服务构建是建立健全基本养老服务体系的重要内容,在应对农村人口老龄化、保障农村老年人老有所养方面具有重要意义。以老年人特征进行养老服务分层设计,以服务内容进行养老服务分类供给,并促成二者的协同耦合,是扩大农村养老服务供给的恰当选择,能有效满足农村老年人对美好生活的向往。分层分类的制度设计和服务供给,能改变当前农村养老服务漫灌式的粗放供给,推动农村养老服务走向精准化、精细化。

文章原载于《中国行政管理》2024年第3期,
收入本书时略有修订。

---

① 中共中央办公厅、国务院办公厅印发:《关于推进基本养老服务体系建设的意见》,《人民日报》2023年5月22日第14版。

寻求社区治理的包容性空间

白维军　王邹恒瑞[*]

摘要：包容性空间的构建，不仅是衡量社区达到善治的标准之一，也是提升社区治理水平，打造共建共治共享社会治理格局的重要手段。当前，我国部分地区的社区治理中包容性空间构建在理念、制度与过程等方面仍存在某些缺失。社区治理中的包容性空间构建，需明确"谁在构建包容性空间、构建什么样的包容性空间、包容性空间构建的本质是什么"等核心问题，应从坚持党的领导、坚持以人民为中心、培育多元主体参与机制、寻求技术创新等方面出发，推动社区善治的实现。

关键词：社区治理；社区善治；包容性空间

党的十八届三中全会指出，我国全面深化改革的总目标是完善和发展中国特色社会主义制度，推进国家治理体系和治理能力现代化。[①] 社区治理作为国家治理体系的组成部分和治理能力的直接体现，在实现这一总目标中具有重要地位，而实现社区善治则是完成这一战略任务的必然选择。

关于社区治理，党的十九大报告在论述打造共建共治共享的社会治理格局时提出：要加强社区治理体系建设，推动社会治理重心向基层下移，

---

[*] 作者简介：白维军，内蒙古大学公共管理学院教授、博士生导师。主要研究方向为社会保障与社会治理。
王邹恒瑞，内蒙古大学公共管理学院博士研究生，主要研究方向为社会保障与社会治理。
基金项目：国家社科基金项目"基本公共服务均等化与增强西部边疆民族地区民众政治认同联动研究"（项目编号：19BZZ009）。

[①] 中共中央文献研究室编：《习近平总书记重要讲话文章选编》，党建读物出版社、中央文献出版社2016年版，第90页。

发挥社会组织作用，实现政府治理和社会调节、居民自治良性互动。① 党的十九届四中全会在论述构建基层社会治理新格局时也提出，要健全社区管理和服务机制，推行网格化管理和服务，发挥群团组织、社会组织作用，发挥行业协会商会自律功能，实现政府治理和社会调节、居民自治良性互动，夯实基层社会治理基础。② 习近平总书记指出："一个国家治理体系和治理能力的现代化水平很大程度上体现在基层。要不断夯实基层社会治理这个根基。"③ 基层社会治理的重心是社区治理，由此可见社区治理在社会治理中的基础地位和核心作用。上述会议公报和讲话精神从治理主体、治理客体、治理手段等方面，勾勒了一幅共建共治共享的包容性社区善治蓝图。

何谓"包容性治理"？有学者认为它是一种与以往单纯强调数字化、指标化、效率化所不同的治理方式，其除了传统意义上的增长速度等指标性概念外，还涵盖了社会财富的共享化、社会福祉的均等化、社会参与的广泛化以及面对社会弱势群体所施行的全面保障化等多维概念，其既是一个发展过程，也是一个制度建构的结果。④ 从治理内涵看，包容性治理与民主治理、有效治理同为善治的题中之义，但所受的重视程度却远不如民主与效能，事实上，包容性治理的内核与社会转型和全面深化改革的目标更加匹配。⑤ 就主体而言，包容性治理倡导多元主体共同参与；就内容而言，包容性治理要实现各领域的全面协调发展；就过程而言，包容性治理的价值取向是民主与公平；就结果而言，包容性治理要求确保所有主体共享发展成果，尤其对弱势群体给予更多的照顾与倾斜。⑥

因此，将包容性理念与社区治理实践相结合，构建起社区治理的包容

---

① 习近平：《决胜全面建成小康社会 夺取新时代中国特色社会主义伟大胜利——在中国共产党第十九次全国代表大会上的报告》，人民出版社2017年版，第21页。
② 《中共中央关于坚持和完善中国特色社会主义制度 推进国家治理体系和治理能力现代化若干重大问题的决定》，《人民日报》2019年11月6日第1版。
③ 习近平：《习近平谈社区治理：提高社区效能的关键是加强党的领导》，新华网，http://www.xinhuanet.com/politics/leaders/2020-07/24/c_1126279898.htm，2020年9月26日。
④ 文军、王云龙：《寓活力于秩序：包容性城市治理的制度建构及其反思》，《学术研究》2020年第5期。
⑤ 徐倩：《包容性治理：提升社会治理有效性》，《北京日报》2015年12月14日第1版。
⑥ 金太军、刘培功：《包容性治理：边缘社区的治理创新》，《理论探讨》2017年第2期。

性空间,能有效提高居民参与社区治理的能动性和对社会发展成果的共享度,减轻政府和公共部门的治理压力,更加合理地整合利用资源,为社区善治提供更多的可能性与现实性。然而,当前关于社区治理的研究主要集中在治理的民主性和效率性上,即使有包容性治理的探讨,也多以概念解释和价值彰显为主,缺少与实际案例的结合,以及对发展困境和未来取向的进一步研究。基于此,本文以内蒙古自治区包头市昆都仑区为个案,对社区治理中的包容性空间构建问题展开探讨,寻求社区善治的可能空间与可为路径。

一 包容性空间:社区治理的内在需要

治理理论以政策实施为视角,主张将政府、市场、社会、个人等主体综合作用于社会管理中,形成一个网络化的多主体协同框架。包容性则以过程和结果为视角,强调社会发展的"温度"和"弹性",主张社会成员在成果分享时的平等性和普及性,尤其是对弱势群体的关注。就二者的关系来看,社会治理所追求的多主体合作共赢、公平高效等价值取向,与包容性发展强调的社会成员尤其是弱势群体能平等享有发展成果和注重资源整合的核心价值高度契合,因此,包容性治理通过在社会治理理论的基础上加入包容性发展思想,最终形成以公平、协调、共享、效率为主的价值追求,① 这正是社区善治中期望构建的包容性空间。

党的十八大正式提出"社区治理"这一概念,标志着我国基层社会治理开始从管理向治理转变、由行政管控向服务提供转变。② 社区治理是社会治理的基础环节,蕴含着更加细微的治理逻辑和进路要求。对于社区治理,有学者将其理解为社区主体对社区内部公共事务进行管理的手段;还有学者将其理解为治理主体为实现社区良性运转和进一步发展而实施的一个综合过程。党的十九大和十九届四中全会在深刻总结历史经验和治理内涵的基础上,赋予了社区治理更加丰富的内容,并提出重心下移、协调互动、网格

---

① 徐倩:《包容性治理:社会治理的新思路》,《江苏社会科学》2015 年第 4 期。
② 徐倩:《包容性治理:社会治理的新思路》,《江苏社会科学》2015 年第 4 期。

化、共建共治共享等具体要求。本文将社区治理概括为：政府、市场、社会组织、驻区单位、居民等主体，通过协商合作方式对社区内部资源及公共事务做出整体安排，以满足社区运行需要，实现居民利益最大化。社区治理本质上是不同的治理主体围绕制度、行动和能力等要素，主动地、有序地、持续性地实践各自工具性和价值性的目的及意义的合意过程。[①] 就主体而言，社区治理不仅关系到基层政府和社区居民，还涉及其他公共部门、社会组织、市场企业等，从而构成一个社区治理共同体；就方式而言，社区治理并不仅仅是对社区内部公共事务的简单管理和对突发事件的应急处理，还包括常态化的社区服务等能提升居民幸福感和获得感的各种措施，治理方式具有多样性；就目标而言，社区治理的最终目的并不是维持社区生活的平稳运行，而是优化社区秩序，为社区成员提供更高质量的生活环境。

包容性空间不是指某个具体的物理场域，而是确保社区治理各主体形成合力，并充分享有发展成果的谱系性概念，社区善治离不开对包容性空间的建构。在充分理解社区治理和包容性发展的基础上将二者进行耦合，从而形成对包容性空间的纵深解读，即所有利益相关者都有充分表达自身诉求的权利和渠道，且能通过主体间的有效沟通，影响并参与到决策过程，在分享社区治理成果时，各主体权利和机会均等，并在条件允许的情况下适当向弱势群体倾斜。可以从三个维度理解包容性空间：一是治理结构的包容性，即治理主体的多元构成。在传统的管理模式下，政府始终处于主导地位，掌控着社区治理的全过程，并贯彻其意志，表现出明显的排他性，弱势群体由于拥有的资源较少且严重缺乏话语权，基本被排除在治理主体之外，社区治理掌握在少部分人或者个别利益相关者手中。但新治理环境下的包容性空间要求参与主体多样化，以及参与行为的代表性和普遍性。因此，它不排斥任何利益相关者，每个主体都有参与社区治理的权利和机会，包括弱势群体，他们都能充分表达自身诉求，并最终影响决策的形成和实施。二是治理程序的包容性，即治理过程的民主、充分。治理视域下的包容性空间，要求充分发扬民主精神，畅通民意表达渠道，搭建

[①] 徐建宇、纪晓岚：《城市社区治理的公共阐释研究》，《内蒙古社会科学》（汉文版）2018年第5期。

起各主体充分沟通和高效对接的平台,体察民情、顺应民意,真正将政府与社会连接起来。例如,在形成决议之前要进行民意走访,举行代表大会、听证会等,在政策实施后要有合理的监督和纠错机制,体现治理的弹性。三是治理结果的包容性,即对治理成果的公平享有。治理过程中,大到国家治理小到社区治理,无论是哪一层级,最终目的都是实现公共利益的最大化,这就要求对治理成果的共同享有。在包容性空间中,所有成员在分享利益成果时都有平等的权利和地位,不仅参与分享的机会均等而且分享的结果也是平等的,而且格外注重对弱势群体权益的保护。[①]

包容性空间是实现社区善治的重要保障。一方面,包容性空间是实现社区民主治理的基础。如果缺乏民意表达渠道和公平正义的价值取向,民主治理便无从谈起,丢失了民主要素的社区治理自然也就不能称为"善治",而保障民主恰恰是包容性空间的核心内涵之一。包容性空间将所有利益相关者一视同仁地纳入治理体系中,通过倾听利益诉求、体现价值偏好,赋予他们同等的表达机会,从而激活社区治理中的民主因子,使社区治理更富活力。同时,包容性空间也为居民参与社区治理提供了机会,使其从原来的被治理者变成治理者,真正参与到社区生活中,增强其主人翁意识和对社区的责任感,有利于社区和谐与社区公共事务的开展。另一方面,包容性空间能有效提升社区治理效能。社区是微型社会,社区内日常生活的运行即是社会运作的缩影,高效的社区治理离不开社员之间、社员与政府和社会组织之间的互动、协商、配合,包容性空间为各主体沟通交流提供了合适的平台。包容性空间不仅将社区居民凝聚在一起,而且为政府与市场、个人与组织、社区内部与外部的交流提供了更多的可能。通过这一空间的构建,政府可以更加充分地利用公共资源,促成更加合理的决策与反馈机制,避免管理工作"走弯路",提升社区治理的效能与水平。

二 社区治理中包容性空间构建面临的问题

实现社区善治离不开包容性空间的支持,但受传统管理思维和政策过

[①] 李春成:《包容性治理:善治的一个重要向度》,《领导科学》2011年第19期。

程路径依赖的限制，当前社区治理中包容性空间构建还面临以下三方面问题。

一是包容性理念的缺失。一方面，一些基层政府和公共部门仍沉浸于传统的管理思维和逻辑中，并利用自身的信息优势，通过对资金使用和项目运作的限制，牢牢掌握着社区治理的主动权和决定权，包容性治理理念严重不足。一些地区的主管部门将市场和民众视作社区治理的旁观者，没有充分考虑它们的社区治理参与权，也没有留下足够的参与空间和参与渠道。另一方面，居民的包容性理念明显不足，没有积极主动地参与到社区治理中。尽管当前社区的容积率不断提高，但快节奏的工作状态却使社区生活越来越"私人化"，部分社区居民参与社区公共事务的热情并不高，甚至是漠不关心，社区举办的一些活动也极少参与，没有共建共治的意识。政府和居民包容性理念的"双缺失"使社区治理难以走出政府管理的传统模式，政府之外的其他主体无法在社区治理中发挥应有作用，直接影响了社区治理的效能，也导致经济社会发展成果难以在社区居民间共同享有。

二是包容性制度的缺失。包容性社区治理的实现离不开包容性制度的保障，但当前包容性理念和制度设计的不足，导致包容性发展所内含的共建共治共享理念很难通过制度化手段得到实现。共同参与制度的缺失，使政府在社区治理中始终处于主导地位，缺乏对其他主体的吸纳包容，制度性地将其他主体排除到社区治理之外。制度保障的缺失也体现在成果共享中，因为社区治理的最终目标是社区居民公共利益最大化，这就要求将治理成果进行分享，不能只惠及少部分人或个别群体，但目前的分享制度更适应一般社区居民，缺乏对社区中弱势群体的关怀和照顾，分享不够普遍化和精细化，导致成果共享的不平等和不合理。除此之外，当前的顶层制度设计也缺乏对社区协调治理的保障和约束，政府和市场的地位不对等，无法在社区治理中顺畅对接，造成了治理主体信息交流不畅、合作沟通不顺等问题，社区治理效率大打折扣。

三是包容性过程的缺失。上述包容性理念和包容性制度设计的缺失，导致了社区治理包容性过程的缺失。当前的社区治理，更多的还是表现为政府自上而下的社区管理，社区居委会作为"第六级政府"，承担了大量上级政府的指派性任务，社区治理实际上还处于较高程度的政府管理状态，并没有形成政府、市场、社会、民众共建共治共享的治理格局，与社区治理现代化的要求还有很大距离，包容性过程明显缺失。如果将共建共治共享视为社区治理的一个包容性全过程，在共建共治方面，当前主要还是政府单独治理，从社区治理的主体与方案选择即共建，到社区公共资源与公共事务的处理即共治来看，政府和相关公共部门都掌握着绝对的决定权与执行权。在共享方面，由于政府和居民共享意识不足，在社区公共产品的管理和处置中，存在以权谋私、公共选择失灵、侵占公共资源等不良现象，破坏了社区治理的公平共享机制。共建共治共享包容性过程的缺失，使社区治理成了政府权衡利弊的政策过程，而非市场与居民需求驱动的结果，加之共享程度较低，在一定程度上堵塞了包容性空间的构建通道。

三 包容性空间建构的实践探索与社区治理的成长

理论梳理与实践考察表明，实现社区善治面临的这些问题都与包容性空间不足有关。包容性理念和制度的缺失，使得包容性过程缺失，进而导致社区治理效率低下，包容性成长受限。包头市昆都仑区的社区治理实践创新，为基层社会治理包容性空间构建提供了现实案例。

（一）社区治理包容性空间构建的实践探索

面对社区治理的难题，包头市昆都仑区以创新社区服务治理机制为目标，于2016年启动了"两中心一平台三化互动"（公共事务受理服务中心、社会治安综合治理中心；综合信息平台；一口化服务、多元化治理、智慧化支撑）的社区治理改革。主要做法是：通过重心下沉和职能延伸，把街道辖区的公共事务受理服务和社会治安综合治理职能向中心社区集聚，并通过信息平台建设推进两大职能向现代化转型。通过向社会要活力、向科技要潜力，解决社区治理参与不足和共享困难的问题，提升社区的公共服务能力、综合治理水平和居民幸福指数，打造社区治理的包容性空间，努力实现社区善治。

一是集聚要素，打造一口化服务。在原有便民服务设施的基础上，进一步完善市民大厅服务功能，增加服务内容，提高服务质量。同时，将社区中心站覆盖到所有街道，以此推动公共事务受理服务职能下沉。每个中心站设置多个服务窗口，每个窗口都可集中办理公共事务，实行前台分流后台办理，建立居民办事一门式、窗口受理一口式的"一口受理"机制。在这一过程中，可以看到社区治理中服务理念的回归，管理者与社区居民平等的地位，以及部门之间的协调配合和治理主体间的资源共享，这种公平、协调与共享的治理方式正是包容性发展的应有之义，是社区治理的包容性空间所在。

二是拓展力量，推动多元化治理。针对过去在社区治理中各自为战多、协同攻坚少，且街道社区层面缺乏协同治理的体制机制问题，着力整合各方力量，推动多元治理，拓展社区治理力量。政府先后出台了《街镇社会工作联动联治联调工作制度》《街镇治安联防工作制度》等制度，打造多主体社区治理新格局，并形成联防联治机制。以包容性制度作为多元主体共同参与公共事务的支持，不仅保障了所有主体参与社区治理的权益，而且通过条件创设，调动公众参与社区治理的热情，体现了包容性治理的核心理念，打造了包容性治理的制度空间。

三是创新途径，提升智慧化支撑。为优化社区治理的包容性过程，不断创新社区治理手段，利用现代科学技术，提升社区治理的效率和水平。例如，按照"政府主导、企业运营、市场运作、惠及百姓"的思路，开通12349便民为老服务热线，已为23万名老人录入基本信息，发展有资质信誉好的后台服务企业620家，提供十大类72项服务。① 通过以互联网为依托搭建民意收集与服务平台，使居民获得感显著提升，同时也简化了工作流程，减轻了社区工作者的负担，提升了社区治理过程的包容性。

（二）社区治理包容性空间的成长

该区在构建社区治理包容性空间中所取得的积极成效，充分说明了包

---

① 《昆区"两中心一平台"创建社区服务治理新机制》，《包头日报》2017年7月14日第1版。

容性空间与社区治理创新的紧密关联，构建包容性空间已成为新时代社区治理的必然选择与基本趋势。追根溯源，社区治理中的包容性空间构建实际上是要解决如下三个问题。

第一，包容性空间构建的主体，即由谁来构建包容性空间。实现社区善治是提高国家治理体系与治理能力现代化的基础环节，因此包容性空间构建离不开公权力的介入与支持。一方面，要控制公共权力在社区治理中的滥用与无限增长，进一步实现社区治理社会化和自主化；另一方面，又要充分发挥政府在社区资源调配、项目选择中的重要作用，贯彻落实党委领导、政府负责的大政方针。可以明确的是，在构建包容性空间时离不开公权力的支持，但仅有政府和公共部门的作为既不可能真正实现社区善治，也不可能构建起包容性社区治理空间。多元主体通力合作，共同参与社区治理，才是实现社区善治的必由之路。在构建包容性空间过程中，在党的领导下，政府、公共部门、市场企业、社会组织、驻区单位、社区居民等应共同参与，形成一致的行动目标，不断提升社区治理水平。

第二，包容性空间构建的客体，即构建什么样的包容性空间。理论与实践均表明，首先要构建一个公平参与的社区治理空间，公平性是社区治理主体能形成一致行动的基础，只有确保各主体地位与权益平等，后续治理活动才能有序开展。其次，多主体协商行动也是包容性空间构建的重要内容。如果各主体松散地存在于社区治理中，没有相互协商和共同行动，这也不是包容性治理。社区治理中，各主体积极沟通、迅速行动能有效缩短决策过程，提高解决问题的能力，提升治理水平和效率。此外，还要保障所有社区成员能共享社区发展和治理成果。一个公平合理的共享机制可以使社区生活更加平稳有序，也可以通过共享，以及对弱势群体的特殊关照，消除社区居民身份差异的影响，增强彼此之间的认同感，建立对社区的归属感，进而提升社区居民的幸福感，构建一个美好的包容性社区。最后，构建社区治理的包容性空间，效率既是目标，也是内容，更是社区治理公平、参与、协调、共享的基本要求。综上，公平、协调、共享、效率是构建包容性空间的客体，是实现社区善治必不可少的要素。

第三，包容性空间构建的本质，即包容性空间构建的目标是什么。案例表明，构建包容性空间是实现社区善治的有效途径，而从社会治理的愿景来看，社区包容性空间构建的最终目标是要打造共建共治共享的社会治理大格局，而主体的多元参与，客体的丰富饱满，都是实现这一目标的手段，共建共治共享是社区治理包容性空间构建的本质所在。打造新的社区治理格局，并不仅仅是维持社区正常运转，而是要在参与、公平、协调、高效、共享过程中，通过优化和创新社区治理方式，推动社区治理体系和治理能力现代化，进而实现国家治理体系和治理能力现代化的宏伟目标。实现社区善治不是一朝一夕就能完成的任务，需将其作为一项战略计划系统布局，转变治理理念和治理逻辑，优化更新治理手段，提升强化治理能力，最终实现社区善治、社会善治。

四 包容性空间建构何以助力社区善治的实现

社区善治是可以通过构建包容性空间来实现的。在构建包容性空间的过程中，应克服治理理念、体制机制、政策环境、技术路径等方面的限制，以包容性发展贯穿社区治理始终，助力社区善治的顺利实现。

一是坚持党的领导，发挥党组织作用。《关于加强和完善城乡社区治理的意见》明确要求：加强党对城乡社区治理工作的领导，推进城乡社区基层党组织建设，切实发挥基层党组织领导核心作用，带领群众坚定不移贯彻党的理论和路线方针政策，确保城乡社区治理始终保持正确政治方向。① 习近平总书记指出："提高社区治理效能，关键是加强党的领导。要推动党组织向基层延伸，把基层的工作做好，这样才能'任凭风浪起，稳坐钓鱼台'。"②

社区治理必须有一个坚强而正确的领导者，在我国，这个领导者就是中国共产党。社区治理包容性空间构建中，党组织领导能保证我们在社区治理中少走弯路、不走错路，凝聚力量、统一目标，为各主体一致行动打下组织基础。实践中，一方面，社区党组织应主动积极地做好调研和宣传

---

① 《中共中央国务院关于加强和完善城乡社区治理的意见》，中国政府网，http://www.gov.cn/zhengce/2017-06/12/content_5201910.htm，2020 年 9 月 28 日。
② 《习近平谈社区治理：提高社区效能的关键是加强党的领导》，新华网，http://www.xinhuanet.com/politics/leaders/2020-07/24/c_1126279898.htm，2020 年 9 月 26 日。

工作，加大对包容性社区治理的工作力度，赢得社区居民的理解与支持，减少政策推行阻力，提高政策成效；另一方面，社区党组织对社区治理的作用不能仅局限于思想引领，还应积极组织开展社区文化活动，增强社区文化建设，将社会主义先进文化厚植社区生活的方方面面，通过文化活动增强社区居民对公共价值的坚守、对公共道德的维护和对社会责任的承担。①

二是坚持以人民为中心。坚持以人民为中心，是习近平新时代中国特色社会主义思想的重要内容。党的十九大报告指出，人民是历史的创造者，是决定党和国家前途命运的根本力量。必须坚持人民主体地位，坚持立党为公、执政为民，践行全心全意为人民服务的根本宗旨，把党的群众路线贯彻到治国理政全部活动之中，把人民对美好生活的向往作为奋斗目标，依靠人民创造历史伟业。② 社区是以人民为中心的治理起点，是与人民群众紧密联系的第一"治理环"，社区治理是否以人民为中心，直接关系基层群众福祉水平的实现，以及对治理成效的体验。社区治理中能否包容人民，也是社区是否达到善治的一个衡量标准，以人民为中心应贯穿社区治理始终，在包容性治理中占据先导地位。

实现社区善治，一方面要注重倾听民声，线上与线下相结合，为居民搭建反馈意见、表达诉求、行使权利的平台。同时，利用社区公共场所，及时发布社区工作动态，定期召开居民代表会议征集民意，并根据民意对社区工作进行调整。另一方面，着力打造一支专业的社区服务队伍，提高社区治理专业化水平，通过为社区居民提供更加优质的服务，增强他们的获得感和幸福感，使居民感受到作为社区主人翁的归属感和认同感。正如习近平总书记在湖北省考察新冠肺炎疫情防控工作时说："上面千条线、下面一根针，群众大事小事都在社区，大家就是临时的'小巷总理'。"③ 这是对社区工作者的充分肯定，也说明了社区服务队伍对社区治理的重

---

① 陈朋：《寻求公共空间建构的基层治理》，《中国高校社会科学》2019 年第 4 期。
② 习近平：《决胜全面建成小康社会　夺取新时代中国特色社会主义伟大胜利——在中国共产党第十九次全国代表大会上的报告》，人民出版社 2017 年版，第 30 页。
③ 《这道疫情防控的重要防线　习近平高度重视》，人民网，http://cpc.people.com.cn/n1/2020/0410/c164113-31668143.html，2020 年 9 月 26 日。

要性。

三是培育多元主体参与机制。包容性社区治理离不开多主体作用的发挥，在允许多元主体的参与下，共建新的社区秩序是当代推动社区治理现代化的必由之路。① 社区善治中的主体，既包括党组织、政府，也包括市场企业、社会组织、基层群众性自治组织、社区居民等社会力量，它们共同构成一个多元化的社区治理共同体。在包容性治理视域中，需要通过特定的机制建设，让共同体成员共同参与到社区治理中来。首先，需明确各主体参与社区治理的法理依据和责权界限，加快完善民间组织、社区自治组织和社区居民参与社区治理的法律与制度建设，为其参与社区治理、行使自身权利提供可靠的法律和制度保障。其次，扩大政府服务职能，改变目前社区治理中的"全责政府"状态，留足作为空间，创造吸引力，引导其他主体积极发挥应有作用。政府和公共部门应适当下放权力，让渡空间，更多地发挥引导作用，在社区治理中主动寻求与市场和民众的合作，做好国家与社会的沟通桥梁，为社区善治创造条件和可能。

四是注重技术创新。社区治理的包容性空间打造，除了组织领导、共建共治的"硬要求"外，还有高效率、能共享这样的"软约束"。因此，必须发挥技术优势，注重科技创新，将新技术、新手段应用到社区治理中，提高社区治理的精准性、效率性和共享度。正如习近平总书记所说的："科学技术从来没有像今天这样深刻影响着国家前途命运，从来没有像今天这样深刻影响着人民生活福祉。"② 应用新技术提高社区治理水平，不应局限于微信、微博等传统社交平台，而应将更为先进的大数据、云计算、区块链等高新技术运用于社区治理领域。实施"互联网+社区"和"区块链+民生"战略，通过大数据和云计算，广泛收集居民信息，分析社区居民的生活习惯和社交需求，为社区善治提供可信的决策参考，提高社区治理的精准性。此外，区块链技术可以助力实现社区治理"三联"，即信息互联、价值互联和秩序互联，通过构建多中心治理结构和共商共建共

---

① 李增元：《合作秩序与开放性、包容性治理：当代社会管理创新中的农村社区管理体制》，《社会主义研究》2012年第6期。

② 习近平：《习近平谈治国理政》（第三卷），外文出版社2020年版，第245—246页。

享治理平台，形成集体参与和维护的社区治理系统，创新构建资源整合、数据共享、邻里融合的社区治理模式。① 对创新技术的合理运用，不仅可以分担各主体的治理压力，而且可以在降低治理成本的同时提升治理效率，打造高效、共享的包容性空间。

社区善治是践行以人民为中心发展理念的直接体现，而包容性空间的构建是实现社区善治的内在要求。包容性发展所内含的参与、平等、协商、共享、效率等理念，是社区善治的题中之义。将包容性发展与社区治理相结合，形成社区治理的包容性空间，有助于打造共建共治共享的社区治理格局，走向社区善治。

文章原载于《中国高校社会科学》2021 年第 4 期，
收入本书时略有修订。

---

① 韩传峰：《基于区块链的社区治理机制创新研究》，《人民论坛·学术前沿》2020 年第 5 期。

我国社会保障数字化治理的难点及其突破

曲　锋　白维军[*]

摘要： 随着我国迈入以数据化、网络化、智能化为引领的数字化治理阶段，数字经济的发展需要与之相匹配的社会保障体系。在"以人民为中心"的发展思想指引下，我国社会保障数字化治理水平不断提高，应用场景持续拓展，保持了高效的执行能力，但在数字化转型过程中，目前的社会保障体系仍面临顶层设计不够完善、数据共享有待推进、政策体系不够健全、包容性服务亟待拓展等难点与问题。突破社会保障数字化治理难点，提升社会保障数字化治理效能，应从以下四个方面入手，即构建一体化智慧服务平台，实现民生数据的互联互通；整合民生数据资源，为科学决策提供重要支撑；提升风险防范意识，全面保障数字安全；强化数字包容，让社会保障服务更加暖心。

关键词： 社会保障；数字化治理；服务创新

一　引言

"数字技术正以新理念、新业态、新模式全面融入人类经济、政治、文化、社会、生态文明建设各领域和全过程，给人类生产生活带来广泛

---

[*] 作者简介：曲锋，内蒙古大学公共管理学院博士研究生，内蒙古自治区社会科学院"一带一路"研究所副研究员，主要研究方向为社会保障研究。
白维军（通讯作者），内蒙古大学公共管理学院教授、博士生导师。主要研究方向为社会保障与社会治理。
基金项目：内蒙古自治区自然科学基金项目"基于层次分析法的内蒙古巩固拓展脱贫攻坚成果对策研究"（项目编号：2021MS07005）。

而深刻的影响"。① 数字化不仅是一次技术飞跃,也是一场治理上的重大变革。习近平总书记指出:"当今世界,信息技术创新日新月异,数字化、网络化、智能化深入发展,在推动经济社会发展、促进国家治理体系和治理能力现代化、满足人民日益增长的美好生活需要方面发挥着越来越重要的作用。"② 自20世纪90年代起,中国社会保障部门就已经开始运用数字信息化手段;2002年,人力资源和社会保障电子政务工程"金保工程"全面启动;2010年年底,部、省、市三级信息网络架构基本完成;③ 在"十二五"时期,我国继续加强社会保障经办管理服务规范化、标准化、信息化建设;④ 在"十三五"时期,从中央到省、市、县、乡镇(街道)五级社会保障管理服务网络基本建成;⑤ "十四五"时期,教育、医疗、就业、社保、民政、文化等领域的数字公共服务均等化水平明显提高,⑥ 数字技术在互联网信息公开、互联网+社保、一卡通、核对查询、网上办公等方面获得了广泛应用和快速发展。⑦

在数字经济蓬勃发展的今天,大规模、同质化的社会需求结构逐步朝着个性化、多样化、高质量方向转变。党的二十大报告指出:"社会保障体系是人民生活的安全网和社会运行的稳定器。"就目前的数字化建设而言,中国社会保障制度现代化程度还不够高,政府、企业、社会、个人的保障权利、义务、责任还不够清晰,⑧ 自上而下的线性管理模式日益受到

---

① 习近平:《2021年世界互联网大会乌镇峰会致贺信》,《人民日报》2021年9月27日第1版。
② 习近平:《祝贺首届数字中国建设峰会开幕》,中国政府网,http://www.gov.cn/xinwen/2018-04/22/content_5284935.htm,2022年11月15日。
③ 徐凤亮、马彦:《社会保障信息化若干问题分析》,《图书情报工作》2012年第10期。
④ 谭永生、关博:《"十三五"时期建立更加公平可持续的社会保障制度》,《宏观经济管理》2014年第8期。
⑤ 郑功成:《精准施策助力"十四五"时期社会保障事业高质量发展》,海外网,http://lianghui.people.com.cn/2021npc/n1/2021/0308/c435267-32045833.html,2022年11月15日。
⑥ 中央网络安全和信息化委员会:《"十四五"国家信息化规划》,网易,http://www.cac.gov.cn/2021-12/27/c_1642205314518676.htm,2022年11月15日。
⑦ 林闽钢:《"十四五"时期社会保障发展的基本思路与战略研判》,《行政管理改革》2020年第12期。
⑧ 张道根:《全面深化新时代中国经济制度体系改革——新中国成立以来经济制度创新的历史路径和实践逻辑(4)》,《上海经济研究》2022年第11期。

分散化、碎片化、流动化的社会组织结构的挑战,① 一些先进的技术工具始终没有应用到相关的制度设计中。② 在智能化、信息技术不断深入发展的背景下,中国社会保障的管理体制、运行机制、经办服务流程仍需要进一步重塑与优化。③ 面对复杂的治理环境和多样的服务需求,数字生态下的社会保障建设越来越受到国家的重点关注。2015 年,国务院印发了《促进大数据发展行动纲要》《关于积极推进"互联网+"行动的指导意见》,要求在社会保障领域全面推广大数据应用,加快发展基于互联网的医疗、健康、养老、教育、社会保障等新兴服务;2017 年,国务院发布的《新一代人工智能发展规划》,要求"围绕教育、医疗、养老等迫切民生需求,加快人工智能的创新应用"。这标志着我国社会保障全面迈入以数据化、网络化、智能化为引领的数字化治理新阶段。

近年来,运用数字技术构建多层次社会保障服务体系已成为学界关注的热点,相关研究颇多,可谓成果丰硕。综观学界既有研究,不论"金保工程""金民工程",还是经办服务数字化转型,都是在电子政务和数字政府推动下的一系列数字化升级和改造,对于社会保障体系的整体性、特殊性、协调性和灵活性等方面的考虑尚不充分,相关成果付诸阙如,单向度、扁平化的研究无从接榫中国实际。数字技术的发展与应用并非孤立的存在,多种技术并不能依靠简单叠加而充分发挥自身价值,在服务于制度设计的同时,还要遵从技术的内在逻辑。因此,有必要从科技融合的架构与路线入手,促使传统管理向现代治理转型,进一步明确社会保障数字化治理的价值与内涵,全面提升中国社会保障的服务能力。

二 社会保障数字化治理的价值与内涵

当前,我国人工智能、云计算、大数据、区块链、量子信息等新兴技

---

① 戴丽:《数字社会治理现代化转型的有效路径》,《改革与战略》2021 年第 9 期。
② 郑秉文:《中国社会保障 40 年:经验总结与改革取向》,《中国人口科学》2018 年第 4 期。
③ 宋凤轩、康世宇:《"十三五"时期社会保障建设的成就、问题与展望》,《河北大学学报》(哲学社会科学版)2021 年第 4 期。

术跻身全球第一梯队,① 为社会保障数字化治理提供了重要支撑。2021 年,《中华人民共和国国民经济和社会发展第十四个五年规划和 2035 年远景目标纲要》明确提出,以数字化转型整体驱动生产方式、生活方式和治理方式变革;同年,《中华人民共和国个人信息保护法》《关键信息基础设施安全保护条例》《中华人民共和国数据安全法》《新一代人工智能伦理规范》《互联网信息服务算法推荐管理规定》等法律法规相继出台,为社会保障数字化治理奠定了坚实的法治基础。

社会保障数字化治理,即政府、企业、社会组织和公民等责任主体以数据资源为载体、以技术变革为动力,广泛推进社会保障服务方式转变、业务流程重塑、治理结构再造,以实现数字技术与治理体系的良性互动、有效提升治理效能、满足多样化的社会需求的过程。社会保障数字化治理是社会保障体系对技术变迁的积极应对,在全方位数字化升级、改造的基础上,将数字服务理念融入社会保障治理体系,有助于促进社会保障数字化治理的转型与创新。社会保障数字化治理的价值与内涵具有多重向度,具体体现在以下四个方面。

(一)再造服务模式,坚持"以人民为中心"的价值取向

"以人民为中心"既是中国共产党长期坚持的执政理念,也是贯穿中国社会保障制度构建的基本逻辑。② "坚持以人民为中心的发展思想"是我国国家制度和国家治理体系的显著优势之一。③ 党的十八大以来,随着数字经济的快速发展,党和国家更加重视社会保障的数字化治理,坚持"以人民为中心"的数字服务创新理念,着力运用科技力量实现服务与需求的精准对接,确保人民群众在面对年老、失业、贫困、疾病等风险时,都能得到相应的制度保障。随着社会的变化与发展,尤其是大数据的广泛应用,社会保障自然就要面临新的挑战,解决新的问题,进而改变自身的存

---

① 中国网络空间研究院信息化研究所:《数字中国建设发展成就与变革》,中国网信,http://www.cac.gov.cn/2022-12/26/c_1673691315436013.htm,2022 年 12 月 28 日。
② 万国威:《"以人民为中心" 70 年来中国社会保障的变革与经验》,《人民论坛》2019 年第 29 期。
③ 杨冬梅、单希政、陈红:《数字政府建设的三重向度》,《行政论坛》2021 年第 6 期。

在形式。① 在数字经济不断壮大的背景下,社会保障的覆盖范围不断扩大,不仅提出建设社会救助、社会福利对象精准认定机制,还将建设低收入人口动态监测体系、健全就业需求调查和失业监测预警机制纳入《"十四五"国家信息化规划》建设项目中。2021 年,国家养老保险联网监测数据上报量达 10.86 亿人次,就业联网监测覆盖 7.31 亿劳动者数据,② 精准民政、数字人社、数字校园、智慧医院等数字理念深入人心。从"人找政策"到"政策找人",中国社会保障逐步由被动管理转向主动服务。作为保障和改善民生的基本制度,社会保障数字化治理以满足人民群众多样化与便利化的需求为出发点,将人民群众的满意与认可作为落脚点,不断提升服务的主动性、精准性和时效性,这既符合构建服务型政府的内在要求,也是"以人民为中心"价值取向的生动实践。

(二) 激发数据活力,打造全社会协同治理格局

中国社会保障制度在资金筹集上涉及政府、企业、参保个人等主体,在规划管理上涵盖人社、民政、医保等业务部门,不仅包括社会救助、社会保险和社会福利等制度项目,还包含养老、医疗、失业保险等基本制度安排,而各类机构和项目既有共同的服务目标,又保持着清晰的制度边界。目前,中国社会保障制度改革已进入系统集成、协同高效的阶段,数字技术在带来新挑战的同时,也不断丰富着治理的"工具箱"。面对庞大而复杂的制度体系,运用数字思维,充分发挥数据资源的驱动力量,促进治理结构的调整,实现治理模式上的全面数字化升级已成为社会保障治理的必然选择。2020 年,《中共中央国务院关于构建更加完善的要素市场化配置体制机制的意见》明确提出,"推进政府数据开放共享""提升社会数据资源价值""加强数据资源整合和安全保护"。这为加快推动各地区、各部门间数据共享交换,为治理理念的进一步更新奠定了基础。通过数字化治理,一方面,能够统一数据标准、激发数据活力,在频繁的交换和共享

---

① 高和荣:《人工智能时代的社会保障:新挑战与新路径》,《社会保障评论》2021 年第 3 期。
② 国家互联网信息办公室:《数字中国发展报告(2021 年)》,搜狐网,http://www.cac.gov.cn/2022-08/02/c_1661066515613920.htm,2022 年 11 月 15 日。

过程中不断加深社会保障数据库的深度、广度与厚度，做好数据资源的汇聚与分配，凭借数字化转型破除机构壁垒，畅通各项制度，实现专业化分工与整体性治理的有机结合；另一方面，能够进一步提升政府、企业、社会组织和个人之间的互动、协作水平，强化互助共济功能，促进以政府为主体，多层次、开放型社会保障组织模式的形成，构建以数字化为核心的治理结构，提升协同共治能力，建设人人有责、人人尽责、人人享有的社会治理共同体。

（三）发掘数字价值，全面提升科学决策水平

作为促进经济社会发展的重要制度安排，社会保障必须遵循与社会经济发展水平相适应的原则，同国家的人口规模、老龄化程度以及社会结构等发展状况相协调，既要增进民生福祉，又不能落入福利"陷阱"。2013年，党的十八届三中全会将"精算平衡原则"列入中央文件，成为社会保障制度"尽力而为"与"量力而行"的重要依据。2022年，国务院印发《关于加强数字政府建设的指导意见》，明确建立健全大数据辅助科学决策机制，以全面提升政府的决策科学化水平。在建立更加公平、可持续的社会保障制度过程中，能否运用数字技术描述新情况、诊断新问题，以全局的高度和长远的眼光准确预测未来趋势是社会保障数字化治理能否成功的关键。特别是在现收现付模式下的养老和医疗保险制度领域，待遇的给付、费率的变化、改革的推进都要涉及多个主体在权利和义务上的实质性调整，事关国家发展、社会公平、民生福祉的大局。要实现全面提升民生数据的分析应用能力、构建科学的预测体系的目标，不仅要确保年度预算的平衡，还要做好贡献的评估，调节城乡、区域和不同群体之间的待遇差距，确保社会保障体系的公平性、互济性以及更长远的筹资可持续性，统筹经济、社会等多种因素，提升社会保障体系对潜在风险的感知与应对能力，为国家宏观决策提供重要参考。同时，科学的分析与决策也会以更合理的制度安排回馈每一个数据贡献者，从根本上减少"漏保""脱保""断保"等情况的发生。

(四) 拓展应用场景，保持高效执行能力

近年来，中国社会保障在服务和监管方面的压力日益凸显，以人社部为例，14 万工作人员承担着全国 14 亿人的社保服务，① 工作量极大，可持续性堪忧，亟须走出一条数字化治理的新路。目前，数字技术在社会保障领域的应用场景不断丰富并取得良好成效，12333 在线智能客服在各地相继上线，人脸识别技术在养老资格认证中得到广泛应用，运用智能监管与飞行检查等方式初步遏制了医保欺诈行为的高发、普发现象，② 数字化治理给经办服务和基金监管带来深远影响。与此同时，数字经济的发展及其所带来的更高的流动性给社会保障制度的发展带来了更多的不确定性，③ 数字技术在改变产业形态的同时，也深刻影响着传统的就业格局和劳动关系。目前，我国对数字生态下的劳动保障仍处于探索阶段，但无论是雇员与雇主分离的社会保险参保办法，还是基于工作任务交易的新社会保障体系，都要以坚实的数字化治理为基础。因此，要继续扩大新技术在社会保障领域的应用场景，促进数字技术与社会保障服务的深度融合与内涵叠加，确保社会保障制度保持高效的执行力与强大的动员力。

三　当前我国社会保障数字化治理的难点

在数字经济给国家产业结构和就业方式带来深刻变革的同时，中国社会的主要矛盾与人口结构正在发生显著变化，而在部门分工与层级节制的模式下，中国社会保障机构和业务之间依然缺乏必要的协调，数据治理有待推进，在服务创新性和包容性上仍有很大的提升空间。

（一）顶层设计不够完善，部门协同推进缓慢

作为世界上规模最大的社会保障体系，中国社会保障在工具上尽管实

---

① 翟燕立：《提升社会保险治理效能》，《中国社会保障》2022 年第 5 期。
② 郑功成：《面向 2035 年的中国特色社会保障体系建设——基于目标导向的理论思考与政策建议》，《社会保障评论》2021 年第 1 期。
③ 尹吉东：《适应与变革：数字经济时代的社会保障》，《改革与战略》2021 年第 4 期。

现了从数字管理到数字治理的更新，但在治理体系上对传统模式仍保持着一定程度的依赖。在顶层设计和系统规划不够完善的背景下，社会保障在跨部门制度整合以及制度的转移衔接上还不够顺畅。社会保障治理与国家的财政、税收、分配等多项制度密切相关，与银行、保险等多个行业紧密关联，但目前的数字化建设很少考虑跨事项、跨行业的数据协同需求。在系统建设上，社会保障机构之间还缺乏统筹，虽然近年来民政部、人社部、卫健委等社会保障机构分别针对本部门或主要业务制定了信息发展规划，但跨部门协同尚未成为建设重点。目前，各省级部门的社会保障系统仍处于独立运行的状态，民生数据在社会保障服务机构和相关部门之间尚未实现即时共享。多数省级政府和省级以下政府都成立了数据治理部门，但这些部门与服务机构在数据共享的权责关系上还不够清晰，且线上与线下流程缺乏协同。社会保障数字化治理还不能完全适应政府运行逻辑的复杂性和体系性，数字技术在融入体制后，易为原有的体制所形塑，一些网办事项不过是线下模式的简单移植，尚未从企业和群众的角度出发对服务模式与审批流程进行再造，数字化治理对于服务机构的职能设置和运营模式的影响还十分有限。

（二）数据共享久推难通，数据价值有待提升

由于数据采集融合技术的不完善和数据开放共享设计的缺失，政府部门间、企业间、政企间数据共享久推难通，数据处理难度增加，信息采集成本提高，重复采集造成资源浪费现象严重。[①] 尽管以政务数据共享为依托，社保关系的转移接续、医疗保险跨区结算以及城乡居民社会保险费申报等社保业务已实现跨省通办，但各地在政务信息整合共享水平上还存在较大的差异，少数地区进展缓慢，严重影响了数据共享的总体进程。在以往的政府信息化服务过程中，广大社会保障机构同样产生、积累了大量的历史数据，但这些数据还分散在不同单位、不同系统中，其价值尚未得到真正发挥。不同层级、业务、系统之间的数据流通并不畅通，加之上传数

---

① 黄楚新：《从坚持"党管媒体"到"党管数据"》，人民论坛，http://www.rmlt.com.cn/2022/0804/653282.shtml，2022年11月15日。

据的质量不高,数据标准各异,数据共享、业务协同、系统联通等方面存在的问题仍然较为突出,在很大程度上影响了对数字价值的发掘与应用,大量由国家和省级有关部门掌握的数据,地方(市、县)暂时无法取得,而数据回流困难,特别是地方(市、县)与国家和省级有关部门的数据信息共享机制不健全,① 严重制约了民生数据价值的提升和社会保障服务的扩展。到目前为止,还没有一个综合性数字服务平台对数据资源进行分类管理,仅养老保险、工伤保险和失业保险等三个险种就有十多种形式的信息系统,② 造成数字信息大量的冗余和浪费。

(三) 政策体系不够健全,社会保障体系的灵活性与公平性亟待强化

目前,"工业化"就业模式正在加速向"数字化"工作范式转型。截至 2021 年年底,中国的灵活就业人员已超过 2 亿人,工作形式的灵活性、大规模人口的高流动性、收入的不稳定性以及广泛存在的人户分离现象进一步加大了社会保障的治理难度。从"就业"到"工作",面对新型就业方式和就业群体,社会保障体系还未能实现灵活应对,这使相关从业者的社会保障问题凸显。③ 据相关学者统计,27.65%的平台劳动者未与第三方或平台签订任何合同,16.28%的平台劳动者未缴纳任何保障性费用;在所有的平台劳动者群体中,仅 6.86%的平台劳动者完全缴纳了五险(工伤保险、养老保险、失业保险、生育保险和医疗保险),五险未完全缴纳的劳动者基数庞大。④ 新业态从业人员和灵活就业人员在收入上差距十分明显,部分人群受自身收入水平的限制,不得不参加城乡居民养老保险。平台经济从业人员在劳动过程中受到系统派单和对象时限的双重监管,"困"在算法中的"外卖骑手""快递小哥"在劳动关系、工作时间、劳动报酬等

---

① 李季主编,王益民执行主编:《中国数字政府建设报告(2021)——加快推进数字政府建设 打造高质量发展新引擎》,社会科学文献出版社 2021 年版,第 127 页。
② 李常印:《做好社保经办数字化转型的几点思考》,《中国人力资源社会保障》2022 年第 4 期。
③ 刘欢、向运华:《基于共同富裕的社会保障体系改革:内在机理、存在问题及实践路径》,《社会保障研究》2022 年第 4 期。
④ 刘善仕、刘树兵、刘小浪:《平台劳动者:分类、权益与治理》,中国法制出版社 2022 年版,第 62 页。

方面也都具有不确定性。新业态从业人员普遍缺乏对相关法律法规的了解，加之数字工作所带来的个体化和碎片化，导致劳动者与平台之间的信息严重不对称。对不平等的劳动关系、不合理的薪酬规则与不透明的数字算法进行监督将成为新形势下社会保障的重要任务，有必要通过社会保障的数字化转型，进一步强化社会保障体系的灵活性与公平性。

（四）包容性服务亟待拓展，技术伦理风险依然存在

与数字经济新业态相伴而生的是老龄社会的新形态，[①] 截至2021年年底，中国60周岁及以上老年人口占比已达18.9%，预计中国将于"十四五"时期进入中度老龄化阶段。随着年龄的增加，自理健康期望寿命和自评健康期望寿命总体上呈递减状态，[②] 这也意味着国家在养老、医疗、照护等方面的压力将持续增大。据调查，中国"空巢"老年人占比已超过50%，部分大城市和农村地区的"空巢"老年人占比甚至超过70%。[③] 在数字化治理条件下，为数以亿计的老年人口提供高质量的养老服务，将是中国社会保障面临的重大课题。此外，中国网络信息用户规模不断扩大，但不同群体之间在信息获取上的差异十分巨大。目前，国家在信息无障碍相关基础设施建设方面还存在很大的短板，城市的无障碍基础设施建设缺失现象严重，农村更甚。[④] 部分老年人、残疾人、边远地区人群、农民等群体的数字素养和技能还有很大的提升空间，数据安全、隐私保护、技术伦理等风险依然存在。我国社会保障数字化治理的目标是让数字"弱势群体"也能享受到数字技术发展带来的丰富成果，但目前来看，我国的信息无障碍和数字包容性服务建设相对缓慢，亟须加快建设步伐。

---

① 朱荟：《数字老龄化的中国优势：释放数字红利》，《中国特色社会主义研究》2022年第2期。
② 英玉波、佟岩、张鑫鑫等：《我国老年人健康期望寿命测算及其影响因素研究》，《中国全科医学》2021年第31期。
③ 《我国将推行独居、空巢等特困老人的探访关爱服务》，央广网，https://news.cnr.cn/dj/20221027/t20221027_526043304.shtml，2022年11月15日。
④ 李燕英：《基于包容性数字服务的信息无障碍供给实现途径研究》，《图书馆》2022年第2期。

四 社会保障数字化治理难点的突破路径

数字经济已成长为各国经济发展的重要引擎，许多数字技术也发展到人工手段无法企及的高度。在社会保障领域更广泛地运用数字化业务流程和智能设备来改善服务模式、提高服务质量，全面提升社会保障制度的公平性、灵活性、准确性与可持续性，增强社会保障体系的回应性、透明性、协同性，已成为社会保障治理发展的重要趋势。

（一）构建一体化智慧服务平台，实现民生数据的互联互通

当前，应积极打造互联、开放、智慧、共享的社会保障服务平台。要以平台建设为引领，不断完善数据资源的协调机制，通过数据的开放共享不断提升政府、企业、社会组织与公民之间的交互水平，凭借平台机制保障各责任主体之间沟通、对话与协商的平等和顺畅。要根据各责任主体的实际情况划分其相应的权限与责任，引导其形成责任认同，满足多元化的社会福利供给机制的沟通需求，重塑国家、公民、社会组织及私营部门等利益相关者之间的关系。要通过技术赋能提升政府治理水平和社会协同能力，引导内部运营、组织机构与职能设置上的再调整。要推动数字技术嵌入政府的科层体制以推进治理结构再造、业务流程重塑和服务方式变革，构建高效的组织体制，让民生数据资源更加高效地运转起来。①

要以数字技术为牵引，将分散在各部门中的社会保障职能整合起来，推进部门间、地区间的协调沟通、数据共享和线上协作，以数字化治理带动社会保障服务的全面聚合。推动数据资源的标准化建设，统一数据标准和业务接口，畅通数据资源跨地区、跨层级、跨部门汇聚融合与同质化共享，打破原有的部门利益格局，推动数据向基层服务部门回流，提升社会保障的数字化供给水平和协同治理能力。强化民生领域服务资源与需求的透明化对接，实现政策与人群的精准匹配。要以智能中枢为依托，运用数据填充和画像分析等技术，对社会救助、劳动保障、教育、医疗等领域的

---

① 郑磊：《数字治理的效度、温度和尺度》，《治理研究》2021年第2期。

相关数据进行比对，主动、及时、高效识别保障服务对象，精准满足用户的多样化需求，促进社会保障待遇的高效给付，减少欺诈行为与"污名效应"的发生，有效提升用户体验。

（二）整合民生数据资源，为科学决策提供重要支撑

要全面整合就业、养老、医疗、教育等社会保障领域的数据资源，构建全要素、全生命周期的民生动态数据库，逐步形成一套集数据采集、存储、开发、共享于一体的标准化数据资源体系，与国家人口、企业、经济等基础数据资源相结合，建立社会保障数字化辅助决策系统。不断适应数字经济不断变化的贡献模式，寻找政策难以覆盖的人群，主动弥合新出现的群体差距。将社会保障机构日常运营产生和积累的大量数据应用于民生领域，以最有效的方式满足服务需求，提升各主体之间的信任水平。

要促进数据资源的有序开放，鼓励、规范科研单位、社会组织等第三方机构进行数据开发，全力提升将数据资源共享、数字技术创新转化为惠民与为民服务的能力。运用大数据和互联网动态掌握政策实施、基金收支、资源配置和服务供给的实时数据，结合"先行先试"等传统探索方式，为社会保障体系的公平、可持续运行提供决策依据。通过对科学建模等多种分析手段的运用，深入开展社会保障数据的挖掘和应用，提升利用数据创新各项服务的能力。结合社会保险、网络招聘、高校就业等方面的大数据，密切监测劳动力市场的变化趋势，及时掌握企业用工、劳动者就业和失业等状况，更好地对就业形势进行分析研判。随着数据的不断积累，预测模型的复杂性和准确性也会逐步提高，能够为国家和政府科学决策提供重要支撑。

（三）提升风险防范意识，全面保障数字安全

信息安全是社会保障数字化治理的重要保障。作为海量民生数据的存储库，社会保障机构在创新数字服务、提升数据价值的同时，有义务保障数据的安全，提升系统风险防控能力，防范网络威胁和隐私侵犯。要从制度保障入手，明确数据采集、使用和共享的基本原则，规范数据开发尺度，严格保护个人隐私、商业秘密等敏感数据，确保社会保障的数字化治理步入良性的发展轨道。在各类系统构建之初，要有意识地将风险防控手段嵌入系统，运用多种数字技术加强对业务运行的监测，构建制度化、常态化的监督机制，同时不断强化事中风险控制与事后稽核相结合的风险管控体系。

要进一步加大新技术的融合力量，发挥数字技术在劳动保障监察、基金监管、养老、医疗服务行为监控领域的重要作用。目前，在数字化建设中大数据、云计算技术的应用较多，但区块链、人工智能技术与社保业务的深度融合并未真正实现。因此，只有充分发挥好区块链技术所具有的去中心化、不可篡改、可追溯性等特点的作用，再结合密码学技术，才能有效保障社会保障数据的安全；只有充分应用人工智能模式下的识别技术，更为高效地查找编码和计费上的错误，增强相关系统的信息比对，才能有效防范保险欺诈以及失范行为的发生。采用数据填充与机器学习进行数据演算和模拟分析，能够有效提升动态监测和预警的精准水平。在不泄露参与方数据的前提下，通过隐私计算技术能够实现更加安全、高效的数据价值挖掘。当前，智能算法正在重新界定我们的生活理念、改变我们的决策方式，① 开展算法治理同样是社会保障监督系统的重要责任。有必要通过数据的交换来更好地定义劳动关系，减少劳动力市场中的"灰色地带"，运用新技术防范用人单位与个人规避法定义务的行为。

（四）强化数字包容，让社会保障服务更加暖心

针对"数字弱势群体"的特点，要从用户需求出发，将养老、救助、助残等服务与数字化建设有机统一起来，推进智能客服、远程服务、亲情办理、预约上门等暖心服务的开发，不断提升服务的智能化水平，提升各类人群的获得感、幸福感、安全感。加强养老、医疗、就业、抚幼等重点领域的数字化普惠服务，加快智能服务终端的研发、升级和应用。坚持传统服务方式和智能化服务创新并行，更加广泛地运用数字技术、投入智能设备，不断创新社区养老、居家养老和智慧健康养老服务新模式。加大适老化智能终端供给力度，加快推动信息无障碍建设，运用数字技术为弱势

---

① 陈昌凤、吕宇翔：《算法伦理研究：视角、框架和原则》，《内蒙古社会科学》2022 年第 3 期。

群体的生活、就业、学习等提供便利。推广互联网、智能终端、物联网等数字技术与设备在社会保障领域的普及应用，降低运营成本，改善传统服务方式，让数字化治理成果更丰富、更公平地惠及全体人民。未来，数字产业与人工智能可能会对行业和劳动者产生更大的影响，一些职业会随着数字经济的发展而消失，并出现诸多新业态，低技能劳动力被取代的风险越来越高，为了促进劳动力之间的适应性和流动性就业，避免长期失业，应提升数字技术在职业教育、继续教育中的比重，将技能再培训和技能提升计划贯穿于劳动者的整个职业生涯中。

五 结语

现行专业化社会保障体系经历了相当复杂的发展过程，在推动经济发展和社会稳定方面发挥了重要作用。因此，不能片面强调对政府结构的改革，而忽视建立在层级分立、部门分工、区域分隔基础上的传统体系所具有的合理性。当今世界，科技创新日新月异，数字技术作为一种赋能方式已在广泛的应用场景中展示出巨大的潜力，为社会保障服务的扩展以及民生数据价值的提升创造了十分有利的条件，不仅可以提高效率、创新服务、辅助决策，还能够有效规避人工手段的局限性，对整个社会保障体系产生显著的聚合效应。在数字经济蓬勃发展的大背景下，我们要跟上时代的步伐，运用数字思维来解决实际问题，以满足全社会的服务需求为目标，针对社会保障服务的特点，加快技术融合进程，优化服务方式，再造服务流程，重塑内外关系，推进多元主体关系的重构，不断完善数字化治理能力。在应用新技术的同时，必须正确评估自动化手段以及所使用算法的安全性、稳定性和可解释性，防止出现技术的"暗箱效应"，提升民众与机构之间的信任水平。要及早整合制度规划、明确技术融合路线。在社会保障数字化治理过程中，科技、网信、法律等部门的专业人士的前期参与是增强公平性、适应流动性、保障可持续性、充分发挥治理效能的重要保障。

文章原载于《行政论坛》2023年第2期，
收入本书时略有修订。

政策初始设计如何影响政策执行？
——基于草原禁牧休牧政策执行的案例研究

武俊伟[*]

摘要： 公共政策执行问题是一个普遍的行政现象。多数研究"就执行而谈执行"，很少从政策设计到政策执行的完整链条中来审视执行问题。为此，本文将研究视角转向"前执行阶段"，以国家草原禁牧休牧政策为例，系统考察政策初始设计对政策执行的影响及其机制。研究发现，在政策初始设计阶段，行政主导问题界定模式引发行动者执行博弈，而政策设计的多重偏差又增加政策执行障碍。通过问题与归因、目标与手段、内容与实际、政策与激励四种传导机制，政策初始设计对政策执行过程持续施加影响。因此，决策者要在政策设计阶段给予执行潜在问题足够重视，提前消解政策执行障碍。

关键词： 政策设计；问题界定；政策执行；禁牧休牧

一　问题提出

政策执行（Implementation）是公共政策的重要环节，是将政策目标转化为政策现实的唯一途径。长期以来，政策科学研究形成一种普遍观点，认为政策一经制定就会通过科层组织得到完美执行，以至于政策执行研究

---

[*] 作者简介：武俊伟，内蒙古大学公共管理学院讲师、研究员，主要研究方向为政府改革与创新、基层社会治理、公共政策执行。
基金项目：国家社会科学基金一般项目"边疆地区社会稳定的绿色治理机制与路径研究"（项目编号：22BZZ014）、内蒙古自治区哲学社会科学规划项目"内蒙古强化抵边乡镇工作力量研究"、内蒙古大学高层次人才科研启动项目（项目编号：10000-23112101/039）。

成为"遗漏的环节"。从实践来看,当前许多政策领域不同程度地面临政策执行难、落地难困境。政府政策难以自上而下顺畅执行,这直接影响政府多领域政策目标的达成,并考验政府治理体系和治理能力现代化水平。近年来,随着中央全面深化改革的深入,党中央、国务院对各领域政策执行提出更高要求。中央政府频繁强调要推动政策落地、确保重大政策落地生根、令行禁止、打通政策执行"最后一公里"、提高创造性执行能力等,表达了对政策执行问题的高度重视与极大关注。尽管如此,政策执行不畅的问题依然存在,并以五花八门的形式困扰政策执行落地。由此形成一个"执行悖论"一方面,是中央政府自上而下不遗余力地强调并推动各个领域政策执行落实;另一方面,则是政策面临各种现实执行障碍,执行落地较为困难,进而制约政府治理效能。换言之,政策得不到有效、完整、准确执行,浮于政策客体表层,陷入局部空转状态,影响政策预期目标。

事实上,政策执行难是现代公共管理一项重要理论和实践议题,备受学术界关注。学者们很早就关注到政策执行难的问题,并提出了"变通"[①] "共谋"[②] "应对"[③] "中梗阻"[④] "政策空转"[⑤] "执行走样"[⑥] "模糊执行"[⑦] "象征性执行"[⑧] "选择性执行"[⑨] "上有政策,下有对策"[⑩] 等解释

[①] 孙立平、郭于华:《"软硬兼施":正式权力非正式运作的过程分析——华北B镇收粮的个案研究》,《清华社会学评论》特辑2000年版,第477—497页。
[②] 周雪光:《基层政府间的"共谋现象"——一个政府行为的制度逻辑》,《社会学研究》2008年第6期。
[③] 艾云:《上下级政府间"考核检查"与"应对"过程的组织学分析:以A县"计划生育"年终考核为例》,《社会》2011年第3期。
[④] 钱再见、金太军:《公共政策执行主体与公共政策执行"中梗阻"现象》,《中国行政管理》2002年第2期。
[⑤] 李瑞昌:《中国公共政策实施中的"政策空传"现象研究》,《公共行政评论》2012年第3期。
[⑥] 王洛忠、李建呈:《政策执行缘何走样?——基于L市大气污染防治攻坚战的案例研究》,《理论探讨》2020年第5期。
[⑦] 崔晶:《基层治理中政策的搁置与模糊执行分析——一个非正式制度的视角》,《中国行政管理》2020年第1期。
[⑧] 孙发锋:《象征性政策执行:表现、根源及治理策略》,《中州学刊》2020年第12期。
[⑨] O'Brien, Kevin J., LianjiangLi, "Selective Policy Implementation in Rural China", *Comparative Politcs*, Vol. 31, No. 2, April 1999, pp. 166-167.
[⑩] 王利斌:《公安政策执行过程的辩证思考——兼谈"上有政策、下有对策"现象》,《中国行政管理》2014年第7期。

性概念，用以描述政策执行困境及其表现形式，并对导致政策执行困境的体制性或机制性成因进行探讨。不过，既有研究大多局限于"就执行而谈执行"的视角，忽视"执行之外"的因素对政策执行的影响。特别是，很少有研究注意到政策初始设计对政策执行的影响及其因果机制等问题。因此，有关政策执行难的问题仍有待于进一步探讨。

为此，本文试图跳出"就执行而谈执行"的视角局限，将政策执行向前延伸至政策初始设计阶段，探讨政策初始设计对政策执行的影响及其机制。重点回答以下研究问题：在政策初始设计阶段，问题界定和政策设计如何影响政策执行？其中的影响机制是什么？如何从政策初始设计角度，进一步疏通政策执行障碍并优化政策执行？需要强调的是，本文提到的"执行之外"是相对于政策执行阶段而言的，主要是指政策初始设计阶段（前执行阶段），具体包括问题界定和政策设计两个环节。

二 文献综述与理论框架

（一）文献综述

对于政策执行问题，学术界大体存在三种不同解释。一是关注政策本身，认为政策本身的缺陷将导致政策执行偏差，加剧政策执行落地困境。比如，政策目标模糊、政策要素冲突、政策制定科学性不足、政策内容滞后、政策手段使用不合理等，都将加大政策执行的难度。[①] 事实上，政策本身因素对政策执行的影响，离不开政策特征这一基础变量。洛维的研究表明，政策特征决定着政策的政治过程，暗指其对执行的影响。[②] 马特兰德进一步拓展洛维的观点，他依据政策"模糊性—冲突性"特征，提出行政执行、政治执行、实验性执行和象征性执行四种模式，有力地论证了政策特征对执行的影响。[③] 有的研究者聚焦模糊性政策执行者的行动逻辑，

[①] 宁国良：《论公共政策执行偏差及其矫正》，《湖南大学学报》（社会科学版）2000年第3期。

[②] Lowi, T. J., *American Business, Public Policy, Case Studies, and Political Theory*, State of New Jersey: World Politics, 1964, pp. 677-715.

[③] Matland R. E., "Synthesizing the Implementation Literature: The Ambiguity-Conflict Model of Policy Implementation", *Journal of Public Administration Research and Theory*, Vol. 5, No. 2, April 1995, pp. 145-174.

揭示了政策特征与政策执行之间的中介机制。① 丁煌则从政策的合理性、明晰性、协调性、稳定性以及公平性诸方面，探讨了政策制定的科学性对政策执行有效性的影响。② 部分研究还强调政策工具的重要性，认为政策执行的核心是选择恰当的工具，因为它关系到政策执行的情况。③

二是探讨行政体制对政策执行的影响。行政体制内部张力往往是导致政策执行偏差的根本原因。从纵向来看，主要探讨层级政府间的政策张力对执行的影响，强调上下级政府对政策执行的监督、控制以及调整、变更。实践表明，下级并不是机械地执行政策。因此，上级政府依靠激励或施压的方式，增强对执行过程的控制。周黎安指出，"行政发包制"与地方官员晋升挂钩，可对地方政策执行提供某种激励。④ 渠敬东认为，项目制绕开常规科层体制来配置资源，以项目激励将执行统一到国家政策目标。⑤ 与激励手段不同，黄冬娅强调行政压力对执行的影响。她以某省产业政策执行为例，揭示了自上而下压力传递与政策执行波动之间的关系，并详细论述了压力强度、传递压力方式和力度等对政策执行效力的影响。⑥ 有的研究指出，执行压力加大使日常工作变成政治任务，引发普遍的政策变通行为。⑦ 有的研究则认为，适度的"层层加码"是防止科层组织执行衰减的有效策略。⑧ 此外，周雪光从控制权视角切入，论证了目标设定权、检查验收权和激励分配权在层级政府之间的分配方式对政策执行行为的影响。⑨

---

① 胡业飞、崔杨杨：《模糊政策的政策执行研究——以中国社会化养老政策为例》，《公共管理学报》2015 年第 2 期。
② 丁煌：《政策制定的科学性与政策执行的有效性》，《南京社会科学》2002 年第 1 期。
③ 吕志奎：《公共政策工具的选择——政策执行研究的新视角》，《太平洋学报》2006 年第 5 期。
④ 周黎安：《中国地方官员的晋升锦标赛模式研究》，《经济研究》2007 年第 7 期。
⑤ 折晓叶、陈婴婴：《项目制的分级运作机制和治理逻辑——对"项目进村"案例的社会学分析》，《中国社会科学》2011 年第 4 期。
⑥ 黄冬娅：《压力传递与政策执行波动——以 A 省 X 产业政策执行为例》，《政治学研究》2020 年第 6 期。
⑦ 刘骥、熊彩：《解释政策变通：运动式治理中的条块关系》，《公共行政评论》2015 年第 6 期。
⑧ 李辉：《层层加码：反制科层组织执行衰减的一种策略》，《中国行政管理》2022 年第 4 期。
⑨ 周雪光、练宏：《中国政府的治理模式：一个"控制权"理论》，《社会学研究》2012 年第 5 期。

从横向来看，既有研究重点考察政府横向组织结构和组织关系对执行的影响。在部分研究看来，政策执行问题其实是横向层面组织间的合作问题。① 那些执行中"推诿扯皮""相互踢皮球""九龙治水""执行空白"等问题，实际上都源于组织合作问题。陈家建等研究者指出，"国家政策的执行面对的是高度分化的科层结构，这种结构产生了政策与科层组织之间的摩擦，降低了政策的执行力，导致政策执行走样"。② 部分研究关注到部门执行结构的摩擦力，认为"多部门之间的结构摩擦力可能会超过黏合力，导致政策被歪曲、选择执行"。③

三是集中探讨政策目标群体因素，考察目标群体及其政策反应对执行的影响。一般认为，政策群体规模、构成差异与政策执行难易程度存在一定关联。政策群体规模越大、群体差异越大，政策执行相应变得越困难。不仅如此，迈克尔·豪利特和 M. 拉米什指出，"政策要求目标群体的行为改变的程度，决定了其执行时遭遇的难度"④ 这在管制性政策中尤为突出。也就是说，政策执行必须建立在政策目标群体的广泛认同基础之上。有研究表明，"强化政策认同，有助于提升目标群体的支持度和参与度，降低执行成本，提高政策执行的效率和效度"。⑤ 部分研究基于行动者利益视角，重点考察了目标群体利益对政策执行的影响。丁煌认为，政策执行的关键在于能否最大限度地反映政策相关主体特别是政策目标群体的利益需求。⑥ 薛澜和赵静对山西省煤炭改革政策进行长期观察分析，将转型期中国政策过程的特征概括为"决策删简—执行协商"。他们认为，政策执行作为决策补充而表现为权衡与协商的过程，目标群体以及其他政策主体在政策执行中表达利益诉求，使得执行充满各种博弈，导致政策结

---

① [英]迈克·希尔、[荷]彼特·休普：《执行公共政策》，黄健荣等译，商务印书馆 2011 年版，第 1—320 页。
② 陈家建、边慧敏、邓湘树：《科层结构与政策执行》，《社会学研究》2013 年第 6 期。
③ 陈丽君、傅衍：《我国公共政策执行逻辑研究述评》，《北京行政学院学报》2016 年第 5 期。
④ [加]迈克尔·豪利特、M. 拉米什：《公共政策研究：政策循环与政策子系统》，庞诗等译，生活·读书·新知三联书店 2006 年版，第 1—443 页。
⑤ 袁方成、李会会：《"同意的治理"：理解政策认同的实践逻辑——Y 县宅基地改革观察》，《探索》2020 年第 3 期。
⑥ 丁煌：《利益分析：研究政策执行问题的基本方法论原则》，《广东行政学院学报》2004 年第 3 期。

果的不确定性。①

现有研究立足于政策执行阶段,考察了影响政策执行的结构性因素和行动者因素。一是遵循经典结构分析思路,讨论特定的行政体制和政策结构本身对政策执行的影响。二是从政策行动者关系入手,探讨多元政策行动者互动与利益博弈,尤其是关注政策目标群体的非遵从行为对政策执行的影响。既有研究为理解政策执行提供了思路,但该领域研究仍有待于进一步拓展。首先,当前的研究对政策执行偏差行为的讨论居多,而对政策实际执行效果探讨则并不多见。其次,现有研究普遍将政策执行剥离政策过程,局限于"就执行而谈论执行",未能从政策设计到政策执行的完整链条中审视政策执行,导致解释力的不足。最后,执行研究停留于宏大叙事,笼统地把执行问题归结于政策本身、行政体制或科层组织结构因素,并未揭示具体的影响机制,且缺乏经验性的材料支撑。

(二) 理论框架

政策执行问题不完全是执行阶段的问题,而是与政策初始设计阶段高度相关。这一论点,已为经典政策执行理论所论及。比如,史密斯政策执行过程模型、霍恩和米特尔政策执行系统模型、萨巴蒂尔和梅兹曼尼安的政策执行过程综合模型等,从不同视角肯定了政策初始设计阶段对政策执行的影响。宁骚提出政策执行"上下来去"模型,②亦对这一点进行过精彩论述。为此,本文将"政策执行置于初始阶段政策设计当中",③初步构建一个政策执行理论分析框架,分别探讨政策设计阶段的问题界定、政策设计两个变量对政策执行的影响,揭示其中因果机制,为政策执行问题提供一种新的解释。

依据既有政策执行理论观点,本文构建的政策执行理论框架包含三个

---

① 薛澜、赵静:《转型期公共政策过程的适应性改革及局限》,《中国社会科学》2017年第9期。

② 宁骚:《中国公共政策为什么成功?——基于中国经验的政策过程模型构建与阐释》,《新视野》2012年第1期。

③ Dennis J. Palumbo, Donald J. Calista, *Implementation and the Policy Process: Opening Up the Black Box*, New York: Greenwood Press, 1990, p.262.

基本要素：问题界定、政策设计、政策行动者。一是问题界定（Problem Definition）。政策问题界定是指，政策行动者对问题进行描述、分析和解释的过程。一般包括，问题命名、问题归因、要求采取的行动等环节。问题界定是公共政策的基础，关系着政策基本取向，并塑造政策执行。① 需要指出的是，"政策问题界定不仅仅是科学地定义问题，更是利害相关者围绕'问题是什么'所展开的政治竞争"，②，是行动者表达政策偏好、利益的"第一道关口"。其中，问题界定对政策执行的影响集中体现在问题归因层面。这是因为，问题归因隐含责任承担问题，以及相应的政策利益再分配问题。因此，政策行动者积极参与其中，围绕"问题是什么、问题界定权、问题归因归责"进行长时期反复争论、博弈，从而使问题界定过程充满利益分歧和冲突。现实中，问题界定总是体现居于主导地位的行动者偏好，那些相对弱势的行动者会在后续的政策执行阶段，采取特定行动，进一步表达政策偏好，争取政策利益的最大化。

二是政策设计（Policy Design）。政策设计属于政策制定的范围，主要是指政策行动者围绕政策问题而进行政策要素选择，确定政策目标、手段以及政策内容的过程。③ 一般认为，政策设计直接关系着政策执行的质量和效果。具体而言，政策设计对政策执行的影响，主要表现在三个方面。其一，政策目标与手段不匹配可能引发执行偏差。政策设计中，决策者对政策目标与手段张力关注不够，可能导致政策目标与手段不匹配问题，衍生"手段置换目标"行为，造成政策执行走样。其二，政策设计缺乏利益相关方参与，将增加政策内容脱离实际的风险，从而和梅兹曼尼安的政策执行过程综合模型等，从不同影响政策执行。政策执行在很大程度上取决于政策群体的态度、利益与行为。实践中，如果决策者在政策设计中未能充分吸纳利益相关方的意见和地方性知识，那么政策执行很可能遭遇"水土不服"并趋于失败。其三，政策设计中激励要素设计不当、激励不足、

---

① Rochefort D. A., Cobb R. W., "Problem Definition, Agenda Access, and Policy Choice", *Policy Studies Journal*, Vol. 21, No. 1, March 1993, pp. 56-71.

② 李强彬、李若凡：《政策问题何以界定：西方的研究与审视》，《党政研究》2018年第5期。

③ Siddiki S., Curley C., "Conceptualising Policy Design in the Policy Process", *Policy&Politics*, Vol. 50, No. 1, March 2022, pp. 1117-135.

激励过度、激励错位等，同样将引发与政策目标相悖的执行行为。

三是政策行动者（Policy Actor）。政策行动者是影响政策执行的关键变量。政策过程中行动者是多元的，包括决策者、执行者、政策受众以及其他行动主体。政策行动者贯穿于政策过程始末，参与政策初始设计阶段的问题界定和政策制定，并在政策执行环节展开互动乃至博弈。需要强调的是，由于政策行动者所处地位不同，行动者在不同政策阶段的参与强度、参与方式、政策影响力、行为策略等呈现一定的差异。一般而言，政府凭借强制性的权威自上而下主导着政策初始设计和政策执行，而政策目标群体在特定政策空间，调整并采取策略行为，以非正式方式参与政策过程，表达自身政策需求。因此，在政策分析中，首先要识别政策行动者及其利益，探讨决策者、执行者、政策受众行为互动及其相互作用方式，关注行动者对执行环节的影响。

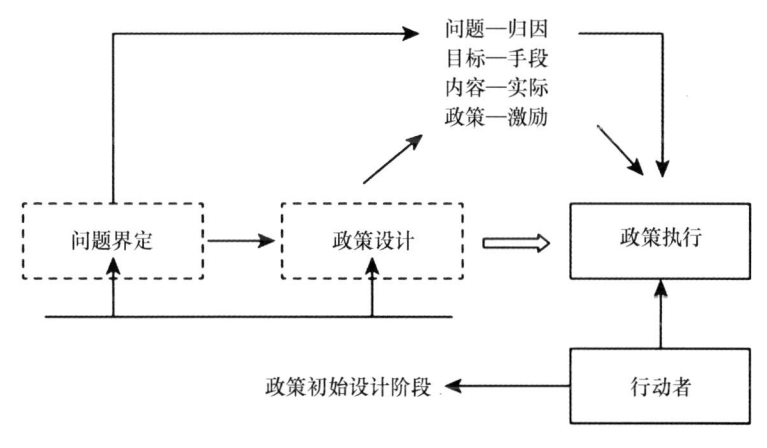

图 1　政策执行的理论框架

基于上述要素分析，理论框架阐释了政策初始设计影响政策执行的四组因果性机制：问题归因、目标手段、政策内容、政策激励。其中，问题归因机制集中体现在问题界定阶段。问题归因是整个问题界定的关键，问题归因准确与否直接影响政策执行的取向，而且单一的归因模式还导致政策执行的偏误。而其他目标手段机制、政策内容机制、政策激励机制，则发生于政策设计阶段。政策设计阶段的主要任务是，明确目标手段、阐述政策内容、设计政策实际契合程度、政策激励程度等问题，将对政策执行形成一定扰动，衍生执行偏差现象。总体上，四组因果机制统一于政策过程当中。其中，问题归因产生于问题界定阶段，属于基础性机制，其他则属于政策设计阶段并列性机制，各项机制间相互加强，共同作用于政策执行。

三　研究案例：草原禁牧休牧政策执行及其困境

（一）研究方法与案例选择

案例研究通过对复杂现象的挖掘、深描与阐释，能够展现其中的因果机制，增进对特定事实、行为及事件的理解。[①] 案例研究适用范围很广，在"是什么"和"为什么"问题类型方面具有特别优势。政策执行是一个复杂的行政现象。本文采用案例研究法，以"抽丝剥茧"叙事手法，考察草原禁牧休牧政策初始设计对政策执行的影响，并揭示其中因果性影响机制。数据资料主要来源于深度访谈，访谈对象包括政府官员、草原执法人员、驻嘎查工作队、嘎查主任及牧民等。同时笔者利用网络检索资源，收集整理部分政策资料，并赴调研地档案馆查阅补充相关资料。

本文以内蒙古 B 嘎查禁牧休牧政策执行为例，以讨论政策初始设计对政策执行的影响。B 嘎查位于鄂尔多斯荒漠草原，是一个典型牧区村落。嘎查常住人口 212 户 451 人，草场面积 49.5 万亩，户均 2000 亩。21 世纪初，政府自上而下实施草原禁牧休牧政策，B 嘎查草场全部纳入禁牧休牧政策范围。作为史上最严的草原政策，执行的难度不同以往。为此，当地将禁牧休牧作为一项中心工作来抓，严格推动政策执行。在此背景下，牧民的放牧活动与牲畜数量受到政府严格限制。因此，牧民采取策略行为加以应对，致使禁牧休牧面临执行障碍，难以得到顺畅执行。

案例选取主要遵循典型性原则：一是政策执行时间跨度长。B 嘎查是全国最先实施禁牧休牧的地方，它完整经历了政策执行全过程，易于全面展现长时段政策执行情况。二是地理位置特殊性。B 嘎查位于荒漠草原，

---

① 张静：《案例分析的目标：从故事到知识》，《中国社会科学》2018 年第 8 期。

人草畜矛盾较为突出，禁牧休牧执行难度大，能够深度呈现政策执行复杂性。

（二）案例背景

在这一过程中，目标与手段匹配程度、内容与我国是一个典型的草原大国，草原自东向西绵延数千公里，构成国家重要生态安全屏障。然而到20世纪90年代末，全国90%的草原出现退化，直接威胁牧区人畜生存和国家生态安全。[①] 21世纪初，中央政府开始强化草原监管，自上而下实施了迄今为止规模最大、持续时间最久、影响最为深远的综合性草原政策——禁牧休牧。禁牧休牧政策是以限制牧民放牧活动和控制牲畜数量的方式，实现草原的休养生息和保护草原生态的目的。近二十年来，中央政府耗费大量人力、物力、财力，不遗余力推动禁牧休牧政策执行落地。截至目前，中央政府累计投入资金1500亿元，政策覆盖全国13个省区657个县、旗（团场、农场），1200多万农牧户，草原禁牧12.1亿亩，草畜平衡26.1亿亩。[②] 与此同时，全国草原"禁而不止""休而不息"现象非常突出，草原超载过牧、违规放牧问题愈演愈烈，政策目标尚未完全实现。禁牧休牧政策实施期间，全国每年违反禁牧休牧规定案件的发案数居高难下。草原生态安全形势较为严峻，全国70%的草原处于不同程度的退化状态。[③] 正是如此，从2011年开始，中央政府对禁牧休牧政策进行调整，实施草原生态补奖政策，试图以"补"换"禁"。然而，调整后政策执行依然面临诸多执行窘境。

（三）案例描述：草原禁牧休牧政策的执行

1. 政策执行："限牧"与"控畜"

2002年，国务院颁布《关于加强草原保护与建设的若干意见》，首次

---

① 数据来源：中华人民共和国生态环境部《中国环境状况公报（1998）》。
② 王辰：《国家林草局办公室与农业农村部办公厅联合发出通知 落实第三轮草原生态补助奖励政策切实做好草原禁牧和草畜平衡工作》，《中国绿色时报》2021年12月8日第1版。
③ 胡璐：《"十四五"时期我国将实施退化草原修复2.3亿亩》，《经济参考报》2021年8月24日版。

提出实施草原禁牧休牧的政策。同年，新修订的《中华人民共和国草原法》以法律形式将禁牧休牧确定下来。自2007年起，当地政府每年都要发布一道禁牧令，推动政策执行。政策执行的重点是"限牧"和"控畜"。政府依据草原生态状况，将嘎查草原划为禁牧区、休牧区，分别实行全年禁牧和季节性休牧的政策。从每年3月20日到6月20日，B嘎查草场照例进入休牧期，期间停止一切放牧活动。同时，政府以核定草原载畜量的方式，严控放牧牲畜数量，使草场维持合理载畜规模。B嘎查草场核定载畜量为每只羊单位26亩草场，以草场面积折算，户均放牧牲畜数量上限是75.5只绵羊。为确保政策有效执行，政府不断加强对放牧行为和牲畜数量的监管力度。林草部门定期开展草原执法检查，入户"数羊"，对违规放牧和牲畜超载给予罚款，并责令将牲畜数量降至核定载畜量范围内。此外，政府从嘎查招募一定数量的草原管护员，并建立"举报制度"，鼓励牧民相互监督。在禁牧休牧政策执行情境下，牧民的"放牧区域、放牧时间、放牧牲畜数量"被置于当地政府的严格监管之下。与过去相比，嘎查牧民只能在更小的草场上，更短放牧时间内，放牧更少的牲畜。

2. 政策执行困境："禁而不止"与"休而不息"

禁牧休牧政策通过"限牧"和"控畜"的方式，不断缩小牧民的生计空间，引发牧民普遍不满和抵制。作为回应，牧民采取各种策略行为，自下而上地违反禁牧规则。政策执行过程中，当地牧民发明许多"逃避的艺术"，以更加隐蔽的方式进行先前的草场放牧活动，亦未履行控畜减畜的责任。比如，有的以夜牧代替白天放牧，逃避政府监管；有的采取分群、分时段放牧，保证每个时段都有一个畜群在草场，巧妙化解超载问题。B嘎查老书记解释道："上级来检查，牧民把羊分为两群，圈养着一群，草场上放养另一群，没超载。等上级走了以后，把草场上的那群羊圈养起来，然后把圈养的这部分羊再放出去。"（访谈资料：HBB20190907）对于超载的牲畜，牧民同样有一套应对办法。他们通常采取拖延策略，以"牲畜太小"或"售卖价格太低"为借口，请求政府"宽限几天"，从而保留牲畜。当遇到草原执法检查时，牧民深谙"法不责众"道理，以"为什么其他超载放牧不管，偏偏管我，要管都管"的言辞，获得行动的合法性。有的与草原执法人员达成默契，选择主动交罚款，换取一段时间的"不被打扰"。政策执行期间，违规放牧和超载放牧行为"禁而不止"，政策执行效果并不理想。数据显示，2008 年 B 嘎查牲畜超载率为 8.4%，2013 年达到 12.5%。① 根据笔者调研，2019 年嘎查牧户牲畜均处于超载状态，最多超载达到 365 只。② 从全国层面看，违规放牧和超载放牧行为同样较为普遍。以 2016 年为例，全国违反禁牧休牧规定案件 11828 起，占全年草原各类案件总发案数量的 75.3%。③ 而且，全国草原监测报告显示，全国大部分草原超载过牧问题突出。针对政策执行"禁而不止""休而不息"的现象，政府及时进行政策调整。2011 年，中央政府实施草原生态补奖，即按照牧民禁牧、休牧草场面积，发放一定数量补奖资金，通过"以补换禁"的方式，推动政策执行。然而，牧民领取补奖资金，是以遵守禁牧规则和落实减畜任务为前提的。事实上，这些补偿性收益远不足以弥补牧民执行禁牧和减畜所带来的损失。④ 当地干部讲道："禁牧以后（牧民）有损失。牧民也有机会成本，拿到补贴后，牲畜头数减少，这两个哪个高？补贴远远弥补不了损失。如果禁牧补贴超过损失的话，（牧民）肯定执行这个政策。"（访谈资料：CBZ20190826）B 嘎查牧民常以补贴标准偏低、生计困难为由，与政府讨价还价。大多数牧民一边拿着禁牧补贴，一边在草场上违规放牧。面对这种情况，地方政府做出有限度的妥协。他们采取"睁一只眼闭一只眼"的做法，维持形式上的政策执行，使得禁牧休牧逐渐陷入一种空转状态。

四 执行之外：政策初始设计对政策执行的影响及机制

科学合理的政策设计是政策执行的前提。通过对禁牧休牧政策执行案例的分析发现，政策执行问题在很大程度上受到政策初始设计的影响。因此，本文聚焦禁牧休牧政策初始设计，分别考察问题界定、政策设计因素

---

① 数据来源：B 嘎查档案资料。
② 数据来源：笔者问卷统计所得。
③ 采编部、刘源：《2016 年全国草原监测报告》，《中国畜牧业》2017 年第 8 期。
④ 康晓虹、史俊宏、张文娟等：《草原禁牧补助政策背景下牧户生计资本现状及其影响因素研究——基于内蒙古典型牧区的调查数据》，《干旱区资源与环境》2018 年第 11 期。

对执行的影响，并揭示四种具体影响机制：问题—归因、目标—手段、内容—实际、政策—激励。

（一）问题界定：行政主导与执行博弈

1. 行政主导的"问题归因"与政策执行

"谁来界定、如何界定"是公共政策问题界定的关键。行政主导是草原政策问题界定最重要的一项特征。20世纪末，全国大规模草原退化日益威胁国家生态安全。随之而来的长江流域特大洪水灾害、北方沙尘暴等一系列标志性环境事件，引发中央政府对草原生态问题的关注与重视，由此形成了草原问题的基本事实判断。在此基础上，中央政府通过自上而下生态保护话语建构，将问题命名为"草原生态问题"。与此同时，各级政府、牧民、专家等政策仅仅是明晰问题产生原因，背后涉及问题归责以及行动者的利益。所以这一过程充满了各种价值分歧、矛盾冲突、利益纠纷以及行动博弈。不同的政策行动者从自身利益出发，追溯、描述草原生态问题产生原因，形成了各种各样的"归因故事"。比如当地牧民的朴素经验认为，干旱、少雨等气候因素是导致草原生态退化的主要原因。部分草原专家认为，草场私有化政策及大规模草场围栏，加大了草场局部放牧压力，造成了草原的退化。[①] 政府则将问题归因于牧民超载过牧行为，并谴责当地牧民滥牧、过度放牧等不合理草原利用方式。[②] 经过长期反复争论，政府主导整个问题归因，确立并强化了"超载过牧"的问题归因范式。

总的来看，政府行政主导问题归因，对后续政策执行产生潜在影响。首先，行政主导的草原问题归因，驱动草原政策通往管制之路。受问题归因影响，禁牧休牧政策以解决超载过牧为导向，政策执行重点在于约束牧民放牧行为以及减少牲畜数量。这种强制性草原政策缺乏足够弹性，执行起来相对生硬，容易激化政府与牧民间矛盾，不利于政策有效执行。其次，行政主导的单一问题归因模式导致政策执行偏误。草原生态退化问题

[①] 韩念勇：《草原的逻辑：续（上）——草原生态与牧民生计调研报告》，民族出版社2017年版，第1—348页。

[②] Williams, DeeMack, *Beyond Great Walls: Environment, Identity, and Developmenton the Chinese Grasslands of InnerMongolia*, Stanford California: Stanford University Press, 2002, p.250.

是多种因素综合作用的结果，过度放牧只是导致草原退化的一个重要原因，但却不是唯一的原因。然而，在超载过牧主流解释框架下，草原政策执行出现一定偏差，很大程度上影响政策执行及其效果。

2. 问题"再归因"与政策执行博弈

草原政策问题界定、归因是一个持续反复的过程。问题界定阶段，居于主导地位的政府通过垄断"问题界定权"，做出"超载过牧"的权威性归因。与此同时，牧民、专家等政策行动者对草原问题的归因未进入决策系统，相关利益偏好未得到充分体现。因此，作为重要的行动主体，牧民在政策执行过程中适时调整自身行为，努力介入并改变"超载过牧"的归因认知，以支持他们的超载放牧行为。一是寻找新的归因证据，为其超载放牧行为创造合理性。政策执行过程中，牧民努力寻找新的归因证据，对禁牧休牧政策及其背后的"超载过牧归因论"提出质疑，行动者介入草原问题归因过程。草原问题归因不进而证明超载放牧行为的合理性。牧民坚持认为，气候因素是草原退化的主要原因。有的牧民以过去的草场放牧为例，论证雨水和草场长势的关系。比如牧民讲道，"那时候养的羊也很多，自然条件好，雨水好，现在沙化，主要是雨水少了，长不起来草。不是放牧破坏的"。（访谈资料：HBB20190907）牧民通过举证经验性事实，建立气候因素与草场退化之间的因果联系，并将牲畜因素排除，从而为超载放牧提供合理证据支撑。二是引入生计问题，拓展草原退化问题的归因范围，为扩大放牧牲畜数量提供支持。牧民将"超载过牧"置于他们的生计问题之下，借此突破禁牧休牧的政策规定，维持乃至扩大收益。政策实践中，牧民总是以"生计困难"为由，违反禁牧休牧、控畜减畜的规定。牧民通过引入生计问题，推动草原问题的重新界定。2010年，国务院《关于促进牧区又好又快发展的若干意见》提出，草原政策要更好地处理草原生态、牧业生产和牧民生活的关系。2011年，农业部副部长在全国草原监理会议上公开表示，"牧民维持生计和增收主要靠增加牲畜饲养量，导致牧区草原超载过牧严重，有些地方已是'一方水土养活不了一方人'"。[①] 此

---

① 《高鸿宾副部长在全国草原监理工作会议上的讲话》，2011年8月26日，中国政府网，https://www.moa.gov.cn/govpublic/XMYS/201109/t20110921_2293078.htm。

后，国家在禁牧休牧政策基础上，启动实施草原生态补奖，给予牧民禁牧补贴。

总之，行政主导问题归因为牧民问题再归因埋下伏笔，增加了政策执行的复杂性。政府主导超载过牧归因，为即将采取的草原禁牧休牧行动提供了事实依据。然而，牧民却并不完全认同这种问题归因，他们不断寻找新的归因证据，试图改变既有问题归因范式，进而为超载放牧创造支持性条件。可以看到，牧民总是以气候因素取代超载放牧归因，维持超载放牧博弈行为，致使禁牧休牧政策执行更加复杂困难。

（二）政策设计：多重问题传导与政策执行摩擦

1. 政策手段置换目标

禁牧休牧政策建立在草原生态恶化和超载过牧问题归因基础之上。政策初始设计阶段，政策目标为"实现草原生态良性循环"，政策手段是"限牧"和"控畜"。从政策目标来看，"草原生态良性循环"政策目标较为模糊，且缺乏客观衡量标准，这为政策执行留下自主空间，增加执行的不确定性，从政策手段而言，政府选择了行政管制单一政策手段。这类政策手段强制性有余而弹性不足，容易诱发各种执行偏差行为。模糊性政策目标以及单一政策手段的制度设计，为后续政策执行目标手段不匹配埋下隐患。

其一，从"管生态"转向"管牧民""管牲畜"。禁牧休牧政策的目标是"管生态"，而"管牧民"和"管牲畜"是实现政策目标的具体手段。随着自上而下禁牧压力增加，地方政府将政策执行注意力放到"管牧民"和"管牲畜"上面。在B嘎查，当地政府每年年初发布一道禁牧休牧令，内容无非是重申政府禁牧、休牧规定，以及违反禁牧的处罚措施等。但是，禁牧休牧令却很少强调保护草原生态的政策目标。所以草原执法的重点是，牲畜是否超载，而较少主动关心草原生态是否好转等政策目标。其二，以禁牧补贴手段替代禁牧休牧政策目标。针对管制政策手段的失效，政府运用禁牧补贴的政策手段，试图通过"以补换禁"来实现政策目标。然而实践中，政府将注意力转移至禁牧补贴的发放，而忽视了禁牧政策目标。为此，国家草原主管部门对政策执行中的"手段置换目标"行为予以谴责,"不能只强调补贴资金发放,不重视禁牧和草畜平衡监管,结果钱都花了,该禁的没禁住,该减的没减下来,草原继续超载放牧,生态继续恶化,遗祸子孙后代"。① 长期以来,政策目标与政策手段不匹配,导致经常出现手段替代目标的问题,最终引发政策执行诸多偏差。

2. 政策内容脱离实际

政策内容是影响政策执行的一项重要变量。政策设计阶段,政策内容要兼顾利益相关方尤其是目标群体的利益,因地制宜,符合具体实际。如果政策内容脱离实际,就会直接影响到政策执行的效果。调研发现,禁牧休牧政策内容与牧区实际情形存在一定脱离,出现"水土不服"的现象,为政策执行增添诸多摩擦与障碍。

其一,政府规定的禁牧期过长,增加牧民饲养成本,诱发对政策的抵制。禁牧期间,牲畜吃草是一个大问题。过长的禁牧期,意味着牧民需额外储备、购买大量饲草料,大幅提高了牲畜饲养成本。据 B 嘎查行留下自主性空间,增加执行的不确定性。从政策牧民估算,以饲养 100 只羊为例,每年禁牧期额外支付数万元的饲草料费用,加大了牧民的生计压力。同时,政府规定的休牧期与牧草"生长期"、牲畜"抓膘期"存在冲突。按照当地牧业生产习惯,休牧期是一年当中草势生长最好的时期,也是牲畜抓膘的关键期。故牲畜必须要在草场上放养,否则错过抓膘期,牧业收益就会受损。所以,牧民普遍违反禁牧、休牧规定,由此带来相当大的政策执行阻力。

其二,核定载畜量与草原牧区地方性知识存在冲突。核定载畜量是禁牧休牧政策的一项主要内容。政府以一整套精密测算方法,核定牧民草场的适宜载畜量,以此推进控畜减畜工作。在 B 嘎查牧民看来,政府核定载畜量缺乏实践依据,不符合草原实际情形。"草场不损坏的话,放多少都不要拘束人家,那是人家的能力。草场是我的,我自己会考虑保护"。(访谈资料:HLG20190908GWH)。一些有经验的老牧民甚至认

---

① 中华人民共和国农业农村部办公厅:《高鸿宾副部长在全国草原工作会议暨草原监理工作会议上的讲话》,《农业部情况通报》2013 年第 29 期。

为，有的牧草越吃长得越茂盛，长期不吃则会枯死。而且，"草不让牲畜吃的话，一到春季就容易引发草场火灾。草的根子不破坏的话，下雨草就长出来了"。（访谈资料：CLC20190903）总体上，既有政策内容与草原实际情形存在不同程度的脱节，诱发牧民不遵从行为，增加了政策执行的难度。

3. 政策错位激励与正向激励不足

政策激励提供执行驱动力，诱导期待的执行行为，以使政策执行与政策目标保持一致，提升国家政策执行的有效性。然而，禁牧休牧政策激励机制设计方面的缺陷，引发政策执行困境。一方面，错位激励诱发与政策目标相悖的执行行为。为确保政策有效执行，当地政府默许了草原执法部门（草监所）的禁牧罚款创收行为。在政策错位激励的影响下，政策执行出现"以罚代管"的行为现象，政策执行效果大打折扣。为此，政府调整禁牧罚款分配方式，统一划归财政局。然而，这样做的直接后果就是，草监所的监管动力不足，执行力度有所放松。与过去相比，政策执行范围、频次、力度均有所下降。当地草原工作站一名工作人员提道："有一段时间罚款百分之百归（草原）执法部门，它有横财，想去罚。那个时候（禁牧）严一点，现在财政不返还罚款，禁牧力度稍微有点放松。而且地方财政困难，公务款保障困难，执法部门更不愿意下去（监管）。"（访谈资料：CBZ20190826）

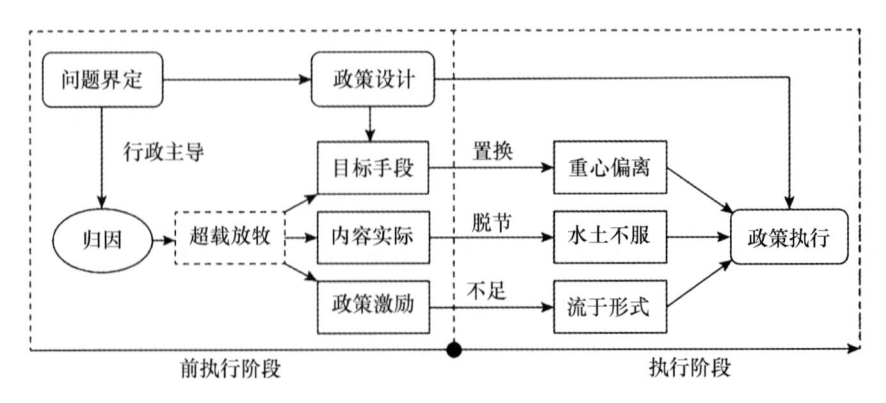

图 2 "前执行阶段"对禁牧休牧政策执行的影响及其机制

另一方面，正向激励机制设计不足，引发执行羸弱的困境。禁牧政策缺乏正向激励机制设计，始终难以调动地方政府及执法部门的草原监管动力。每当遇到上级政府检查时，地方政府与草原执法部门采取"运动式应对"。长此以往，地方政府和执行者形成非正式共谋。因此，当地草监所将政策执行演变为一种"例行公事"。每隔一段时间，刻有"草监所"字样的执法皮卡车驰骋在草原上，进行所谓的"日常巡查"。而地方政府也对此心照不宣，睁一只眼闭一只眼。总之，在缺乏有效正向激励制度条件下，地方政府衍生形式化执行策略，最终影响政策执行的实际效果。

五 结论与政策启示

政策执行充当公共政策的"转换器"[①]角色，直接关系到政策目标的达成和政策效果的发挥。政府治理转型期，公共政策经常遭遇"执行失效""执行失败""执行不足"的问题。当前，多数研究将政策执行问题视为执行本身的问题，局限于"就执行而谈执行"。本文认为，政策执行问题更多是"执行之外"的因素所导致。为此，本文将观察视角前移至政策初始设计阶段，分别考察问题界定、政策设计对政策执行影响，并揭示其中的因果机制。

研究发现，政策初始设计阶段的各种问题，通过政策过程传导至执行阶段，加剧了政策执行的难度。一方面，从问题界定来看，政府通过主导"问题界定权"，实现对问题的权威性归因。与此同时，行政主导的问题归因，一定程度上忽视了其他行动主体的利益偏好，最终诱发政策执行中的行动者博弈，制约政策有效执行。另一方面，从政策设计来看，模糊性政策目标与单一手段之间的张力，容易将手段当成目标，导致政策执行的目标置换效应。而政策内容由于兼容性不足，忽视目标群体利益，脱离实际情形并带来"水土不服"现象，诱发政策对象的不遵从行为。同时，政策设计缺乏正向激励机制，衍生出与政策目标相悖的执行行为，致使政策执

[①] 周志忍：《政府治理现代化的管理维度》，《中国行政管理》2021年第12期。

行趋于形式化。

以上研究发现为理解政策执行偏差提供一个新的观察视角,深度揭示了"前执行阶段"变量对后续政策执行的影响及其机制,完善并丰富了政策执行理论研究。同时,本研究进一步回应了中国现实中的政策执行难题。一是决策者在政策初始设计阶段就要充分考虑执行中可能出现的问题,全面、客观、准确进行问题界定,避免由于问题界定偏误导致后续政策执行的困难。对于草原退化问题界定,首先要明确问题性质、范围、涉及领域及相关利益行动者,并开展全面、综合的问题归因,确保问题归因以客观事实为支撑基础。比如,草原退化问题是由哪些因素所致?超载放牧在多大程度上导致草原退化?有何事实依据或实证支撑?这些问题,都需在问题归因阶段加以认真讨论。二是决策者要重视政策形成过程中多元行动者的利益偏好与政策需求。禁牧休牧政策执行困境,在很大程度上是由于牧民等行动者前期参与不足、相关利益未得到体现所引起的。因此在禁牧休牧政策设计阶段,要准确识别牧民及其利益偏好,适度地扩大政策参与范围与程度,科学分析判断政策执行的预期效果和各方面反应,建立利益包容机制,适度体现牧民政策偏好,满足其政策利益需求。其中,最主要的就是,建立开放的政策参与渠道,整个政策制定过程需多次、反复征求地方和牧民意见,让禁牧休牧政策不断"从群众中来到群众中去",消除政策分歧,凝聚共识,为政策执行奠定有力基础。与此同时,设计有效的正向政策激励,通过前瞻性政策设计,从根本上降低政策执行摩擦与障碍。三是加强政策实施评估与政策反馈,及时纠正执行偏差。针对禁牧休牧政策执行困境,"要密切跟踪监测实施情况,及时了解政策实施效果和产生的影响,分析出现的新情况和新问题,有针对性地调整完善相关政策,确保其取得预期成效"。① 一方面,健全自上而下政策监督反馈渠道,林草主管部门要持续追踪禁牧休牧执行情况,及时发现执行存在的问题,并实施针对性政策纠偏。同时借助中央环保督察反馈,按图索骥开展政策执行纠偏工作。另一方面,畅通自下而上的政策执行反馈途径,地方政府定期收集牧民关于禁牧休牧政策执行意见建议、诉求抱怨等,自下而上沿

---

① 李志军:《加快构建中国特色公共政策评估体系》,《管理世界》2022年第12期。

着科层结构向上反馈。而且，国家林草主管部门通过搭建反馈渠道，比如在官网开设禁牧休牧政策执行专栏，及时收集汇总各地牧民反馈信息，梳理归纳政策执行共性问题，认真加以研究和完善，从而有效化解政策执行困境。

文章原载于《中国行政管理》2024 年第 2 期，
收入本书时略有修订。

公共决策过程中常见认知偏差及其矫正措施：一种行为科学的视角

刘桂英　刘新胜[*]

摘要：本文通过回顾近年来行为科学研究的相关成果，梳理公共决策中常见的认知偏差，包括信息处理中的框架效应认知偏差、启发式认知偏差、证实性认知偏差，决策方案选择中的损失厌恶、安于现状、沉没成本认知偏差，决策审议中的群体思维认知偏差以及决策执行中的过度自信和控制幻觉认知偏差等，并结合我国公共管理和公共决策语境，在分析以上认知偏差会产生的决策后果的基础上，提出相应的矫正措施，以期提高公共管理和决策的质量。

关键词：公共决策过程；认知偏差；行为主义；行为公共管理学；有限理性

一　行为科学视角下对公共决策过程中认知偏差的研究

近些年来，以行为科学来切入公共决策过程和公共管理的研究日趋丰富，[①] 尤其是从认知心理学角度对公共管理过程中的认知偏差的研究，

---

[*] 作者简介：刘桂英，内蒙古大学公共管理学院副教授，主要研究方向为社会治理、环境治理技术、公共政策。

刘新胜（通讯作者），德克萨斯农工大学布什政府与公共事务学院资深研究员、北京大学国家治理研究院研究员，主要研究方向为公共政策、公共管理、政治过程中的议程设置和决策互动。

[①] Grimmelikhuijsen, S., Jilke, S., Olsen, A. L., Tummers, L., "Behavioral Public Administration: Combining Insights from Public Administration and Psychology", *Public Administration Review*, Vol. 77, No. 1, July 2016, pp. 45-56.

更是取得了长足进展。① 一些国家（如美国、英国、德国、法国、澳大利亚）和国际组织（如世界银行、经济与合作组织等）亦开始在其管理实践中，吸纳和借鉴行为科学与公共管理学交叉研究的成果，将其运用于教育、环境、能源、社会保障、卫生、交通、安全等领域，以提升决策质量和治理效果，并借此推动"行为主义政府"和"行为公共管理"的建设。

以行为科学角度对公共管理和公共决策过程开展的研究可以追溯到西蒙提出的"有限理性"概念。西蒙的"有限理性"概念是基于两个对现实的观察：一是所有人的决策外部条件都具有有限性（如信息不完整），二是所有人的自身认知能力都具有有限性（如注意力有限）。因此，西蒙主张以更符合现实的"有限理性"假设取代过去的"完全理性"假设，来研究管理和决策中的"真实的人"的认知和行为。自西蒙以来的行为科学研究表明，人们常常凭借经验法则而不是依据理性计算做出判断，也因各种认知偏差和非理性的偏好而时常做出偏离理性的决策。② 近些年来，公共管理学领域的学者以行为科学理论和方法，对公共管理和决策过程的认知偏差进行"行为透视"研究，积累了大量的研究成果，并产生了两种研究路径。

第一种研究路径侧重于目标群体的认知偏差。这一研究路径认为，作为"有限理性"人的政策对象常做出不符合自身利益的错误决策，因此，政府需要采取"助推"（nudge）"助力"（boost）等行为干预措施，在不依赖经济或行政手段并保留个体选择自由的前提下改变政策对象行为选项。其中，"助推"侧重于改变目标群体的行为，"助力"侧重于培育目标群体的决策能力。③ 第二种研究路径认为，作为行政管理者的政府官员也是"有限理性"人，他们在决策和管理过程中也会受到人之固有的认知偏

---

① Battaglio R., Belardine P., Bellé D., Cantarelli P., "Behavioral Public Administration ad Fonts: A Synthesis of Research on Bounded Rationality, Cognitive Biases and Nudging in Public Organizations", *Public Administration Review*, Vol. 77, No. 3, April 2019, pp. 1–17.

② 蒙克、汪佩洁：《政策科学的范式转移：从经典政策科学到行为政策科学》，《中国公共政策评论》2018年第2期。

③ 张书维、王宇、周蕾：《行为公共政策视角下的助推与助力：殊途同归》，《中国公共政策评论》2018年第2期。

差的影响而出现决策和管理失误。① 与侧重于目标群体的前一种研究路径不同，这一路径重点关注行政人和政府官员的认知偏差。②

目前，第一种研究路径在国内引起了广泛关注。譬如，李德国、陈振明梳理了"行为透视"研究中的非理性决策的认知和心理根源以及"家长主义"政策工具。③ 朱德米、李兵华从理论和实践进展、理论基础、政策意涵等角度梳理了西方行为政策学研究。④ 吕孝礼等学者从实施领域、实施主体和对象、实施措施等方面梳理了国外"行为洞见"实践，并阐述了对我国公共管理实践的启发。⑤ 相对于第一种研究路径受到的关注，第二种研究路径目前还尚未引起国内学界足够的重视。在当前我国大力推进国家治理体系和治理能力现代化的时代背景下，第二种研究路径无论对扩展国内学界的学术研究视野，还是提高各级行政人员的决策以及管理能力都具有重要意义，也亟须得到学界关注。据此，本文以第二种研究路径为出发点，聚焦公共决策过程，通过回顾行为科学研究的相关成果，梳理公共决策过程中的常见认知偏差，并尝试结合我国公共管理和公共决策语境，分析其决策后果，提出相应的矫正措施，以期提升公共管理和决策的质量。

二　公共决策过程中的常见认知偏差和后果

认知偏差是指决策者进行判断时，发生在"实际答案"和根据正式的、规范的标准做出的"正确答案"之间的系统性差异。⑥ 在现有相关文

---

① Viscusi K., Gayer T., "Behavioral Public Choice: The Behavioral Paradox of Government Policy Harvard", *Journal of Law and Public Policy*, Vol. 38, No. 3, April 2015, pp. 973-1007.

② Bellé N., Cantarelli P., Belardinelli B., "Prospect Theory Goes Public: Experimental Evidence on Cognitive Biases in Public Policy and Management Decisions", *Public Administration Review*, Vol. 77, No. 6, June 2018, pp. 828-840.

③ 李德国、陈振明：《公共政策的行为途径：通向一个"心理国家"？》，《江苏行政学院学报》2018年第5期。

④ 朱德米、李兵华：《行为科学与公共政策：对政策有效性的追求》，《中国行政管理》2018年第8期。

⑤ 吕孝礼、高娜、朱宪：《行为洞见与公共管理实践：国际进展与启示》，《中国行政管理》2020年第8期。

⑥ Montibeller G., Von Winterfeldt D., "Cognitive and Motivational Biases in Decision and Risk Analysis", *Risk Analysis*, Vol. 77, No. 7, July 2015, pp. 1230-1251.

献中，对决策者认知偏差的梳理不尽相同。例如，Montibeller 等学者从偏差矫正的难易程度角度，对认知偏差进行了梳理；① Battaglio 等学者从认知偏差产生的原因角度，梳理了易接近性、厌恶损失、过度自信/过度乐观等三种认知偏差；② Dudley 等学者列举典型认知偏差，侧重分析了矫正认知偏差的制度设置；③ 英国的"行为透视团队"（Behavioural Insights Team）从信息处理、方案审议、政策执行角度，梳理了政府管理中的多种认知偏差及可能带来的后果。④ 上述文献有助于了解和把握国际学术界对认知偏差研究的总体进展和概况，但这些研究和分析只限于西方公共管理范畴和决策语境，同时也存在着分类标准与公共决策过程关联性不强、分类不全面等问题。本文主要以公共决策中容易发生认知偏差的主要环节为焦点，从信息处理、方案选择、决策审议、决策执行四个方面，尝试梳理和分析常见的认知偏差及其后果。

（一）决策信息处理中的认知偏差和后果

决策者在接收和处理决策信息时常出现认知偏差。这些认知偏差决定着哪些信息容易忽视，哪些信息受到更多的关注或被优先考虑，进而影响到公共决策中的问题界定、方案提出和评估等方面。在决策信息处理中，存在以下几种常见认知偏差。

第一，框架效应认知偏差（Framing Effect Bias）。"框架"是决策问题的表征和表达形式。它通过突出决策问题或方案的损或益、发生某一结果的概率的大或小、决策的确定性或模糊性、政策问题或方案的不同隐喻等形式，在信息编辑、传送、交流等环节，凸显问题的某一属性，从而影响

---

① Montibeller G., Von Winterfeldt D., "Cognitive and Motivational Biases in Decision and Risk Analysis", *Risk Analysis*, Vol. 77, No. 7, July 2015, pp. 1230-1251.
② Battaglio R., Belardine P., Bellé D., Cantarelli P., "Behavioral Public Administration ad Fonts: A Synth-esis of Research on Bounded Rationality, Cognitive Biases and Nudging in Public Organizations", *Public Administration Review*, Vol. 77, No. 3, April 2019, pp. 1-17.
③ Dudley, S. E., Xie Z., "Designing a Choice Archi Aversion, and Status Quo Bias", *Journal of Economic Perspectives*, Vol. 35, No. 1, 1991, pp. 54-67.
④ Hallsworth M., Egan M., Rutter J., McCrae J., "Behavioural Government: Using, Behavioural Science to Improve How Governments Make Decisions, The Behavioural Insights Team (2018)", https://www.bi.team/publications/behavioural-government/.

决策者的信息接收和信息处理。卡尼曼和特沃斯基的研究表明，如果以积极的语言形式描述备选方案的预期结果，人们会表现出风险寻求偏向，而以消极的语言形式描述，则表现出分险寻求偏向，这一现象被称为"框架效应"。① 在公共决策的议程设置、方案选择过程中，媒体、竞争性的利益集团以及不同的政府职能部门常常通过文字表述、图片、论据选择和编排、意义建构等形式，以"等效性框架"形式，用不同框架呈现逻辑上相同的问题，或以"强调性框架"形式，强调各种考量中的某一方面，② 向管理者和决策者突显特定信息，并以此种方式有意无意地影响公共决策。因此，对于政府官员来说，非常有必要关注政治传播和管理决策中的"框架效应"，③ 克服"框架效应"可能带来的认知偏差。

第二，启发式认知偏差（HeuristicBias）。现代认知科学认为在人们的决策和推理中存在两种认知系统：基于直觉的启发式（heuristic）系统和基于理性（rationality）的分析系统。④ 启发式认知系统依赖于直觉，加工信息速度快，占用心理资源少，但更容易产生认知偏差。有研究表明，高权力拥有者往往比低权力拥有者更容易采取启发式系统进行管理和决策，尤其是当权力拥有者对自己行为不太负有解释责任时。⑤ 在启发式认知中，显著影响公共决策的认知偏差主要有两种：一是易获得性启发式认知偏差，二是代表性启发式认知偏差。⑥ 易获得性启发式认知是指决策者倾向于依据客观现象在知觉和记忆中获得的难易程度来估计其概率的认知模式。比如，环境风险认知研究发现，在缺乏环境风险知识的情况下，人们比较容易从以往的环境事故报告中获取有关环境风险的印象和信息，并以

---

① Tversky A., Kahneman D., "The Framing of Decisions and the Psychology of Choice", *Science*, Vol. 211, No. 211, July 1981, pp. 453–458.

② Druckman, J. N., "The Implications of Framing Effects for Citizen Competence", *Political Behavior*, Vol. 211, No. 3, July 2001, pp. 225–256.

③ 马得勇：《政治传播中的框架效应——国外研究现状及其对中国的启示》，《政治学研究》2016年第4期。

④ Kahneman D., "Maps of Bounded Rationality: Psychology for Behavioral Economics", *American Economic Review*, Vol. 211, No. 5, July 2003, pp. 1449–1475.

⑤ 刘聪慧、魏秋江、庄晓萍等：《权力对认知的影响：启发式还是分析式？》，《心理科学》2014年第2期。

⑥ 李小敏、胡象明：《邻避现象原因新析：风险认知与公众信任的视角》，《中国行政管理》2015年第3期。

此作为风险判断的依据，从而夸大环境事故风险。比如，在媒体大规模报道了切尔诺贝利核泄漏事故之后，大众对科技和环境风险的担忧急剧飙升。易获得性启发式认知往往通过注意力分配影响公共决策过程。注意力相当于"过滤器"，决定着哪些问题或属性得到决策者的关注。当注意力发生转变时，即便偏好不变，也可能出现选择倒转。[1] 在易获得性启发式认知中，当影响易获得性的因素与事件的政策重要性不一致时，注意力转向便会产生偏差。其结果就是政府注意力转移到看似重大或紧急的事件上，引起"过度反应"及公共资源的过度投入，而未被易获得性启发式认知反映的政策问题则得不到关注。代表性启发式认知是指决策者根据样本与取样人群的类似程度而做出总体推断的现象。代表性启发式认知时常忽略基础概率和样本容量，产生将样本的局部特征等同于总特征的认知偏差。尤其是在自上而下的政策制定和执行系统中，[2] 代表性启发式认知偏差会助长认知懒惰，以样本来简单代表总体，忽略地方性差异和特殊性，导致政策"一刀切"、公共服务供需不匹配、服务资源错配等问题。

第三，证实性认知偏差（Confirmation Bias）。证实方案的预期结果，人们会表现出风险规避偏向，而以消性认知偏差源于证实性偏见。证实性偏见是指人们以偏向于原有信念、期望和假设的方式搜寻信息和解释信息的倾向。[3] 公职人员由于专业知识和实践经验上的优势，常常被认为可能较少受证实性偏见的影响，但有研究表明，知识和经验并不能使人免于证实性倾向，在一些情况下，反而会增强证实性偏见，以维护其原有的信念和观点。[4] 证实性偏见源于有意识的或无意识的证实性行为，[5] 它们因信息

---

[1] ［美］布赖恩·琼斯：《再思民主政治中的决策制定：注意力、选择和公共政策》，李丹阳译，北京大学出版社2010年版，第1—255页。

[2] Hallsworth M., Egan M., Rutter J., McCrae J., "Behavioural Government: Using, Behavioural Science to Improve How Governments Make Decisions, The Behavioural Insights Team", (2018), https://www.bi.team/publications/behavioural-government/.

[3] Nickerson R. S., "Confirmation Bias: A Ubiquitous Phenomenon in Many Guises", *Review of General Psychology*, Vol. 2, No. 2, June 1998, pp. 175–220.

[4] Taber C. S., Lodge M., "Motivated Skepticism in the Evaluation of Political Beliefs", *American Journal of Political Science*, Vol. 50, No. 3, 2006, pp. 755–769.

[5] Klayman J., "Varieties of Confirmation Bias", *Psychology of Learning & Motivation*, Vol. 35, No. 32, 1995, pp. 385–418.

搜集和信息关注中的偏颇而导致诸多失误。首先，受证实性偏差的影响，为了前序决策的证实性需要，后续决策即便存在问题，也会被不断地坚持，从而导致决策偏误继续扩大，甚至最终形成"政策泡沫"。其次，在证实性偏见的驱动下，决策者或倾向于搜寻支持原有观点和信念的信息，回避冲突性信息，从而失去审慎思考和进一步完善决策的机会；或为了支持原有观点和信念的正确性，花费大量的时间和精力来反驳与自己不一致的观点和决策方案，甚至沦为"动机性推理"，导致不同方案之间难以沟通和协调，从而陷入决策僵局。再次，决策者以原有的信念和观点解读新的信息，从而产生有偏差的理解。关于政府审计结果公开与官员腐败之间关系的研究发现，提高审计结果公开力度对临腐官员的腐败行为有时有放纵效应，原因是临腐官员基于原有的腐败外因感，对审计信息做出了腐败普遍性和腐败无关道德感的解读。[①] 又次，证实性偏见还会导致官员固守已有观念，无法顺利实施，甚至抵触新型治理措施。有研究表明，官员受官僚组织文化的影响越深，对协商民主的认同感越薄弱。[②] 官僚制本身的文化特征（如控制、效率、专业化）与协商民主的民主导向之间存在张力。这使得一些官员对协商民主和社会参与抱有一定偏见，使其缺乏自觉推动的内在动力。最后，证实性偏见作为一种普遍现象，也会影响到作为公共决策输入的民意和舆论基础。基于证实性偏见，人们会倾向于选择性地接触与自己原本观念相近的人和信息，同时减少或者避免接触与自己观念相悖的人和信息，尤其是在当前的网络时代，选择性接触变得更加便利，信息消费和传播更容易出现"极化"现象，[③] 从而有可能形成极化的民意和舆论环境，导致决策共识成本增加，决策执行难度加大。

（二）决策方案选择中的认知偏差和后果

传统的理性决策模式采用的效用标准是绝对效用值，而以"有限理

[①] 郑小荣、程子逸：《政府审计结果公开与官员腐败——基于认知心理学的理论分析》，《中国行政管理》2018 年第 11 期。

[②] 林雪霏、周敏慧、傅佳莎：《官僚体制与协商民主建设——基于中国地方官员协商民主认知的实证研究》，《公共行政评论》2019 年第 1 期。

[③] Del Vicario M., Zollo F., Caldarelli G., Scala A., Quattrociocchi W., "Mapping Social Dynamics on Facebook: The Brexit Debate", *Social Networks*, Vol. 35, No. 50, July 2017, pp. 6–16.

性"为基础的决策模式则发现在决策方案选择的过程中,人们根据一定的参照点进行效用估算。这一现象常常导致损失厌恶（loss aversion）、安于现状（status quo）、沉没成本（sunk cost）等认知偏差,而这些认知偏差会影响决策者对决策方案结果的预期,使其做出与理性效用不相符的选择,进而影响到管理和决策行为。[1] 损失厌恶是指决策者在决策中,相较于等量的收益,对损失赋予更大的权重。损失厌恶是安于现状和沉默成本的根源之一。如果把决策时的现状作为参照点,决策者在改变现状所带来的收益和承受的损失之间,往往赋予后者以更大的效价,从而表现为安于现状。[2] 而在连续决策中,决策者把前序决策投入看作成本,并为了避免成本损失,继续维持或投入可能失败的前序决策,从而产生沉没成本效应。损失厌恶还会影响决策者风险倾向,即在损失情形下寻求风险,在收益情形下规避风险。这样,前期投入越大者在随后的决策中越容易采取更具冒险的措施,为先前决策追加投入。[3]

损失厌恶、安于现状、沉没成本等偏好将参照点定位为损失、现状、前期投入等,无法理性估算决策的整体效用,甚至在特定的情境下导致或过于保守,或过于冒险的决策。首先,损失厌恶偏好常常使得决策者在面对损失和受益时,更关注损失以及对损失的规避,而不是可能获得的收益。这一点非常突出地表现在国际政治中。国际冲突的部分动机是国家对原有地位和权力失去的担心,而不必定是扩张或好斗。比如,20世纪70年代,美国的外交政策关注美国在埃塞俄比亚的影响力减少所产生的消极影响上,却未关注对索马里的影响力增加问题。[4] 其次,当决策者出现决策失误或执行偏差时,损失厌恶和损失规避的认知偏差使其选择掩盖错误而不是积极纠错,拖延决策而不是积极解决,甚至愿意冒更大的风险,或

---

[1] Kahneman D., Knetsch J. L., Thaler R. H., "Anomalies: The Endowment Effect, Loss Aversion, and Status Quo Bias", *Journal of Economic Perspectives*, Vol. 5, No. 1, July 1991, pp. 54-67.

[2] Arkes H. R., Blumer C., "The Psychology of Sunk Cost", *Organizational Behavior and Human Decision Processes*, Vol. 35, No. 1, 1985, pp. 124-140.

[3] Jervis R., "Political Implications of Loss Aversion", *Political Psychology*, Vol. 13, No. 2, July 1992, pp. 187-204.

[4] 王卓怡、常妍、孟宪强:《不敢干、不愿干还是不会干 部分官员不作为真实原因调查分析报告》,《人民论坛》2015年第15期。

付出更多成本来规避损失。同时，在决策失误的纠正问题上，沉没成本偏好使决策者不断投资于失败决策，导致更大的决策失误。最后，在行政问责力度加强但制度还不够完善的情况下，决策者损失厌恶和安于现状的偏好更加凸显，导致"敢为"和创新动力的减弱。当前，我国政府官员中存在某些不作为、懒政、庸政等现象。这一现象的成因之一是一些政府官员持有"宁愿少干事不干事，保证不出事"的态度，[①] 而这一态度的形成，在一定程度上，与普遍的损失规避认知偏好有关，即他们更加在乎的是在"作为"的过程中可能发生的失误及随后的问责，而不是可能带来的收益。

（三）决策审议中的认知偏差和后果

公共决策过程中的不同形式的审议在一定程度上是一种群体决策。在群体决策中发生的人与人间的相互影响导致群体决策中的认知偏差并不是个体性认知偏差的简单相加，而是一种在群体互动中的特有的认知偏差。具体而言，群体决策中的认知偏差有以下几种形式。首先，小集团（small group，也称小群体）思维认知偏差。"小集团思维是指在一个凝聚力很强的群体中，成员们寻求一致的需要超过了合理评价备选方案的需要而所表现出的一种思维模式。"[②] 它是发生在备选方案被审慎地考察之前的未成熟的一致性思维，其去个体化、从众、一致性幻觉等特性使得决策群体容易忽略和排斥异议，从而产生决策偏差。小集团思维容易发生在凝聚力强、成员背景和价值观相似、决策程序缺乏规范、领导方式又以命令式方式为主的群体中。这些条件同样存在于公共决策过程中。如果政府决策程序和方法不合理，加上公职人员因个人背景、价值观、利益上的相似性而形成"圈子"，那么出现小集团思维偏差的概率会大大增加。此外，管理决策中的小集团思维与官僚机构的等级控制和领导类型也有关联，组织越是以领导为中心，领导方式越是以命令式领导方式为主，那么小集团思维的倾向会越明显。其次，群体间相互反对所产生的认知偏差。在群体身份认同和

[①] ［美］欧文·L. 贾尼斯：《小集团思维：决策及其失败的心理学研究》，张清敏等译，中央编译出版社2016年版，第1—419页。

[②] 景怀斌：《政府决策的制度—心理机制：一个理论框架》，《公共行政评论》2011年第3期。

自我评价的作用下，从众趋势在增强集团内部一致性的同时，也会增加群体间的差异感知和偏见，使一个群体自然而然地反对另一个群体的主张。群体间由此产生的认知偏差，往往使得不同部门之间、政府和社会之间的沟通、妥协和合作变得艰难。最后，群体极化所产生的认知偏差。"群体极化指的是经由群体讨论之后所形成的群体态度，往往比讨论之前的群体成员个人态度的平均值更趋向极端化的现象。"① 群体极化包含不同层面：个体的态度和观念在参与群体讨论之后变得更加极端，群体内部观点和态度的多样性减少，以及两极分化和更大分歧的出现。这些个体和群体层面的极化所带来的认知偏差，不仅会造成群体决策偏离理性决策标准，也会加大群体内部的分化，从而增加决策共识和协调的难度。

（四）决策执行中的认知偏差和后果

决策执行过程是对决策的实施过程，也是对反馈信息进行处理并做出再决策的过程。因此，前述认知偏差均可能出现于执行环节。此外，在决策执行的过程中，执行者还容易产生另外两种认知偏差：一是对自己处理问题能力的过度自信（overconfidence），二是对掌控执行过程的控制幻觉（illusionofcontrol）。

过度自信是指当个体对不确定事件进行判断时，因过于相信自己的知识和能力而高估自己成功机会的心理现象，表现为主观概率在一定范围内高出实际概率。② 研究显示，越是在特定决策问题上具有丰富经验的官员，越容易对自己的专业知识和能力过度自信，从而忽略可能的风险。过度自信的官员还容易低估执行中极端情况发生的概率，欠缺对执行中防范措施和备用方案的思考，从而在决策执行不利或失败的情况下，容易陷入被动境地。控制幻觉是指"在完全不可控或部分不可控的情境下，个体由于不合理地高估自己对环境或事件结果的控制力而产生的一种判断偏差。"③ 产

---

① ［美］凯斯·R. 桑斯坦：《极端的人群：群体行为的心理学》，尹宏毅、郭彬彬译，新华出版社2010年版，第1—221页。
② 庄锦英：《决策心理学》，上海教育出版社2006年版，第1—348页。
③ 陈雪玲、徐富明等：《控制幻觉的研究方法、形成机制和影响因素》，《心理科学进展》2010年第5期。

生控制幻觉与过度自信的内部共性原因是对自我的过度自信，区别是前者侧重于对结果控制自信，后者侧重于对自己判断能力的自信。二者的影响因素也很接近，如人格特征、专业知识和经验、决策反馈情况等，但在控制幻觉偏差中值得注意的是权力影响。研究指出，权力的大小和权力关系的性质会影响决策者的控制幻觉，那些处于较高社会经济地位或拥有主导权的人以及处于支持权力价值的文化氛围中的人，更容易产生控制幻觉。[①]我国公共管理受传统政治文化影响较深，有些部门的决策权又相对集中，因此尤其需要注意控制幻觉对决策和决策执行的影响。

三 公共决策过程中认知偏差的矫正措施

在梳理和分析公共决策过程中的常见认知偏差及其后果的基础上，本文进一步从信息处理、方案选择、决策审议、决策执行等四个方面，梳理并提出矫正认知偏差的相应措施。

（一）决策信息处理中认知偏差的矫正措施

"框架效应"认知偏差、启发式认知系统的认知偏差、证实性认知偏差是决策信息处理中的常见认知偏差。上述认知偏差产生的原因各不相同，因此，需要采取有针对性的措施加以矫正。

第一，"框架效应"认知偏差矫正措施。"框架效应"认知偏差是由于"框架"对信息获取的片面导向作用而产生的。因此，要克服"框架"导向的片面性，首先需要重构"框架"，其要点是识别不同框架背后隐含的信息或力图突出的侧重点，并通过框架并入、框架链接、框架调和、框架合成等策略，[②] 以客观而全面的信息，克服原有"框架"的局限性。比如，传统的烟草管理，多是从个人消费需求及经济和税收"框架"考虑，这会导致政策的偏颇。近年来，个人和公共健康议题重塑了烟草管

[①] 陈雪玲、徐富明等：《控制幻觉的研究方法、形成机制和影响因素》，《心理科学进展》2010年第5期。

[②] Druckman J. N., "Using Credible Advice to Overcome Framing Effects", *Journal of Law, Economics, and Organization*, Vol. 47, No. 1, April 2001, pp. 62–82.

理的认知"框架",使得控烟尤其是公共场所禁烟逐渐受到了重视。其次,要克服"框架"导向的片面性,有意识地促进不同"框架"间的竞争,使不同的"框架效应"相互抵消。为此,创造对不同主张和诉求尽可能开放的管理和决策环境,扩大和完善信息获取渠道,使决策者能够接触到不同的,甚至是相互冲突的、竞争性的"框架",从而避免由特定框架带来的信息误导。最后,主动利用"框架",合理引导民意,克服"框架"对公众选择偏好的武断建构。① 比如,对于焦点事件中有时出现的非理性民意,政府可以就决策问题向公众提供高质量的信息和意见,利用"框架效应",在公共事件的性质、后果、原因和相应责任等事项上,选择恰当的意义建构方式和传播渠道,从而使管理和决策中的民意输入更趋理性。②

第二,启发式认知系统的认知偏差矫正措施。启发式认知系统的认知偏差源于直觉判断,对此,决策者需要理性分析,甄别直觉判断可能产生的认知偏差,及时从外部补给管理和决策相关的系统性知识,并采用新的治理手段和工具,减少对直觉判断的过分依赖。首先,正确认识以易获得性启发式进行的信息加工对决策紧迫性和重要性的影响。公共问题要变成政策问题,往往由焦点事件或灾害、危机等重要事件引起社会关注,进而获得政府注意力的转向。在此,决策者需要进一步区分焦点事件和被渲染为焦点的事件之间的不同,克服易获得性启发式认知的误导,同时也要关注可能被易获得性启发式认知掩盖的制度性因素,而不仅仅是公共事件本身,从而及时采取治本措施。其次,与外部研究机构和专家智库建立联系。不同的研究机构和专家智库长期关注不同的问题领域,积累了大量系统性的知识。在紧急决策情境中,政府可以通过与外部研究机构和专家智库的联系和沟通,及时、迅速获得专业的意见与建议,避免因缺乏系统性知识而过分依赖直觉。最后,采取精细化治理和大数据分析等新型治理措施,减少代表性启发式认知偏差。精细化治理运用信息化、网格化、智慧

---

① 侯光辉、陈通等:《框架、情感与归责:焦点事件在政治话语中的意义建构》,《公共管理学报》2019 年第 3 期。
② 何继新、郁球、何海清:《基层公共服务精细化治理:行动指向、适宜条件与结构框架》,《上海行政学院学报》2019 年第 5 期。

化的现代技术，及时获得基层公共服务的动态信息，分析其诸变量之间的相互作用，从而高效而精确地回应社会需求，实施精准治理。① 大数据分析则通过挖掘大数据，分析人们的行为偏好和公共服务需求而助力精细化治理。② 精细化治理和大数据分析以个性化信息的收集和分析为基础，从而压缩了代表性启发式认知所产生的偏差空间。

第三，证实性认知偏差矫正措施。证实性认知偏差产生的原因是证实性偏好，矫正由此产生的认知偏差，首先，需要决策者改变证实性心理定势，善于反向思考。反向思考策略有两种：一种是直接提醒决策者思考不同的假设和相反的可能性，另一种是呈现反向数据和论据，使"反面"更明显，更容易接近，以此使决策者间接"反向思考"。有研究发现，对比第一种策略，后一种策略通过展现不同论据而对"证实性偏差"有更好的矫正作用。③ 其次，增强判断依据的透明性。在形成决策之前，公开决策论据将有利于他人指出论据的不足和可能被忽略的"反向"论据，从而避免决策者陷入"证实性偏差"的陷阱。值得注意的是，决策依据的透明性需要把握时机，要在尚未形成决策之前公开，否则反而容易形成"动机性证实"，④ 迫使决策者为证实而证实。最后，创造有利于进行反向思考的便捷条件和客观环境，使持有不同观点的专家和官员参与决策，通过不同观点的碰撞而促进"反向思考"。这一点也可以通过决策体制内部官员的任职经历的多元化来实现。研究显示，在我国协商民主实践中，工作时间越长、任职经历越丰富的官员更勇于突破文化保守性的约束，更愿意去探索社会化的参与方式。⑤

---

① 锁利铭、冯小东：《数据驱动的城市精细化治理：特征、要素与系统耦合》，《公共管理学报》2018年第4期。

② Lord C. G., Lepper M. R., Preston E., "Considering the Opposite: A Corrective Strategy for Social Judgment", *Journal of Personality & Social Psychology*, Vol. 47, No. 6, Dec. 1984, pp. 1231–1243.

③ 毕鹏程、席酉民：《群体决策过程中的群体思维研究》，《管理科学学报》2002年第1期。

④ Hallsworth M., Egan M., Rutter J., McCrae J., "Behavioural Government: Using, Behavioural Science to Improve How Governments Make Decisions, The Behavioural Insights Team (2018)", https://www.bi.team/publications/behavioural-government/.

⑤ 林雪霏、周敏慧、傅佳莎：《官僚体制与协商民主建设——基于中国地方官员协商民主认知的实证研究》，《公共行政评论》2019年第1期。

（二）决策方案选择中认知偏差的矫正措施

决策方案选择中的损失厌恶、安于现状、沉没成本认知偏差，一方面，在偏好最终形成之前，需要尝试改变参照点，重新估算，并理性衡量损失和收益，尤其需要理性评估前序投入是否作为后续决策的依据，避免陷入沉没成本"陷阱"；另一方面，通过完善制度设计，合理引导领导干部损失厌恶心理和行为选择偏好。如前所述，领导干部缺乏"作为"的现象背后，是被制度强化了的损失厌恶和安于现状的认知偏向，即相对于"作为"可能带来的成功和政绩，领导干部给予可能产生的失误以更高的权重。为此，加强正向激励，提高收益预期，问责"不作为"，增加损失预期，使领导干部在重新衡量收益和损失中偏向于"作为"行为选择。更重要的是，要完善"容错纠错机制"，精细化干部考核评价标准，要把在改革创新积极作为过程中发生的错误同违纪违法、谋取私利的行为区别开来，宽容其试错失误，鼓励其整改纠正，通过一定程序免除其相关责任或负面评价，从而减少领导干部可能面临的损失担忧，间接激励"作为担当"及创新行为。

（三）决策审议中认知偏差的矫正措施

决策审议中出现的群体决策认知偏差除了个体从众心理之外，也受到领导风格、公共管理和政策环境、信息交流状态、管理和决策责任落实状况等因素的影响。因此，矫正群体决策认知偏差，需要改善上述因素。首先，形成公正、合理的领导风格。在公共管理和决策中，应避免命令式领导作风和"一言堂"，也避免领导率先提出自己的主张，对团队形成压力或抑制异议。领导者应当保持公正、中立、包容的态度，并创造条件以使团队成员提出质疑、批评和反对意见。其次，通过合理的决策程序和决策方法，防止由于信息来源单一、群体封闭而导致从众和极化现象。比如，设置旨在提出反对意见的反对者角色；将群体分成若干小组，分别拟议，再全体共同讨论和交流；请外部专家对群体意见提出挑战；成员与可信赖的有关人士交流，并将意见反馈给决策群体。① 这措施旨在创造条件，利用团体内、外部的潜在的观点多元性而克服从众趋势。最后，增强团队的决策责任意识，明确团队领导人和成员的决策责任。研究表明，当一个决策团队的凝聚力更多地表现为团队内的人际吸引时，决策团队更容易草率地形成群体一致性，而其凝聚力更多地表现为对任务的实施或者对群体荣誉的尊重时，每个成员则更负责任地做出判断和决定。② 因此，决策者要注意培育和加强决策责任意识，杜绝以集体决策名义，不承担决策责任的形式主义作风，同时，也要适当控制决策团队的规模，避免决策责任过分分散，明确领导和团队成员的决策责任，完善决策责任追究制度。

（四）决策执行中认知偏差的矫正措施

决策执行中的认知偏差源于管理者的过度自信和偏好源于参照点的选择和心理偏好。矫正由此产生的控制幻觉。矫正由此产生的认知偏差，可以从以下两方面着手。一方面，需要识别过度自信的影响因素，并改善可控因素。过度自信往往受到基础概率水平、预测结果性质、问题结构、个体知识水平、先前决策结果的反馈等因素的影响。当事件发生的基础概率水平处于中等以下，预测结果性质越积极，问题结构越不良、越不确定，个体对问题越缺乏知识，先前决策反馈越模糊，决策者越容易表现出过度自信。因此，在决策和管理中出现上述客观条件下，决策者应警惕过度自信，并努力改善可控条件和因素，通过尽可能获得决策问题的全面知识和先前决策结果的及时反馈等方式来矫正过度自信。另一方面，需要采取有针对性的理性分析策略。比如，采取事前剖析（PreMortems）方法，即想象决策失败，并分析可能导致决策失败的原因。这一策略能够促使人们在管理和决策实施之前便认真思考可能的疑虑，避免过分乐观。再比如，采用外部视角（Outside View）进行评估。"内部视角"和"外部视角"常被用于评估工程项目。"内部视角"评估是指从项目成本、完成时间、潜在风险等方面进行的评估，"外部视角"评估则是依据以往的近似项目的结

---

① ［美］欧文·L. 贾尼斯：《小集团思维：决策及其失败的心理学研究》，张清敏等译，中央编译出版社 2016 年版，第 1—420 页。
② 毕鹏程、席酉民：《群体决策过程中的群体思维研究》，《管理科学学报》2002 年第 1 期。

果来进行的评估。研究表明,内部视角分析常常导致对项目成本、完成时间的过于乐观的估算,而外部视角则更具批判性,更有利于除偏。① 这一方法也可以运用到决策方案和公共项目评估中,除了运用"内部视角"之外,以"外部视角"作为补充,即以相近决策和项目的以往经验为参照,进行评估,做出谨慎决策。

四 总结与思考

认知偏差普遍存在于公共决策过程的各个环节,而当决策程序不尽合理,常见的认知偏差和可能的矫正考量还没有内化到政府官员的认知过程及管理和决策程序设置中时,认知偏差更不可避免。同时,在当今互联网时代,作为公共决策输入的各种信息传播更快更广,意见形塑更迅速,从而公共决策过程中的认知偏差更容易被放大。这就使得了解和降低公共决策中的认知偏差成为紧迫的问题。本文借助行为科学研究,梳理和分析了公共决策过程中的常见认知偏差及其后果,并初步探索了认知偏差发生的公共管理和决策情境,尝试提出相应的矫正措施。

如前文所述,认知偏差在公共决策中具有不同的表现形式,但产生的原因可归纳为内部原因和外部原因。内部原因侧重于人作为自然人的心理定式和认知方式,包括个体心理定式、政府官员心理定式、群体心理、特定认知方式等方面。外部原因侧重于制度和决策情境,包括信息呈现方式、官僚制文化特性、公共决策体制和决策环境、官员职位和官员评价体系、公共治理手段等方面。认知偏差产生的内部因素和外部因素使得适用于不同认知偏差的矫正措施有章可循,各有其侧重点。针对内部原因,政府官员要对认知偏差及其形式有主动认知,并在管理和决策过程中运用矫正策略进行自我纠正。这些矫正策略包括打破思维定式的策略("重新框架"、反向思考策略、采取事前剖析方法),转换视角(改变参照点、采用外部视角进行预测),打破心理定式的策略(对损失和受益进行客观评价、

---

① Flyvbjerg B., "Quality Control and Due Diligence in Project Management: Getting Decisions Right by Taking the Outside View", *International Journal of Project Management*, Vol. 30, No. 318, February 2013, pp. 760-774.

以先前决策结果的及时反馈来矫正过度自信）等。针对外部原因，一方面，从决策程序和规则角度，将可能发生的认知偏差考虑进决策程序和规则的合理化建构中，以降低系统性认知偏差。这些考量包括增加信息来源的多元性（完善信息获取渠道，创造对不同主张和诉求尽可能开放的决策环境，以克服"框架效应"；与外部研究机构和专家智库建立常规联系，获取更系统的知识，减少对启发式分析的依赖；通过使持有不同观点的专家和官员参与决策，或官员履职经历的多元化而减少证实性偏见），明确并规范决策者的决策责任（保持决策群体的适度规模，明确决策群体成员的决策责任），创新旨在保障集体内部不同意见表达的审议措施（团队成员充当反对者的角色；决策团队内部再分成不同决策小组，通过单独讨论和全体讨论相结合的方式进行审议；邀请外部专家参与决策）等。另一方面，从宏观制度角度，采用恰当的宏观制度建构和治理方式创新，降低认知偏差。比如，损失规避偏好是自然心理现象，但是如果制度强化了损失规避偏好，可能产生的认知偏差会更大。因此，与正向激励和对"不作为"的问责同等重要的是"容错纠错机制"的完善，以便降低损失预期。再比如，借助大数据、精细化治理等新型治理措施，减少代表性启发式认知偏差。

　　行为科学研究为识别和矫正公共决策过程中的认知偏差奠定了基础，但当前研究仍存在有待细致而专门化研究的难点问题。难点之一是识别不同情境下的公共管理和决策制度、规则以及公共治理手段对认知偏差的影响。研究表明政府官员的行为、心理、认知深受公共权力部门的规则、环境、管理措施的影响，[①] 那么，其中哪些因素会助长或产生哪种认知偏差应该成为细致研究的问题。此外，除了一般的公共管理和决策情境之外，情境性因素还需要考虑不同国家以及职能部门的特殊情境。难点之二是需要超越认知偏差的一般性识别，在认知方式和认知偏差的复杂关系中，进一步分析认知偏差形成的条件因素。认知方式与认知偏差的产生有内在联系，但现实中二者之间的关系具有复杂性。比如，启发式分析容易导致认

---

① 李晓倩：《行为公共管理学实验：基于 SSCI 期刊（1978—2016）相关文献的分析》，《公共行政评论》2018 年第 1 期。

知偏差，但作为一种快速、节俭、直觉式的分析，在紧迫的决策情境中常常被认为是必需的，甚至是可以信赖的。① 再比如，虽然群体思维因其一致性趋向而被批评，但是一个群体要做出最终决策常常又需要一定程度的一致性。② 因此，需要进一步研究的问题是，特定认知方式在哪些特定情况下才更容易导致认知偏差及决策失误。难点之三是进一步研究行为主义个人决策和公共政策过程之间的微观—宏观联系与机制。③ 目前，对认知偏差认识大多仍然只是微观的，并脱离于公共决策的动态连贯过程。以行为科学的视角去研究公共决策过程，对政府官员有限理性的分析当然是基础，但这一分析主要聚焦于认知偏差产生的个体内部因素。将来的研究还需要进一步探究公共决策过程中认知偏差的外部成因以及外部因素对内部因素的影响机制。换言之，需要将制度主义研究和行为主义研究相结合，进一步探究个体的认知偏差是如何通过决策程序和管理体系而产生了系统性的决策偏差。

文章原载于《中国行政管理》2022年第3期，收入本书时略有修订。

---

① Mintz A., "How Do Leaders Make Decisions? A Poli-hueristic Perspective", *Journal of Conflict Resolution*, Vol. 30, No. 48, February 2004, pp. 3–13.
② Hart P., Irving L., Janis, "Victims of Group think", *Political Psychology*, Vol. 30, No. 2, June 2017, pp. 247–278.
③ Jones, B. D., "Behavioral Rationality as A Foundation for Public Policy Studies", *Cognitive Systems Research*, Vol. 211, No. 43, June 2017, pp. 63–75.

多层次医疗保障的精细化治理路径

苏　敏　张天娇　张苇乐[*]

摘要： 精细化治理有利于破解医疗保障不平衡不充分问题，实现多层次医疗保障体系的核心价值。根据公共管理"过程论"，多层次医疗保障体系的精细化治理路径可围绕价值、主体和目标三个层面展开：以全民健康共享为治理价值，政府、市场、社会等治理主体多元协同共建，从"宏观—中观—微观"多维视角，实现并检验共治目标。

关键词： 多层次医疗保障体系；精细化治理；共享共建共治

《中共中央国务院关于深化医疗保障制度改革的意见》（以下简称《意见》）强调，加快建成覆盖全民、城乡统筹、权责清晰、保障适度、可持续的多层次医疗保障体系，更好提供精准化、精细化服务，提高信息化服务水平，推进医保治理创新，为人民群众提供便捷高效的医疗保障服务。这一重要决策不仅为新时期构建多层次医疗保障体系指明了方向，也为医保精细化治理明确了目标定位。当前，学术界大多从多层次医疗保障体系的发展现状[①]、层次构建[②]、制度设计[③]等角度进行研究，鲜有对医保精细

---

[*] 作者简介：苏敏，内蒙古大学博士生导师、研究员。主要研究方向为卫生政策与卫生经济。
张天娇，内蒙古大学公共管理学院博士。主要研究方向为卫生政策与卫生经济。
张苇乐，内蒙古大学公共管理学院博士。主要研究方向为卫生政策与卫生经济。
基金项目：内蒙古自然科学基金项目（项目编号：2020BS07002）。

[①] 许飞琼：《中国多层次医疗保障体系建设现状与政策选择》，《中国人民大学学报》2020年第5期。

[②] 董克用、郭珉江、赵斌：《"健康中国"目标下完善我国多层次医疗保障体系的探讨》，《中国卫生政策研究》2019年第1期。

[③] 于保荣：《未来5—10年中国医疗保障制度的设计与思考——〈中共中央国务院关于深化医疗保障制度改革的意见〉解读》，《卫生经济研究》2020年第4期。

化治理的分析探讨。本文试图分析目前我国多层次医疗保障体系存在的问题，探索精细化治理的可能空间与可行路径。

一 医保精细化治理的适应性

根据公共管理"过程论"，可从价值、主体、治理目标三个维度界定精细化治理概念。具体而言，精细化治理是指以公众为核心价值，通过多元主体的参与，实现治理目标，即精细化治理将价值、主体和目标实现有效契合。[①] 精细化治理是社会治理的趋势，同时在社会治理中得到了普遍应用。[②] 多层次医疗保障体系作为社会治理体系的重要组成部分，对精细化治理也有着较强的适应性。

（一）精细化治理有利于实现多层次医疗保障体系的核心价值

随着我国社会主要矛盾的转变，人民群众的健康与医保需求呈现多层次发展的趋势，其核心价值体现为"全民健康共享"。过去粗放型的管理模式已无法满足全民多样化的健康与医保需求。相对而言，精细化治理的突出特征是通过科学管理彰显效益，高效全面地实现核心价值。通过精细化治理，可以精准定位人民群众的健康与医保需求，明晰服务供给范围，从而进行科学管控，实现资源的科学合理配置，最终达成"全民健康共享"的目标。

（二）精细化治理有利于实现多层次医疗保障主体的协同发展

多层次医疗保障体系涉及政府、市场、社会等多个主体，精细化治理能够使各主体都发挥最大效能并形成发展合力。[③] 在政府层面，将精细化的治理理念与技术贯穿于顶层设计、质量监管及保障机制等方面，有利于

---

① 吴新叶：《社会治理精细化的框架及其实现》，《华南农业大学学报》（社会科学版）2016年第4期。
② 邵亚萍：《精细化社会治理的挑战及应对策略》，《长白学刊》2020年第6期。
③ 吴志强等：《"社区空间精细化治理的创新思考"学术笔谈》，《城市规划学刊》2020年第3期。

政府做出科学统筹与严密规划。在市场层面，精细化的治理流程与手段可以引导商保等各类企业按供需情况进行生产与服务，提升供给能力与服务水平。在社会层面，精细化治理的范式与机制有利于把握受众保障范围及程度，规范筹资渠道，有效避免保障不足与保障过度等问题。在多元主体衔接层面，将精细化治理贯穿于治理全过程，有利于将各主体联系在一起，缩短目标与资源的距离，提高各主体的积极性；通过信息化、技术化手段打破信息壁垒，形成信息共享网络，优化医疗保障的价值体系。①

（三）精细化治理有利于实现多层次医疗保障体系的治理目标

精细化的设计与方式有利于缩短城乡差距，整合碎片化服务，实现覆盖全民与城乡统筹的目标；精细化的体制与机制有利于厘清各主体的权责范围，实现权责清晰的目标；精细化治理的理念与技术可以将治理目标内化、细化到各环节，打破信息"孤岛"与"沉疴痼疾"，实现可持续发展目标。

医疗保障制度成熟的本质是抓住关键领域，深化改革，实现全民健康共享的核心价值。② 全面建成多层次医疗保障制度体系要求各层次保障主体各司其职、各尽其责、协同共治，最终达成共同目标。

二 治理价值：全民健康共享

党和国家高度重视人民健康，这是国家长治久安、人民安居乐业的基本前提。《意见》指出，完善多层次医疗保障体系要坚持以人民健康为中心。这也是我国医疗保障事业的治理初心，目标是实现全民健康共享的治理价值。当前，我国"病有所医"的目标已基本达成，③ 但实现"全民健康共享"还存在一些局限。首先，伴随社会矛盾与疾病谱的转变，必然会

---

① 何继新、郁琭：《基层公共服务精细化治理的逻辑关联、社会行动与路径创新》，《北京行政学院学报》2018年第1期。

② 郑功成：《"十四五"时期中国医疗保障制度的发展思路与重点任务》，《社会科学文摘》2020年第11期。

③ 申曙光：《我们需要什么样的医疗保障体系？》，《社会保障评论》2021年第1期。

呈现出多层次医疗保障的需求态势及全民健康共享的发展格局,但目前不同层次医疗保障仍存在发展不平衡不充分等问题。基本医疗保险缺乏与商业健康保险、慈善捐赠等补充医疗保险的衔接与整合,无法拉近与治理价值的目标距离。其次,由于健康文化、管理能力和资源限制等因素,目前的健康事业发展仍以疾病治疗为中心,对供方和需方都缺乏以全民健康共享为价值导向的治理机制。对供方,在康复护理、健康管理、健身运动等方面的供给不足,对健康价值的重视不够;对需方,医疗保障一定程度上降低了人民群众的自付成本,却容易使其忽视对健康的自我管控。① 最后,多层次医疗保障体系的数字化建设尚未实现全民共享,尤其对老年人群等弱势群体没有全面覆盖。网络智能医保技术的广泛应用增加了老年人群等弱势群体的使用难度,容易形成数字壁垒。

多层次医疗保障体系的可持续发展需要始终贯彻全民健康共享的治理价值。首先,坚持党对多层次医疗保障体系建设的集中统一领导,这是人民获得精细化医疗保障服务的政治保障及组织保障。② 其次,厘清各层次医疗保障的责权边界,完善监管法律制度,构建互通互享信息平台,打造多层次医疗保障行业生态圈,加强各层次医疗保障的衔接。再次,转变多层次医疗保障体系的功能定位。站在全民健康共享的价值高度,加强对健康服务供需双方的指引。通过教育宣传、发展健康产业等手段,引导人民群众选择商业健康保险等多层次保障形式,抵御疾病风险。同时,整合疾病治疗、健康管理、养老保障等资源和力量,③ 分工协作,提高效率。最后,完善数字医疗保障的基础设施建设,实现服务技术的简明性和适老性,开发针对特殊人群的简捷软件,减小弱势群体的操作难度。

三 治理主体:多元协同共建

《意见》指出,到2030年要全面建成以基本医疗保险为主体,医疗救

---

① 董克用、郭珉江、赵斌:《"健康中国"目标下完善我国多层次医疗保障体系的探讨》,《中国卫生政策研究》2019年第1期。
② 周武星、田发:《公共财政视角下的社会治理能力评估》,《重庆社会科学》2015年第4期。
③ 申曙光:《我们需要什么样的医疗保障体系?》,《社会保障评论》2021年第1期。

助为托底，补充医疗保险、商业健康保险、慈善捐助、医疗互助共同发展的医疗保障制度体系。在多层次医疗保障体系建设的共建环节，需明晰政府、市场、社会等不同主体的治理使命与任务分工，提高各主体的主观能动性与协同整合性。

（一）政府：转变治理方式

多层次医疗保障体系的第一层次包含基本医疗保险、大病保险和医疗救助三部分，政府是主要的治理主体。

政府需从多层次医疗保障体系的监管、价格、招标、支付及保障等方面做出统筹与规划，但建设中仍存在一些困境。一是基本医疗保险在抵御灾难性卫生支出方面能力不足，个人负担较为沉重。《2019 年卫生健康事业统计公报》显示，我国卫生总费用中的个人卫生支出占比为 28.40%，人均卫生总费用为 4656.70 元，远高于世界卫生组织提出的 15%—20% 的贫困控制支出比例。[①] 二是基本医疗保险基金可持续运转效能需长期关注。2019 年全国基本医保基金总支出（含生育保险）为 20854 亿元，比上年增长 12.20%，大于总收入（10.20%）的增幅，收支需进一步均衡。[②] 三是医保经办服务体系建设不完善，且信息化建设不足。一方面，各地医保经办机构属性定位、名称权责、服务形式不明确且存在较大差异；[③] 另一方面，医保经办信息系统建设相对滞后，群众办理相关业务流程多、耗时长、线上线下办理信息不共享、不接轨、不畅通。

为夯实多层次医疗保障体系根基，政府要转变治理方式，完善顶层设计。

（1）健全基本医疗保险精算制度。开展灾难性卫生支出专项精算，对基本医疗保险起付线、报销比例及普惠政策等进行动态调整，将部分结余设立为灾难性卫生支出特定基金，并进行靶向扶持。同时，鼓励以金融科技手段为辅助，系统收集基本医疗保险数据，并将补充层医疗保险叠加抵御灾难性卫

[①] 《科技助力医疗保障体系建设：中国健康产业实践与全民健康普惠》，慢病界网，http://www.accessh.org.cn，2020 年 6 月 26 日。

[②] 《2019 年全国医疗保障事业发展统计公报》，国家医疗保障局，http://www.nhsa.gov.cn，2020 年 6 月 26 日。

[③] 郑功成、桂琰：《中国特色医疗保障制度改革与高质量发展》，《学术研究》2020 年第 4 期。

生支出的效益以量化指标形式列入精算，根据结果科学安排基金，物善其用。

（2）完善基本医疗保险基金可持续发展机制。在人力资源分配、治理成本控制、服务质量监测等方面，以技术手段提升医保基金的可持续运行效能。一方面，加强医务及医保经办人员的成本意识，运用成本效益分析等方法对服务全过程开展绩效评估。另一方面，完善智能化监控技术，对服务过程实时监督，提高赔付效率的同时降低运营成本。

（3）优化医保经办服务体系，推动信息技术发展。推进医保"一体化"服务，在全国统一信息业务编码标准基础上打造统一简明的医保经办服务体系。[①] 推动信息化技术落地，普及并延展医保电子凭证办理功能，做好各类人群医保跨地区转移接续及异地就医结算工作，形成全国医保数据的纵横共享局面。

（二）市场：丰富治理内容

多层次医疗保障体系第二层次是雇主举办的制度，即企业补充医疗保险；第三层次是商业健康保险，包括普通商业健康保险和个人税收优惠商业健康保险。在这两个层次中，市场是主要的治理主体。

近年来，我国商业健康保险在助推经济发展、协调社会关系等方面展示了多元化的发展活力，但在覆盖范围、供给能力、内容设计等方面仍显不足。一是在覆盖范围上，由于商业健康保险的目标群体碎片化、分散化，供、需双方信息不对称，加之收入波动及需求弹性，[②] 商业健康保险尚未实现广覆盖。《2018中国商业健康保险发展指数报告》显示，我国商业健康保险的市场覆盖率为9.10%;[③] 而美国有72.40%的人购买商业医疗保险（2016年），新加坡有70%的人购买商业医疗保险（2019年）。[④] 二

---

① 郑功成：《"十四五"时期中国医疗保障制度的发展思路与重点任务》，《社会科学文摘》2020年第11期。

② 尹燕：《我国商业健康保险参与多层次医疗保障体系建设研究》，《中国保险》2019年第12期。

③ 朱铭来、王本科：《商业健康保险的"十三五"回顾和"十四五"发展展望》，《中国保险》2021年第5期。

④ 《健康中国图景下商业健康保险的转型与创新：医药产业参与多方共建推动商业健康保险可持续发展》，艾社康网站，http://www.accessh.org.cn，2020年6月26日。

是产品供给能力不足。截至 2020 年 6 月，商业健康保险包含的医疗保险、疾病保险、失能收入损失保险、护理保险及意外保险五大险种，在中国保险行业协会人身产品信息库中在售的健康保险产品 4318 种，其中医疗保险有 2308 种（占 53.45%），疾病保险有 1890 种（占 43.77%），其他险种市场份额较小。① 三是在内容设计上，商业健康保险同质化较严重，未形成鲜明特色。如目前市场上商业健康保险的基础标配仍是普通型终身重疾险附带轻症多次赔付，产品更新迭代没有实现本质创新。

为深化多层次医疗保障体系内涵，市场要丰富治理内容，发挥市场机制优势。

（1）扩大商业健康保险覆盖范围。充分利用信息化、科技化优势，整合目标人群信息，精准识别并绑定目标群体，针对不同人群开发创新性健康产品，提供多层次的长期保障。

（2）提高商业健康保险的供给能力。一方面，加强商业健康保险与政府、医疗机构的合作，争取并利用好政府财政补贴，厘清投保人病种、药品需求清单，将医疗保障目录外的合理医疗费用纳入商业健康保障范围，积极发展费用报销型医疗保险业务。② 另一方面，大力发展除医疗、疾病保险以外的商业健康险种，完善失能保险、护理保险、医疗意外险、普惠型城市补充健康险等特色险种，研发更为优质的新险种，形成涵盖定制服务、风险评估、理赔服务、售后服务等一体化的健康保险产业链，横向提升商业健康保险供给能力。

（3）提高商业健康保险产品的创新能力。丰富商业健康保险的产品内容，设计新型靶向产品方案，关注差异化定价，对每一类险种的报销比例、受益人群等进行精细设计。加强商业健康保险与医疗、医药等健康产业的关联，推动商业健康保险与健康管理融合发展，纵向拓宽商业健康保险涵盖范围。

（三）社会：完善治理架构

多层次医疗保障体系的第四层次包含网络互助及慈善捐赠，社会是主

---

① 韦宁柯：《我国商业健康保险的发展现状及建议》，《广西质量监督导报》2021 年第 2 期。
② 宋新权、黄薇、张岚：《论商业健康保险与基本医疗保险衔接策略》，《中国保险》2021 年第 5 期。

要的治理主体。

2019年,我国医疗慈善捐赠达270亿元、网络互助中大病众筹达100亿元,第四层次医疗保障体系发展迅速,在体量上对基本医疗保险和政府救助形成了重要补充,[①] 但在角色边界、评估体系、监管监督方面还存在诸多问题。一是角色边界不精准。慈善捐赠与政府救助之间的关系不明、角色不清,救助项目难以衔接整合,救助资源无法流动互补,边缘人群可能被排除在政府救助范围之外且无法有效获取慈善组织救助。[②] 网络互助方面,大病众筹平台有自己的商业模式和盈利需求,会在公益初衷与商业追求上产生业务运营混乱、公众认知模糊等冲突。二是评估体系不完善。目前各慈善基金会、网络互助项目数据及评价标准有待进一步公开,没有形成系统科学的评估体系。如在网络互助中对资金流向及项目结果等内容,平台并未给出详细答复,亦没有官方评估渠道,难以及时对项目进行调整。三是监管存在漏洞。近年来,慈善捐赠及其他网络互助等获取资助的形式激增,随之出现了大量虚假骗局等违法行为,严重损害了人民群众的切身利益。

为助力多层次医疗保障体系升级,社会要完善治理架构,焕发应有的活力。

(1)精准划分角色边界,加强功能衔接。一方面,厘清慈善救助的角色定位,加强其独立运行能力,着重提升对政府救助以外的边缘人群及重大罕见病种的救助能力,与政府救助形成良性互补。另一方面,明确网络互助"公益为核心宗旨+商业为基础结构"的角色定位,合理划定网络互助平台的抽成与利润比例,对外公布平台运营内容、资金来源及去向,加强对公众的科学普及。

(2)民政部门牵头并联合慈善组织及网络互助平台完善评估体系。建立数据库及评估网站,对受助者患病情况、诊疗情况、医疗资金使用等情况实时动态追踪,纳入数据库后以统一的标准进行评估分析,形成公开报

---

① 《补充保障形式——慈善捐赠与医疗互助:健全完善多层次医疗保障体系》,人民政协网,http://www.accessh.org.cn,2020年6月26日。
② 赵国强、孙晓杰、邵雨辰:《我国慈善组织参与医疗救助的现状及困境分析》,《卫生经济研究》2019年第2期。

告，并及时公布结果。

（3）完善法制化、信息化、社会化的多元监管体系。在法制层面，细化相关法律监管权责、内容及措施，由政府牵头组建专门的监督部门予以贯彻执行。在信息层面，由龙头企业牵头建立行业监督网络，通过大数据、人工智能等手段，在国家标准下鉴别相关信息的真实性并加以管制。在社会层面，由官方媒体牵头构建第三方监督组织，加大新闻舆论对第四层次医疗保障的关注及披露力度，并予以牵制。[①] 多途径规避网络互助及慈善捐赠的诈骗陷阱，实现社会力量救助的法律性、技术性、机制性的对接。

四　治理目标：多维视角共治

在多层次医疗保障体系"共建共治共享"的治理背景下，秉持全民健康共享的治理价值，并推动治理主体协同共建的同时，还要以治理目标是否实现作为检验标准，从"宏观—中观—微观"多维视角，实现并检验多层次医疗保障体系的共治目标。

（一）宏观视角：中央层面建立多层次医疗保障协同治理机制，重点关注"覆盖全民、城乡统筹"的目标

改变仅关注目标结果的达成途径，注重精准权变配置的应用及效能。首先，从制度设计层面明确医疗保障各个层次的功能定位，扩大各层次医疗保障的覆盖面。针对城乡居民，构建强制或自动参保的基本医疗保障体系；针对从业职工，设立以劳动关系为参保缴费标准的医疗保障体系，并纳入新业态灵活从业人员。[②] 同时加强商业健康保险、慈善捐赠等层次的普及应用，形成覆盖全民的多层次医疗保障体系。其次，在筹资、待遇及支付等方面实现城乡统筹治理。促进资源、人才、资金等生产要素的合理化流动，通过加强中央及地方针对性的保障建设、征求多方意见及认同、

---

① 吕国营：《新时代中国医疗保障制度如何定型？》，《社会保障评论》2020年第3期。
② 郑功成：《"十四五"时期中国医疗保障制度的发展思路与重点任务》，《社会科学文摘》2020年第11期。

创新开发乡村商业保险等措施，保障城乡多层次医疗保障体系统筹发展。

（二）中观视角：政府部门之间建立协同治理机制，重点关注"权责清晰、保障适度"的目标

由各级医疗保障部门牵头组建医疗保障协同治理平台，所有成员单位共同参与决策，精准再造医保治理内容，管控承担治理风险，加强部际协调。由中央政府构建统一科学的责任分担机制，综合多方意见，将各主体的权责职能界定上升到法律制度层面，实现各司其职、各尽其责。各部门加强协作，科学界定医保基金支付项目和标准。坚持保障适度原则，推进医疗保障体系走制度法定化、决策科学化和管理规范化，着力破解保障不足和保障过度的难题。

（三）微观视角：以筹资运行机制为抓手，重点关注"可持续"的目标

以标准化治理为突破口，重视市场、社会、个人的主体价值，提高多层次医疗保障效率。完善医保筹资分担和调整机制，均衡政府、单位、个人的三方筹资责任，加强各层次主体的耦合衔接。对多层次医疗保障基金的统筹层次进行调治升级，落实地市级及以下主管部门对医保资源及基金的垂直分配及监管，并推进省级统筹。构建立法、司法、行政、社会、信息、技术等一体化的协同治理体系，为多层次医疗保障的发展提供完整可靠的法律依据、制度保障与技术支撑，①使多层次医疗保障实现精细化可持续发展。

文章原载于《卫生经济研究》2022年第38卷第7期，
收入本书时略有修订。

---

① 郑功成：《"十四五"时期中国医疗保障制度的发展思路与重点任务》，《社会科学文摘》2020年第11期。

如何让城市社区治理更有韧性

——网络治理视角下的一个实证性研究

张 彬 马建芳*

摘要： 将韧性思维嵌入城市社区治理是因应复杂风险社会挑战、推进市域社会治理现代化的重要着力点。既有研究对影响城市社区治理韧性的共性因素进行了识别、描述和分析，但对这些共性因素在不同城市、不同社区的实际影响程度可能存在的差异性关注不够。以此作为研究预设，以网络治理理论为基础，以在 H 市部分社区开展的问卷调查作为数据来源，就共性因素对 H 市社区治理的影响程度进行定量评估。研究发现：权责边界、组织信任、信息共享、公众参与、市场成熟度、政策支持等 6 个因素具有显著的正向影响；合作态度、合作能力、价值协同、系统复杂性等 4 个因素并无显著影响。

关键词： 网络治理；城市韧性；社区治理；影响因素

一 研究回顾与问题提出

"韧性"（resilience）作为一个专业术语，最先出现于工程学和材料科学领域，在生态学、心理学、经济学、社会学、管理学等领域被进一步概念化，形成了一个规模庞大且极具成长性的韧性概念家族，但概念边界并不清晰。有学者认为，韧性概念的模糊性恰恰有助于它作为"边界对象"（即一个通用的对象或概念）来发挥作用，更容易

---

* 作者简介：张彬，内蒙古大学公共管理学院副教授、研究生导师，主要研究方向为中国政府与政治。

马建芳，内蒙古大学公共管理学院硕士研究生，主要研究方向为中国政府与政治。

引发学术共鸣，从而促进韧性研究的多学科渗透和跨学科合作。① 一种普遍的观点认为，C. S. Holling 对生态系统韧性的开创性研究②为现代韧性理论奠定了重要基础。此后，Holling、Norberg&Cumming、Ostrom、Waltner-Toews、Kay 和 Lister 等人进一步建构起"社会生态系统"（SES）框架和理论③，有力推动了包括城市韧性（Urban Resilience，UR）在内的社会韧性研究。

城市是社会生态系统的核心构成，其本身也自成系统。将韧性思维嵌入城市研究源于人们对城市系统面临错综复杂挑战的认识、反思和前瞻。如果说 UR 是韧性概念家族中最具成长潜力的一个分支，那么，城市韧性治理或城市治理韧性则代表了这个分支中的年青一代。国外相关研究总体呈现为两种取向：一是"以治理促韧性"。在韧性联盟（Resilience Alliance）的研究报告中，治理网络与代谢流、社会系统和建筑环境是 UR 研究的四个关联主题④。在这里，治理既是 UR 的分析维度，也是促进和实现 UR 目标的重要实践工具。二是"以韧性促治理"。Svitková K 借鉴福柯的思想，将韧性理解为一种"治理"，即通过社会进行治理的手段。这种手段建立在一系列旨在"赋权"城市居民的政府理性和实践之上⑤。在这里，"构建更具韧性的治理主体"或者说"激发城市居民的主体性"，是有效治理城市的关键。

国内学界的相关研究分布较广，文献较为集中的主题聚类包括：一是相关概念辨析及其本土化阐发。姜晓萍等人比较分析了韧性治理和治理韧性的语义侧重点，提出中国特色的社会治理韧性应立足新时代的特定场域，以"调适有度"为本质特征，以"权力限度、结构密度、价值温度与

---

① Amirzadeh M., Obhaninia S., Sharifi A., "Urban Resilience: A Vague or An Evolutionary Concept?" *Sustainable Cities and Society*, No. 3, June 2022, p. 12.
② Holling C. S., "Resilience and Stability of Ecological Systems", *Annual Review of Ecology and Systematics*, No. 1, November 1973, p. 17.
③ Cumming G. S., *Spatial Resilience in Social-ecological Systems*, Cape Town: Springer Science & Business Media, 2011, p. 7.
④ Resilience Alliance, *A Resilience Alliance Initiative for Transitioning Urban Systems towards Sustainable Futures*, Urban Resilience Research Prospectus, 2007, p. 10.
⑤ Svitková K., *Resilience and Urban Governance: Securing Cities*, London: Routledge, 2021, p. 2.

目标精度"为识别维度①；汪超从政治、法治、自治、德治、智治、软治等维度探讨城市社区韧性治理的中国式建构问题②。二是韧性治理中的国家—社会关系。易承志等人立足国家本位，从理念塑造、结构优化和法治践行3个维度探讨了以国家治理现代化促社会韧性治理的政治策略③；刘琼莲立足社会本位，从构建社会共同体的角度出发，探讨以合作型信任与可控韧性的协同促进国家治理现代化的社会策略④。三是城市/社区韧性治理研究，主要涉及韧性治理的时空特征、影响因素、评价体系、实践路径等，这也是当前国内相关研究集中度最高的一个主题。吴晓林分析了特大城市韧性治理面临的"权责失配、防控失衡、协同失调"三大难题⑤，张伟等人构建了重大公共卫生事件背景下社区韧性影响因素的理论模型⑥，李亚等人从经济韧性、社会韧性、环境韧性、社区韧性、基础设施韧性、组织韧性等方面构建城市灾害韧性评价指标体系⑦，王世福等人提出技术韧性与制度韧性相协同的城市应对突发公共卫生事件的实践策略⑧。

回顾研究发现，韧性概念并非只在单一框架内定义的简单概念，在与城市、社区、治理等概念组合后衍生出的新概念同样因解释框架、应用语境的不同被赋予多重含义。正因如此，一些学者不愿过度谈论这些概念的抽象本质，更倾向于以具象化的"韧性思维"来拓展他们的研究议题。Duit认为，从公共行政学的角度看，"韧性思维"的基本问题主要有三个：一是哪些因素能够削弱或增强组织、行政部门、社会和社区的韧性；二是如何权衡韧性与其他价值观（如效率和公平等）的关系；三是如何通过治

---

① 姜晓萍、李敏：《治理韧性：新时代中国社会治理的维度与效度》，《行政论坛》2022年第3期。
② 汪超：《迈向富有韧性的社区治理研究》，《城市发展研究》2021年第12期。
③ 易承志、龙翠红：《风险社会、韧性治理与国家治理能力现代化》，《人文杂志》2022年第12期。
④ 刘琼莲：《中国社会治理共同体建设的关键：信任与韧性》，《学习与实践》2020年第11期。
⑤ 吴晓林：《特大城市社会风险的形势研判与韧性治理》，《人民论坛》2021年第35期。
⑥ 张伟等：《重大公共卫生事件背景下社区韧性影响因素模型研究》，《公共管理学报》2022年第3期。
⑦ 李亚、翟国方：《我国城市灾害韧性评估及其提升策略研究》，《规划师》2017年第8期。
⑧ 王世福等：《突发公共卫生事件下城市公共空间的韧性应对》，《科技导报》2021年第5期。

理干预来提高韧性①。这种观点虽然并未从根本上厘清公共行政学视角下的"韧性"究竟所指为何,但通过设置和回答相对具体的问题,能够让原本抽象的概念在研究中具有一定的可操作性。

有鉴于此,本研究从网络治理视角出发,将"城市社区韧性治理"进一步具体化为"哪些因素能够让城市社区治理更具韧性"的问题。这里所说的"韧性"是一种新的政策目标②。党的十九届五中全会、党的二十大及国家和一些地方的"十四五"规划都把"韧性"作为城市建设和发展的目标之一。当然,这一目标还比较笼统,需要有更加明确的政策指导和标准,这也为相关研究工作的开展设置了新的学术议题。近年来,一些学者对影响城市社区治理韧性的共性因素进行了识别、描述和分析,但对这些共性因素在不同城市、不同社区的实际影响程度可能存在的差异性关注不够。本文以此作为研究预设,以网络治理理论为基础,以作者在 H 市部分社区开展的问卷调查作为数据来源,就学界业已识别的共性因素对 H 市社区治理的影响程度进行定量评估。

二 理论基础和模型构建

(一) 网络治理理论

网络治理(Network Governance)最初是一种公司治理理论,强调"以有机或非正式的社会关系网络来协调公司间关系,这与以往过度依赖公司内部的官僚结构及公司间的正式合同关系形成鲜明对比"③。在公共管理领域,网络治理通常被视为有别于市场治理和科层治理的新型治理模式。在一些欧洲学者看来,"网络治理"几乎是"公共治理"的同义语④。美国

---

① Duit A., "Resilience Thinking: Lessons for Public Administration", *Public Administration*, No. 6, May 2016, p. 367.

② I. Sudmeier-Rieux K., "Resilience – an Emerging Paradigm of Danger or of Hope?" *Disaster Prevention and Management*, No. 1, January 2014, p. 73.

③ Jones C., Hesterly W. S., Borgatti S. P., "A General Theory of Network Governance: Exchange Conditions and Social Mechanisms", *Academy of Management Review*, No. 4, October 1997, p. 930.

④ Bovaird T., "Public Governance: Balancing Stakeholder Power in a Network Society", *International Review of Administrative Sciences*, No. 2, June 2005, p. 219.

学者 Goldsmith 和 Eggers 认为，"网络治理"顾名思义，就是由"网络"来治理（Governing by Network）。这里所说的"网络"源于四种趋势的合流①，即在第三部门兴起、跨部门跨层级府际协同、数字技术革命及公民对政府服务期望不断升级的合力作用下，以传统公共部门为核心的科层治理结构正逐渐为以政府、企业、第三部门、公民等多个行动主体共同交织起来的网络化治理结构所取代。韩国学者 Kim 对"网络治理"作出了更加系统的概念化梳理②。在他看来，"网络治理"中的"网络"存在多种类型，不同类型的"网络"有各自的行动者系统组合，它们在其中发挥作用的方式和程度各不相同，且处于动态变化之中；"网络治理"中的"治理"同样存在多种类型，共性特征是摒弃了以单一行动者系统为主的单边治理，取而代之的是参与其中的所有行动者系统需要在双边或多边合作、协调、平衡、制衡的复杂互动中制定策略、采取行动。从一定意义上讲，"网络治理"的关键问题是如何在不同的行动者系统或利益相关者之间进行沟通和协调，这需要更高的管理智慧和更有效的沟通协调机制。Provan 和 Kenis 认为，这种沟通协调机制可能形成于"网络"内部，即参与者治理或共享治理；也可能形成于"网络"外部，即权威机构领导下的治理③。网络治理的出现并不是对市场治理和科层治理的粗暴否定和简单替代，它并不排斥政府和市场的力量，而是强调以网络化方式重构治理活动中的政府、市场和社会之间的关系，是更加平衡、更显包容、更有张力、更具韧性的新治理策略。网络治理理论倡导"多元参与、分权治理"④，但同时也主张治理活动有序化、治理决策民主化、治理工具市场化、治理信息公开化、治理网络类型多元化，这一理论的基本逻辑与城市社区治理韧性问题具有很高的契合度。

---

① Goldsmith S. and Eggers W. D., *Governing by Net-work: The New Shape of the Public Sector*, Washington, D. C.: Brookings Institution Press, 2005, p.9.

② Kim J., "Networks, Network Governance, and Net-worked Networks", *International Review of Public Administration*, No.1, July 2006, p.25.

③ Provan K. G. and Kenis P., "Modes of Network Governance: Structure, Management, and Effectiveness", *Journal of Public Administration Research and Theory*, No.2, April 2008, p.229.

④ 刘波、王彬、姚引良：《网络治理与地方政府社会管理创新》，《中国行政管理》2013 年第 12 期。

从中国的情况看，与西方国家城市社区作为相对独立的治理单元不同，中国的城市社区治理整体嵌套于"中央—地方—民众"① 这一纵向结构之中，既受制于自上而下的压力传导，但也受惠于自上而下的政治领导、政策引导和财政支持。从一定意义上讲，中国国家治理的人民性、整体性、有序性、可控性及在一些特定政策领域的"兜底原则"深刻影响着城市社区治理的稳定性、抗压性、适应性和可持续性。在经历了单位制向街区制的成功转型后，中国的城市社区治理在结构—功能—过程多个维度上均取得长足进步。这其中包括由多元主体共同交织起来的社区行动者网络，有组织、有计划、有保障的社区复合功能建设，以及社区行动主体共商共建共治共享的机制创新和过程优化等。这些积极的变化正在让城市社区治理更具合作性、协调性、包容性和凝聚力。可以说，中国的城市社区治理不仅具备网络治理的一般特征，而且带有比较鲜明的本土化色彩。

(二) 模型构建

构建城市社区治理韧性的影响因素模型是开展后续实证研究的重要前提和基础。为此，笔者选择 CNKI 数据库的学术期刊子库对国内相关研究进行系统的文献检索。检索条件为：篇关摘＝"社区"并含"韧性"，并且篇关摘＝"影响因素"，来源期刊＝"全部期刊"NO"中英文扩展"，共检索到 71 条有效记录。通过文献爬梳，识取其中能够反映影响因素的关键词，初步搭建起影响因素指标池；依据网络治理的一般特征，在该指标池中筛选出 10 个共识度较高的指标，并按照治理结构、合作过程和环境因素的逻辑架构进行指标聚类。在此基础上，初步构建网络治理视角下城市社区治理韧性的影响因素理论模型（见图1）。

1. 治理结构

在网络治理视角下，从经验性角度考虑，社区治理韧性通常从其治理结构性要素方面推进，即以各治理主体及其关系构建为治理基础，进而搭

---

① ［英］格里·斯托克、游祥斌：《新地方主义、参与及网络化社区治理》，《国家行政学院学报》2006年第3期。

建韧性治理空间。因此,本研究将治理结构作为网络治理视角下影响社区治理韧性的重要维度之一,包括权责边界、合作能力、组织信任、合作态度等指标。

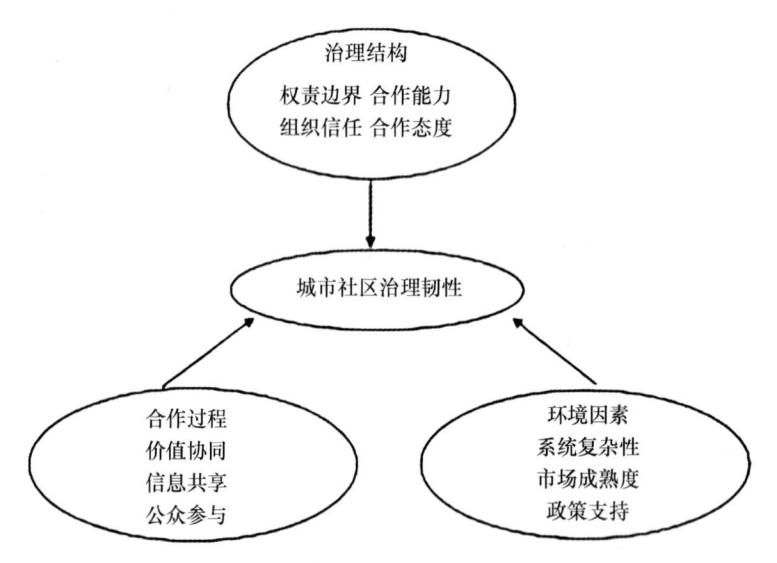

图1　网络治理视角下城市社区治理韧性的影响因素理论模型

在网络治理命题下,为防止治理的混乱无序,各治理主体之间的权责边界划分便显得尤为重要。这不仅关乎治理空间内信息的流转,也涉及各类资源的调配使用。在合作能力方面,网络化治理将第三方组织的公私合作特性与政府高超的管理能力结合起来,利用技术连接网络,并在服务运行方案中给予公民更多的选择[①]。因此,在社区韧性建设中,各行动者主体的能力直接影响网络治理的效能。在组织信任方面,在网络治理多元共治格局下,党政与行政单位基于信任,通过权力授予与赋予给予其他行动主体相关权利以提供公共产品与服务,其他社区行动主体基于信任而利用所拥有的权利实现资源的整合与集中输出,这是实现网络构建的关键要素。在合作态度方面,姚引良等人在对地方政府网络治理多元主体合作效

---

① 朱萌:《城市社区网络化治理的组织机制分析:基于天津市X区L街道的个案研究》,《领导科学》2021年第2期。

果进行实证研究时发现，政府合作态度对网络治理效果有着明显的作用①。在社区治理中，社区建设利益相关者承担部分隐性责任，针对其开展网络分析时，需要明晰利益相关者在网络结构中对彼此的关系缔结态度②。

2. 合作过程

在社区治理的长期实践中可以发现，社区治理可以理解为一种合力机制的可持续运转，涉及多主体、多系统不同层次之间的通力合作。因此，本研究参鉴网络治理理论，将"合作过程"这一指标集作为分析社区治理韧性影响因素的维度之一，包括"价值协同""信息共享""公众参与"等指标。

在价值协同方面，对社区行动者的属性识别进行系统性组织划分，应对多元利益的复杂博弈以实现协同，从而构建横向到边、纵向到底的基层群众自治网络。这是实现网络治理的必要一环③。在信息共享方面，在社区治理中，网络治理作用的核心机制是网络主体间的协调机制，良好的协调机制建立在信息的沟通共享之上，沟通不力是网络治理失败的首要原因。在公众参与方面，网络治理的核心要素是"多元参与"，在社区治理行动中，社区公众是公共服务的感知者，公众参与是社区韧性建设的三大指向之一，社区内部成员的行动力对社区治理韧性效能的发挥至关重要④。

3. 环境因素

城市社区治理韧性除需要考虑其治理结构、过程外，也需要考虑其独特、多样的治理空间、时间，抑或是二者的叠加，根据不同的治理韧性需求进行适应性调整。因此，本研究将"环境要素"作为分析维度之一，包括系统复杂性、市场成熟度、政策支持等指标。

系统复杂性渐趋成为影响社区治理韧性的重要因素之一。韧性系统分为一般系统、物质系统、社会系统、经济系统等，每一类系统都与多样的

---

① 姚引良等：《地方政府网络治理多主体合作效果影响因素研究》，《中国软科学》2010 年第 1 期。
② 崔鹏等：《社区韧性研究述评与展望：概念、维度和评价》，《现代城市研究》2018 年第 11 期。
③ 曹海军、陈宇奇：《论基层治理网络化的四个着力点》，《理论探索》2021 年第 3 期。
④ 吴晓林、谢伊云：《基于城市公共安全的韧性社区研究》，《天津社会科学》2018 年第 3 期。

价值体系兼容，这在一定程度上使得社区韧性的打造充满了复杂性。市场成熟度是指社区韧性建设所处的市场环境及相关产业的成熟度。社区韧性建设离不开有关社区企业的支持，将社区企业纳入建设主体之中提供技术支持是韧性软实力的体现。社区治理韧性的政策支持要素则表现为多元主体通过组织领导、辩论和建立联盟的方式，影响政策议程、可行方案及政策结果①。如廖茂林等人认为，政府管制仍然是处理韧性问题的核心主体，在社区韧性建设过程中，政府会制定切实可行的社区韧性建设议程及有关战略框架②。

二　数据采集和分析

（一）数据采集

本研究调查问卷以理论模型构建为设计依据，围绕"治理结构""合作过程""环境因素"三个维度，共设计 34 项题项指标。研究数据主要来源于长期的社区志愿活动积累，依托社区多项志愿服务，对 H 市部分社区开展实地调研。问卷征集对象包括社区各类行动主体，具有客观性、广泛性。调查共发放 324 份问卷，去除不合格的 24 份问卷后，获得有效问卷 300 份，有效率为 92.6%。

（二）变量选取

本研究的变量设计分为三个部分：因变量、自变量、控制变量。因变量为社区治理韧性效果，作为被解释变量由调查问卷中的 4 个题项进行衡量。自变量为本研究的核心变量，包括纯自变量与控制变量。作为解释变量，自变量从三个维度——治理结构、合作过程、环境因素展开调查研究。以上变量均被赋值 1—5 分，以便于数据分析。

---

① 岳建军、龚俊丽、徐锦星：《全民健身共建共治共享格局何以形成——基于网络化治理视角的实证分析》，《中国体育科技》2022 年第 9 期。
② 廖茂林、苏扬、李菲菲：《韧性系统框架下的城市社区建设》，《中国行政管理》2018 年第 4 期。

(三) 数据分析

1. 描述性统计

(1) 样本基本特征

本研究将被调查社区居民的基本特征作为研究的控制变量。受访者的基本特征包括性别、年龄、受教育程度、职业4个方面（见表1）。

类别	性别		年龄			受教育程度				职业			
	男	女	30岁以下	30岁至60岁	60岁以上	高中及以下	专科	本科	研究生	居民	行政人员	社区企业	社工站工作人员
人数（人）	155	145	82	173	45	90	57	127	26	178	56	35	31
占比（%）	51.7	48.3	27.3	57.7	15	30	19	42.3	8.7	59.3	18.7	11.7	10.3

(2) 核心变量的描述性统计

本研究通过 SPSS，对因变量、自变量进行测度与描述性统计（见表2），包括各变量的平均值、标准差、偏度、峰度，分值范围根据李克特量表进行设计，赋值范围为1—5分。从中可以发现，受访者对社区治理韧性变量认同度的平均值均在2～3分，说明各行动主体对韧性社区的网络治理认同度较高。

2. 信度效度检验

对样本数据信度采用内部一致性方法进行检验，11个因子的 α 系数均在 0.8 以上，整个量表的 α 系数达到 0.904，说明问卷具有较好的内部一致性。根据检测结果，样本数据中男性、女性样本数量基本持平，结构差细微，以青年高学历群体为主，为问卷的科学性把握提供了一定支持。针对结构效度检验进行探索性因子分析和验证性因子分析，根据 KOM 与 Bartlett 检验，KOM 值为 0.785，Bartlett 球形检验显著性小于 0.001，表明涉及题项基本合理，样本数据可靠性较高，可进行因子分析。

第一篇 社会治理与创新理论研究

表2 核心变量的描述性统计

指标		题项指标	文献依据	平均值	标准差	偏度统计	偏度标准误	峰度统计	峰度标准误
权责边界		与合作伙伴的合作事项内容清晰	汪超等①	2.77	0.938	-0.138	0.141	0.175	0.281
		社区建设任务权责清单清晰完善		2.79	0.943	-0.100	0.141	0.370	0.281
		社区工作者权责调适良好		2.67	1.107	0.570	0.141	0.024	0.281
合作能力		合作伙伴的选择标准是明确的、公开的	王力立等②	2.42	0.990	0.703	0.141	0.203	0.281
		社区建设合作中有信息技术支持	姚引良等③	2.25	0.854	0.759	0.141	1.282	0.281
		能够整合已有资源实现利益最大化		1.81	0.961	1.117	0.141	0.788	0.281
组织信任		对合作伙伴的能力有信心	王力立等④	2.52	0.938	0.162	0.141	-0.148	0.281
		合作伙伴非常正直、诚实		2.29	1.124	0.377	0.141	-0.461	0.281
		合作方愿意付出额外努力帮助实现目标		2.30	1.022	0.079	0.141	-0.751	0.281
合作态度		我方认为合作对各方都是有好处的	姚引良等⑤	2.06	0.990	1.108	0.141	1.091	0.281
		合作双方的态度是良好、积极的		2.46	0.962	0.739	0.141	0.705	0.281
		合作能更好地推动韧性社区建设经常在部门工作会议中提及合作事宜		1.94	1.111	1.284	0.141	1.048	0.281
				2.70	0.997	0.222	0.141	-0.126	0.281

① 汪超、朱纪祥、朱文婕:《面向新安全格局的社区韧性影响因素探究》,《城市发展研究》2024年第3期。
② 王力立、刘波、姚引良:《地方政府网络治理协同行为影响因素研究》,《北京理工大学学报》(社会科学版)2015年第1期。
③ 姚引良:《地方政府网络治理多主体合作效果影响因素研究》,《中国软科学》2010年第1期。
④ 王力立、刘波、姚引良:《地方政府网络治理协同行为影响因素研究》,《北京理工大学学报》(社会科学版)2015年第1期。
⑤ 姚引良等:《地方政府网络治理多主体合作效果影响因素研究》,《中国软科学》2010年第1期。

续表

指标	题项指标	文献依据	平均值	标准差	偏度统计	偏度标准误	峰度统计	峰度标准误
价值协同	社区韧性建设有利于社区可持续发展	廖炜①	1.94	1.205	1.010	0.141	-0.009	0.281
价值协同	社区韧性建设需要共同参与	廖炜①	1.73	1.193	1.672	0.141	1.681	0.281
价值协同	合作参与社区韧性建设对自己是有益的	廖炜①	2.02	0.848	0.884	0.141	1.301	0.281
信息共享	与合作伙伴之间的信息沟通是及时的	姚引良等②	2.31	0.998	0.127	0.141	-0.507	0.281
信息共享	与合作伙伴之间的信息沟通是准确的	姚引良等②	2.49	0.938	0.274	0.141	0.513	0.281
信息共享	我方与合作方之间的交流是充分的	姚引良等②	2.49	0.879	0.060	0.141	0.270	0.281
公众参与	合作方与公众之间有效搭建沟通渠道	王雪竹③	2.16	1.038	0.758	0.141	0.208	0.281
公众参与	社区居民的自治组织较为成熟	姚引良等④	2.60	1.041	0.386	0.141	-0.101	0.281
公众参与	公众积极参与社区韧性建设监督或建议	姚引良等④	2.52	1.080	0.701	0.141	-0.067	0.281
系统复杂性	社区韧性建设所需的业务流程复杂	王力立等⑤	2.12	1.142	1.284	0.141	1.100	0.281
系统复杂性	网络合作中的决策规则和程序明确清晰	王力立等⑤	2.05	1.014	1.076	0.141	0.940	0.281
系统复杂性	公众对社区韧性建设需求紧迫	王力立等⑤	2.23	0.832	1.264	0.141	2.212	0.281

① 廖炜:《社会治理中棘手问题的治理困境与网络化治理》,《领导科学》2021年第10期。
② 姚引良等:《地方政府网络治理多主体合作效果影响因素研究》,《中国软科学》2010年第1期。
③ 王雪竹:《基层社会治理:从网格化管理到网络化治理》,《理论探索》2020年第2期。
④ 姚引良等:《地方政府网络治理多主体合作效果影响因素研究》,《中国软科学》2010年第1期。
⑤ 王力立、刘波、姚引良:《地方政府网络治理办同行为实证研究》(社会科学版),《北京理工大学学报》(社会科学版)2015年第1期。

续表

指标	题项指标	文献依据	平均值	标准差	偏度 统计	偏度 标准误	峰度 统计	峰度 标准误
市场成熟度	本次合作涉及的业务市场竞争激烈	刘波等①	2.45	0.893	0.208	0.141	0.334	0.281
市场成熟度	有较多的合作伙伴可供选择	刘波等①	1.93	1.070	1.152	0.141	0.811	0.281
市场成熟度	采用规范方式选择合作伙伴	刘波等①	1.95	1.078	1.126	0.141	0.524	0.281
政策支持	相关政策的出台促使本次合作的产生	焦长庚等②	2.09	1.212	0.738	0.141	-0.494	0.281
政策支持	政策法规明确了合作各方的职责	姚引良等③	2.08	0.973	1.105	0.141	1.194	0.281
政策支持	相关法规保障了参与各方的利益实现	姚引良等③	2.25	0.911	1.487	0.141	2.527	0.281

---

① 刘波等：《地方政府网络治理形成影响因素研究》，《上海交通大学学报》（哲学社会科学版）2014年第1期。
② 焦长庚、戴健：《网络化治理视域下公共体育服务协同供给：逻辑、场域、路径》，《武汉体育学院学报》2020年第8期。
③ 姚引良等：《地方政府网络治理多主体合作效果影响因素研究》，《中国软科学》2010年第1期。

3. 相关分析

在进行回归分析之前，首先要对各变量之间的相关关系及紧密程度进行分析（见表3）。由于本研究数据处于正态分布，因此选用Person相关系数及典型相关分析进行研究。从中可以发现r>0，表明各影响因素与网络治理均存在正相关关系。从相关系数来看，两两变量的相关系数不超过0.7，部分相关系数绝对值小于0.4，但都大于0.2表明具有强相关性。

4. 回归分析

为进一步研究各变量之间的因果关系，本研究通过因子分析进行降维，将因变量网络治理设为Y，利用多元线性回归方程进行预测估计（见表4）。根据拟合优度检验，R^2为0.407，说明各自变量解释能力均较强。从F检验对应的P值来看，其数据接近于0，说明自变量整体对因变量影响效果显著。从回归分析中的自变量P看，合作能力、价值协同、系统复杂性、合作态度的P值分别为0.057、0.538、0.290、0.611，均大于0.05，说明这些自变量对网络治理的形成并无显著影响，其余变量对网络治理的形成产生了显著正向影响，并由此得出回归方程。

四 结论

（一）从治理结构看

回归分析显示，从网络治理视角来看，在结构功能维度下影响城市社区治理韧性水平的因素中，合作能力、合作态度对社区治理韧性并无显著影响，权责边界、组织信任对社区治理韧性的形成有显著影响。

在城市社区治理中，多元主体共同参与社区建设必然涉及行动者权责边界（$B=0.177$，$P<0.05$）的划分。只有在制度性集体行动中，个体权责的博弈才能够最终实现特定场域内的边界清晰，网络治理才能有效开展。目前，我国城市社区治理呈现为党委领导、基层政府主导及社工参与的多元网络共治格局公共权力和职责与个体逐利本性之间的矛盾得到有效调和社区建设的价值边界、内容、权责得到明确。与已有研究不一致的是，本研究表明合作能力（$B=0.108$，$P>0.05$）对合作网络的构成并无显著影响。这可能因为，在目前中国特色背景下的社区韧性建设中，第三部门的

第一篇 社会治理与创新理论研究

表3 各变量相关系数

	网络治理	权责边界	合作能力	组织信任	合作态度	价值协同	信息共享	公众参与	系统复杂性	市场成熟性	政策支持
网络治理	1.00	0.310	0.335	-0.098	0.297	0.324	0.069	0.254	0.399	0.502	0.392
权责边界	0.310	1.00	0.337	0.274	0.262	0.369	0.313	0.346	0.244	0.311	0.215
合作能力	0.335	0.337	1.00	0.277	0.383	0.333	0.395	0.379	0.278	0.379	0.36
组织信任	-0.098	0.274	0.277	1.00	0.231	0.015	0.784	0.226	0.072	0.189	0.002
合作态度	0.297	0.262	0.383	0.231	1.00	0.311	0.299	0.319	0.382	0.379	0.497
价值协同	0.324	0.369	0.333	0.015	0.311	1.00	0.049	0.111	0.362	0.263	0.374
信息共享	0.069	0.313	0.395	0.784	0.299	0.049	1.00	0.277	0.097	0.183	0.119
公众参与	0.254	0.346	0.379	0.226	0.319	0.111	0.277	1.00	0.43	0.492	0.72
系统复杂性	0.399	0.244	0.278	0.072	0.382	0.362	0.097	0.43	1.00	0.731	0.593
市场成熟性	0.502	0.311	0.379	0.189	0.379	0.263	0.183	0.492	0.731	1.00	0.501
政策支持	0.392	0.215	0.36	0.002	0.497	0.374	0.119	0.72	0.593	0.501	1.00

表4 各变量回归分析结果

因变量	自变量								R	R^2	Adj-R^2	F
	权责边界	合作能力	组织信任	合作态度	价值协同	信息共享	公众参与	系统复杂性	市场成熟度	政策支持		
B	0.177	0.108	-0.407	0.029	0.062	0.225	-0.167	-0.078	0.455	0.197	0.638	0.407	0.386	19.817
P	0.02	0.057	0.000	0.611	0.538	0.004	0.034	0.290	0.000	0.025				0.000

公私合作能力仍然有待提高,并未达到网络治理有效形成所需的能力与水平。此外,社区信息技术支持对于中西部欠发达地区来说,仍显薄弱。而作为网络治理的核心机制之一,组织信任($B=-0.407$,$P<0.05$)是网络互动得以形成的基础。多元主义基于共同价值所建立的合作关系,必然是建立在个体的正直诚信及多主体的互信机制基础之上的。在 H 市社区韧性建设实践中,作为委托人的政府部门能否对社区企业产生积极的期望,取决于社区企业能否消解政府部门不确定性悬置的程度。关于合作态度($B=0.029$,$P>0.05$)研究所得并不是对该指标的全盘否定,在对 H 市的实证研究中可以发现,合作态度对社区治理韧性并未产生显著影响,可能是由于在当前的社区共治背景下,非政府行动者依旧欠缺治理语权,其行动主要跟从政府主导并受其监督,合作态度对其能力发挥并无显著影响。

(二) 从合作过程看

价值协同($B=0.062$,$P>0.05$)与社区治理韧性的形成并无因果关系,一方面可能是由于现有题项无法全面概括其特质,另一方面也缘于城市社区治理经由网格化向网络化转变,各治理要素并不健全,加之制度性集体行动的约束力受限及绩效衡量指标的缺失,社区多元主体对社区建设的远期发展可能更倾向于持保守态度,并且由于基层治理任务的繁杂性及有关条块之间的矛盾,建立绩效指标也许是达成合作共识最好的方案。研究表明,在社区建设过程中,各网络主体间的信息共享($B=0.225$,$P<0.05$)水平对网络治理格局的形成有着显著的正向影响。经调研发现,H 市在开展社区韧性建设过程中,组织动员民众广泛参与并提出需求清单,实现信息共享,摸清社区存在的治理短板,对照完整社区建设项目清单,进行科学规划和有效整合,提升社区韧性水平。此外,公众参与($B=-0.167$,$P<0.05$)对社区韧性的提升产生显著影响。打造韧性社区,既要周密布局"硬性资源",也要实现"软性资源"的柔性建设。公众参与是提高社区治理韧性的关键一环。社区治理需要多元主体的共同参与,社区居民作为社区力量的主体,其参与的积极性与成熟度直接影响社区共治格局的形成。

(三) 从环境因素看

经过对环境影响因素的实证分析可以发现，系统复杂性（B=-0.078，P>0.05）对社区网络治理并未形成显著影响，但市场成熟度（B=0.455，P<0.05）政策支持（B=0.097，P<0.05）与社区网络治理格局的缔造呈现显著相关关系。

市场成熟度可以理解为基层政府在引入社区社会资本时的可选择性，基层政府在引入社会资本时有一套行之有效的标准和程序，社会资本的专业能力、征信水平均成为基层政府的考虑要素，也就是说，相关市场越成熟，合作设计越科学，网络治理效能就越好。此外，中国社区韧性的本土化建构将凝聚民心看作韧性社区构建的本质，试图以政党为纽带，以人的组织性、组织的情感性和制度的生命力为核心[①]。其中，制度的生命力便是政策支持的效应体现。当前，社区治理格局的形成依然主要依靠基层政府自上而下的推动，各行动主体基于共同价值而形成相互依赖与合作的关系，完善的政策法规体系是网络良善运行的根本保障。

上述结论初步印证了既有研究中所归纳的"共性因素"对不同城市、不同社区的实际影响程度可能存在差异性的研究预设。相应地，旨在提高城市社会治理韧性的策略组合也应因地制宜、有的放矢。H 市在提升城市社区治理韧性的过程中，要有针对性地制定有关方案，各行政单位要高度重视构建社区合作关系。在权责边界方面，要致力于打造清晰完善的权责清单，实现放权与服务的有效叠加，同时厘清各社区行动者的职责。在组织信任与信息共享方面，构建多元主体共建共治共享信任体系，拓展多元主体间的互动空间与渠道，多维度地注入信任添加剂，加强线上线下互动交流。在公众参与方面，要坚持党建引领不动摇，强化和扩大合作共识与公共价值，定期组织线上线下交流活动，畅通反馈建议渠道，形成监督合力。在市场支持方面，要鼓励培育发展一批相关产业，关注合作事宜和成

---

① 汪超、宋纪祥：《共同缔造：社区韧性的一种本土化理论探讨》，《社会科学研究》2023年第4期。

效,解决发展痛点难点问题,助力企业良性发展。在政策支持方面,要完善配套措施,细化社区治理要则,体现制度生命力,积极推动各行动主体实现共治。

文章原载于《内蒙古大学学报》(哲学社会科学版)2024年7月第56卷第4期,收入本书时略有修订。

社会冲突研究二十年：
学术图景、理论动态与视域前瞻

李慧勇　王　翔　高　猛*

摘要：近20年来，国内社会冲突研究大致经历了"西方社会冲突理论引入、介绍—本土化社会冲突理论探索与尝试—本土化社会冲突理论反思与成熟"3个议题演变阶段。当下和今后国内社会冲突治理之道和研究方向应以制度建设为根本遵循、以法治建设为依托、以大数据治理和协同治理为抓手，推动社会冲突治理体系和治理能力现代化。此外，还应深入推进本土化研究，挖掘和提炼中国特色治理经验，进而为国际社会冲突研究贡献"中国智慧"。

关键词：社会冲突；整体图景；结构特征；议题演变；发展趋势

改革开放以来，中国特色社会主义不断发展和完善，国家治理体系和治理能力现代化建设成效显著，人民群众日益增长的物质文化生活需要得到较好的满足。现在，中国特色社会主义进入了新时代。但不容忽视的是，中国正处于社会结构分化、利益格局变化的快速转型期，人民群众对美好生活的向往和追求更加强烈，利益诉求多元、权利意识增强、公平正义愿望迫切等所引起的社会冲突问题日益凸显。

本文凭借文献计量工具和相关知识的运用，对国内社会冲突研究进行

---

* 作者简介：李慧勇，政治学博士、内蒙古大学公共管理学院副教授。主要研究方向为中国政府与政治、民族政治学。
王翔，清华大学社会科学学院政治学系博士研究生。
高猛，华东师范大学人文社会科学学院政治学系研究生。
基金项目：国家社会科学基金项目"'结构—制度'框架下的边疆民族地区社会冲突化解机制研究"（项目编号：16BZZ028）。

数据挖掘、信息处理、计量统计和可视化分析，试图从外围感知和内部透射以及议题演变三个层面鸟瞰式、可视化呈现近20年我国国内社会冲突领域的研究状况、理论动态、热点演进和前瞻议题，从而推动国内社会冲突研究的纵深发展和本土化研究经验的挖掘。

在研究方法方面，采用文献计量研究方法，以CNKI中文期刊数据库为数据来源，以"主题＝社会冲突、期刊种类选择CSSCI、数据采集区间为1998年1月1日至2018年12月31日"为检索条件进行文献数据采集。筛选剔除无效数据后，共得有效数据530条。在分析软件方面，采用CiteSpace计量可视化分析软件进行分析。

一 社会冲突研究：宏观脉络与整体图景

从年度发文量、研究作者及其机构分布、高被引文献等重要指标对国内社会冲突研究进行外围感知，既可直观地把握该领域的研究状况，也能为后续深层次的内部透析奠定认知基础。

就文献发表的年度趋势而言，可以将得到的数据绘制成国内社会冲突研究年度发文量统计图（见图1）。经由数据统计，可以看出在2004年之前，发文量浮动不拘且每年不足4篇。从2004年开始，年度发文量持续攀升，平均每年发文量达到28篇，并在2010年达到年度发文量54篇的第1个高峰。2010年之后，发文量又呈现波动起伏状态。近10年来，我国社会发展迅速，社会冲突更加复杂多样，学者对此予以高度关注，年度发文量亦迅速提升，于2014—2015年达到年度发文量57篇的第2个高峰。2016年后发文量小幅回落，但每年也稳定在25篇以上的高度。

就科研力量分布而言，通过统计绘制成前20位核心作者排行榜（见图2），可以看出发文量最多的是田艳芳，徐彬、廖梦圆、程祥国等人紧随其后。这些高产作者的持续研究推动了国内社会冲突研究的不断进展。另外，通过CiteSpace软件对高产作者进行分析（见图3），可以发现这些高产作者之间的合作网络较为分散，一定程度上反映出国内社会冲突研究学术联系较弱。

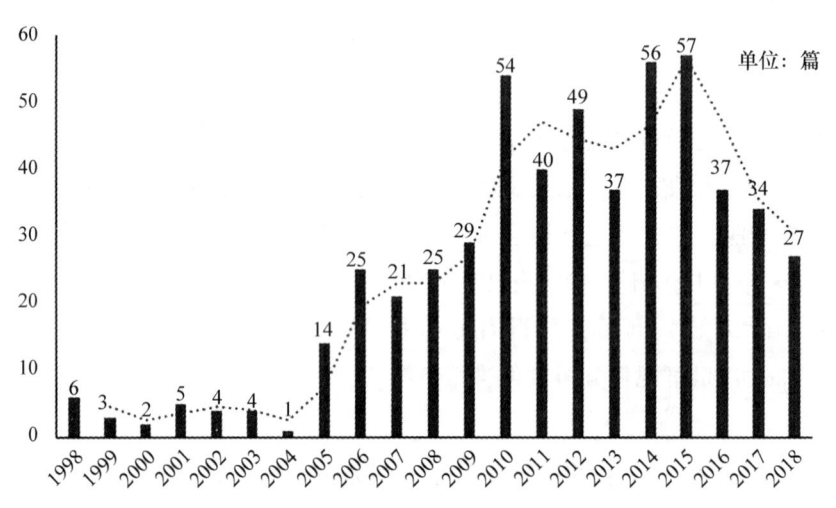

图1　国内社会冲突研究年度发文量统计

资料来源：根据中国知网文献检索数据整理。

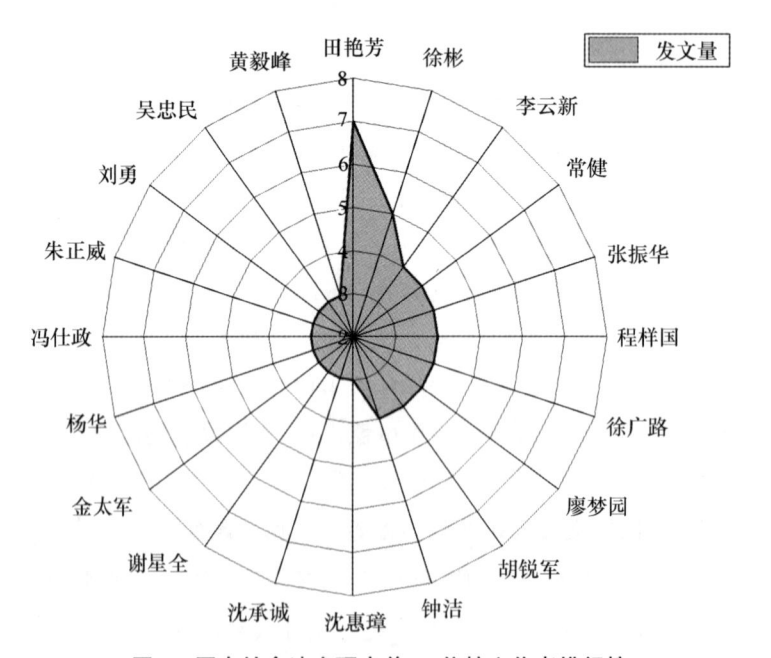

图2　国内社会冲突研究前20位核心作者排行榜

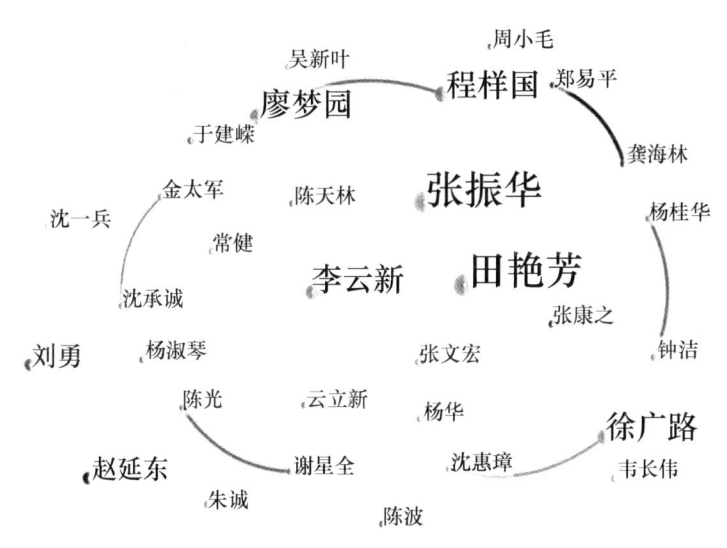

图 3 国内社会冲突研究核心作者分布

资料来源：根据 CiteSpace 软件分析整理。

就研究机构而言，从发文量前 15 位排行榜（见图 4）中可以看出，中国人民大学、南开大学、南京大学、复旦大学等 4 所高校遥遥领先。这在

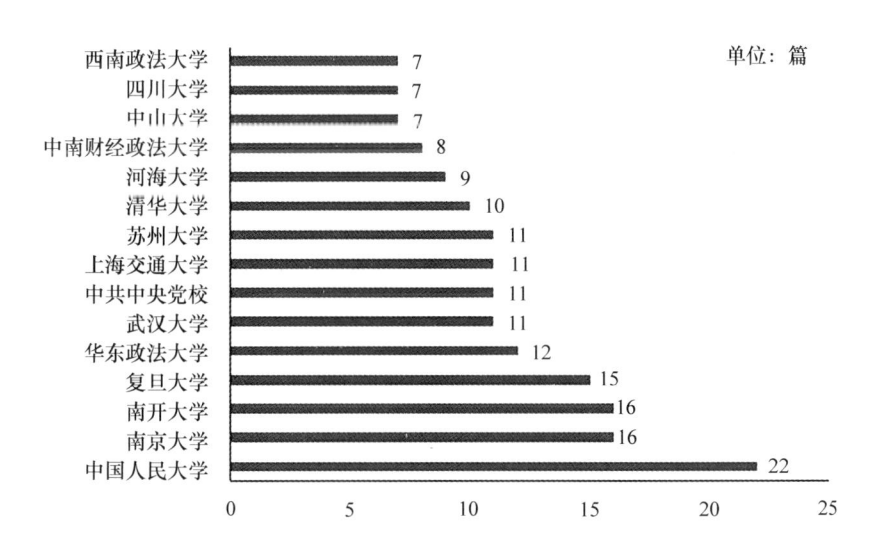

机构	发文量（篇）
西南政法大学	7
四川大学	7
中山大学	7
中南财经政法大学	8
河海大学	9
清华大学	10
苏州大学	11
上海交通大学	11
中共中央党校	11
武汉大学	11
华东政法大学	12
复旦大学	15
南开大学	16
南京大学	16
中国人民大学	22

图 4 国内社会冲突研究机构发文量前 15 排行榜

资料来源：根据中国知网文献检索数据整理。

一定程度反映了上述高校已经成为研究社会冲突的主要力量，为国内社会冲突的研究发展提供了重要的科研支撑。此外，可以发现我国北部地区（北京）、东南地区（上海、南京、武汉、广州）以及西南地区（云南）等地的高校机构也普遍关注国内社会冲突的研究。

从前20篇高被引文献排行榜（见表1）中可以发现，朱力、于建嵘、王国勋、胡联合、魏新文等作者的文献被引次数遥遥领先。透过这些文献的篇名大致可以看出这些高被引文献涉及"群体性事件""集体行动""社会稳定""社会冲突理论""转型时期""政治态度""农民工""公园冲突""社会冲突双重功能"等领域。可以说，正是这些高被引文献为国内社会冲突研究提供了重要理论根基、研究范畴和方法，进而成为国内社会冲突研究的重要知识源流。

表1　　　　　国内社会冲突研究前20篇高被引文献排行榜

排名	篇名	作者	发表时间	被引
1	《中国社会风险解析——群体性事件的社会冲突性质》	朱力	2009/1/20	369
2	《从刚性稳定到韧性稳定——关于中国社会秩序的一个分析框架》	于建嵘	2009/9/15	256
3	《"集体行动"研究中的概念谱系》	王国勤	2007/9/27	170
4	《利益博弈与抗争性政治——当代中国社会冲突的政治社会学理解》	于建嵘	2009/3/15	140
5	《影响社会稳定的社会矛盾变化态势的实证分析》	胡联合、胡鞍钢、王磊	2006/7/25	135
6	《处置群体性事件的困境与出路——以警察权的配置与运行为视角》	魏新文、高峰	2007/2/1	129
7	《当前中国中产阶层的政治态度》	张翼	2008/3/10	128
8	《当代西方社会冲突理论的形成及发展》	张卫	2007/9/15	120
9	《市场畸形发育、社会冲突与现行的土地制度》	文贯中	2008/3/15	111
10	《社会融合与经济增长：城市化和城市发展的内生政策变迁》	刘晓峰、陈钊、陆铭	2010/6/10	108

续表

排名	篇名	作者	发表时间	被引
11	《重返阶级分析?——论中国社会不平等研究的范式转换》	冯仕政	2008/9/20	108
12	《"患不均,更患不公"——转型期的"公平感"与"冲突感"》	李路路、唐丽娜、秦广强	2012/7/16	105
13	《公园里的社会冲突——以近代成都城市公园为例》	李德英	2003/2/20	90
14	《风险放大、集体行动和政策博弈——环境类群体事件暴力抗争的演化路径研究》	汪伟全	2015/1/20	84
15	《转型时期的农民工住房问题——一种政策过程的视角》	丁富军、吕萍	2010/1/20	71
16	《社会冲突的双重功能》	毕天云	2001/4/10	69
17	《现代社会冲突论:从米尔斯到达伦多夫和科瑟尔——三论美国发展社会学的主要理论流派》	叶克林、蒋影明	1998/4/15	68
18	《非正式制度与社会冲突》	党国英	2001/3/25	67
19	《社会冲突、国家治理与"群体性事件"概念的演生》	冯仕政	2015/9/20	66
20	《从冲突理论视角看和谐社会建构》	任剑涛	2006/1/15	63

资料来源:根据中国知网文献检索数据整理。

二 社会冲突研究的多重面向:结构性特征与理论反思

虽然国内社会冲突研究状况的外围感知有助于直观地把握这一领域的研究状况,但只有将感性的认知上升到理性的分析才能深刻把握国内社会冲突研究的多重面向。换言之,只有对国内社会冲突研究的理论基础、研究范畴、发展脉络等方面进行多重面向的内部透析,才能真正深入社会冲突研究核心维面。相关研究表明,关键词是对文献研究内容的高度概括与提炼,在一定程度上能够揭示该领域的研究内容、热点和方向。① 因此，依靠 CiteSpace 软件关键词提取功能，对所选数据进行分析，可以得到社会冲突关键词共现矩阵图（见图 5）。② 在关键词共现图中，某一关键词的字体越大，说明出现的频次越高，进而说明该关键词的受关注程度愈高。可以发现图 5 中的关键词基本上涵盖了近 20 年来国内社会冲突研究的主要内容，这为我们进一步透视文献内容提供了基础条件。

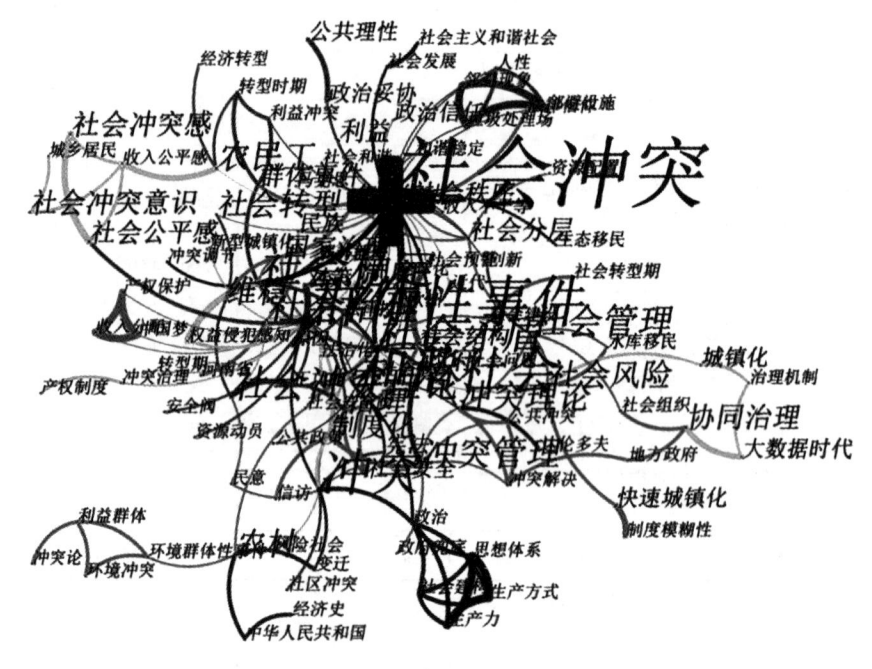

图 5　国内社会冲突关键词共现

资料来源：根据 CiteSpace 软件分析结果整理。

---

① 何地、郭燕青：《中国情境下创新生态系统研究演进脉络梳理及前沿热点探析——基于文献计量分析》，《软科学》2018 年第 9 期。

② 通过运行 CiteSpace 对 350 篇文献数据进行关键词共现分析，节点类型（Node Types）设置为 Keyword，时间段为 1998—2018 年，时间切片为 3，各时间切片的阈值选择为 Top90%，采用 Cosine 算法计算网络连线强度，使用 "Minimum Span Tree + Pruning Sliced Networks" 对合并后的整体网络进行裁剪。对其参数分析可以发现，在该关键词共现矩阵中，网络节点数量为 119，连线数量为 150，网络密度为 0.0214，Modularity 的 Q 值为 0.6521，Silhouette 的 S 值为 0.814。证明该关键词共现矩阵的网络具有显著的社团结构，且网络的聚类效果是合理的，能够较为全面、直观地展示"社会冲突"领域的研究领域和范畴。一般而言，Q 值一般在（0，1）区间内，Q>0.3 就意味着划分出来的社团结构是显著的，若 S 值在 0.5 以上，聚类一般认为是合理的。参见陈悦、陈超美、刘则渊等《CiteSpace 知识图谱的方法论功能》，《科学学研究》2015 年第 2 期。

通过 CiteSpace 软件并采用对数似然率算法（LLR），进一步对关键词矩阵进行聚类分析（见图6）。图6中软件自动提取11个聚类主题，分别为：#0 冲突管理、#1 政治妥协、#2 收入分配、#3 和谐社会、#4 协同治理、#5 环境冲突、#6 社会冲突理论、#7 农民工、#8 制度、#9 社会稳定、#10 邻避设施。结合文献阅读、分析和科研经验，可以将这11个聚类进一步抽象合并、归纳、类型化为以下4个维面：理论基础与内涵发展维面、表现特征与演化逻辑维面、价值转向与治理观念维面、治理策略与方法选择维面。这四个维面基本涵盖了近20年国内社会冲突研究的精髓，是构成国内社会冲突研究的四大支柱，为深刻剖析社会冲突研究的内核提供了重要视角，是研究社会冲突避不开的核心主题（其4个维面的架构如表2所示）。

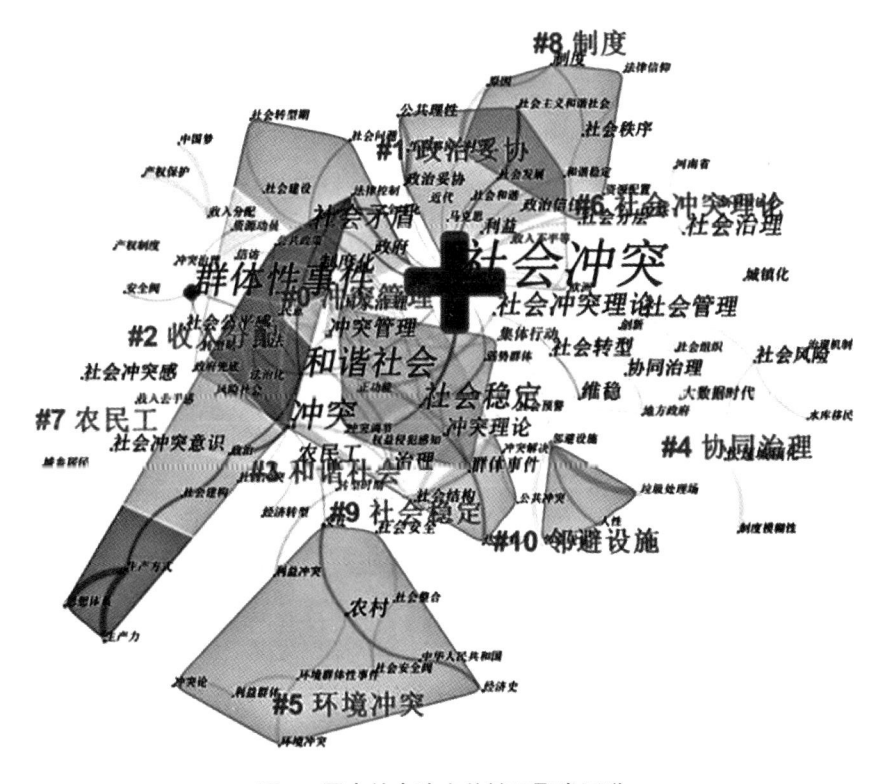

图6　国内社会冲突关键词聚类图谱

资料来源：根据 CiteSpace 软件分析整理。

表2　国内社会冲突研究内核4个维面

主聚类	子聚类	规模	中心度	平均年份	主要内容
理论基础与内涵发展维面	#6 社会冲突理论	10	0.542	2013	冲突理论，达伦多夫，科赛，贝克，齐美尔，马克思主义利益观，正功能，安全阀机制，维稳，社会转型，制度整合，社会安全阀，社会公正，社会矛盾，社会风险，政治妥协，冲突管理
表现特征与演化逻辑维面	#5 环境冲突	11	0.87	2011	利益群体，环境群体性事件，土地纠纷，变电站，邻避设施，集体行动
	#7 农民工	9	0.881	2012	经济转型，城市融入，公平感，住房问题，土地征收，出生时代人口
	#10 邻避设施	4	0.997	2010	流动，收入分配，新生代农民工，邻避冲突，垃圾处理设施，垃圾处理场，环境问题，水库移民
治理观念与价值转向维面	#3 和谐社会	12	0.841	2006	思想体系，社会主义，共同富裕，社会建构，宪法，生产关系，马克思主义，政治调节机制，贫富差距，政治价值，道德
	#9 社会稳定	7	0.776	2010	冲突调节，权益侵犯感知，风险感知，政策博弈，利益集团冲突，阶层冲突，弱势群体，心理群体，民主政治，韧性稳定，稳定机制

续表

主聚类	子聚类	规模	中心度	平均年份	主要内容
治理策略与方法选择维面	#0 冲突管理	14	0.805	2010	群体性事件，社会转型，社会矛盾，发生机制，解决对策，政府兜底
	#1 政治妥协	14	0.92	2008	上访，利益博弈，社会管理机制，社会风险，社会冲突感，社会公平感，社会稳定机制，国家治理，维稳观，花钱维稳
	#2 收入分配	13	0.859	2013	公共理性，和谐社会，政治导向，政治制度，权益保护，民主对话，动态稳定，政治信任
	#4 协同治理	11	0.79	2013	产权保护，帕累托改进，产权制度，社会焦虑，农村征地冲突，社会公平感，生产方式，社会分层，资源配置
	#8 制度	7	0.928	2011	大数据时代，社会组织，策略性分配，地方政府，数据共享，公众参与，法律秩序，海量数据，创新，治理机制，社会秩序，国家治理，产权社会，公共理性，社会稳定机制，国家治理，社会安全阀，治理机制，民主决策机制

资料来源：根据CiteSpace软件分析整理。

(一) 理论基础与内涵发展

社会冲突理论作为集群运动分析的主要理论工具，是西方社会理论的重要组成部分。在由传统社会向现代社会转型的历史进程之中，社会的风险随之增大，需要加强对社会冲突的正确认识和调控。[①] 基于此，对西方社会冲突理论进行引介、梳理及述评的文献多呈现于国内学者初期对社会冲突的研究文献之中，如将达伦多夫、科赛、贝克等人的冲突理论引入国内。西方社会学派经过多年努力，在社会冲突领域创造了较为完整和成熟的理论，但其论述及假设大多基于西方资本主义社会情境，缺少对其他社会形态和不同国家、地域，以及民族、种族的分析，完全抛开经济问题来谈社会冲突的根源，使其理论缺少内在的深度。[②]

作为冲突学派最重要的原创思想家之一的马克思，其社会冲突理论经历了艰辛探索、初步建构、基本确立和丰富深化的过程，经历了从抽象的理性冲突观到人本主义冲突观，再到历史唯物主义冲突观的发展历程，是历史唯物主义的重要组成部分。[③] 马克思不仅将冲突看作现代社会的普遍现象，而且将冲突视为解释人类历史的一把钥匙，[④] 从"冲突论"到"和谐论"实现了研究范式的转换，凸显了马克思和谐社会思想，有利于推进马克思主义研究的创新，阐扬和彰显马克思主义的当代性。[⑤]

在阐释、借鉴、应用西方社会冲突理论的基础上，国内学者着眼于当前中国社会冲突实际问题，进行本土化冲突治理研究和理论建构，初步形成了冲突解释学和冲突治理学两个框架。[⑥] 如在"批判冲突论"和"分析

[①] 阎志刚：《转型时期应加强对社会冲突的认识和调控》，《江西社会科学》1998年第5期；徐建军：《社会转型与冲突观念的重构》，《南京师大学报》（社会科学版）1999年第1期。
[②] 廖梦园、程样国：《西方社会冲突根源理论及其启示》，《南昌大学学报》（人文社会科学版）2014年第6期。
[③] 张传开、冯万勇：《探索、建构、确立和深化——马克思社会冲突理论的历史发展》，《安徽师范大学学报》（人文社会科学版）2017年第4期。
[④] 任剑涛：《从冲突理论视角看和谐社会建构》，《江苏社会科学》2006年第1期。
[⑤] 周志山、孙大鹏：《从"冲突论"到"和谐论"——马克思社会研究范式的转换》，《社会科学》2007年第9期。
[⑥] 吴晓林：《国内社会冲突研究的述评——以2001—2011年CSSCI期刊收录文章为主要研究对象》，《浙江社会科学》2012年第12期。

冲突论"这两大西方社会冲突理论传统的基础上，提出了更适宜中国社会元素的"分析—批判冲突论"。① 将风险感知和社会冲突结合在一起，提出了一个解释中国群体性事件发生机制的分析框架，其核心内容是"风险感知差异→应对策略和行为→冲突爆发和升级"的过程链条；② 在探析冲突管理学发展源流的基础上，提出中国应根据具体国情和本土发展，努力扩深本土资源，建设中国冲突管理学。③ 有些学者分别从不同的角度提出了"抗争性政治""依势博弈""冲突后遗症"的概念和解释框架，④ 构建了一些富有本土化研究特色的"牛鞭效应""社会预警模型""弹簧模型"等理论。⑤

国内学者在致力于本土化冲突研究和理论建构的过程中，也广泛借鉴和应用交叉学科理论对社会冲突问题进行多元立体研究。如从社会选择理论出发，在适当尊重个体偏好多样性的前提下有效地管控甚至解决社会冲突，是国家治理体系现代化的重要标志；⑥ 基于新制度经济学的产权理论可以发现，产权制度安排不合理导致利益主体之间收益分配不均是引发旅游目的地社会冲突的根源；⑦ 引入跨界治理理论发现，区域间的公共政策差异、政府部门间的"碎片化"管理、行政体系内信息的纵向控制、利益补偿中市场机制和公民参与的缺失是社会冲突形成的重

---

① 石方军：《理论取向、核心议题与路径选择：社会冲突理论本土化探讨》，《浙江社会科学》2012年第12期。

② 黄杰、朱正威、赵巍：《风险感知、应对策略与冲突升级——一个群体性事件发生机理的解释框架及运用》，《复旦学报》（社会科学版）2015年第1期。

③ 时和兴：《冲突管理学源流探析——兼论公共冲突管理学的发轫》，《国家行政学院学报》2013年第5期。

④ 于建嵘：《利益博弈与抗争性政治——当代中国社会冲突的政治社会学理解》，《中国农业大学学报》（社会科学版）2009年第1期；董海军：《依势博弈：基层社会维权行为的新解释框架》，《社会》2010年第5期；徐彬：《社会安全视域下"冲突后遗症"的再治理》，《学习与实践》2017年第11期。

⑤ 黄德春、马海良、徐敏：《重大水利工程项目社会风险的牛鞭效应》，《中国人口·资源与环境》2012年第11期；陈光、谢星全：《社会预警模型研究——基于模糊综合评价技术》，《理论月刊》2014年第7期；谢正富、赵守飞：《弹簧模型：基层治理行动逻辑的一种分析框架》，《求实》2015年第2期。

⑥ 顾昕：《社会选择理论与社会冲突的治理之道》，《社会科学》2015年第12期。

⑦ 郭凌、王志章：《新制度经济学视角下旅游目的地社会冲突治理研究——基于对四川泸沽湖景区的案例分析》，《旅游学刊》2016年第7期。

要原因。① 还有学者从伦理、政治哲学、政治传播等角度探讨了社会冲突的治理之道。这些跨学科交叉性的研究拓展了国内社会冲突的研究领域，丰富了研究方法和视角。

(二) 表现特征与演化逻辑

从已有的文献研究来看，多数国内学者将表现形态多样、发生场域各异、参与人数众多、扩张迅速且具有破坏性的视为近年来中国社会冲突的主要表现特征。从学理上分析，群体性事件不失为一个观察中国社会发展变迁的重要窗口，既是衡量中国社会政治状况、社会秩序和社会问题的重要指标，又能透过它来审视社会的基本发展趋势和微妙变化。② 群体性事件的基本特征是低下的组织化水平和非政治性诉求，③ 其根本基点在于利益矛盾的冲突与摩擦。随着社会主要矛盾的转变，利益矛盾及其冲突将会有新的状态，群体性事件的表现及其演化亦呈现不同的时代特征。新时代的社会矛盾相比之前有了很大变化：矛盾总量可控但发生范围扩大，冲突的烈度降低但燃点增多，个体性向群体性转变，矛盾的系统性特征突显，利益性矛盾仍是重点，但有向权利性争端转移的趋势。④ 可以说，社会矛盾的发展演变从深层上揭示了社会冲突的发展变迁。

农村群体性事件作为转型期社会冲突和农村治理性危机的重要表现形式，在很大程度上是一种应得权利和供给、政治和经济、公民权利和经济增长的对抗。⑤ 这与农民权利意识的成长、制度安排的错位或缺失、公共服务问题、环境污染和侵害问题、征地问题都有重要联系。⑥ 此外，农村居民对社会公平公正普遍感到缺失，对基层政府的处突能力评价较低，在

---

① 蒋俊杰：《跨界治理视角下社会冲突的形成机理与对策研究》，《政治学研究》2015 年第 3 期。
② 于建嵘：《从刚性稳定到韧性稳定——关于中国社会秩序的一个分析框架》，《学习与探索》2009 年第 5 期。
③ 张振华：《中国的社会冲突缘何未能制度化：基于冲突管理的视角》，《社会科学》2015 年第 7 期。
④ 李海荣：《新时代我国社会矛盾及其制度内化解》，《科学社会主义》2018 年第 4 期。
⑤ 于建嵘：《我国现阶段农村群体性事件的主要原因》，《中国农村观察》2003 年第 6 期。
⑥ 孙瑾、郑风田：《关于中国农村社会冲突的国内外研究评述》，《中国农村观察》2009 年第 1 期。

冲突中易采取激烈行为。① 当前，精准扶贫进入攻坚阶段，扶贫资金分配引发的冲突、由收入差距悬殊导致心理不平衡引发的冲突与土地利益引发的冲突等影响了社会秩序与稳定，使精准扶贫的推进受到严峻挑战。②

城市化的快速发展是社会转型的重要特征，外来居民的涌入在促进城市社会发展的同时也加剧了社会冲突。③ 城市公共资源配置失衡是农民工社会冲突的重要成因。④ 比如养老保障满意度对农民工的社会冲突意识具有显著性影响，农民工对养老保障满意度越高，社会冲突意识越低，⑤ 第二代农民工更低的收入公平感和社会公平感，导致他们具有更高的社会冲突感。⑥ 虽然城市中的中产阶层比其他阶层民众有更强的参与集体行动的意愿，很多时候却变成了社会冲突事件的参与者和支持者，甚至成为缺陷性制度的套利者，从而进一步激化了社会矛盾和冲突。⑦ 此外，城市环境质量的恶化与人们对美好环境的需要形成较大张力，导致"邻避冲突"迅速增多，进而成为城市化进程中最为突出的公共冲突问题。⑧

随着社会生活水平的不断提升和权利意识的日益增强，社会性冲突的诱发因素逐渐发生转变，由传统私人性质的物质利益的财产纠纷逐渐转变为个体精神层面的权益侵犯感及对公共利益的维护。这是新时代我国社会

---

① 石方军：《农村居民社会冲突意识"大概率价值观"及影响研究——基于中原地区6县的调查》，《求索》2013年第2期。
② 黄爱教：《精准扶贫的人权诉求、社会阻力及实现路径》，《西北农林科技大学学报》（社会科学版）2017年第2期。
③ 孙英浩：《突发性事件形成和加剧的原因探析》，《理论前沿》2005年第15期；沈德理、李芬：《城市化进程中的社会冲突：政府的视角——来自海口市的实证调查》，《华中师范大学学报》（人文社会科学版）2007年第2期。
④ 代佳欣：《城市公共资源配置失衡：农民工社会冲突成因的一种新解释》，《城市发展研究》2017年第2期。
⑤ 徐广路：《养老保障满意度对农民工社会冲突意识的影响》，《西南大学学报》（社会科学版）2018年第2期。
⑥ 徐广路、张聪、刘景方：《出生时代对农民工社会冲突感的影响及其中介机制》，《东北大学学报》（社会科学版）2015年第4期。
⑦ 田艳芳：《"中产阶级"与社会冲突：有恒产者有恒心？》，《浙江社会科学》2015年第12期；雷开春、张文宏：《社会分层对集体行动意愿的影响效应分析——兼论社会冲突的心理机制》，《国家行政学院学报》2015年第6期。
⑧ 孟卫东、佟林杰：《"邻避冲突"引发群体性事件的演化机理与应对策略研究》，《吉林师范大学学报》（人文社会科学版）2013年第4期。

冲突发展演进中值得关注的新趋势。社会利益分配而产生的挫败感是催生社会焦虑、诱发社会冲突的重要心理因素。① 焦虑情绪、风险认知与邻避冲突具有重要关联。② 例如，民众对公共环境利益的维护是促成环境集体抗争的根源，③ 地区税费水平对感知到权益侵犯的个体参与群体性事件也有重要影响。④

（三）价值转向与治理观念

对于现代社会发展而言，建立良好社会秩序、维护社会和谐稳定无疑成为现代国家治理的重要目标。冲突和秩序构成社会存在的两种基本形态，实现从冲突到秩序的转化是国家最基本也是最重要的功能，任何国家都有"维稳"的天职，⑤ 这是实践层面和理论层面的普遍共识。然而不同价值层面的"冲突观""稳定观"很大程度上导致冲突治理观念与实践上的巨大差异。

大致而言，国内社会冲突研究的认识论经历了一个从避而不谈到排斥对立，再到趋向辩证思维的过程。⑥ 最初，受批判冲突论影响的研究者认为冲突是一种功能失调的"社会病态"现象，为了稳定而强调抑制、消除冲突。这种取向将冲突看作稳定的对立物，是为了达到善治而必须予以消除的东西。⑦ 传统的中国社会稳定是一种集权封闭的、静态安定的、暴力强制的、以社会绝对安定为管治目标"刚性稳定"，把民众利益的表达方式当成对社会管治秩序的破坏而予以压制或打击，⑧ 这种片面的封闭的

---

① 姜晓萍、郭兵兵：《我国社会焦虑问题研究述评》，《行政论坛》2014年第5期。
② 王锋、胡象明、刘鹏：《焦虑情绪、风险认知与邻避冲突的实证研究——以北京垃圾填埋场为例》，《北京理工大学学报》（社会科学版）2014年第6期。
③ 李伟权、谢景：《社会冲突视角下环境群体性事件参与群体行为演变分析》，《理论探讨》2015年第3期。
④ 徐广路、沈惠璋：《地区税费对社会稳定的影响》，《经济与管理研究》2017年第1期。
⑤ 黄毅峰：《社会冲突视阈下"维稳"治理模式的限度分析》，《中南大学学报》（社会科学版）2018年第2期。
⑥ 吴晓林：《国内社会冲突研究的述评——以2001—2011年CSSCI期刊收录文章为主要研究对象》，《浙江社会科学》2012年第12期。
⑦ 石方军：《理论取向、核心议题与路径选择：社会冲突理论本土化探讨》，《浙江社会科学》2012年第12期。
⑧ 于建嵘：《从刚性稳定到韧性稳定——关于中国社会秩序的一个分析框架》，《学习与探索》2009年第5期；于建嵘：《当前压力维稳的困境与出路—再论中国社会的刚性稳定》，《探索与争鸣》2012年第9期。

"冲突观"自然受到批驳。相比之下，在社会冲突日益成为社会发展常态元素的今天，对社会冲突理性认知与辩证看待尤为重要。当前中国的社会冲突大都发生在现有的政治框架内，社会冲突不应被过度解读，不应被夸大到突破现行政治体制和瓦解政治体系的程度。① 正因为此，在关注社会冲突破坏性影响的同时，不应忽略它的建构性作用。②

大规模、高强度、长时间的冲突具有负功能和很大破坏性，只有避免这类冲突的发生和持续，才能达到"减化冲突"的目标。③ 而"减化冲突"的战略管理目标又分为表层平静和深层稳定两个层次，表层平静以制止、控制冲突为主要目标，深层稳定是公共冲突得到有效化解。④ 冲突化解的目标定位于化解导致冲突行为的利益对立，疏导和消解冲突能量；直接目标是通过平等对话促使冲突双方达成协议，深层目标是疏导冲突能量，实现社会和谐稳定。⑤ 为达到社会冲突治理的深层稳定目标，需要转变冲突治理思路，因为冲突管理不是一味压制冲突的发生，而是要为解决各种冲突建构有效的制度平台，引导制度外的冲突逐渐得以在制度化的平台上解决，这是最终实现冲突治理现代化的关键。⑥ 可以说，国内学者在"冲突观""维稳观"上的观念与价值的转变作为社会冲突治理实践的先导，深刻地影响着社会冲突治理策略与方法层面的决择。

（四）治理策略与方法选择

随着时代的不断变迁，社会冲突的表现特征和演变机制也各不相同，加之人们对社会冲突的理论认知与价值判断的更新，治理策略与方法选择

---

① 金太军、张振波：《论社会冲突与政治体制改革的非线性关系》，《政治学研究》2014 年第 3 期。
② 张明军：《社会冲突：破坏抑或建构——基于典型样本的现实解读》，《行政论坛》2015 年第 1 期。
③ 李元书：《重新认识和正确处理当代中国社会的利益冲突》，《武汉大学学报》（哲学社会科学版）2010 年第 2 期。
④ 常健、郑玉昕：《冲突管理目标的两个层次：表层平静与深层稳定》，《学习论坛》2012 年第 12 期。
⑤ 张春颜、许尧：《公共领域冲突控制与冲突化解耦合模式研究》，《上海行政学院学报》2013 年第 4 期。
⑥ 张振华：《社会冲突研究中的概念、分类和量化》，《国外理论动态》2016 年第 12 期。

必然呈现出不同的时代特征。倘若以党的十八大为时间点对其加以划分，大致可分为传统静态维稳策略和现代动态治理策略。

作为具有本土化研究特点的冲突治理机制，传统静态维稳策略不仅是一种价值追求，更是一种治理策略，它在维护社会系统的正常运行、创造良好的经济社会发展环境等方面发挥了极其重要的作用。但是传统静态维稳策略的弊端也日益显现。国内学者对于"花钱维稳""政府兜底""政治优先策略"等传统静态维稳策略的内涵、机制及其限度进行过深入研究。① 这些研究表明"内生社会稳定"才是传统维稳治理模式转变的根本出路。公平、信任、宽容、协商、妥协、法治等价值理念的塑造是内生社会稳定的价值基石，公正的资源分配、利益整合、协商沟通等制度和机制的建构是内生社会稳定的根本保障。②

如果说传统静态维稳策略让位于现代动态治理策略是日益复杂的现代社会发展的必然结果，那么党的十八大以来，党和政府通过对国内外发展局势的科学研判提出的一系列重大社会治理策略，则为社会冲突治理策略的转变提供了契机。党的十八届三中全会提出"全面深化改革的总目标是推进国家治理体系和治理能力现代化"，为社会冲突治理迈向现代化指明了方向，从表层的冲突控制到深层的冲突治理日益成为众多学者倡导的治理策略。具体来看，这种转向主要体现在：打破传统治理思路，跳出地方政府"碎片化管理"及其信息"孤岛"困境，基于大数据时代背景构建"整体型政府"、创新大数据嵌入的制度与管理模式、提升多元主体信息处理能力进而形成社会冲突协同治理合力；③ 从注重政府监管转变为注重政府引导，将大部分社会冲突的治理放权给社会组织，形成一个饱含结构洞、密度分散、结构扁平的社会冲突治理网络，④ 进而形成一个多元主体

---

① 韦长伟、贾晓光：《社会冲突解决中的"花钱买稳定"策略研究》，《吉首大学学报》（社会科学版）2015年第5期；杨华、王会：《"政府兜底"：农村社会冲突管理中的政策工具选择》，《国家行政学院学报》2015年第4期；吴新叶：《涉民族因素社会冲突治理中的问题及对策》，《政治学研究》2015年第4期。

② 黄毅峰：《社会冲突视阈下"维稳"治理模式的限度分析》，《中南大学学报》（社会科学版）2018年第2期。

③ 刘英基：《大数据时代的社会冲突治理创新研究》，《中国特色社会主义研究》2016年第1期。

④ 汪大海、柳亦博：《社会冲突的消解与释放：基于冲突治理结构的分析》，《华东经济管理》2014年第10期。

平等参与、协商合作的治理体系;① 从横向认同"政府—市场—社会"三元治理模式与纵向认同"一统央地"观念两个方面构建社会冲突治理语境中的政治认同,和从民间组织调适和公民参与制度化两个方面完善"多中心"治理主体间的协同机制。②

党的十八届四中全会对全面推进依法治国作出部署,为包括社会冲突治理在内的国家治理提供了根本遵循。随着现代化进程的推进,涉及面广泛的社会矛盾越来越趋向于在制度内特别是在法律等制度框架内得以解决或是缓解,③ 这为社会冲突法治化和制度化治理提供了重要基础。在全面推进依法治国的背景下,应当构建"群体性事件"法治化治理体系,将群体性事件纳入法治化常态治理轨道;④ 只有当权威的国家法律深度介入社会生活,成为社会矛盾化解的制度惯例和文化习惯时,法治社会才能成为现实。⑤ 在人治与法治的对弈与博弈格局下,只有让人治祛魅,让法治回归和返魅,才能在根本上构建起治理社会冲突的有效路径。⑥ 此外,应当进一步加强社会治理法治手段的完善,形成良性立法、相关法律制度健全,政府依法行政、应对处置能力提升,公正司法、社会冲突化解有效的"三位一体"的法治局面。⑦

2017年12月8日,中共中央政治局就实施国家大数据战略进行第二次集体学习时,习近平总书记强调:"力争主动实施国家大数据战略,加快建设数字中国,要运用大数据提升国家治理现代化水平。"大数据时代社会冲突的开放性网络化趋势、利益诉求多元化、"线上""线下"相互联

---

① 张庆彩、董茜、董军:《从维稳式治理到多中心治理:群体性冲突治理的困境、超越与重构》,《学术界》2017年第7期。
② 陈锐、张怀民:《政府视阈下社会冲突治理机制路径探析》,《广西社会科学》2017年第7期。
③ 吴忠民:《社会矛盾与制度内化解》,《马克思主义与现实》2015年第6期。
④ 刘伟:《论群体性事件的法治化治理:理论内涵与路径选择》,《中国行政管理》2016年第12期。
⑤ 廖梦园、程样国:《试论社会冲突法治治理的法理基础和现实依据》,《求实》2014年第5期。
⑥ 胡锐军、杨卡:《人治祛魅与法治返魅:社会冲突治理的二维路径》,《行政论坛》2016年第1期。
⑦ 刘卉:《网络群体性事件的法治化治理研究》,《天津行政学院学报》2016年第4期。

动等特性，使得传统的社会冲突治理方式面临着更大的挑战。转变传统治理思维和政策工具通过大数据时代的社会冲突协同治理合力、推动适应大数据时代的制度与管理模式变革、提升多元治理主体的数据共享共治、做好预警和防范机制等，对当今社会冲突治理具有重大现实意义。①

总之，随着社会的发展进步，社会冲突的发展演变亦更加复杂，采取灵活多样的治理策略，推动当今社会冲突治理由传统向现代化转型，进而推动其治理的制度化、法治化、协同化、数据化，既是推动国家治理体系和治理能力的现代化需要，也是促进社会稳定、构建和谐社会的应有之义。

三　社会冲突研究的议题演变与发展逻辑

由表及里地对国内社会冲突研究状况进行初步考量之后，一些更为重要的问题呈现出来：近20年来，国内社会冲突研究的议题是如何演变与发展的？其发展演变与社会背景的发展变迁存在何种关联？学术研究图景将如何启发后续研究？要回答上述问题，可以采用 CiteSpace 软件将所收集的数据绘制成国内社会冲突热点演进时区图（TimezoneView）进行鸟瞰式可视化分析（见图7）。从左下角到右上角网络中的关键词在一定程度上折射出了近20年来社会冲突相关研究的演进趋势，为从宏观上把握近年来的研究动态提供了重要的参考信息。

作为社会科学研究的重要领域，国内学者对社会冲突的研究是从西方社会冲突理论的引介开始的，这在2001年前后的一段时间内成为学者研究的核心议题。这一时期是国内学者在社会冲突研究领域的艰辛开拓时期，发文量稀少且主要聚焦于对西方社会冲突理论的研究与推介。该时期一个显著特征是学者对西方社会冲突理论的运用还不够成熟，整体上关注如何结合西方冲突理论有效地控制社会冲突，而对如何从根本上化解社会冲突

---

① 刘英基：《大数据时代的社会冲突治理创新研究》，《中国特色社会主义研究》2016年第1期；宋立楠、王岳龙：《大数据时代社会治理的路径——基于社会冲突视角》，《中国党政干部论坛》2016年第8期；张瑾：《大数据时代社会冲突治理结构转型：价值、形态、机制》，《上海行政学院学报》2018年第3期。

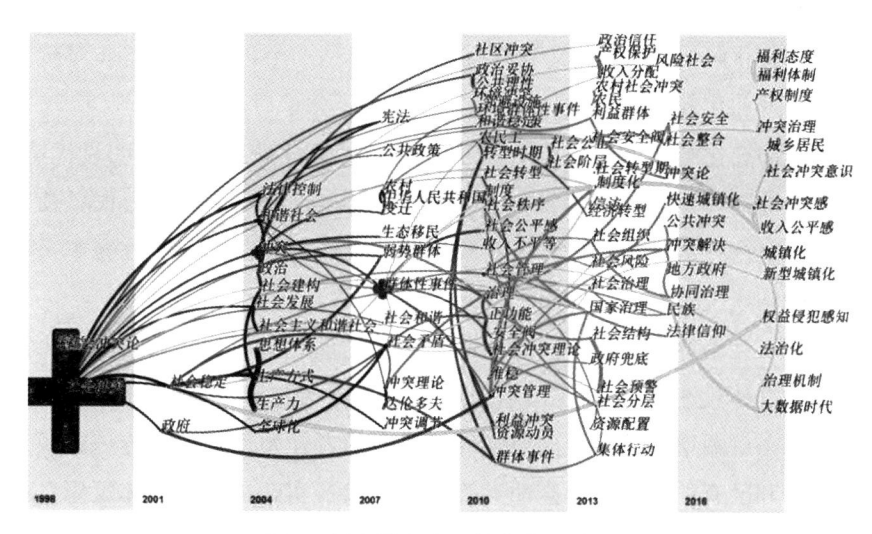

图 7　国内社会冲突热点演进时区图

资料来源：根据 CiteSpace 软件分析整理。

注：图 7 中每一竖行形区域代表一年，从左向右依次为 1998—2018 年，关键词所对应的年份即为该关键词首次在文献中出现的年份。

的研究还不够深入。

随着西方社会冲突基础理论的积淀以及国内社会环境的发展变迁，推动了国内学者本土化研究的尝试与探索。中国以其超大规模的体量和前所未有的广泛而深刻的改革开放迅速迈入现代化，使得社会转型时期面临严峻而复杂的社会问题。2004 年，党的十八届四中全会提出"要坚持最广泛最充分地调动一切积极因素，不断提高构建社会主义和谐社会的能力"，此后，国内学者对社会冲突的研究逐渐由国外理论引介转向本土化治理研究的领域。以"和谐社会"为核心的"群体性事件""社会建构""社会矛盾""社会稳定""冲突调节"等关键议题在 2005 年前后逐渐引起学者关注。从实践层面来看，"构建和谐社会"是在辩证看待社会冲突的基础上提出的，[①] 表明中国彻底从阶级斗争时代转入和平发展时代，意味着从

---

① 张泰城、仰和芝：《社会主义和谐社会视野下的社会冲突治理》，《当代世界与社会主义》2008 年第 5 期。

力图将利益矛盾引向利益对立、冲突和斗争转变为力图将利益矛盾引向矛盾的缓和与化解。① 社会主义和谐社会的构建是一个以非暴力与非对抗方式不断治理和化解社会冲突、正确处理各种社会矛盾的持续过程。② 与对抗式社会冲突化解机制相比,合作机制社会冲突化解机制具有明显优势,应当大力加强合作式冲突解决制度的改革工作。③ 从建立实现公民、社会和国家的良性互动机制着手对现有政治调节机制进行优化,对社会主义和谐社会的构建也具有重要作用。④

然而,社会冲突治理实践又引起了学者的反思——为什么国内社会冲突领域的群体性事件会陷入"越闹越大""越治越乱"的"维稳怪圈"?面对近年来日益增长的社会冲突事件,国内学者开始自觉地对传统的西方冲突理论和已有的本土化社会冲突管理策略以及实践进行了集体反思。地方政府以"管控打压""事后控制"的静态维稳以及"头痛医头,脚痛医脚"的刚性被动维稳模式,有不断异化和内卷化的趋势,甚至朝向制度设计的反方向行进。⑤ 此外,以"花钱买平安"、妥协退让等息事宁人的维稳策略,又无意中强化了民众通过扩大事态以求抗争获利的社会认知模式,导致群体性冲突的治理陷入恶性循环的维稳怪圈。⑥

随着经济社会的不断发展,传统社会正经历着悄无声息的"社会转型",传统城乡发展之间的断裂及公共资源在两区域之间的不均衡配置,在社会转型时期表现得更加突出。这种社会变迁的力量作用在社会冲突领域导致"农民工""转型时期""和谐稳定""政治妥协""公共理性"等关键词成为重要的研究议题。"经济转型""社会分层""收入不平等"等

---

① 李景鹏:《构建和谐社会的政治学探讨》,《学习与探索》2005 年第 1 期。
② 张泰城、仰和芝:《社会主义和谐社会视野下的社会冲突治理》,《当代世界与社会主义》2008 年第 5 期。
③ 朱立恒:《法律视野下社会冲突解决模式的选择与和谐社会目标的实现》,《湖北社会科学》2009 年第 1 期。
④ 董石桃:《和谐社会构建中的政治调节机制及其优化》,《上海行政学院学报》2010 年第 1 期。
⑤ 余敏江:《从反应性政治到能动性政治——地方政府维稳模式的逻辑演进》,《苏州大学学报》(哲学社会科学版) 2014 年第 4 期。
⑥ 张庆彩、董茜、董军:《从维稳式治理到多中心治理:群体性冲突治理的困境、超越与重构》,《学术界》2017 年第 7 期。

社会现象的存在,也引起学者对传统的"维稳"等"社会管理"或者"冲突管理"策略进行深入的反思。在这样的理论反思与治理效能的评估之下,"社会预警""社会风险""国家治理"等议题相应成为学者关注的重点,社会冲突的本土化研究更加符合现实需要。

对已有理论与实践的集体反思推动着社会冲突本土化研究的纵深发展。从更具体的文献来看:其一,在对传统的"维稳"价值取向的反思之后,国内学者开始关注如何在控制社会冲突的基础上,从根源上彻底化解社会冲突。如开始客观辩证研究其在社会建构中的重要功能,认为在治理社会冲突过程中,应该重视"社会安全阀"机制的运用,[①] 为社会群体提供表达利益诉求和情感宣泄的合法渠道;认为强化冲突化解能力建设对弥补冲突控制不足具有重要作用。[②] 在维稳式治理到多中心治理探讨中,认为遵循"平等参与""责任共担"与"利益共享"等理念,建立多元主体平等参与、协商合作的治理体系,以激励与约束相匹配、权责利相统一为原则再造群体性冲突事件善治机制是根治和化解社会冲突的重要路径。[③] 其二,经过本土化研究的尝试和反思,在社会冲突成因、表现、演变机制和治理策略等方面都有所拓展,其研究更加深入和成熟。首先,在社会冲突成因上更多地关注"社会冲突意识"和"权益侵犯感知"。例如,农民工的公平感与社会冲突感之间有密切联系,公平感的下降往往会带来社会怨恨和冲突的增强,处理不当可能会引起群体性事件;[④] 互联网使用对居民社会冲突意识具有直接正向影响,还会通过社会公平感、政治信任感和社会信任感的中介作用对居民社会冲突意识产生间接影响。[⑤] 其次,在社会冲突演变特征和治理机制上,更多强调实证分析和本土化特色元素挖

[①] 陈强、李诗雅:《从"社会冲突正功能"观点看群体性事件的治理——以广东陆丰乌坎事件为例》,《学术论坛》2012年第8期。

[②] 常健、张春颜:《社会冲突管理中的冲突控制与冲突化解》,《南开学报》(哲学社会科学版)2012年第6期。

[③] 张庆彩、董茜、董军:《从维稳式治理到多中心治理:群体性冲突治理的困境、超越与重构》,《学术界》2017年第7期。

[④] 范艳萍、王毅杰:《农民工的公平感及社会心理后果》,《西北农林科技大学学报》(社会科学版)2017年第5期。

[⑤] 薛可、余来辉、余明阳:《互联网对中国城乡居民社会冲突意识的影响》,《西南民族大学学报》(人文社科版)2018年第4期。

掘。在实证分析方面，有学者基于数据分析得出，我国当前的社会冲突意识具有碎片化和结构性双重特征，即社会冲突意识同社会经济地位没有直接关系，难以判断哪些社会群体更易出现冲突意识。① 在本土化元素挖掘方面，有学者认为应以制度建设为根本，形成国家、社会与个体多元参与和共同承担的风险治理结构，探索政府主导下的治理民主和社会转型，为走出共时性的风险社会提供"风险与转型"的中国样本。②

就当下而言，国内社会冲突研究前沿议题正在转向社会冲突治理体系和治理能力现代化的建构。以"社会冲突感""权益侵犯感知"为代表的关键词揭示了社会冲突研究的心理认知层面的倾向，以"法治化""制度化"为代表的关键词揭示了社会冲突研究的秩序价值取向，以"大数据""协同治理"为代表的关键词揭示了社会冲突研究的治理工具和策略倾向，以"风险社会""社会转型"为代表的关键词揭示了社会冲突研究的社会背景认知转向。

概而述之，"和谐社会"的提出对学者的启发是辩证地看待社会冲突的功能价值，将冲突与和谐视为直接对应的两个层面，最终却还是没能跳出社会冲突的本身。但是将社会冲突治理融入国家治理体系和治理能力现代化建设，在多元主体平等参与中注重法治化、制度化、协同化、现代化治理策略，进而从整体上优化社会冲突治理效能，使得视野更为开阔，本土化治理策略亦更成熟。

四 结语

中国特色社会主义进入了新时代，社会冲突的发展演变也呈现出新特点，其治理目标、策略等也需相应调整。新时代背景下国内社会冲突的治理机制应当如何构建？在日新月异的大数据时代，如何有效整合社会各界力量实现对国内社会冲突协同治理？面对日益丰富的国内社会冲突研究成

---

① 翁定军、张行：《挫折经历和网络信息在聚合冲突意识中的作用》，《吉林大学社会科学学报》2018年第5期。

② 陶建钟：《风险社会与中国社会转型：变量与结构的一种叙事》，《武汉大学学报》（哲学社会科学版）2016年第6期。

果和经验，能否以及如何加以提炼？这些都是优化社会治理、推动社会前进的时代课题。

当下和今后一段时间，国内社会冲突的研究应在以下几个方面努力。其一，创新社会治理体制机制，推动社会冲突制度化解机制。社会的深刻转型使得中国社会的发展迈进"风险社会"，既有的制度正在经历制度设计不足和负面效应溢出的挑战。因此，积极探索和创新社会制度，推动社会冲突的制度化解机制，是当今社会发展的必然选择。其二，把握当今社会发展潮流，积极构建大数据协同治理体系。现代社会飞速发展，每天都会产生海量数据信息，传统社会管理方式显然难以适应社会快速发展的需要。现代信息社会的蓬勃发展既对社会产生巨大冲击，也为构建大数据协同治理体系提供了技术支撑。许多前沿学者已经关注到大数据的重要性，并对大数据与协同治理的融合治理机制和路径进行了有益探索。未来几年，这种机制探索和理论建构能否真正实现还需要相关研究持续跟进。其三，深入推进本土研究进展，积极探寻社会冲突治理中国方案。改革开放以来，中国社会经历了"时空压缩式"快速发展，社会权力运行机制、利益诉求、资源分配等社会各个方面与过去相比，均发生了广泛而又深刻变化，以至于众多西方学者都感到惊讶。这同样需要中国学者深入挖掘和提炼本土化经验。

文章原载于《东南学术》2020年第5期，
收入本书时略有修订。

"社会熵"和"中介力量":
理解传统治理制度的联结概念

杨腾原　高培真[*]

摘要: "社会熵"和"中介力量"可以用来把握以"制度"为对象的既有研究,是理解传统治理制度的两个联结概念,并为其提供学理依据。"社会熵"是盖尔纳解释"民族主义是工业社会的产物"这一论题时使用的理论概念,"中介力量"是孔飞力探讨"现代国家在中国之起源"这一论题时使用的理论概念。前者指明,制度是响应社会熵的行动集,制度由此具有抗熵性;后者显示,制度的实效取决于对中介力量的安置状况。中介力量在任何形态的社会中都必然存在,它们的互动趋向于造成社会熵之增态,真实世界中的制度总要谋求对中介力量的妥当安置。借助这两个概念,一方面,可以整合制度研究的两种既有思路,"中介力量→社会熵→制度"表达的是以制度为因变量的解释思路,"制度→中介力量→社会熵"表达的是以制度为自变量的解释思路;另一方面,可以结合一个基于泉州史的"边疆行政化"之研究,讨论这两个概念对理解传统治理制度所提供的启发。

关键词: 社会熵;中介力量;制度;传统治理制度;制度的传统面

一　引论

在科研领域,制度是社会科学的重要研究对象,关于制度的研究,在

---

[*] 作者简介:杨腾原,男,内蒙古五原县人,内蒙古大学公共管理学院,副教授,主要研究方向为行政管理理论与方法。
高培真,男,陕西神木县人,内蒙古大学公共管理学院,硕士研究生。
基金项目:2016年国家社会科学基金项目"边疆民族地区传统治理制度的现代意义研究"(项目编号:16BZZ03)。

实践领域可谓汗牛充栋，制度既是实施国家治理的手段，也是政府治道变革的对象。在这两种领域，关于制度都有一种得到倡导的意见，即学习传统治理制度。对此，既有学术意见通常指出，制度本身有其惯性，任何现行制度总是拖着旧制度的影子，如此，"制度"这个概念的内涵中本来就包含着传统治理制度的"基因"。在实践操作的层面上，"知古鉴今，以史资政"是为人所熟知的主张，"传统治理"总是被认为蕴含着深刻的治理智慧和治理道理，学习传统治理制度亦成为实现良治的必由之路。

不难发现，"传统治理制度值得学习"和"应该学习传统治理制度"均是令人容易接受的主张——哪怕仅仅依据日常生活经验，人们也没什么理由拒绝这些主张，因为它们几乎是无须赘言、天然成立的。但笔者认为，特定的主张越是显得不证自明，就越应该对其做出恰切的理解。采用"应该学习传统治理制度"这一主张要求我们回答这样一个问题：为什么"传统的"治理制度似乎能够穿越时空，从而对"现代的"治理实践仍然具有价值？要回答这一问题，就要求我们找到"理解传统治理制度"的适当思路。

粗略而言，"制度"一词通常具有如下内涵。一是制度是在一定历史条件下形成的关于政治、经济、文化等方面的体系。二是制度是依照法定程序对公共权力所做的结构化配置。这种含义的制度是正式的、合法的、权威的。三是制度是特定时空范围内要求人们共同遵守的办事规程或行动准则，也可以说它是一套社会规范，尽管未必有官方文本做出规定或予以写明，但是它能够实实在在地影响个体的行动方式或思考方式。这种含义的制度通常是非正式的、约定俗成的。四是制度是一个社会的博弈规则，它是人为设计的，能够形塑并约束人们的互动关系，通过降低人际互动中的不确定性从而减少交易成本，以助于形成秩序或维持秩序。五是制度具有"公"的性质，它是集体行动的后果，这种集体行动的实质是特定范围内的"人类合作"。

对于"制度"可能具有的全部内涵，既有研究通常体现出两种思路：一是，将其作为自变量，即考察制度造成的后果及其作用机制；二是，将其作为因变量，即考察制度之形成或变迁的逻辑。对于"如何理解传统治理制度"这个问题，笔者将从两份经典文献中提取出两个联结概念——

"社会熵"和"中介力量",用以整合制度研究的既有思路;另以讨论"边疆行政化"的研究为例,探讨这两个联结概念对理解"传统治理制度"所提供的思路和启发。

二 社会熵、抗熵性与制度

盖尔纳所著的《民族和民族主义》(Nation and Nationalism)使用了"社会熵"和"抗熵性"等概念,为我们从"熵"这种角度理解"传统治理制度"提供了文本依据。

"熵"在物理学那里表示的意思是:能量会耗散,且不可逆①;孤立体系的秩序会趋于混乱。② 以"熵"的这种本义为据可以推知:社会熵是一个可用来度量社会有序或无序程度的概念。社会熵越低,表示社会秩序的有序程度越高;社会熵越高,表示社会秩序的无序程度越高。就笔者的理解而言,社会熵既可以表示为特定时空内社会秩序的平均水平,也可以表示为在某个时点上的具体水平。直观地说,尽管社会熵本身并非一成不变,但个体意义上的"我们"只能适应社会熵,而不能靠主观意志随意改变它。不过,不管怎么想象或者理解社会熵的形成机制,都不能否认它是对社会的某种实在面的度量——如同质量、温度、长度、惰性等是对物质的某种实在面的度量一样。故,社会熵是实态。

社会熵是实态,制度则是人造物。社会熵是由人与人之间的交往所联结而成的关系的量与质。在特定范围内,只要存在人与人的交往,就存在社会熵。作为实态的社会熵,除了具有量的含义,也具有质的含义,即人追求有序态、拒斥无序态的价值偏好;制度,不论采用何种定义方式,其实质都是对这种价值偏好的表达,亦即用于实现有序、避免或减少无序而采用的专门行动。质言之,制度的本质功能在于抗熵。

在《民族和民族主义》一书中,盖尔纳就是按照上述含义使用"社会熵"或"抗熵性"等概念的。他在用到"社会熵""抗熵性""反熵"等

---

① 凌瑞良、冯金福:《熵、量子与介观量子现象》,科学出版社2008年版,第2—7页。
② [美]杰里米·里夫金、[美]特德·霍华德:《熵:一种新的世界观》,吕明、袁舟译,上海译文出版社1987年版,第39页。

"社会熵"和"中介力量":理解传统治理制度的联结概念

术语时,几乎不做界定,甚至没有给出任何文献依据,而是直接用在论述的句段中。举例来说,从该书对"抗熵性"这个概念的用法,可以捕捉盖尔纳对"社会熵"的理解。如他所论:

> 在工业社会里,虽然次生社群已被部分销蚀,它们的道德权威受到极大削弱,但是人们仍然在各个方面存在差异。人可以根据高矮胖瘦、肤色黑白来分类,也可以用许多其他方法分类。显然,把人分类的方法之多,根本没有限制。大多数可能的分类方法没有任何意义,但也有一些具有重要的社会和政治价值。我想称这些方法为抗熵的。如果某种分类方法的基础是某一特征,这个特征又不大可能均匀地分散在整个社会……那么这种分类方法便是抗熵的。①

盖尔纳还指出,"抗熵特征对于工业社会构成了一个严重问题",那便是,"抗熵性出现在工业社会里,会导致分歧,有时甚至是很大的分歧"。②

根据这些论述,笔者认为盖尔纳的论述提供了两种"抗熵性",它们源于他阐述的"农业社会"与"工业社会"之间的差别及表述者在二者间选择的站位。粗略地说,农业社会内分布着块状的社区,社区内部流动性低、同质性高,社区彼此间的异质性高。故,农业社会的社区熵低,但总体的社会熵高。工业社会则是一种流动的、知识的、无个性特征的社会③,它要竭力敲掉块状社区之间的"隔离墙",降低总体的社会熵,但也会因此造成来自社区内部的"反抗"。

具体而言,从盖尔纳那里能够捕捉到的第一种抗熵性是这样一种情形(笔者称之为"抗熵性Ⅰ"):如果人们习惯了农业社会那种类似费孝通所说的"乡土的、差序格局的"秩序状态④,那么,当面对由外部力量带来

---

① [英]厄内斯特·盖尔纳:《民族与民族主义》,韩红译,中央编译出版社2002年版,第86页。
② [英]厄内斯特·盖尔纳:《民族与民族主义》,韩红译,中央编译出版社2002年版,第87页。
③ [英]厄内斯特·盖尔纳:《民族与民族主义》,韩红译,中央编译出版社2002年版,第47页。
④ 费孝通:《乡土中国》,人民出版社2008年版,第1页、第34—35页。

的诸如书同文、语同音等强行改变时，即便他们因处于相对弱势而为了生存不得不把自己变成与主流社群相似的样子，但人们还是愿意保持个性或回归自己的社区文化。这就成为盖尔纳所说的"分类方法"。如果每一种社区都有这个冲动，且社区之间的个性是彼此相异的，那么放在一个相对大的范围内看，就会出现盖尔纳断言的"造成分歧"。与此同时，第二种抗熵性便是这样一种情形（笔者称之为"抗熵性Ⅱ"）：工业社会本身需要不断地创造并施加同质教育，把人的、族的、区域间的、地方内部的个性持续地加以挤出或剪除，从而消解来自社区的抗熵性。显然，这是一种在更大的范围内（比如一国之内）所发生的抗熵性。

可以用更直白的方式对上述两种情形加以概括：如果选择农业社会，也就是以"熟人社区"为站位点，那么来自工业社会及受其召唤而出现的现代国家所提供的管理、教育等行动，都是对社区内部同质性的破坏，亦即造成"社区熵增"，由此激发出抗熵性Ⅰ；如果选择工业社会，也就是以国家为站位点，那么块状社区的存在或抗熵性Ⅰ的存在便意味着"社会熵增"，并与工业社会之生存所依赖的"持续和永恒的增长、连续不断的改进"不符，从而必须实施书同文、语同音等措施①，与此对应的是抗熵性Ⅱ。故，抗熵性Ⅰ与抗熵性Ⅱ相互以对方为抵抗对象。

当社区和国家的边界重合时，抗熵性Ⅰ与抗熵性Ⅱ就是一致的，即实现了盖尔纳所谓的"民族主义原则"②。否则，二者之间就是有张力的。如果把盖尔纳所说的"农业社会"等同于传统社会，把"工业社会"等同于现代社会，就可以认为抗熵性Ⅰ源自传统性的自我维护，抗熵性Ⅱ源自现代性及其扩张的自我维护，而两种"抗熵性"之间的张力实质上就是现代性与传统性之间的张力。换言之，盖尔纳虽然致力于解释民族主义，却未尝不是在研究"现代性"。他为我们今天所关心的"国家治理"设定了一个参照系，即一种由传统向现代持续转型的结构，国家要在此结构中表现

---

① ［英］厄内斯特·盖尔纳：《民族与民族主义》，韩红译，中央编译出版社 2002 年版，第 30、67 页。

② 盖尔纳指出：民族主义首先是一条政治原则，它认为政治的和民族的单位应该是一致的，民族主义是一种关于政治合法性的理论，它要求族裔的疆界不得跨越政治的疆界，尤其是某一个国家中族裔的疆界不应该将掌权者与其他人分割开。参见 厄内斯特·盖尔纳《民族与民族主义》，中央编译出版社 2002 年版，第 1—2 页。

它的功用。如果承认现实世界是"传统社会"与"现代社会"分别在某种程度上而形成的特定混合形态，那就不能否认上述张力的必然性与持在性。不过，其强弱程度会因情况不同而有所差异——逻辑地看，当这两种抗熵性都为"强"时，二者之间就有着强张力；当其中一方为"弱"时则可称二者之间有着弱张力。就此而言，笔者认为盖尔纳指出了一个一般性命题：国家治理就是持续响应抗熵性Ⅱ与抗熵性Ⅰ之间张力的专门行动。据此，按照抗熵性Ⅰ和抗熵性Ⅱ各自的强弱状态，可以整理出如表1所示的四种情形。

表1　　"传统—现代"转型结构下的现代性兼及两种抗熵性之间的张力①

	抗熵性Ⅱ	
	强	弱
抗熵性Ⅰ 强	情形1：强现代性、强张力——盖尔纳意义的工业社会，涵盖过去两百多年至尚不确定的未来时长（人与人之间有着冷漠的紧密，这种状态下的人要求强国家）	情形3：弱现代性、弱张力——盖尔纳意义的农业社会或费孝通意义的乡土社会（人与人之间有着亲密的松散，这种状态下的人不要求国家）
抗熵性Ⅰ 弱	情形2：强现代性、弱张力——工业化初期；20世纪或更早以来所形成的以国家为单位的全球格局（人与人之间有着冷漠的松散，这种状态下的人要求国家趋强）	情形4：弱现代性、弱张力——桃花源式的田园社会或理想状态的社会（人近乎是"纯粹的人"的状态，这种状态下的人不需要国家）

---

① 需要对表1为何把情形3和情形4均认定为"弱现代性、弱张力"作出说明。表1所谓的"张力"是本文辨识的两种抗熵性（即抗熵性Ⅰ与抗熵性Ⅱ）之间的紧张关系。按笔者的理解，在可能的逻辑关系上，这两种抗熵性中只要有一方为"弱"时，二者之间即为"弱张力"。另外，由于笔者理解的抗熵性Ⅱ是由国家发起的"贯穿社会"的行动过程，这种行动过程本身就是"现代"的结果或现代性的表现。进而，现代性只与抗熵性Ⅱ有关，与抗熵性Ⅰ不直接相关——当抗熵性Ⅱ为强时，就表征着强现代性；当其为弱时，则表征着弱现代性。据此，用情形4表示"弱现代性、弱张力"似乎不难接受；情形3示意的则是抗熵性Ⅱ为弱、抗熵性Ⅰ为强，它满足了"两种抗熵性中有一方为弱且现代性与抗熵性Ⅰ无关"的条件，故，情形3也显示为"弱现代性、弱张力"。

在表1所示的四种情形中，情形1对应的正是我们当下所处的现实境况。它既是国家治理实际的行动范围，也是讨论国家治理的基本背景。情形1表达的含义是：由于上述的站位不同，这两种"抗熵性"的作用方向也是相反的。抗熵性Ⅰ是向外用力，"抵抗"的是"外力"对社区/社群的"破坏"，其整体效果是造成趋异；抗熵性Ⅱ是向内用力，"抵抗"的是一国之内对国家统合意愿和总体部署的"顽抗"，其整体效果是造成趋同。在"现代"的条件下，二者彼此强化：抗熵性Ⅰ越强，抗熵性Ⅱ也越强；抗熵性Ⅱ越强，抗熵性Ⅰ也越强。这就转而为国家治理设置了一种悖论情境：现代国家治理本身旨在加强抗熵性Ⅱ并以此弱化抗熵性Ⅰ，但强化抗熵性Ⅱ却难免同步地强化抗熵性Ⅰ，这反过来又要求进一步强化抗熵性Ⅱ。

从盖尔纳使用"社会熵/抗熵性"所做的讨论可知：抗熵性Ⅱ服从于现代性，抗熵性Ⅰ悖逆于现代性；与后者配套的制度在前者那里意味着社会熵高，所以前者会谋求重置制度。在盖尔纳那里，不论农业社会或工业社会，都有特定的制度形式①，它们或者是具有某种约束作用的事物，或者是社会行动的对象。

社会熵是实态，制度是人造物；社会熵要求制度的跟随与调适，调适之后的制度又会带动社会熵的变化——这些就是笔者能够从盖尔纳那里提炼出来的阅读心得。问题在于，如果仅仅得到这样的判断，则宏大抽象有余、细微精致不足。需要探讨的问题至少还有如下两个：制度如何影响社会熵？社会熵如何内生调适制度的诉求并激发制度变迁的实际行动？

笔者注意到孔飞力使用了"中介力量"（middlemen）和"行政渗透"这两个概念。他用这两个概念所做的讨论对上述两个问题均有启发。

三　中介力量、行政渗透与制度

盖尔纳把"转向工业社会"和"处于工业社会"这两个阶段视为现

---

① 盖尔纳对"制度"有两种用法：一是广称的用法，比如，他把国家、工业、语言都视为制度；二是特称的用法，如社会主义制度、行政管理制度、等级制度、封建制度、禁卫军制度、教育制度。

"社会熵"和"中介力量":理解传统治理制度的联结概念

代社会。民族主义是应现代社会的要求而生发的情绪或运动,国家则是为现代社会提供高级文化的唯一主体。① 这个议题在盖尔纳那里,就是"现代性"。

"现代性"也正是孔飞力所关注的议题。他把"现代"理解为"现时的存在",意思是:一个国家现时的状况是怎样的,它就有着怎样的现代——也就是只需以一国自身的所处时空情形为参照物,而不必以"是否经历了西欧和北美那样的工业化"为定义现代的模板。②

孔飞力全书试图回答这样一个问题:"现代国家"是按照怎样的逻辑在中国发生的?按照笔者的理解,孔飞力为该问题给出的答案是:尽管不乏魏源或冯桂芬等对时局有着先见之明的精英分子提出了政治参与和政治竞争的设想与倡议,但是这种意义上的"现代国家"在当时的中国绝无可能,历史为中国提供的条件是使其成为一个集权国家,"集权"是各时期的中国政府响应当时的"根本性议程"时能够做出的选择,从而成为中国之"现代国家"的底色或者定义中国之"现代国家"样式或属性的关键要素。③

如果抛开"集权"这个词可能包含的误解和偏见,也姑且不论孔飞力认为的响应"根本性议程需借助政治参与、政治竞争和政治控制这样三种机制"的判定是否有"用西方思维去定义中国问题"之嫌疑,仅就孔飞力本人的论述逻辑而言,他其实是想用"中国案例"去阐发一个托克维尔式的学术见识:旧体制为新体制的产生准备了条件④,一个国家需要处理的根本性议程内生于这个国家的文化⑤。纵然时过境迁,国家需要面对的这些根本性议程前后继替、稳如磐石——国家既需要不断地去响应这些议

---

① "高级文化"在盖尔纳那里特指发生在工业社会或现代社会的人类自我组织、自我训练的各种方式,如专门的学校教育、高度分工、照章办事、福利等。
② [美]孔飞力:《中国现代国家的起源》,陈兼、陈之宏译,生活·读书·新知三联书店2013年版,中文版序言第1页。
③ [美]孔飞力:《中国现代国家的起源》,陈兼、陈之宏译,生活·读书·新知三联书店2013年版,第30—64、121页。
④ [美]孔飞力:《中国现代国家的起源》,陈兼、陈之宏译,生活·读书·新知三联书店2013年版,第84页。
⑤ [美]孔飞力:《中国现代国家的起源》,陈兼、陈之宏译,生活·读书·新知三联书店2013年版,中文版序言第7页。

程,也试图突破这些议程的束缚,而这些议程又反过来塑造了一个国家成为现代国家的逻辑和形态。

把这个道理用于讨论中国,其实也有启发。笔者认为,这种启发来自孔飞力使用"中介力量"(middlemen)和"行政渗透"(bureaucratic penetration)所做的讨论。这两个概念被孔飞力用来分析历史上的中国面对的税收难题及其解决策略:中介力量始终是国家向农民进行有效收税的阻碍,国家要想穿透由它们造成的层层阻力,就要坚持不懈地加以行政渗透。① 逻辑上,中介力量的攀附越深,给国家治理造成的阻力就越大,国家挤出它们的动机就越强,但同时难度也越大,这种状况又反过来对应为国家越发迫切地找寻有效渗透机制的愿望和行动,结果就导向了越来越向上集权的体制。这种逻辑契合了上文从盖尔纳那里发现的"悖论情境"。

此时,结合上述盖尔纳的讨论,我们可以认为:中介力量是国家的"竞争对手",它们从国家那里"抢走"一部分有效税收,并同步地削弱国家治理效度,由此造成社会熵增,而行政控制及国家为了实现行政控制而找到的行政渗透的办法则具有抗熵性。如此,就可以把孔飞力的研究议题转述成关于国家治理的一般表达:国家如何能够挤出中介力量的"截留"与"私利",保证上下一体同心。这个表达的核心含义依然是抗熵性Ⅱ与抗熵性Ⅰ之间的张力:中介力量的"截留"与"私利"正是抗熵性Ⅰ;挤出"截留"与"私利",保证上下一体同心,则是抗熵性Ⅱ。

笔者发现,正是在这样的思考议题上,孔飞力论及制度,包括选官制度/科举制度、官僚行政制度、收税制度/税收登录制度、盐政/漕运制度、人民公社制度、乡镇行政机构,甚至集权本身,等等。他还用了"旧体制/旧政权/旧制度""新制度"等说法。孔飞力一方面试图告诉我们,现实生活里的"恶"正是从现行的或先前的制度里生长出来的,比如漕运制度生长出了揽纳钱漕、包揽纳税的中介掮客;另一方面,他从功能论的角

---

① [美]孔飞力:《中国现代国家的起源》,陈兼、陈之宏译,生活·读书·新知三联书店2013年版,第22、78、100页。

度把制度视作实用工具,认为制度不过是安排中介力量的临时做法,既没有谁能设计出一劳永逸解决问题、保证永不复发的完美制度来,也没有什么制度是一成不变、不可替代的。相反,他认为实际被采取的制度不过是"表",在它们的背后,根本性议程才是"里"。①"旧制度的议程上没有得到解决的问题,肯定会在现代中国的公共生活中重新表现出来"②,并激发响应这些问题的"新制度"。

据此,可以认为孔飞力拓展了"制度"的内涵。一般而言,制度作为人造物,容易被理解或接受为某种确定的、静态的、不易更张的东西,孔飞力的讨论则指出,制度也可能甚至更可能是那些没有得到文字表达但真实起作用的东西。

孔飞力提供的启示在于:国家治理的一个重要议题应该是如何妥当安置中介力量。这不但关系国家治理所依赖的组织方式或制度安排的结构形态及其运行效果,而且涉及对关键资源的配置方式和相应的社会秩序。

回到上文从盖尔纳那里提炼的两个问题:制度如何影响社会熵,社会熵如何内生制度调适的诉求并激发制度变迁的实际行动。笔者发现,中介力量以一种"微观行动者"的角色为这两个问题提供了解释思路。如图1所示,中介力量的存在及其持续谋求"私利"的行动导致国家治理意义上的社会无序度增加,即社会熵增;社会熵要求制度的响应与调适,由国家提供的制度是响应社会熵的行动集,是对中介力量的持续行政渗透,制度由此具有抗熵性(即抗熵性Ⅱ)。制度的实效取决于对中介力量的安置状况,由此进一步作用到社会熵。

总体上,在笔者看来,如图1所示,借助"社会熵"和"中介力量"这两个概念,可以整合制度研究的两种既有思路:"中介力量→社会熵→制度"表达的是以制度为因变量的解释思路,"制度→中介力量→社会熵"表达的是以制度为自变量的解释思路。

---

① [美]孔飞力:《中国现代国家的起源》,陈兼、陈之宏译,生活·读书·新知三联书店2013年版,第1—2页、第84、92、102页。
② [美]孔飞力:《中国现代国家的起源》,陈兼、陈之宏译,生活·读书·新知三联书店2013年版,第114页。

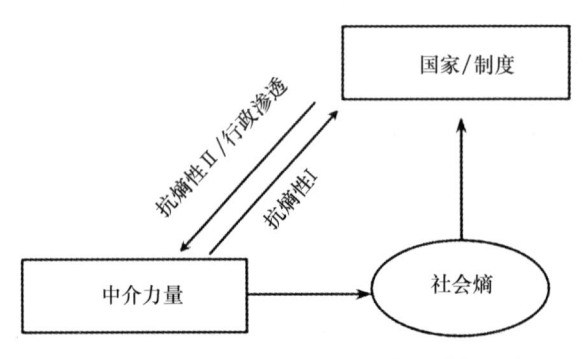

图 1　国家治理中的社会熵、中介力量与制度

四 "社会熵—中介力量"思路的运用：以"边疆"为载体

在今天的语境下，当我们言及制度时，其实总是以国家或国家治理作为潜在的、既定的关注对象。现代国家是一种有"边"的国家，"边疆"是现代国家内部的一种"地方"类型。在边界清晰的现代国家体系中，边疆在地理空间上是一种远离中心区域的所在，通常意味着远方甚至蛮荒，是那些与中心区域既有差异也有差距的地方。现代国家所踞的边疆，专门用来指称由清晰、明确的边界线所"围成"的一国之内的边缘区域，其中隐含了由 frontiers 向 borders 的转变历程，这种转变正是"传统"向"现代"过渡的核心内容之一，其实质是"边疆的地方化或行政化"，即曾经作为 frontiers 的"边疆"，经由 borders 的作用，变成一国之内的行政地方。①

从王铭铭所著的《刺桐城：滨海中国的地方与世界》一书，可以体察这种"边疆的行政化"的历程。这部基于"泉州史"的著作告诉我们：在"泉州"那个空间曾经发生过的"治乱"，实质是用国家定义的"治"取代了泉州当地的"治"，"从城市入手，考察地方、国家、世界之间的关系

---

① 王铭铭：《说"边疆"》，《西北民族研究》2016 年第 2 期。

"社会熵"和"中介力量":理解传统治理制度的联结概念

转型,以此为背景理解民族国家现代性的中国历程,是这部泉州史研究的主要目的"①。以"泉州史"为案例的研究发现:来自国家追求"条理状"的行为,其实是以消除地方的"生生状"为代价的。

表2　　　　　　　　　　"治—乱"的分布

生生状＼条理	执中	执迷
有	1	3
无	2	4

这部著作指出:生生而有条理者即为治,生生而失条理者则为乱,执中即顺应时势、因地制宜、均衡执力,执迷即妄自尊大、盲目自信、固执己见。倘加入"空间"因素即可推知,"生生"和"条理"发生在哪里其实有着不同的情形。表2可对此示意并界分出四种情形。其中,第1种情形无疑是理想的"治"态,其他三种情形则根据立场不同而各有各的"乱"法。

第2种情形,若对应《刺桐城:滨海中国的地方与世界》原书,则相当于"明代以前",即中央王朝坐视各地"百花齐放",像泉州这样的地方也能成为世界贸易大港,有着一派文化大交融、经济大发展、民族大融合的气势。② 换言之,情形2表示的是,在"国/总体王朝"的范围内看,各地参差不齐,没什么条理可言,一派"乱"象,但是在"当地"的范围内,则不失其基于包容的繁荣有序,亦即有其"内部之治"。反过来看,"当地"在"国"的范围内的"乱"恰恰印证了当时国家在用权上的"执中"。

第3种情形,若对应《刺桐城:滨海中国的地方与世界》原书,则相当于"元以后",即一统的中央王朝不再容忍乱糟糟的"地方",为求统一

---

① 王铭铭:《刺桐城:滨海中国的地方与世界》,生活·读书·新知三联书店2018年版,第1—549页。
② 王铭铭:《刺桐城:滨海中国的地方与世界》,生活·读书·新知三联书店2018年版,第1—549页。

而实施驱除、海禁等做法,致使一度充满活力的"当地"丧失活力而致衰败。① 反过来看,"当地"在"国"的范围内的"治"恰恰印证了其时用权上的"执迷"。不过,尽管取消了"当地"自身的"内部之治",但在一体之国的内部毕竟也算达成了"国之治"——这不失为该种情形下"除乱"的收益。这种情形,也很像前述近代以来的国家政权建设的逻辑,乃至我们今天所能理解的"民族国家"的逻辑,即国家对地方多样性的剪除。

第4种情形属于另一种极端,在原书中没有可对应的实情。该情形是确定无疑的"乱",即中央—地方相互对峙、互不信任,不论从哪方的立场看,都只有"乱"而毫无"治"可言:从"地方"的立场看,中央不顾地方实情,也不给地方丝毫自主权,不值得遵从;从"中央"的立场看,各地各行其是,不服从统一政令,不值得信任。如此一来,地方既失其活力,国家亦失其威信,谈不上有效治理。

这样一部围绕"南边疆"所做的长时段、大体量的案例研究,在笔者看来,恰好可以纳入"社会熵"与"中介力量"这样一个解释框架内:把王铭铭关注的"生生状"等同于社会熵,与维护"生生状"的地方性所对应的既有中介力量具有抗熵性Ⅰ,而"条理状"的达成则有赖抗熵性Ⅱ。现代国家的成长符合表2所示的情形3:国家不断向具体地方施力,同时亦遭遇来自地方的反抗,在双方的碰撞中,地方的个性、多样性被剪除,最终,国家不但在形式上而且在实质上获得胜利。国家如何得以成长,说到底就是抗熵性Ⅱ对抗熵性Ⅰ的压制。

五 简要的讨论:理解传统治理制度

本文的初衷在于为理解"传统治理制度"寻找学理依据,与此相关的一个表述是"制度的传统面"。这两个表述的表意不尽相同:前者的潜台词是"断裂",即认为传统与现代之间存有裂缝,"传统"意味着历史的、

---

① 王铭铭:《刺桐城:滨海中国的地方与世界》,生活·读书·新知三联书店2018年版,第1—549页。

过去的甚至是过时的从而是与当下无关的；后者强调"接续"，即承认制度的生命力，承认现行的治理制度中仍然留存传统制度的痕迹、思想甚或内容。对此，可做出如下三个方面的概括。

（一）传统治理制度，说到底是一个今义的说法，是服从于"现代治理"的需要而被创设的意象

就其语法规则而言，"传统治理制度"是一种客位叙事的表达，这意味它有着明确的实体指向——诸如历史学研究帮我们确认的羁縻制度[①]、藩属制度[②]、朝贡制度[③]、盟旗制度[④]，乃至和亲制度[⑤]，等等。不过，罗列、举例，甚或阅读、书写等方式，都不足以让我们触及那种被称为"传统治理制度"的东西——毕竟，那些在"今天"被我们称作传统治理制度的东西无一不是"当时当地的现代制度"。进一步说，"传统"及其指涉必是以"现代"为参照物的。在"传统—现代"的叙事逻辑下，时间不再静止无向，而是有其方向，且这种方向被设定为从"传统/过去"向"现代/未来"的流动，是顺时的，然而，对这种时间流向的设定本身却是从"当下"出发的，即根据"现在"裁剪"过去"，是逆时的。这就构成了一种"逆时的顺时"的时间感，即我们从"现代"出发构想一种由"远古"而来的顺序时间，并想象我们的生活就发生在这样一种时间轴线上。"传统治理制度"这个说法本身服从于这种时间感，故不免成为"现代的"思维方式所想象的产物。换言之，"传统治理制度"这个术语，看似因对应着"彼时彼地的一套做法"而具有实在性，但其实其因受"现代治理"的孕育而具有虚拟性、建构性及本质上的"现代性"——"传统治理制度"无异于现代治理及其诉求在上述时间谱系上某些距离"现在"较远的位置的投射。如此，尽管上述时间感的"顺时"部分看起来为"传统—现代"提供了一种确定的连续性，但构建该时间感遵从了"现代—传统"的二元切

[①] 彭建英：《中国古代羁縻政策的演变》，中国社会科学出版社2004年版，第1—362页。
[②] 黄松筠：《中国古代藩属制度研究》，吉林人民出版社2008年版，第1—657页。
[③] 李云泉：《朝贡制度史论：中国古代对外关系体制研究》，新华出版社2004年版，第1—342页。
[④] 杨强：《清代蒙古族盟旗制度》，民族出版社2004年版，第1—445页。
[⑤] 崔明德：《中国古代和亲通史》，人民出版社2007年版，第1—372页。

分逻辑，进而，这种切分逻辑所内含的"传统/现代"之间的割裂感，与"事实上按照现代打造传统"所内生的"传统/现代"之间的一体性，就不免相互抵牾。

（二）制度的传统面

制度的传统面强调制度的连续性，即当下的制度安排如何延续甚至重复当初的设想与做法。对于"制度的传统面"所包含的内容，可以概括为两点：（1）特定制度在其内容或运行逻辑上的延续，这包括那些前后相继的安排方式，可共享的"理解问题的思维"，等等。（2）连续性也含有"启发"的意思，即，从前人那里可以学习哪些教益或教训？或者说，如果制度本身是一套基于理解的知识集合，那么，那些得到延传的制度内容及其包含的知识如何得以传递？其中的学习机制是怎样的？这种考虑暗含的意思是：尽管时过境迁，但经验（教训或教益）尚在，今天仍可以回看并从中学习。

（三）制度的共享面

制度的共享面能够为上述的"启发/经验"赋予内容，即，如果说"时过境迁但经验尚在，仍可从中学习"，那么，这些经验究竟有何表现？可学的东西究竟是什么？对此，值得重复指出的就是本文强调的"中介力量→社会熵→制度（→中介力量→社会熵）"这个表述逻辑（见图1）。对于"传统—现代"之间的关系，在理念上不管是持割裂观还是连续观，都承认并试图确认"制度"的一般功能。笔者把制度的一般功能定位为响应社会熵、谋求对中介力量做出适时适当的安排。就此而言，假设上述时间感无可避免，那么不论古今，"制度"能够跨越时空表现出来的最大共性，就是其抗熵性，亦即持续地响应因中介力量的互动所生成的社会熵。当然，制度也能够为中介力量的行动提供规则框架，从而引发后续的社会熵值的变化。

文章原载于《内蒙古大学学报》（哲学社会科学版）2022年第6期，收入本书时略有修订。

数字治理推动医保经办效能：
应用逻辑与实现路径

宋　娟　仇雨临[*]

摘要：数字治理推动医保经办增能，其应用逻辑是以需求导向为应用理念，以履行第三方购买机制为重点应用场域，以多主体无边界数字治理平台为应用基础，以权力运行机制变革为应用支撑。实现路径是从循证决策走向"循数决策"；从行政管制式经办走向契约式治理；从粗放式基金管理走向精细化；从人工监管走向智能算法监管以及从人力密集型组织建设向技术密集型转变。

关键词：数字治理；医保经办增能；应用逻辑；实现路径

随着医疗保险制度建设的重心逐渐从制度普惠转变为质量提升，增强医保经办能力将成为建设高质量医保的题中之义。数字治理为提高医保经办能力提供了新契机。党的十九大报告中提出建设数字中国，提升社会治理的智能化水平。"十四五"规划和2035年远景目标中进一步提出要加强数字社会、数字政府建设，提升公共服务、社会治理等数字化智能化水平。数字治理已经逐渐融入国家公共管理的各项职能中。大数据、云计算、人工智能、区块链、物联网等数字技术的广泛应用，为优化管理绩效提供了新动力。学界对公共管理的研究也出现了新公共管理理论的式微与

---

[*] 作者简介：宋娟，内蒙古大学副教授，主要研究方向为医疗保险。
仇雨临，中国人民大学劳动人事学院社会保障系主任、教授、博士生导师，主要研究方向为医疗保险。
基金项目：国家社科基金重点项目（项目编号：20AZD076）；内蒙古社科规划项目（项目编号：2020NDB071）。项目名称查不到。

数字治理理论的兴起。然而学界专门围绕数字治理推动医保经办增能的研究尚少,为此本文拟围绕数字治理在医保经办中的应用展开深入研究,以应用逻辑和实现路径为向度,着力探讨数字治理在医保经办中应用的各关键环节。通过系统分析,希望能为进一步实现医保经办增能提供理论依据与具体建议。

一 数字治理在医保经办中的应用逻辑

(一)应用理念:以人为本的智慧服务

数字治理模式下公共政策的人本性和智慧化程度表现得更为显著。医保机构是服务型政府的典型组织形态,引入数字治理不仅要秉持以人为本,还要力求公共服务更具智慧性。以数字治理技术实现精准施政,同时以更快的政策回应速度和更低的行政成本实现公共服务的优化。医保经办引入数字治理要把"以人为本的智慧治理"作为价值基础,坚持"需求—回应"治理导向。在治理各环节始终把保障参保群体的基本医疗需求作为经办服务的出发点和立足点。数字技术提高了医保机构对民众实际医疗需求的预测能力和回应能力。以需求为基点的政策调整有力推进医保经办走向精细化和高质量。

(二)以履行第三方购买机制为重点应用场域

医患之间存在严重的信息不对称,患者对医疗服务的需求弹性呈刚性,因此极易发生供给方诱导的过度需求。基于制度经济学中的委托代理理论,医疗保险制度打破了医患之间的直接交易。作为参保人的代理人,医保经办机构首要职责是成为第三方购买者,利用其强大的信息优势和集团购买力,在医疗服务的供、需双方建立起经济桥梁,保护参保人的权益。第三方购买机制主要通过"支付机制、谈判机制、价格机制和监管机制"[①] 发挥系统性作用。在支付环节,利用大数据对医保基金支付相关指标进行跟踪观测和分析,推动费用支付方式的最佳决策;在谈判环节,所

---

① 仇雨临:《医保与"三医"联动:纽带、杠杆和调控阀》,《探索》2017年第5期。

获取信息的充分程度直接关系医保经办机构的谈判能力和话语权；在监管环节，算法监督能有效规避人工监管的不足。

医疗保险是社会保险制度体系中对信息化水平要求最高的险种。[①] 尤其在履行第三方购买机制时对信息和数据的依赖程度最高，这也是数字治理的重点应用场域。

（三）以多主体无边界数字治理平台为应用基础

目前，医疗保险两大信息管理系统——医疗保险结算信息平台与医疗服务监控系统还处于初步发展阶段，一定程度上还局限于传统的电子政务，既无法实现医疗保险各相关利益主体在横向上的协同治理，也无法实现各统筹地区在纵向上的有效连通，导致实践中还存在异地就医结算难、制度转移接续难等突出问题。无边界数字治理平台为突破这些困境提供了必要的技术支撑。所谓"无边界"，意在平台间的"物理分散、逻辑集中"；旨在打破各平台的孤立状态，防止出现"信息孤岛"，实现数据整合共享。具体而言，横向上，数字治理平台不再局限于医保经办机构内部，而是广泛吸纳医疗机构、医药企业、药品零售企业、学术科研机构、非营利组织等各类组织成为数字治理的云平台，打破信息壁垒，稀释市场信息不对称程度；纵向上，不再受限于医保统筹地区的行政区域分割，实现各统筹地区的协同对接，克服异地就医的阻碍因素，降低制度转移接续过程中的"便携性成本"，协同推动医保统筹层次的提高。

（四）以权力运行机制变革为应用支撑

数字治理模式下的权力运行机制与传统科层制存在差异。数字时代，信息传播和流动不再局限于精英阶层。多中心、扁平化的互动模式取代了传统社会的"等级结构"互动。这对官僚科层制的权力结构形成冲击，政府权力运行机制也呈现出多中心化、扁平化以及边界模糊等新特征。数字治理不仅是行政技术的革新，更是从权力本位向责任本位的转变，以及从

[①] 宋京燕：《"互联网+"与大数据在医疗保险领域中的创新应用》，《中国医疗保险》2018年第6期。

行政管控向公共治理的转变。只有同步推进多中心、扁平化的权力运行机制变革，实现多元治理主体间的平等互动，数字治理才能真正发挥实效。反之，只在技术层面上搭建协同治理平台而脱离权力运行机制变革，那么，数字治理也会被原有的权力格局同化，成为部门本位主义的一部分。可见，同步推进权力运行机制变革是医保经办机构实现数字治理的组织支撑。数字治理的应用需要将数字技术的工具性与善治理念充分结合，构建权力运行扁平化、治理主体多元化的治理新格局。

二 数字治理在医保经办中的实现路径

(一) 从循证决策到"循数决策"

循证决策"通过把可能获得的最佳证据置于政策制定和执行的核心位置帮助人们做出更好的决策"[1]，其基础在于证据的使用。证据包括"国内和国际的研究数据、政策评估、经济模型和专家知识"[2]。通常主要由决策者和专家来提供，表现为专家学者的研究数据、研究成果以及来自政界管理实践的直接经验等。循证决策是典型的精英管理模式，社会精英群体对其拥有主导性的话语权。

本质上看，证据的原始成分是信息。数字时代，信息呈现均质化流动而不再局限于精英之间，"有关社会公共问题的治理协商已不再仅仅集中于精英内部的激烈辩论，普通民众通过自己的移动终端和社交工具也日趋深入参与其中"[3]。数字技术的广泛应用使政府决策从"循证决策"走向"循数决策"。所谓"循数决策"，核心是依据大数据。"大数据本身就是公共治理的一种技术型工具，表现为建构基于'循数'的公共政策制定模式"[4]，

---

[1] Davies P.，"What is Evidence-based Education?" *British Journal of Educational Studies*，No. 3，December 2010，p. 119.

[2] 周志忍、李乐:《循证决策：国际实践、理论渊源与学术定位》，《中国行政管理》2013年第12期。

[3] 戴长征、鲍静:《数字政府治理——基于社会形态演变进程的考察》，《中国行政管理》2017年第9期。

[4] 马海韵、杨晶鸿:《大数据驱动下的公共治理变革：基本逻辑和行动框架》，《中国行政管理》2018年第12期。

从而实现决策的科学化、定量化、及时化和精确化①。尽管循证决策也需要依据数据,但受限于技术水平,通常是小体量结构化数据。

我国医疗保险改革过程中的"试点先行"就是典型的循证决策,基于试点经验进行的决策。然而,受限于技术水平和信息采集手段,通常无法获取充分的信息和数据,决策可能会出现偏差。而引入"循数决策",利用大数据的智能化分析辅助决策,可以突破传统抽样分析的技术"瓶颈",提升决策的科学化程度。

数字治理应用的关键一环是引入"循数决策"。"循数决策"包括大数据的收集、运算以及政府决策应用三个关键流程。首先,搭建多方主体的无边界数字治理平台,打破"数据孤岛"。纵向上打通国家、省、市、区(县)四级信息平台;横向上联通与医疗机构、药店、医药企业以及科研机构之间的数字治理平台,通过每个智能终端汇集海量数据。其次,对大数据的运算和挖掘。通过制定指标,设计算法,将原始大数据转变为可供政府决策的信息。既能分析已知的现实问题,也能对未知问题和潜在隐患发出预警。最后,最终环节是政府的决策应用。如利用健康和医疗大数据分析患者药品利用情况,根据参保人的实际需求将一些靶向用药、国产新特药等通过谈判机制纳入医保目录;又如,通过医保基金大数据分析,在确保基金合理结余的前提下,对起付线、封顶线和支付比适时做出合理调整,增进医保福利等。

(二) 医保经办从传统行政管制向契约式治理转变

数字治理时代的来临使"契约式治理成为当代政府治理变革的新趋势"②。医保经办部门在广泛应用数字治理技术的同时还要关注治理机制从传统的垂直式、单中心、压力型的行政管制向扁平式、多中心、协商型的契约式治理转变。

长期以来,我国医保机构在经办工作中主要采取传统的行政管制,与

---

① 李圣军:《"大数据+微调"时代政府循数决策模式的构建》,《统计与决策》2016年第24期。

② 陈连艳、罗敏:《契约式治理:当代政府治理变革》,《云南行政学院学报》2017年第3期。

契约式治理相去甚远。随着数字治理在医保经办中的应用，在充满信息不对称且极具复杂性与不确定性的医疗领域继续推行传统行政管制越发显得力不从心，契约式治理应成为治理常态。医、保、患三方间应真正建立起委托代理人契约和政府购买契约。首先，医保机构是参保人的集体代理人，承担第三方购买者角色，而非仅是"报销者"。其次，医保机构应基于谈判机制和购买协议，在价格和质量两个维度上激励和约束定点医疗机构。而非"一个拥有专项筹资并且专项划拨给公立医院作为运营经费的第二财政"[1]。最后，医保机构应通过谈判机制和协议购买实现对药品生产企业的价格管控，而不是传统的强制性价格管制。总之，医保经办应以契约为规则，以价格和质量为衡量指标，走向基于价值和绩效的新型契约式治理模式。

（三）基金管理从粗放式走向精细化

时下，医保基金面临"系统老龄化"、异地就医即时结算、提高统筹层次等挑战，而实践中的基金管理却是"粗放管理成常态"。[2] 为保障基金安全性，医保机构将管理重点放在保证基金结余上。于是各统筹地区出现大量医保基金结余，令基金面临更大的贬值风险，参保人权益也无法得到充分保障。为此，国家出台了适度降低基金结余率的政策，号召将结余率控制在10%左右。于是，部分地区为了降低结余率，又出现了对医疗机构控费的松动。如实行总额预付制改革的地区，原则上医院超支部分只能由医院自行承担，实践中却出现了超支部分由医保机构代为分担的做法[3]，对医院给予二次补偿。还有部分统筹地区，采取对基金结余率过高的定点医疗机构直接进行处罚的方式，僵化地降低基金结余率。如某地区规定，若县卫生院结余率超过10%，县卫生局会对其进行一定的处罚。[4] 这种粗放的运动式整治不具备长效机制，无法真正保障基金安全性，2017年城镇

---

[1] 朱恒鹏：《如何理解医疗保障局》，《中国医疗保险》2018年第4期。
[2] 吴凤清：《混沌医保》，《中国医院院长》2010年第5期。
[3] 赵新喜：《新时代医保经办服务体系建设的思考》，《中国医疗保险》2019年第2期。
[4] 刘凯、和经纬：《激励机制、资源约束与监管成本——医保经办机构组织能力影响医疗费用增长的实证研究》，《公共行政评论》2018年第2期。

职工基本医疗保险基金和城乡居民医疗保险基金均有部分统筹地区出现当期赤字，个别地区甚至出现历年累计赤字。① 另根据国家医疗保障局数据，2018 年这两大医疗保险基金也都出现支出增幅大于收入增幅的状况。可见，粗放式基金管理实效堪忧。此外，各地在医保费用支付方式改革过程中，由于缺乏精细化的管理机制，也出现了"经办失误"。如天津门诊总额预付制的结算方案曾广受当地医院质疑，后经当地医保部门对全市的门诊费用再次进行测算，发现之前依据经验确定的数据比医院的实际情况低估了近三分之一的费用。② 粗放式的基金管理存在多种隐患。医保基金要依托数字技术实现精细化治理，基金的筹集和支付都要建立在医保精算基础之上，而非运动式整治或是地方政府基于福利竞赛的僵化调整。

（四）医保监管由人工监管走向智能算法监管

目前医保监管以人工监管为主，对异常行为的监管主要以人工随机抽样审核的方式进行。受技术条件限制，人工监管忽略事前预警，倾向于事中监控和事后审核，对未抽查到的违规行为无法做到及时止损，且"人治"还会滋生腐败和低效。为提高权力的透明性，应由人工监管向智能算法监管转变。探索建立基于数字技术的实时智能算法监控系统，推动由传统的"个案监督"向"大数据监督"转变。③ 首先，医保机构要充分利用信息优势，开发建设医保智能监管平台，将医保费用结算系统、医保两定管理协同平台、医保智能监控系统集成一体。其次，设计医保监管的清晰指令，实现算法监管。通过实时在线观测平台上的各项业务，对费用异常行为进行即时监测，实现自动化、智慧化的预警及干预。最后，优化经办机构的内部监管。算法监管为强化公共部门对内部成员的监督提供了技术支持，这具体表现为电子政务对"人为操作"的挤压，④ 在源头上有效遏制"人情操作"、权力寻租以及庸政、懒政、怠政行为。

---

① 刘昆：《一些地区医保支付方式改革进展不及预期》，《新京报》2018 年 12 月 25 日。
② 吴凤清：《混沌医保》，《中国医院院长》2010 年第 5 期。
③ 申曙光、曾望峰：《互联网时代的大数据与医疗保险治理》，《社会科学战线》2018 年第 7 期。
④ 叶战备、王璐、田昊：《政府职责体系建设视角中的数字政府和数据治理》，《中国行政管理》2018 年第 7 期。

(五) 组织建设由人力密集型向技术密集型转变

制度普惠和高质量医保建设形成了巨大的经办压力，医保机构的经办能力与经办需求之间出现严重的不平衡。据统计，2016 年底，我国医保经办机构 2043 个，实有工作人员 49833 人。① 参照同期医保覆盖面，经办机构工作人员数与参保人数之比（即经办服务比）约高达 1∶14928。云南省 2017 年实现城乡医保整合之后，医保机构服务人数近 4000 万人，经办服务比在 1∶10000 以上。② 成都市 2016 年经办机构人均工作负荷比高达 1∶50000 人次③，经办服务压力更大。2018 年，国家组建医疗保障局，不仅将三项医疗保险、生育保险以及医疗救助的管理职能整合到一个部门，还整合了原属卫计委和发改委的药品和医疗服务集中采购与价格管理职责。随着服务人数增加和服务内容扩展，医保经办人员配备与急速增长的业务需求量不相适应，服务能力不足凸显。

在行政经费和人员编制均有限的条件下，数字治理可以有效提升业务能力，弥补人力不足。例如，成都建立医保智能审核系统之后，系统审核时间缩短为不到原来人工抽审的 1/4。④ 数字治理提高了服务效率，节省人力的同时实现智能化、便捷化的公共服务供给。未来一段时期，经办机构组织建设的重心应是由人力密集型向技术密集型转变。一方面，在严格控制行政编制及行政管理成本的前提下，适时引入信息技术专业人才，提高人员队伍中信息技术人才的比重，对既有医保经办专业知识，又熟练掌握数字技术的复合型人才需求量将增加；另一方面，以数字技术和智能经办为依托，通过构建技术密集型组织，实现有限组织规模下的巨大工作潜能。

三　小结

文章突出论证数字治理对医保经办增能的助推作用并非落入绝对的技

---

① 陈仰东：《医保经办机构体制改革的思考》，《中国医疗保险》2019 年第 2 期。
② 施边明：《高度重视城乡居民医保整合后面临的新挑战》，《中国医疗保险》2018 年第 8 期。
③ 王琬、詹开明：《社会力量助推医保治理现代化研究》，《社会保障评论》2018 年第 1 期。
④ 王王琬、詹开明：《社会力量助推医保治理现代化研究》，《社会保障评论》2018 年第 1 期。

术决定论。探讨数字技术推动医保经办增能,还要基于社会建构论,深入了解外在环境、条件、价值观等社会因素对数字治理技术发展的制约和影响。数字技术是实现善治重要手段,但在运用数字治理技术时,还要通过善用,才能达到善治。此外,还要认清一些潜在的问题和隐患,如网络信息传播中的"回音室效应"可能导致片面的信息反复强化,不利于科学决策;又如,我国在大数据保护方面的政策法规还不完善①,在使用医疗健康大数据时,还需做好数据权和数据主权的保护,不仅事关个人隐私安全,也事关国家安全;同时,算法监督可能存在伦理风险,引发算法歧视、主体隐匿、隐私安全等问题。此类问题的存在并不是对数字政府治理的质疑,也并不意味着政府对数字治理尝试的止步。公共管理者所要做的就是找到规避问题的路径和方法,推动数字政府治理的进程。

文章原载于《医疗保障》2021年第14卷第9期,
收入本书时略有修订。

---

① 齐爱民、盘佳:《数据权、数据主权的确立与大数据保护的基本原则》,《苏州大学学报》(哲学社会科学版)2015年第1期。

信息技术赋能的政府治理创新
——基于社会技术系统理论的要素框架

李政蓉　郭　喜[*]

摘要：信息技术的跨越式发展对政府的治理创新提出了更高的要求。社会技术系统理论（Socio-Technical System Theory）能够有效识别信息技术赋能中政府治理创新的要素及其协同运作机制。本文基于社会技术系统理论，构建信息技术赋能的政府治理创新理论分析框架。选取上海"一网通办"和丹麦数字政府建设案例，总结并分析两者信息技术赋能中不同类型的政府治理创新模式，解释并论证社会技术系统理论框架的合理性，探究实践中社会技术系统各要素及协同机制，为政府治理创新理论研究及具体实践提供经验借鉴。

关键词：信息技术；政府治理；社会技术系统理论；技术赋能

一　问题提出

从第一次工业革命开始，每一次信息技术的创新与发展，都会给社会带来全方位的巨大冲击，推动人类社会在"破旧"与"立新"交替的变革中向前发展。信息技术为社会带来了无与伦比的力量，世界似乎在一夜之

---

[*] 作者简介：李政蓉，内蒙古大学公共管理学院讲师，主要研究方向为公共服务、社会治理、科研管理。

郭喜，内蒙古工业大学校长、教授、博士生导师，主要研究方向为公共服务、社会治理、科研管理。

基金项目：国家自然科学基金项目（项目编号：71864025）。项目名称查不到。

间成为类和技术联合的共同体①。经历"互联网+"、大数据、人工智能等信息技术的时代变革，以"智慧化"为标志的智能机器主体促使政府逐步迈入新一代政府，政府3.0版—"智慧政府"（Intelligent Government）开始出现②。智慧政府的出现在一定意义上代表着政府治理走向技术赋能的新模式，而智慧政府发生的实质与演化进程，始终离不开更迭的信息技术对政府治理多维度的创新。

对信息技术赋能的政府治理创新研究，大多以信息技术演进顺序为主要议题，即集中于"互联网+"、大数据和人工智能的政府治理创新研究。其中，"互联网+"与政府治理创新主要集中于"互联网+政务服务"，这是践行"放管服"改革的重大决策部署③，也推动了政府在"简政放权"中走向整体性政府建设，是创新政府治理模式的关键举措。促使政府治理创新在提升信息化水平、增强政务服务意识、增加群众认同、提高公共服务供需匹配程度、提升行政效能等方面取得显著的成效④。

大数据技术赋能到政府治理创新中时，促使了政府在科学化政策制定、全程化权力监督、网络化协同治理、预防性危机管理、精准化公共服务等领域实现了高效突破⑤。可以说，大数据驱动的政府治理创新在政府运作的各个方面均给予了技术赋能，对政府治理创新的理念、模式和要素等方面也进行了进一步革新，合理运用大数据技术并把握其中要素运行，有助于为政府实现数字化转型提供极大的助力作用。

进入人工智能时代后，信息技术带来的赋能作用更多地体现在"智"这一层面，超越人脑的机器智慧将会被广泛运用于政府治理的各个层面。人工智能时代政府治理过程中人机融合可能性大大增加，面对日渐复杂的治理环境与治理问题，通过组织结构、知识结构、人工智能三者的深度融

---

① ［美］阿莱克斯·彭特兰：《智慧社会：大数据与社会物理学》，汪小帆、汪容译，浙江人民出版社2015年版，第69页。
② Halaweh M., "Artificial intelligence government（Gov. 3.0）: The UAE leading model", *Journal of Artificial Intelligence Research*, No. 62, May 2018, p. 270.
③ 王谦、刘大玉、陈放：《智能技术视阈下"互联网+政务服务"研究》，《中国行政管理》2020年第6期。
④ 谢小芹：《"互联网+政务服务"：成绩、困境和建议》，《电子政务》2019年第6期。
⑤ 胡税根、王汇宇、莫锦江：《基于大数据的智慧政府治理创新研究》，《探索》2017年第1期。

合，重建有限知识与智慧治理的智能体系，从而实现复杂环境中治理知识的持续增长，为政府治理创新带来新的可能①。在机器智能的技术赋能中，政府治理由传统的大生产管理、电子化治理、网络化治理转向计算式治理方式，在"数据+算力+算法"的动能驱动中增强政府智能化与前瞻性运作②，促使政府在形态、结构和功能上发生转变，走向数字型、平台型、协作型、简约型和智慧型多重叠加和治理效能的体现③。

可见，无论是"互联网+"、大数据还是人工智能信息技术赋能下的政府治理创新，均绕不过信息技术对政府赋能作用，都应集成到政府核心职能这一环节。④但是信息技术的技术赋能仅仅是政府治理变革的其中要素之一，政府实现治理创新还需要与政府组织内外的其他要素产生相互关联。政府治理面在信息技术不断演进的时代变革中，需要开发哪些要素来实现治理创新，并如何将这些要素形成系统框架推动政府治理创新？面对这一研究问题，本文围绕"技术+治理"这一主线从社会技术系统视角入手，通过构建一般性分析框架，并对信息技术赋能中政府治理创新的典型案例进行分析，为实践中识别其有效治理运作模式提供启示。

二 信息技术赋能的政府治理创新与社会技术系统理论

政府治理需要随外部环境变化而不断创新，当治理无法适应环境变化时便会产生治理危机⑤。信息技术快速发展的时代，带来的外部环境变化是前所未有且日渐深刻的。信息技术的持续开发和深度应用，为政府治理效能、治理理念、治理内容和治理方式等方面转型提供了有力的

---

① 周军、谭涛：《服务型政府建构中基于总体性知识的治理智慧——一种人机融合智能的观察视角》，《浙江学刊》2020年第4期。
② 阙天舒、吕俊延：《智能时代下技术革新与政府治理的范式变革——计算式治理的效度与限度》，《中国行政管理》2021年第2期。
③ 陈潭、陈芸：《面向人工智能时代的政府未来》，《中国行政管理》2020年第6期。
④ Yildiz M., "E-government research: Reviewing the literature, limitations, and ways forward", *Government Information Quarterly*, Vol. 24, No. 3, July 2007, p.646.
⑤ 张成福：《政府治理创新与政府治理的新典范：中国政府改革40年》，《国家行政学院学报》2018年第2期。

技术支撑①。信息技术的持续动态变化，不仅是政府治理创新应把握的机遇，同时也是政府治理创新面临的危机。

机遇体现在充分发掘信息技术在多个维度的驱动作用，运用技术赋能对政府治理创新实现跨越式升级；危机则体现在政府治理不适应或不恰当运用信息技术，对社会层面产生不同层面的治理危机。因此，政府治理创新不仅需要强大的信息技术来解决一些组织系统的结构性障碍，也不能忽视信息技术与公共价值的联系、参与者的激励动员、技术运用的最终目标等要素环节影响，这些由技术赋能产生的社会贡献对政府治理创新成功同样至关重要②。因此，对信息技术赋能的政府治理创新的理解应从"社会—技术"两个维度的不同要素出发。

哈罗德·李维特（Harold Leavitt）提出的社会技术系统理论（Socio-Technical System Theory）适用性已经在多个学科领域得到验证③。该理论模型认为组织工作系统的重要内容涉及技术（technology）、结构（structure）、人员（people）和任务（task）。推进组织变革的要素并不是孤立存在，而是需要在相互协同中形成技术系统和社会系统的互动。其中，技术系统由任务和技术组成，而社会系统由人、人与人之间关系以及形成的权力结构组成④。

社会技术系统理论（Socio-Technical System Theory）对理解信息技术赋能的政府治理创新有一定的适用性和借鉴意义。一方面，从时代变革必然性来看，信息技术赋能的政府变革，可以被看作社会、文化、经济、政治和技术因素的综合结果，形成一个适应快速变化的社会技术系统⑤。政府

---

① 胡税根、王汇宇、莫锦江：《基于大数据的智慧政府治理创新研究》，《探索》2017年第1期。

② Meijer A., "E-governance innovation: Barriers and strategies", *Government Information Quarterly*, Vol. 32, No. 2, April 2015, p. 198.

③ Münch C., Marx E., Benz L., "Capabilities of digital servitization: Evidence from the socio-technical systems theory", *Technological Forecasting and Social Change*, No. 176, March 2022, pp. 121、361.

④ Leavitt H. J., "Applied Organizational Change in Industry: Structural, technological and human approaches", *Handbook of Organizations*, London: 1st. Routledge, 1965, p. 1146.

⑤ Kompella L. E., "Governance systems as socio-technical transitions using multi-level perspective with case studies", *Technological Forecasting and Social Change*, October 2017, p. 83.

在信息技术轮换的时代变革中，必然会主动或被动地将信息技术嵌入政府治理过程中，利用技术赋能手段不断提升政府治理效能。从政府工作报告以及各地政府利用信息技术手段发展数字化政府、创新政府治理模式等实践来看，也体现出政府治理创新随着信息技术时代变革的动态变化。另一方面，从政府治理创新所需要素来看，政府治理创新要依靠技术系统输入的技术赋能，在明确变革任务部署的前提下，通过组织内部人员发挥主观能动性将技术系统的工具价值转变为公共价值，实现各要素嵌入式对组织结构发生优化。政府才能在要素协同运作中，将信息技术赋能的技术赋能转换，实现对技术系统层面的输出，产生对社会层面的治理效果。如上海"一网通办"产生的"最多跑一次"社会效应，便是技术系统输出到社会系统的政府治理创新产物。因此，社会技术系统间要素的协同互动搭建了技术系统与社会系统连接的桥梁。

根据社会技术系统理论，信息技术赋能的政府治理创新需要来自社会层面和技术层面的技术、结构、人员和任务四个要素协同。但是并未将影响组织构成和组织形态的规则因素予以充分考虑，不同维度的要素能够有效协同运作需要有一定的规则约束。因此，在息技术赋能的政府治理创新需要将规则、技术、结构、人员和任务五个要素及其之间的相互协同充分考虑，构建信息技术赋能的政府治理创新的理论分析框架（见图1）。

图1显示社会技术系统中结构、人员、任务、技术和规则的五个要素维度，并针对每个要素维度提出了政府治理创新应具备的内容，共同构成信息技术赋能的政府治理创新分析框架。

三 信息技术赋能的政府治理创新的案例选择

本文运用案例比较法选取不同制度背景下信息技术赋能的政府治理创新案例，通过案例分析阐释结构、人员、任务、技术和规则的五个要素维度及其之间的相互协同机制，结合理论分析框架提炼信息技术赋能的政府治理创新模式，为理论与实践结合及后续政府治理创新实践提供经验借鉴。

为使案例更契合研究问题，本研究根据以下标准筛选案例：①选取的

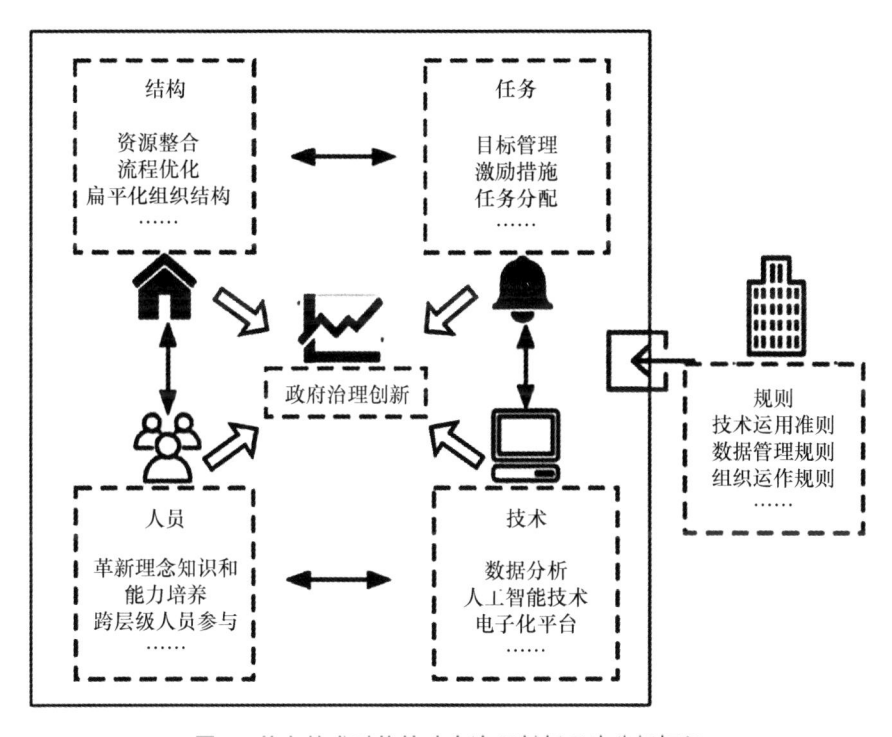

图1 信息技术赋能的政府治理创新理论分析框架

案例应具有代表性和启发性，在全球范围内获得普遍认同并具备成功经验；②研究所需要素的完整性，选取案例与研究问题有适配性，兼顾制度差异与要素协同，从而与研究主题相契合；③案例资料的可得性，选取官方渠道发布、新闻媒体广泛报道、社会层面广泛认可的案例，确保研究案例的客观性。根据以上标准，本研究选取入选《2020联合国电子政务调查报告》的上海"一网通办"及名列前茅的丹麦数字政府，两者皆运用信息技术手段并产生卓有成效的政府治理创新。

（一）上海"一网通办"

"一网通办"已成为上海政府数字化转型的一张名片。上海市委、市政府高度重视"一网通办"，相继出台《上海市公共数据和一网通办管理办法》《关于深化"一网通办"改革，构建全方位服务体系的工作方案》等政策文件，为上海打通数据壁垒与深化"数据驱动"的服务应用场景提供了坚实的制度保障，同时设立"好差评"制度，为"一网通办"各项政务服务给予了顾客满意度评价，促使其在用户反馈中不断提升。成立的上海大数据中心最大限度地确保"一网通办"的高效运转，缓解了数据碎片化、信息共享程度低、数据开放有限导致信息不对称等给"一网通办"运作带来的不利因素。

上海"一网通办"以"一梁四柱"为主要架构，"一梁"即"一网通办"统一受理平台，"四柱"即"四个统一"：统一多源身份认证体系、统一"12345"总客服、统一公共支付、统一物流快递。统一身份认证由电子亮证对接电子证照库免交证件，简化了烦琐的证件递交与审批流程。统一总客服打造了政府主导，公众广泛参与的闭环式管理与服务平台，解决了公众投诉无门、咨询无人等问题。统一公共支付简化了烦琐的缴费流程。统一物流快递缩短了材料传递时间，减少了群众跑腿。并且，"一网通办"不仅限于线上服务，还设有线下政务大厅服务，并设立"帮办"制度，定期由相关部门领导和工作人员帮助弱势群体和企业及群众办理高频、疑难的服务事项。

（二）丹麦电子政务

丹麦将数字化战略作为长期发展利国利民的重要举措，在涉及国家大事和公众生活的方方面面均逐步开展了电子政务改革，并专门设立拥有高度规划权限的信息化专家组，对信息化政策及各部门工作进行统一协调与规划，极大促进了相关公共部门工作的协同联动。并且，丹麦政府充分动员企业和公众发挥各自力量广泛参与电子政府建设，这为丹麦打造全社会数字化环境和优质营商环境奠定了良好基础。丹麦还出台《2016—2020数字战略》《电子签名法》《获取公共管理文件法》等涉及数字化转型过程中各项细节的宏观规划与法律法规，规定人工智能运用的伦理道德，从制度规则上确保政府数字化顺利发展。

在具体实施上，丹麦推出数字身份证（Nem ID），用于访问公共服务与私人服务的各项业务，诸如提交税款、图书馆借书、预约理发师、预约医生、注册学籍等微小而烦琐的公共服务事项，均可以利用数字化手段完成。同时，针对老年人、残疾人、难民和低学历人群，政府与NGO合作开设 Nem ID 运用的数字化培训课程，通过进一步缩小数据鸿沟来提高数字化水平的覆盖人群。针对 Nem ID 及各项数字化手段使用过程中的数据管理，丹麦国家信息技术中心为政府各个部门和企业等私营部门提供信息技术服务与数据管理，在统一"公有云"平台中对公私数据和涉密数据进行不同等级的分类与存储，以最小的成本创造价值最大的"数据公地"共享服务中心，实现不同类型公私客户的优化与整合。当在具体实施中遇到问题时，丹麦政府会定期组织和举行交流会，包括了来自各层级政府、商业界、行业组织等人员对产生的问题进行共同研究解决，在共识中利用信息技术手段推动政府治理创新。

四 信息技术赋能的政府治理创新模式

作为信息技术赋能的政府治理创新的典型，上海"一网通办"与丹麦电子政务较为充分地实践了社会技术系统理论，并形成了各具特点的政府治理创新模式。

（一）"双轮驱动"的政府治理创新模式：以上海"一网通办"为例

综合社会技术理论，在信息技术的多维赋能下，上海"一网通办"各要素及其相互协同整体体现出"双轮驱动"的政府治理创新模式（见图2）。其中，"双轮驱动"体现在"数据+业务"和"线上+线下"两个维度。一方面，"数据+业务"双轮驱动，体现在上海"一网通办"以上海大数据中心为基础，构建起"数据跑路"的政务服务业务体系。从某种意义上来说，数据作为信息技术赋能下政府运作的最小单位，首先要实现数据的"放管服"，上海大数据中心所提供的数据支撑，很大程度上打破了部门之间的"数据孤岛"，利用科学技术实现了数据共享、数据开放、数据整合、数据利用等环节，为"一网通办"实现"最多跑一次"的服务愿景奠定了基础，促使企业和市民办事像"网购"一样方便。集成化和多样化的业务则是上海"一网通办"的另一亮点，通过运用信息技术手段打造智能化线上政府服务平台，将办理业务分为个人事项和企业事项，并下设多种类别服务，基本涵盖企业和个人所需的办事项目，并且覆盖范围仍在逐步扩大,"电子证照"的使用精简了各项业务办理流程,极大提高了企业用户和个人用户的办事效率。

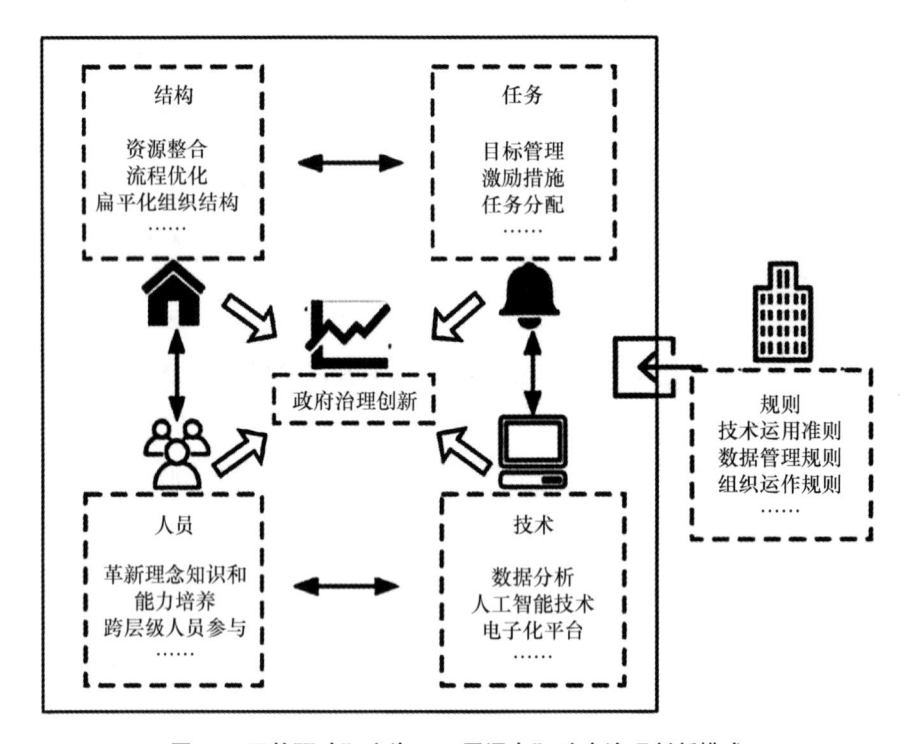

图 2 "双轮驱动"上海"一网通办"政府治理创新模式

另一方面,"线上+线下"的双轮驱动。正如前述案例所述,上海"一网通办"并非只针对线上开展,除了线上广泛的政务服务项目,在线下也设立了多个智能化+人工化相结合的政务服务大厅,针对性地解决疑难政务与弱势群体办事服务。线下的"一网通办"体现出政府利用信息化技术对组织结构、业务流程、政务职能等方面进行优化与改造的具体实践,并将信息技术与组织制度的各个方面互嵌与融合。通过"线上+线下"的协同服务,上海"一网通办"实现了服务人群最广泛的覆盖,避免了因数字鸿沟而被技术"遗忘"的一小部分人,体现信息技术与社会治理相互协同与工具价值转化为公共价值的治理温度。

从图 2 可知,社会技术系统中的结构、人员、任务、技术和规则要素分别具备不同的属性，在相互协同中促使上海"一网通办"呈现"数据+业务"和"线上+线下"两个维度的双轮驱动，即以数据——大数据中心为基础，业务——一梁四柱为主要架构，而业务分为"线上+线下"两个部分，以层层递进的方式将社会+技术有效结合，体现出社会技术系统理论的创新实践。其中，人员要素尤其是面向客户部门的人员，需要具备数字化咨询和业务能力，信息技术赋能的政府组织要在结构上进行相应的改变，通过两者协同将"以顾客为导向"的服务理念融入社会系统维度。技术要素为任务要素的实现发挥了直接作用，同时任务要素反过来作用于技术要素实现不断更新，两者在协同促进中推动技术系统运作。而规则要素则对各要素及其协同关系进行了制度和行为的约束，比如统一领导与各类规划对"一网通办"的未来发展战略部署，"好差评"制度对技术要素反映出的用户体验、人员的服务态度、办事效率与质量等的约束与改进。在各要素的协同中，使得社会系统和技术系统得以互嵌和协同有效运作，实现了"一网通办"政府治理创新模式。

（二）"一连到底"的政府治理创新模式：以丹麦电子政务为例

丹麦以 Nem ID 为政府治理创新的主要手段，通过 Nem ID 能够基本访问政府、企业和个人的各项办理业务，在此基础上持续开展了数字化转型，形成以"一连到底"为特点的政府治理创新模式（见图3）。其中，丹麦"一连到底"的政府治理创新模式分为连接各项业务与连接多元主体两个维度。 方面，Nem ID 连接了小到个人私事、大到政府服务的各项业务，涉及办理业务范围极其广泛，几乎在全社会范围内形成了规划化、统一化、透明化的电子服务链条。这一举措为后续整合各项服务资源，实现高度集中化和一体化的数字服务奠定了基础，为丹麦后期进行数字化战略部署提供了极为便利的条件，也有助于在全社会范围内提高数字化程度。同时，以 NemID 作为统一标识码，为繁杂的业务数据管理与安全防护带来了便捷性，提升了数据处理的效率也确保了公民隐私的信息安全，有效规避利用数据或信息进行的犯罪。

另一方面，"一连到底"还体现在政府、企业和公众多元主体的紧密结合。除了统一规划数字化转型的政府部门，还广泛动员企业与公众参与，多元主体相比于单一主体能够更为集中力量、发挥各自优势，促进数字化转型与发展。比如，技术层面企业往往比政府掌握更为前沿的信息技术，对于政府组织发挥技术赋能有很强助力作用。通过多元主体协同，使得丹麦在政府治理创新过程中能够及时发现不同层面的问题，并改善信息技术在政府组织及各项业务服务中的运用。在政府治理创新的同时也能增强政府公信力，建立与企业、公众良好的沟通环境，有效促进技术系统与社会系统的深度融合。

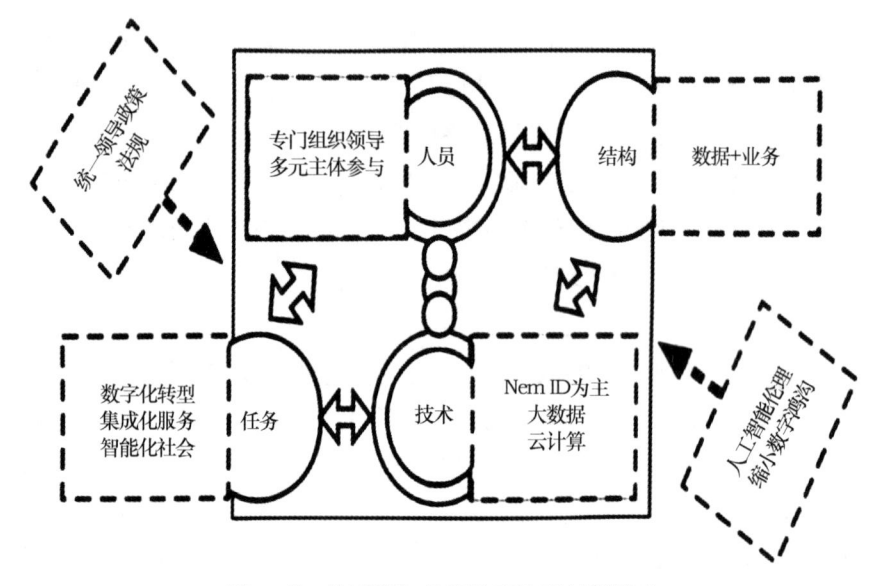

图3 "一连到底"丹麦政府治理创新模式

从图3可知，丹麦政府治理创新模式与上海"一网通办"有所不同，人员和技术两个要素分别发挥连接式协同作用，连接了社会系统和技术系统，为结构和任务要素以及整体治理创新奠定基础。其中，人员要素在专门组织的统一领导下，包括了来自政府、企业和公众的广泛参与，参与者发挥主观能动性提升对技术要素的把控，在多元主体协同中寻求更为高效的应对信息技术挑战的策略，与技术要素首先产生协作。结构要素形成"数据+业务"的运行模式。任务要素集成宏观战略的三个维度集，并要求技术要素的不断改进。规则要素同样从技术系统层面和社会系统层面对政府治理创新模式产生约束。在各类要素运行中,技术系统与社会系统实现紧密协同运作,推动丹麦政府治理创新。

(三) 上海与丹麦的政府治理创新模式对比分析

上海与丹麦虽然都是信息技术赋能的政府治理创新,并基于技术社会系统理念进行了具体实践,但是从发展路径、参与主体和应用场景来看,仍然存在一些差异。相比于丹麦政府治理创新模式,上海"一网通办"自上而下的发展路径更为突显,在政策部署上体现出比较明显的"高层驱动"[①]。如国家高度重视并相继出台"互联网+政务"数字政府建设与发展、智慧政府发展等国家层面的战略与规划,并指导地方政府数字化政府建设,促使上海市委、市政府高度重视发展"一网通办"。在自上而下的高层驱动中,上海"一网通办"在各个要素得以持续完善,在协同中促进政府治理创新。在这种特征中,参与主体也以政府为主,政府主导"一网通办"的发展与规划,包括后续的具体改革、多元主体参与征求意见、政务职能推出、技术上线等,均由政府发起。打造的应用场景也以面向企业和个人的政务服务为主要专题集成,大部分事项直接与政府服务相关联。

而丹麦则更多以自上而下+自下而上为主要特征的发展路径,由国家制定统一发展规划,并由社会各界成员积极参与,共同推动政府治理创新。并且在参与主体上,以多元主体协商为主要对象,联合 NGO 组织对处于数字鸿沟的弱势群体进行培训,将被动接受政府治理创新的人群转变为主动接纳、运用和参与的人群,极大地提升了政府治理创新的程度以及社会智能化、数字化场景的运用深度与广度。具体体现在除了政务服务场景的智能化运用以外,由信息技术带来的治理创新几乎涉及公众生活的各个领域。应用场景的广泛与深度也促使政府治理创新不断面向公众需求改善,进一步推进技术系统与社会系统的深度融合。

面对信息技术的演进,上海和丹麦均体现出社会技术系统理论的具体实践,虽然存在一些差异化的要素运作,所生成的政府治理创新模式在世

---

① 苏利阳、王毅:《中国"央地互动型"决策过程研究——基于节能政策制定过程的分析》,《公共管理学报》2016 年第 3 期。

界范围内都取得了显著成效。其中，信息技术发挥了不可忽视的作用，成为促进组织转型的关键要素[1]。当政府组织现有元素与创新技术相结合后，便对组织变革产生了关键作用[2]。但是单依靠技术赋能发挥的作用相对有限，技术往往只是导致组织变化的"诱因"或"触发机制"，真正起到作用的还是制度[3]。制度为信息技术能够进入组织并发挥何种作用起到先决条件，并影响着政府治理创新模式。因此，信息技术嵌入政府内部的程度取决于政府已有的治理模式、治理能力、治理需求、组织结构等制度方面的因素影响，使得政府对外部环境的信息技术输入存在一个过滤选择的过程。在这种过滤选择中，导致政府治理创新对信息技术运用的维度与深度有所差异，造成了最终模式的多样化。

五　结束语

历史上的每一次技术变革都会为社会发展带来强劲的驱动力，信息技术促使社会走向万物智能，为社会、经济、政治、生活等方方面面带来了更为便捷和智能的体验，极大地提高了社会发展的质量与速度，同时也要求政府治理实现适应信息技术发展的新要求。利用信息技术实现政府治理创新模式，已经成为各国政府积极探寻的具体实践。本文运用社会技术系统理论，对信息技术演进中的政府治理创新要素及机制进行分析，并以上海和丹麦政府治理创新为例，验证了社会技术系统理论在实践运用中的合理性，并对两者的政府治理创新模式差异性及原因做出简要探究。研究发现，信息技术驱动下的政府治理创新，比较符合社会技术系统运作模式，除去技术、结构、人员、任务要素及其相互协同外，规则对社会技术系统运用也产生了深刻影响，并普遍存在于政府治理创新的具体实践中。技术

---

[1] Tat-Kei Ho A., "Reinventing local governments and the e-government initiative", *Public administration review*, Vol. 62, No. 4, December 2002, p. 436.

[2] Olga Volkoff, Diane M. Strong, Michael B. Elmes, "Technological Embeddedness and Organizational Change", *Organization Science*, Vol. 18, No. 5, October 2007, p. 835.

[3] Barley S. R., "Technology as an Occasion for Structuring: Evidence from Observations of CT Scanners and the Social Order of Radiology Departments", *Administrative Science Quarterly*, Vol. 31, No. 1, 1986, p. 99.

系统和社会系统在各要素的相互协同中体现出共时的协同共进，得以推进不同制度条件下的政府治理创新模式生成。

本文不仅对社会技术系统理论进行了一定补充，还结合具体案例对其在政府治理创新具体实践中进行理论验证，在一定程度上识别出关键运行要素及其协同运作机制，对发展该理论及理解信息技术演进时代，政府治理创新实践提供了有益借鉴。虽然社会技术系统理论已经在政府治理创新中得以运用，但是在技术系统与社会系统协同过程中，信息技术嵌入数字空间的政府中的程度依然不够，大多数时间都是对政府形态进行修正，并没有触动到"政府形态的刚性"和"政府组织的内核"[①]，在组织部门僵化、条块分割、数据壁垒、数据鸿沟等方面存在一些需要弥补的空间。此外，信息技术赋能作用的充分发挥，也逐渐更依赖于公共部门内外的许多其他因素，这些因素也是本研究未来仍然可以继续探究和延伸的地方。

文章原载于《科学管理研究》2023年第41卷第2期，收入本书时略有修订。

[①] 米加宁等：《"数字空间"政府及其研究纲领——第四次工业革命引致的政府形态变革》，《公共管理学报》2020年第1期。

公共服务协同供给机制动态化：
一个分析框架

李政蓉　郭　喜[*]

摘要：公共服务协同供给日益成为各国优化公共服务供给的良方，也是我国化解人民日益增长的美好生活需要同发展不平衡不充分之间矛盾的必由之路。深刻理解公共服务协同供给机制动态化的演进逻辑，深入认识其动态模型，并将其运用于具体实践，能有力推动公共服务治理体系和治理能力的现代化。研究发现，公共服务协同供给机制动态化具有逻辑必然性及时代科学性，基于制度分析与发展框架和社会生态系统框架构建了由外部影响、行动情景及产出结果构成的多层次动态化理论模型。案例分析结果表明，公共服务协同供给机制动态化存在于具体实践中，不同变量的组合会产生不同的公共服务结果，且动态化程度越高，公共服务结果会越好。

关键词：公共服务；协同供给；动态协同；制度分析与发展；社会生态系统

一　文献回顾与问题提出

自20世纪70年代起，伴随着西方福利国家的危机，公共服务的有效

---

[*] 作者简介：李政蓉，内蒙古大学民族学与社会学学院博士研究生，主要研究方向为公共服务、公共政策、社会治理。

郭喜（通讯作者），内蒙古大学公共管理学院教授、博士生导师，主要研究方向为公共服务、公共政策、社会治理。

基金项目：国家自然基金"公共服务协同供给的演化博弈、决策优化与绩效评估研究"（项目编号：71864025）。

供给成为各国社会发展与政府改革运动的重要主题，形成了诸如民营化（E. S. 萨瓦斯 E. S. Savas）、企业家政府（戴维·奥斯本 David Osborne）、追求卓越模式（托马斯·彼得斯 Thomas Peters）等以市场价值为导向的公共服务供给模式。这些模式虽然提升了公共服务的供给效率，但在一定程度上加剧了公共服务供给的碎片化问题，如何优化公共服务供给成为重新思考的议题。中华人民共和国成立 70 多年来，我国公共服务供给体制大致经历了公有制基础上的政府包办、效率优先的市场供给、多元竞争的政府深化改革和多元协同供给四个阶段。① 从"效率优先的市场供给"阶段开始，公共服务碎片化同样成为我国公共服务供给的困境。公共服务供给碎片化的形成是由于组织功能分散、领导者利益偏好、部门利益分割、信息分布散乱等原因，使得公共服务供给中的各个变量处于无序和分散的状态而难以形成合力，导致公共服务供给质量低、供给效率不高。② 在各国探索解决碎片化治理实践以优化公共服务供给的同时，一些学者也从理论方面提出了解决方案，主要集中在三个方面。一是基于整体性治理，将碎片化的公共服务供给整合为整体性机制。佩里·希克斯（Perri6）作为整体性治理的集大成者，开创了整体性治理研究的先河，指出整体性治理旨在解决政府管理的碎片化问题，强调政府、私人与第三方组织应开展纵向层级与横向层级的联合，其中协调与整合是关键。③ 曾维和认为，整体性政府是对新公共管理改革所导致的结构分化和碎片化问题的有效回应。④ 胡象明等人认为整体性治理能够在充分利用包括政府机构在内的各利益相关者专有资源相比较优势的基础上，通过技术将自发形成的网络结构整合优化，进而形成跨界合作的最高境界。⑤

---

① 郁建兴：《中国的公共服务体系：发展历程、社会政策与体制机制》，《学术月刊》2011 年第 3 期。

② 张贤明、田玉麒：《整合碎片化：公共服务的协同供给之道》，《社会科学战线》2015 年第 9 期。

③ Perri, "Toward Holistic Governance: The New Reform Agenda", *Palgrave Macmillan*, 2002, p. 69.

④ 曾维和：《西方"整体政府"改革：理论、实践及启示》，《公共管理学报》2008 年第 4 期。

⑤ 胡象明、唐波勇：《整体性治理：公共管理的新范式》，《华中师范大学学报》（人文社会科学版）2010 年第 1 期。

二是基于无缝隙政府,优化或再造政府治理流程以形成网格化治理机制。拉塞尔·M. 林登(Russell M. Linden)基于美国 GE 公司"无界限组织"提出了无缝隙政府理论。无缝隙政府强调连续、流动、透明的组织形态和分权化、扁平化的组织结构以实现整体化运作并提供公共服务。① 竺乾威认为,无缝隙政府改变了政府按照职能和部门的运作方式,"纵向到底,横向到边"的"网格化管理"更是对原理论的突破。② 汪大海认为,无缝隙政府是面向未来政府的自我改革,能为公众提供公共服务需求与供给的无缝隙衔接。③

三是基于协同治理,积累和构建多元主体协同供给的案例和机制。除了研究评述相关理论和发达国家的实践探索,有学者剖析了我国特定政策领域的协同及大部制下协同机制的构建。④ 还有学者从发展公民社会组织、优化社会资源、加强社区自治、创新管理体制等方面实现服务型政府的协同治理,提高公共服务供给质量。⑤ 还有从保持组织系统结构弹性、优化整合治理资源和增加多元主体参与三个方面构建公共服务协同供给机制。或从影响协同关系的"目标"和"利益"两个变量出发,提出科层制协同、沟通性协同、公私协同和战略性协同四种协同机制。⑥

这些理论从不同侧重点对缓解碎片化问题和优化公共服务供给有所建树。整体性治理从层级整合、功能整合、公私合作整合等方面在组织结构和运行方式上强调了对政府的"整体性"改造。无缝隙政府从"分权和扁平化的组织结构"出发,致力于提供的每一项公共服务在"任何时间、任何地方"都能符合公众需求。协同供给主要吸纳多元供给主体,包容治理权威的多样性,在自愿和平等的前提下各主体共同维护和增进公共利益。⑦

---

① [美] 拉塞尔·M. 林登:《无缝隙政府:公共部门再造指南》,汪大海、吴群芳等译,中国人民大学出版社 2002 年版,第 1—270 页。
② 竺乾威:《公共服务的流程再造:从"无缝隙政府"到"网格化管理"》,《公共行政评论》2012 年第 2 期。
③ 汪大海:《顾客社会与无缝隙政府》,《中国行政管理》2002 年第 3 期。
④ 周志忍、蒋敏娟:《中国政府跨部门协同机制探析——一个叙事与诊断框架》,《公共行政评论》2013 年第 1 期。
⑤ 郑巧、肖文涛:《协同治理:服务型政府的治道逻辑》,《中国行政管理》2008 年第 7 期。
⑥ 汪锦军:《构建公共服务的协同机制:一个界定性框架》,《中国行政管理》2012 年第 1 期。
⑦ 黄滔:《整体性治理理论与相关理论的比较研究》,《福建论坛》(人文社会科学版)2014 年第 1 期。

可见，现有的研究主要以整合和协调为重点，从不同方面提出了缓解公共服务供给碎片化、优化公共服务供给的治理路径。但是从某种意义而言，公共服务碎片化的原因在于将公共服务供给中的影响因素和变量以静态的眼光看待，忽视了影响因素和变量之间的相互联系与动态化的自我发展。因此，面对日益复杂变化的公共服务供给也存在如下问题。

一是对公共服务供给机制中的影响因素、变量互动研究有待深化。公共服务供给的影响因素和变量往往随着供给和需求的变化而改变，在供给过程中受自身或外部影响也可能会发生变化。这就使得供需匹配可能在初期得以实现，但伴随供需状况的变化，往往导致旧时确定的供给滞后于新近的需求。忽视这些因素和变量的动态变化可能导致在政策制定上产生决策碎片化、政策执行失灵、协同惰性等问题，[1] 很可能会降低公共服务供给质量和财政支出的绩效，进而影响公共服务供给结果。这对处于百年未有之大变局的中国政府和公众都很重要。

二是关于公共服务供给机制动态演化过程的理论研究有待强化。有学者揭示了公共服务供给侧本身的动态变化特征或阶段。[2] 有学者以动态化视角研究公共服务供给侧同城镇化演进、[3] 经济发展[4]等其他事物之间的互动关系。也有学者从多元主体、价值取向、制度环境、基于技术评价的决策机制、动态博弈的决策过程五个维度构建了超越单一组织结构优化的公共决策动态模型，[5] 但却没有厘清各变量之间是如何动态运作的。理论是实践的先导，只有从理论上厘清公共服务供给机制动态化的过程，把握外部因素如何影响、变量如何互动、结果如何反馈，才可能在"服务型政

---

[1] Huxham C., Vangen S., *Managing to Collaborate: The Theory and Practice of Collaborative Advantage*, London: Routledge, 2005, p. 155.

[2] 曹海军、薛喆：《协作视角下基层公共服务供给侧改革的动态分析》，《理论探讨》2017年第5期；李敏：《江苏基本公共文化服务动态供给特征及均等化路径探析》，《东南大学学报》（哲学社会科学版）2017年第5期。

[3] 曾繁荣、李玲蔚等：《基本公共服务水平与新型城镇化动态关系研究》，《中国软科学》2019年第12期。

[4] 陈振明等：《公共服务与经济发展的动态适应机制——基于厦门市案例的研究》，《马克思主义与现实》2012年第6期。

[5] 张红凤、韩琭、闫绍华：《转型期公共决策模式路径优化：从传统模式向动态协同模式的转变》，《中国行政管理》2014年第10期。

府"的建设实践中取得预期效果。

三是组织结构优化之外的公共服务供给优化和碎片化治理路径有待拓展。由马克斯·韦伯提出的官僚制一直是解释组织体系的经典理论，对公共服务供给优化和碎片化治理也基本建立在对官僚制的批判或修正之上。基于这种研究路径，国内外关于公共服务供给碎片化破解模型的研究大都是基于组织结构视角构建，其破解碎片化的重点均在于优化组织结构。[①] 虽然，造成公共服务碎片化的原因大多集中于组织架构的弊端，[②] 但是除组织结构之外，还涉及多元主体之间、主体与供给环境、需求环境之间等多层次影响，还有来自公共服务供给本身变量复杂交错的影响。这使得公共服务供给优化、治理碎片化的途径不仅限于组织结构优化，也应将这些因素加以考虑，这对着力推进国家治理体系和能力现代化的我国政府更加重要。

因而，在公共服务复杂多变的"动态"环境中，要想实践或发展公共服务供给机制，便要回应下述三个问题：如何准确理解公共服务协同供给机制动态化的逻辑演进？如何从影响因素及变量运作等方面构建其动态分析框架？如何回归现实推动其在实践中的优化改进？为系统深入地解决这些问题，本文的逻辑框架如图 1 所示。

二 公共服务协同供给机制动态化的逻辑演进

公共服务协同供给机制动态化的逻辑演进，基于公共服务需要协同供给的逻辑必然性，这为公共服务协同供给机制动态化提供了基本的模式架构。还基于公共服务协同供给需要动态化的现实要求，这为公共服务协同供给机制动态化提供了符合时代要求的科学性。

(一) 公共服务协同供给的逻辑必然性

自古典经济学以降，亚当·斯密在《国富论》中倡导政府为公众提供

---

① 李利文：《公共服务供给碎片化研究进展：类型、成因与破解模型》，《国外理论动态》2019 年第 1 期。

② 何艳玲、钱蕾：《"部门代表性竞争"：对公共服务供给碎片化的一种解释》，《中国行政管理》2018 年第 10 期。

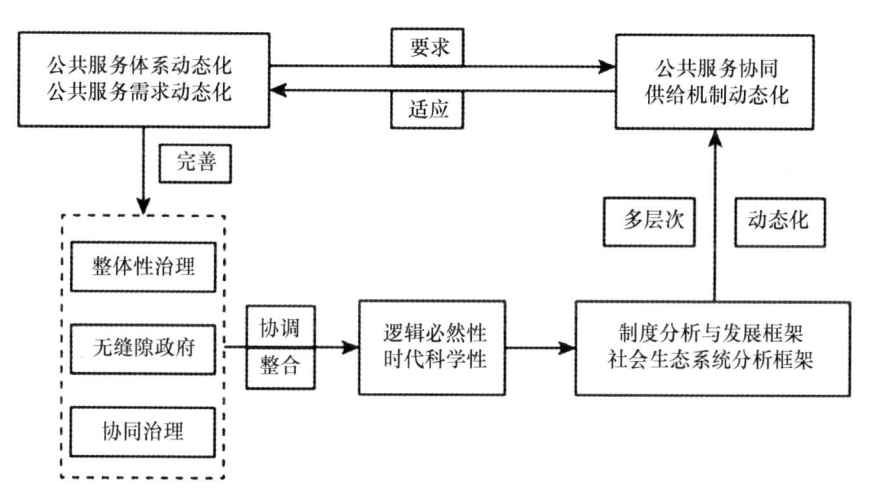

图 1 本文构建公共服务协同供给机制动态化的逻辑框架

资料来源：作者自制。

公共服务。① 埃里克·罗伯特·林达尔、保罗·萨缪尔森等人发展的公共物品理论，使政府提供公共服务成为不二选择。但是"政府在决策时往往体现出'家长主义'"，② 强制性的行政手段也逐步造成了政府失灵的现象。为提升公共服务供给质量和效率，政府开始将私人企业管理引入政府部门，政府和市场形成的公私伙伴关系成为公共服务供给的重要选择。公共服务的公私伙伴供给关系能提升供给效益，③ 但是也意味着会因过度依赖市场而导致公共利益丧失。④ 随着多元主体的参与，政府对"掌舵还是划桨"做出积极回应时，⑤ 容易因花费更多精力和权力去"掌舵"而"淡忘谁拥有这条船"。⑥ 因此，政府面对多元和异质的管理主体时容易束

---

① ［英］亚当·斯密：《国富论》，胡长明译，人民日报出版社 2009 年版，第 1—525 页。
② 李德国、陈振明：《公共政策的行为途径：通向一个"心理国家"?》，《江苏行政学院学报》2018 年第 5 期。
③ Emerson K., Nabatchi T., Balogh S., "An Integrative Framework for Collaborative Governance", *Journal of Public Administration Research and Theory*, Vol. 22, No. 1, May 2012, pp. 1-29.
④ ［美］E. S. 萨瓦斯：《民营化与公私部门的伙伴关系》，周志忍等译，中国人民大学出版社 2002 年版，第 1—373 页。
⑤ ［美］戴维·奥斯本、［美］特德·盖布勒：《改革政府：企业家精神如何改革着公共部门》，周敦仁等译，上海译文出版社 2013 年版，第 1—273 页。
⑥ Denhardt R. B., Denhardt J. V., "The New Public Service: Serving Rather than Steering", *Public Administration Review*, Vol. 60, No. 6, December 2012, pp. 549-559.

手无策，① 并不能很好地发挥多元主体供给公共服务的优势，反而容易忽视公共服务精神。

面对这种情况，"协同"成为发挥多元主体供给优势的有效选择。"协同"强调各子系统围绕共同目标，自发形成有序状态而采取的联合行动。② 协同适用于大多数复杂因素下为实现共同利益与目标的决策情景。公共服务的"协同"供给模式，符合公共服务供给的复杂情景：政府、市场和社会在一定规则的指导下，协调行动、相互配合，共同提供公共服务。③ 它将多元主体的相关变量以有序、协作的状态联系起来，缓解无序供给带来的碎片化问题，避免公共服务成为亚里士多德口中"最多数人分享的事物而最少数人关照"。

（二）公共服务协同供给动态化的时代科学性

公共服务协同供给已成为不争的事实，但面对新时代人民日益增长的美好生活需要和不平衡不充分的发展之间的矛盾，④ 公共服务供给体系由于运行环境、主体构成及可用资源等的复杂性，使整个体系呈现出动态性、集合性、环境适应性等特征。公共服务需求也表现出动态化、多元化和异质化交织的复杂特征。⑤ 因此，在时代要求中，公共服务供给除"协同"外还需要"动态化"。

在以"动态化"为特征的时代背景中，公共服务协同供给动态化是由于不同层次变量变化及其之间的互动而产生。一方面，公共服务协同供给会受到来自制度环境、生态环境及各种应用规则的外部影响，这些外部环境的复杂、多维和动态影响着公共服务供给的主体互动、资源整合、价值

---

① 唐兴霖、尹文嘉：《从新公共管理到后新公共管理——20世纪70年代以来西方公共管理前沿理论述评》，《社会科学战线》2011年第2期。

② ［德］赫尔曼·哈肯：《协同学导论》，郭治安、张纪岳译，西北大学科研处1981年版，第1—254页。

③ 田玉麒：《公共服务协同供给：基本内涵、社会效用与影响因素》，《云南社会科学》2015年第3期。

④ 谷民崇：《基本公共服务体系复杂性分析》，《行政论坛》2016年第3期。

⑤ 唐任伍、赵国钦：《公共服务跨界合作：碎片化服务的整合》，《中国行政管理》2012年第8期。

创造、信息传递等各个方面。另一方面，公共服务协同供给过程中的相关变量也会由于供给主体偏好、供给关系、供给目标等发生变化，而这些变量之间又存在相互影响的情况。

由此，基于逻辑必然性与时代科学性，公共服务供给应为一个建立在共识化、多元化和协同化基础上的"公共服务协同供给机制动态化"。总体而言，首先，公共服务供给不应排斥由官僚机构直接提供服务，① 亦应从单一主体治理走向多元主体治理，② 多元主体的利益表达，更符合集体行动逻辑的最优方式和公民参与公共治理的要求。③ 其次，公共服务供给不仅需要"对症下药"，也需要考虑组织因素以外的其他因素，更应注重各个变量、各主体、供给各阶段之间的协同与互动。最后，对公共服务进行动态化的设置能够增强公共服务的灵活性。④

三 公共服务协同供给机制的动态模型

公共服务协同供给机制动态化具有逻辑必然性和时代科学性，借鉴已有理论成果可以为构建动态模型提供理论参考。

（一）公共服务协同供给机制动态化：一个理论模型

公共服务协同供给机制动态化从某种意义上而言也是一种实现目标的制度安排。因此，由埃莉诺·奥斯特罗姆提出的制度分析与发展框架（Institutional Analysis and Development，IAD）可以作为借鉴，其主要包含的变量与运行流程如图2所示。该框架的关键部分是确定行动情景、各变量互动和结果，并评估这些结果。⑤ 在整个框架中，行动情境决定着如何通过

---

① Hughes O. E., *Public Management and Administration: An Introduction*, London: Red Globe Press, 2018, pp. 1-360.
② 俞可平：《中国治理变迁30年（1978—2008）》，《吉林大学社会科学学报》2008年第3期。
③ ［美］埃莉诺·奥斯特罗姆：《公共事物的治理之道：集体行动制度的演进》，余逊达、陈旭东译，上海译文出版社2012年版，第1—227页。
④ Hofman W., Van S. M., "International Conference on Electronic Government", *Dynamic Public Service Mediation*, Vol. 1, No. 1, August 2010, pp. 327-338.
⑤ Ostrom, Elinor, "Background on the Institutional Analysis and Development Framework", *Policy Studies Journal*, Vol. 39, No. 1, 2011, pp. 7-27.

行为把外生变量和结果连接起来,这便使得 IAD 既可以用来研究静态制度安排,也可以用来研究新事物中不断出现的动态制度安排。①

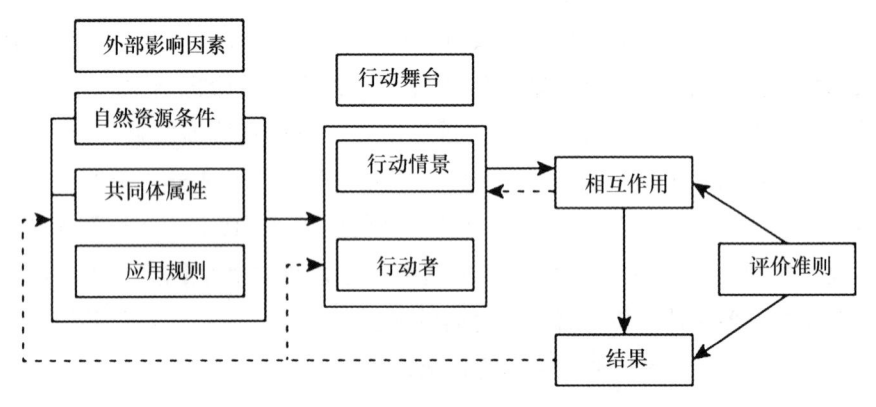

图 2　制度分析与发展框架

资料来源:Ostrom E, Gardner R, Walker J. Rules, *Games, and Common-Pool Resources*. Michigan, MI: University of Michigan Press, 1994, p.37.

奥斯特罗姆在 IAD 的基础上又拓展了社会生态系统分析框架（Social-Ecological System, SES）来探讨可持续性问题,SES 引入了 IAD 的行动情境作为动态基础,将外部影响拓展至社会层面,② 尤其是社会资源。③ 这种从社会层面和自然层面对外部影响的双重考虑,更符合公共服务需要从多个层次出发进行分析的要求。④

根据 IAD 和 SES 的上述理念要素,即外部影响、行动情境、产出结果及相互作用是两个经典理论所强调并可以为本文所借鉴的。因此,公共服务协同供给机制动态化的构成变量应来自外部影响、行动情境和产出结果三个不同层次,这些层次的变量通过有序的协同与互动构成公共

---

① 王群:《奥斯特罗姆制度分析与发展框架评介》,《经济学动态》2010 年第 4 期。
② 谭江涛、章仁俊、王群:《奥斯特罗姆的社会生态系统可持续发展总体分析框架述评》,《科技进步与对策》2010 年第 22 期。
③ Folke C., Hahn T., Olsson P., et al., "Adaptive Gover-nance of Social-Ecological Systems", *Annual Review of Environment and Resources*, No.15, February 2005.
④ Meynhardt T., Chandler J. D., Strathoff P., "Systemic Principles of Value Co-creation: Synergetics of Value and Service Ecosystems", *Journal of Business Research*, Vol.69, No.8, August 2016, pp.2981-2989.

服务协同供给机制动态化。行动情景层次在 IAD 和 SES 中均处于框架分析的核心位置，连接了外部影响层次和产出结果层次。据此，本文对外部影响层次和产出结果层次进行介绍，对行动情景层次着重阐述。

1. 外部影响层次

制度环境为社会层面的变量，公共服务协同供给机制动态化根据政治制度、经济制度、社会制度、文化制度等制度环境的变化而不断调整。生态环境可用资源为自然层面的变量，在公共服务生态系统中，可用资源随着时间变迁以及资源本身异质性和替代性发生变化。应用规则使多元主体在协同中的各方面达成有效一致的认同和秩序，以约束人们在重复性境况下决策过程中的行为规则，[1] 并会根据不同情况发生改变。

2. 产出结果层次

产出结果层次主要包括公共服务结果变量，是公共服务协同供给机制动态化所要达到的期望值。在具有差异性的外部影响以及行动情景影响下，对于产出结果的理解和期望也有所不同。总体而言，应始终坚持以人为本的理念，满足不同群体、不同地区、不同领域的公共服务需求。在满足短期供给需要的同时，更要面向未来可持续供给，不断追求公共价值最大化。

3. 行动情景层次

奥斯特罗姆在 IAD 框架中提出了行动情景的七个变量，即参与者集合、参与者身份、允许的行动、潜在结果、对决策的控制力、可获得的信息、收益和成本（见图3），它的构成和运行虽然也包含一定的协同理念，但主要面向自主治理。因此，在 IAD 行动情景构成变量的基础上需要参考战略联盟形成性评估规则（Strategic Alliance Formative Assessment Rubric，SAFAR）提出的能够实现协同优势的变量，即目标、任务、领导关系、决策权力和人际沟通五个方面。[2] 结合两者，本文将公共服务协同供给机制动态化的行动情景构成变量确定为：参与者集合、决策权力、允许的行

---

[1] Ostrom E., Gardner R., Walker J., *Rules, Games and Common-Pool Resources*, Michigan, MI: University of Michigan Press, 1994, pp. 23–50.

[2] Gajda R., "Utilizing Collaboration Theory to Evaluate Strategic Alliances", *American Journal of Evaluation*, Vol. 25, No. 1, Spring 2004, pp. 65–77.

动、可用信息、人际沟通、成本收益和目标七个方面。

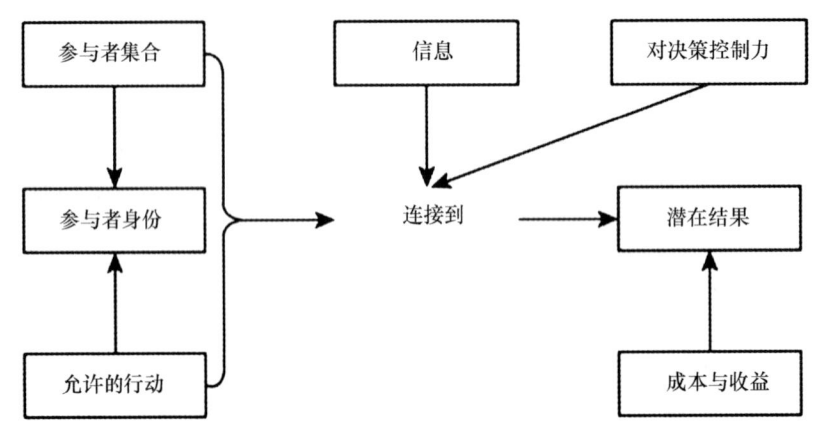

图3 行动情景内部结构

资料来源：Ostrom E., *Understanding Institutional Diversity*, New Jersey, NJ: Princeton University Press, 2005, p.33。

参与者集合是公共服务协同供给机制不可缺少的变量，在政府、企业、公众三元利益主体基础上增加专家（含专业机构）作为参与者，在供给过程中的主要职能是运用现代管理理论和信息技术为供给决策提供咨询和参谋，同时也是将专业化知识转化为大众化认知和连接多元主体沟通的重要桥梁。

决策权力是实现目标的关键环节，决策权力的大小影响着看待共同问题的想法，进而影响多元主体所传达的协同目标和有效性。[1] 因此，决策权力不仅影响目标的实现程度，也影响着供给结果的绩效评估。

人际沟通是任何多元主体协同都无法避免的环节，沟通能确保多元主体及时修正因信息不对称、沟通不畅等原因导致的冲突、偏差、失效等问题。在沟通中也能促使多元主体积极交换思想、意见、信息，共同寻找解决问题的办法，从而形成良好的人际关系，维护协同合作的局面。

---

[1] Lasker R. D., Weiss E. S., Miller R., "Partnership Synergy: A Practical Framework for Studying and Strengthening the Collaborative Advantage", *The Milbank Quarterly*, Vol. 79, No. 2, June 2010, pp. 179-205.

允许的行动是建立在参与者身份和能力基础上能够或者需要进行的任务。它发生在参与者进行沟通之后，并执行多元主体为实现目标的行动部署。在一定程度上，允许的行动能够避免多元主体之间发生供给行为上的冲突和重复。

可用信息是任何协同行动都不可缺少的一环，它不仅直接关系到参与者集合下一步行动的准确度和合理性，还影响决策权力的划分以及各多元主体之间的合作亲密度和信任程度。

成本收益代表着实现目标要付出的成本和取得的收益，是对实现某项公共服务协同供给目标产生激励或阻碍的因素。不同多元主体由于异质性等原因，对于需要付出的成本和获取的收益在理解和期望上也有所不同。

目标是多元主体协同达成的一致期望，明确的目标通过"谁参与"和"为什么"来建立合作，只有符合各主体期望的一致目标才有可能进行协同，并且目标和公共服务实际结果之间的差距也会影响下一次公共服务协同供给的行动情景。

正如凯瑟琳·M. 艾森哈特（Kathleen M. Eisenhardt）所言："理论构建研究应该尽可能在有待检验的假设的理想情况下展开。"[①] 在厘清公共服务协同供给机制动态化的基本层次和构成变量后，将它们以动态链相链接，构建公共服务协同供给机制动态化的理论模型如图4所示。

如图4所示，公共服务协同供给机制动态化的框架是动态化的也是多层次的。行动情景层次链接了外部影响和产出结果两个层次，由变量构成的直接影响链、反馈调整链和信息传递链三个循环链使得行动情景处于动态运行的状态。在外部影响层次中，制度环境和生态环境可用资源影响着应用规则，三者通过行动情景层次间接影响了产出结果层次。但是，产出结果层次中的公共服务结果又会反过来影响行动情景，并对外部影响层次中的应用规则产生直接影响，对制度环境和生态环境可用资源产生潜移默化的影响。进一步地，本文将根据提出的公共服务协同供给机制动态化的理论模型，对动态化过程进行深入分析。

---

① Eisenhardt K. M., "Building Theories From Case Study Research", *Academy of Management Review*, Vol. 14, No. 4, October 1989, pp. 532-550.

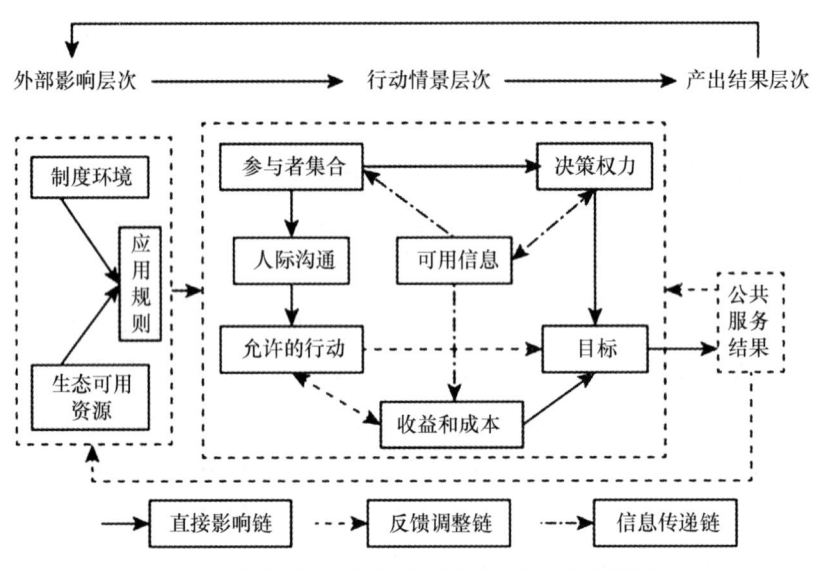

图 4　公共服务协同供给机制动态化的理论模型

资料来源：作者自制。

（二）公共服务协同供给机制的动态过程

公共服务协同供给机制动态化体现在两个层面（见图4），第一个层面是外部影响、行动情景和产出绩效三个层次中各变量的动态互动，即来自不同层次中各个变量构成的直接影响链、反馈调整链和信息传递链三者之间的互动，尽管很难确切地划分链与链的界限。外部影响层次的运作主要由直接影响链构成，制度环境和生态环境可用资源不仅仅是公共服务协同供给机制动态化的大环境和大前提，也是所有事物运行的基础环境，基于此才会形成相应的应用规则，并对行动情景层次产生直接影响。

行动情景层次则有三个链条的共同作用。直接影响链主要承担执行和影响功能，由参与者集合发出，通过人际沟通影响允许的公共服务供给行动，通过执行决策权力来确定最终公共服务的供给目标，收益和成本也会直接影响到公共服务协同供给的目标。目标在决策权力和收支变量的双重直接影响链下进行调整，最终会对公共服务结果产生直接影响。反馈调整链主要发挥事实与预期之间的评估与反馈作用，目标、允许的行动和收益与成本之间存在评估与反馈，通过后两者来改善预期的行动进而影响目标，而目标也会反过来影响前两者进行调整。信息传递链处于核心位置，它链接了其他两个链条，确保信息在整个公共服务协同供给的行动情景内得以传递。

产出结果层次主要由反馈调整链发挥作用，即公共服务结果通过该链条改善行动情景并影响外部影响层次，反思本次结果同预期的差距，为下一次行动情景作出更好的规划。

第二个层面是由第一个层面的动态化导致的整个公共服务协同供给机制动态化呈现出阶段性的演进（见图5）。

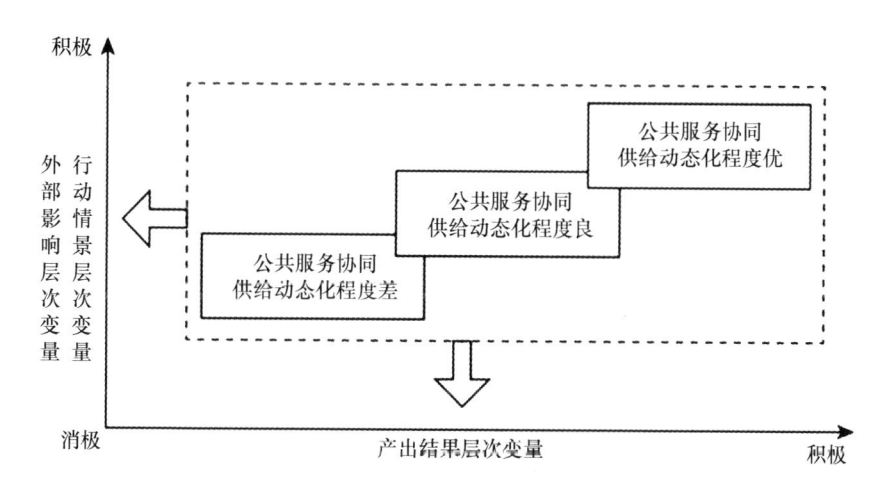

图5　公共服务协同供给机制动态化的演进阶段

资料来源：作者自制。

正如图5所示，各个层次变量发挥的消极或积极作用在不同程度和不同组合下，会使得公共服务协同供给机制动态化程度产生由差到优的演进。每一个演进阶段与上一个阶段均存在一定的延续性，在达到当下意义"优"时则会随着时间的推移进一步完善，即动态化本身也是自我发展的。从另一个角度而言，公共服务协同供给机制动态化程度越高，各个层次的变量发挥积极作用的可能性就越大。

四 公共服务协同供给机制动态化的实践应用

当前国家治理体系和治理能力现代化的导向，为公共服务协同供给提供了强有力的发展环境，理论模型应回归现实应用，才能在指导实践中不断完善理论。

(一) 公共服务协同供给机制动态化的实践应用框架

上文提出的动态化理论模型，为公共服务协同供给动态化实践应用提供了重要的理论参考。本文根据公共服务协同供给机制动态化的理论模型，试图选取每个变量中的几种情况对具体实践构建了应用分析框架（见表1）。

表1包含了公共服务协同供给机制动态化的两个层次。第一个层次，公共服务协同供给机制动态化每个变量可能变化的几种情况及其互动。第二个层次，每个变量的自身变化与其他变量组合导致的公共服务协同供给机制动态化的阶段性演进。在实践应用中，无论是进行案例分析或是指导公共服务协同供给，均可以首先根据外部影响层次考虑公共服务协同供给所处的时代背景，理解或选择最符合当下的行动逻辑。对行动情景层次的分析可以从七个变量中的不同情况出发，按照"取长补短""木桶效应""利益最大化"等原则对变量进行不同维度的调整和匹配，使产出结果层次随着发生变化，并反馈至前两个阶段对下一次供给产生影响。总体而言，各层次的变量变化会影响公共服务协同供给机制动态化的程度同供给机制动态化会促使变量在动态调整中使得公共服务结果趋向最优，两者呈现出相互促进的演进态势。

具体而言，可以将外部影响层次从制度环境、生态环境可用资源和应用规则三个变量的各个维度进行更为详细的分类与编码，研究不同情况下对行动情景层次的影响。行动情景层次作为最核心的一环，可以将其看作核心解释变量，根据实际情况对其中的七个变量进行不同的组合和调整，力图达到该情景下的效益最大化。例如，当"参与者集合"为单一时，可以将"决策权力"变量调整为"有决定性权力但权力结构开放程度中等"，

表1 公共服务协同供给机制动态化

层次	变量	差→	良→	优→
外部影响层次	制度环境	政治局势不稳定，制经济欠发展社会动荡，冲突较多	政治局势较稳定，有一定程度的民主经济处于发展中与完善中社会稳定，包容与冲突并存	政治局势稳定，民主程度高，经济发达社会多元日平稳，包容开放
	生态资源环境	匮乏	相对充足	充足且富余
	应用规则	单调且难以变通	较为丰富且可以变通	多元且实时变通
行动情景层次	参与者集合	主体单一	主体多元但参与者传统	主体多元并包含新兴参与者
	允许的行动	强制性主方式简单执行力有限	弱强制性，多元化为分散执行力较强	聚合，多元化灵活性并存执行力强
	可用信息	信息少且集中于某一主体	信息较多且可以在范围内传递	信息丰富且传递范围广，时效、速度高
	人际沟通	几乎不发生，沟通协调差	经常发生，沟通协调适中	频繁且平等，沟通协调能力强
	决策权力	权力结构的开放程度低高压	权力结构的开放程度中等划分相对平衡但一方有决定性权力权力分散	权力结构的开放程度高，有主导方并共享决策权力分散但可以形成合力
	成本和收益	收益小于支出	收支基本平衡	收益大于支出
产出结果层次	目标	可预防、解决问题单一难以实现对问题的解决	可预防、解决问题多元对现实问题基本解决	可预防、解决问题最大限度实现多元并有预见性可解决现实问题
	公共服务结果	公共价值实现程度低，公众满意度低，可持续性低	公共价值得以实现，基本满足公众需求，短期到中期可持续	公共价值最大限度实现，公共服务提供需匹配精准，长远发展可持续

注：→表示公共服务协同供给机制动态化演进阶段的延续性和自我发展。

资料来源：作者自制。

在此组合下会影响"人际沟通"的频繁程度并可能使得"允许的行动"走向多样化，最终影响"目标"。可以将公共服务结果同时作为被解释变量和解释变量，它主要由行动情景层次和外部影响层次作用，但又会反过来影响它们。例如，当"公共服务结果"显示为"公共价值实现程度低、公众满意度低、可持续性低"时，便会由公共服务协同供给机制动态化运行反馈至外部影响层次。由"公共服务结果"导致的公众情绪不满、长期不得到相应的公共服务供给，将影响社会发展的稳定程度，并可能引发社会冲突与动荡。在这种情况下，行动情景层次中会考虑吸纳更多"参与主体集合"，进行更为频繁的"人际沟通"调整"允许的行动"来缓解社会矛盾，提升公共服务质量。

（二）公共服务协同供给机制动态化的案例分析

为进一步展示本框架的价值，本文尝试利用该框架对我国公共卫生服务协同供给进行实践应用分析，其中，突发公共卫生事件的协同治理能直接体现公共卫生服务协同供给的水平与质量。因此，选择该案例进行实践应用分析。

我国突发公共卫生事件协同治理经历了漫长的时期。新中国成立初期，在"预防为主"理念的指导下，我国仿照苏联模式建立起省、市、县的三级公共卫生防疫站。改革开放后重心在经济发展，对突发公共卫生事件体系的建设能力有限，对基层卫生机构发展也缺少相应的支持。同时，指挥决策机制的建构依旧呈现暂时性的特征，[①] 致使突发公共卫生事件发生以后难以迅速有效地协调各个地区的防控行为，蕴藏着较大的社会危机。

2003年"非典"的暴发是我国完善公共卫生服务体系和突发公共卫生事件协同治理的重要节点。[②] "非典"之后，我国构建了突发公共卫生事件的"一案三制"体系，强化了组织协调与地方政府间的跨区域合作，在信

[①] 武晋、张雨薇：《中国公共卫生治理：范式演进、转换逻辑与效能提升》，《求索》2020年第4期。

[②] 陈彪、贺芒：《整体性治理的精准指向：突发公共卫生事件治理的一个解释框架》，《求实》2021年第1期。

息沟通上则更加注重信息的及时报告、发布和广泛的交流与合作,并在人员、技术、物质等方面做了大量的准备工作,基本能够应对我国突发的公共卫生事件。但就现实而言,"一案三制"依然存在缺乏切实可操作和协同配合的具体行动方案、部门主导和各管一方的条块分割、信息不统一和差异性强等问题。①

2020年新冠肺炎疫情暴发,习近平总书记指出:"这次新冠肺炎疫情是新中国成立以来在我国发生的传播速度最快、感染范围最广、防控难度最大的一次重大突发公共卫生事件。"② 应对此次疫情,党中央不断加大各地在政策和物资上的协同和调配力度,各地区根据当地实际积极调整防控举措。社会各界从物资上、人员上、技术上、金钱上等方面对本次疫情的支援形成了举国协同共济的局面。在信息传递上实现了对信息的实时发布、及时传递、准确排查和精准定位。在党中央的领导下,我国始终坚持以人为本,把人民群众生命安全和身体健康放在第一位,取得了举世瞩目的阶段性成果。虽然在疫情防控的过程中也存在一些问题,但我国依然在这场人民生命与健康安全的保卫战中不断总结经验,补全暴露出的短板。

按照本文提出的"公共服务协同供给机制动态化的实践应用分析框架",本案例的实践应用如表2所示。

从表2可知,公共服务协同供给机制动态化的理论模型在实践中也同样适用,不同变量之间的多种组合将会为公共服务协同供给带来更多的选择和可能,也使得公共服务协同供给机制动态化呈现出阶段性的动态演进。我国公共卫生服务中的突发公共卫生事件协同治理是一个动态的演进过程,每个演进阶段均存在着对上一阶段的接续与自我发展。"非典"之前我国公共卫生服务协同供给机制动态化水平处于由差到良的转变,在"非典"暴发之后,我国公共卫生服务协同供给机制动态化逐步从良转向好的阶段发展。在2020年新冠疫情中,我国公共卫生服务协同供给机制延续了"非典"时期的经验和积累,总体上达到优的程度。尽管依然存在问

---

① 刘霞、严晓:《我国应急管理"一案三制"建设:挑战与重构》,《政治学研究》2011年第1期。
② 中华人民共和国国务院新闻办公室发布:《抗击新冠肺炎疫情的中国行动》,《人民日报》2020年6月8日第1版。

表2 我国公共卫生服务动态化的实践应用分析

	变量	差→	我国公共卫生服务中的突发公共卫生事件协同治理 良→	优→
外部影响层次	制度环境	国内外政治局势不稳定经济恢复，改革开放，市场经济体制初步建立与完善经济社会处于变迁时期	世界政治格局多极化，政治势稳定，政治高经济体制主程度高经济社会发展稳定与经济发展稳定社会	世界面临百年未有之大变局，政治制度不断完善，民主程度高，社会多元且平稳，包容，开放经济发达
	生态资源环境	充足富余但人均占有量不高	—	—
	应用规则	有针对性但单一	较为丰富目可以变通	多元且实时变通
行动情景层次	参与者集合	政府主导，缺少其他主体的积极参与	主体多元但参与者传统	主体多元与新兴参与者，举国共济
	允许的行动	相对集中，执行力有限	集中下的多元，执行力较强	集中、多元与灵活并存，执行力强
	可用信息	×	信息较多且可以在范围内传递，但不统一，存在差异性	信息丰富且传递范围、多元与灵活并存
	人际沟通	沟通协调性差	沟通相对频繁，及时	沟通频繁，及时，沟通协调能力强
	决策权力	权力结构开放程度低	权力结构开放程度中等且具有专门领导机构	权力结构开放程度高，有主导方并共享决策权力，可以形成合力
	成本和收益	人民利益高于一切	—	—
	目标	预防为主，勉强实现对问题的解决	预防到应对，解决问题逐步覆盖到其他领域	可预防、解决多元问题并有预见性并能解决现实问题

续表

变量		我国公共卫生服务中的突发公共卫生事件协同治理		
		差→	良→	优→
公共服务结果	产出结果层次	可持续性低蕴藏社会危机	为可持续奠定基础	公共价值最大限度实现，公共服务供需精准、长远发展可持续

注：→表示公共服务协同供给机制动态化演进阶段的延续性和自我发展—表示延续上一阶段变量内容×表示缺失变量内容。

资料来源：作者自制。

题，但也随着公共卫生服务各变量不断调整趋向更优，这离不开党的领导和中国特色社会主义制度的优越性。

具体而言，不同层次的变量在不同时期发生了不同情况的组合，对最终结果也产生了不同的影响。我国公共卫生服务的外部环境处于一个长期变化的时代背景中，每个阶段的制度环境虽有所不同但均存在对上一个阶段的延续，这也在一定程度上说明公共服务协同供给机制需要跟随时代变化的必要性。随着制度环境的变化，应用规则也在做出不断的调整，自然环境的变化基本可以保障我国公共卫生服务的可用资源。外部影响层次的变化直接影响了公共卫生服务的行动情景层次，行动情景中存在下一阶段对上一阶段延续的情况，但是最终结果和上一阶段却不尽相同，这是因为宏观的外部影响层次发生了变化。行动情景层次在延续和更新中会改变上一阶段的公共服务结果，并为下一阶段奠定基础。诸如，"非典"时期的行动经验为此次新冠疫情防控提供了宝贵参考，而新冠疫情预防初期的行动情景也为后期行动情景的改善积累了经验，使得后期的疫情防控更为迅速和精准，公共卫生服务供给以及防疫体系更具有可持续性。总体而言，我国公共卫生服务协同供给始终处于动态变化的状态，并在动态中不断调整变量以到达公共服务结果最优。

需要说明的是，对该案例的分析是基于尝试性和经验性的，一是因为对公共服务协同供给机制动态化实践应用中复杂和庞大的变量及其之间的多层次关系难以几言以蔽之。二是公共服务协同供给机制动态化是一个持续并不断发展的存在，其具体的适应性和可操作性仍有待在实践中不断地验证和修缮。但是将理论模型置于实践应用的尝试依然有其价值。一方面，在一定程度上验证了本文提出的"公共服务协同供给机制动态化"的理论模型，展现了公共服务协同供给中各个变量的动态变化过程以及整体的动态演进。另一方面，这对从多个途径缓解公共服务碎片化问题和优化公共服务供给提供了有益启迪。

五 结论与讨论

在新时代我国社会主要矛盾转化为人民日益增长的美好生活需要和不

平衡不充分的发展之间的矛盾背景下，破除碎片化问题和优化公共服务协同供给成为不可回避的议题。虽然当下不少学者对该问题进行了深入探讨，但解决路径大多聚焦于从组织结构出发，关注公共服务协同供给机制动态化着力甚少。本文借鉴 IAD 和 SES 经典理论框架，从"动态化"入手来回应公共服务协同供给机制动态化的逻辑必然与时代要求，从变量互动和动态演化过程两个方面构建了"公共服务协同供给机制动态化"的理论模型。这一模型不仅可以在公共服务协同供给机制中各个变量发生变化时进行动态调整，也可以将特定环境下不同层次上的公共服务协同供给置于统一的分析框架内。对现实而言，该模型既是对现实的回应也是适应，在一定程度上适用于对公共服务协同供给现实问题的解决。

除去对理论模型的构建和分析，本文对案例的应用分析表明，外部影响层次、行动情景层次和产出结果层次是构成公共服务协同供给机制动态化的重要结构。公共服务协同供给机制动态化演进是随着变量的不同状态和不同组合发生变化的，动态化程度越高得到的公共服务结果也就越好，但是也不排除几个相同变量延续情况下得到不同的公共服务结果。因此，对于公共服务协同供给机制动态化的运用，需要考虑相同组合下哪种变量发挥的作用更大，并在实际运用中赋予更多的权重，以达到更优的公共服务结果。

此外，本文选取了公共卫生服务中的突发公共卫生事件协同治理案例作为分析，具有一定的现实意义，尤其是全世界以及我国仍然处于抗击新冠疫情的战役中。由于突发性、公共性、严重性、紧迫性等特征，突发公共卫生事件相比于其他领域的公共服务，不仅关系到公共卫生服务供给，更关系到社会稳定、经济发展乃至国家安全。因此，更考验也更需要公共服务协同供给机制动态化。分析结果表明，在党中央的统一领导下，我国公共卫生服务协同机制动态化得以充分发挥，在应对新冠疫情突发公共卫生事件中始终坚持以人为本，而不同于西方"群体免疫""消极应对"等举措，在疫情的不同阶段均及时调整了相应的防控举措，使得公共卫生服务供给始终保持"优"的状态，筑牢了人民群众生命健康这道防线。与此同时，我国也在社会主义制度的优越性和中国共产党无比坚强的领导力中不断汲取经验和教训，完善公共卫生服务协同供给机制动态化，促使公共卫生服务供给面对突发公共卫生事件时能够应对不同阶段和不同程度的冲击，不仅在当下筑牢了防疫战线，更是有预见性、主动性和可持续性地为人民生命和健康继续保驾护航。因此，公共服务协同供给机制动态化所具有自我完善与自我发展，不仅适用于现阶段的公共服务协同供给机制运用，也适用于未来的公共服务协同供给机制发展。

本文提出的"公共服务协同供给机制动态化"在于从动态视角探讨影响公共服务协同供给机制的多层次因素，但由于公共服务协同供给机制变量的多样性及其关系的复杂性，对变量动态化和多层次维度的展现也并非完整。在经验上进行案例验证也只能从大方向上进行分析，其普适性仍需要在其他公共服务供给领域验证。未来公共服务协同供给动态化还有很大的探索空间，需要通过大量的实地考察和验证不断丰富变量并厘清其中关系。诸如制度环境错综复杂的变量究竟如何影响公共服务协同供给机制？行动情景层次中各个变量之间的协同程度多少才会产出令人满意的结果？较之于不同制度情景中的运用又会产生怎样的公共服务供给结果？这些问题可以运用更加丰富的研究方法，通过理论论证与实践经验，从不同维度深入推进并完善公共服务协同供给机制动态化这一议题。

文章原载于《中国行政管理》2021年第3期，
收入本书时略有修订。

从赋能到包容：数字政府建设非均衡困境生成机制及化解路径

赵 淼 鲍 静 刘银喜

摘要：作为数字政府建设的有效性基础，数字赋能实现了政府治理工具的革新和治理效率的提高，影响着数字政府建设的质量和水平。在对数字赋能效果进行理论反思的基础上，本文发现数字赋能的非均衡性导致数字政府建设在价值认知、主体结构、治理过程和成果分配等方面均呈现出非均衡困境。数字包容作为一种同时具备价值兼容性、主体多元性、过程参与性、成果共享性特征的行动过程和理想状态，在一定程度上能够化解数字政府建设非均衡困境，动态调适数字政府建设的价值理念、发展诉求和推进方向，让数字政府建设更有效、均衡、普惠。

关键词：数字政府建设；数字赋能；非均衡性；数字包容

数字政府建设是创新政府治理理念和方式的重要举措，也是推进国家治理体系和治理能力现代化的重要支撑。《国务院关于加强数字政府建设的指导意见》（以下简称《指导意见》）强调要把数字技术广泛应用于政府管理服务，推进政府治理流程优化、模式创新和履职能力提升，构建数字化、智能化的政府运行新形态，为推进国家治理体系和治理能力现代化提供有力支撑。《指导意见》还指出，要始终把满足人民对美好生活的向往作为数字政府建设的出发点和落脚点，着力破解企业和群众反映强烈的办事难、办事慢、办事繁问题，坚持数字普惠，消除"数字鸿沟"，让数字政府建设成果更多更公平惠及全体人民。《指导意见》的出台标志着我国数字政府建设迈入新发展阶段。近年来，在数字政府建设过程中，依托数字赋能推动政府治理理念、治理流程和治理结构等方面进行创新和重塑成为数字政府建设的主要内容。然而，有研究表明，数字政府建设似乎未能充分借助数字赋能的力量，随着数字赋能正面效应的发挥，其预期之外的副作用也开始显现。① 在此背景下，对数字赋能影响数字政府建设的效果进行理论反思成为本文关注的重要议题。

一 文献回顾与理论分析框架

数字政府建设实践的蓬勃发展赋予了数字政府建设丰富的理论内涵，有学者将当前数字政府相关研究概括为视角向内和视角向外两个类别，② 视角向内的研究聚焦基于数字技术的政府内部变革，如数字技术的应用优化了政府服务流程，推进了政府部门协同，重塑了政府体制机制，转变了政府组织形态以及实现了基于数据驱动的科学决策等方面；视角向外的研究则聚焦数字社会形态下政府与其他主体的关系，在更高层次讨论政府治理模式的变革、政府职能的转变和促进其他治理主体的协同参与。③ 总的来看，相关研究形成的一个基本共识是数字政府建设强调数字赋能，即通过数字技术在政府治理变革中的运用来更好地实现政府治理效能优化的目标。

（一）数字赋能的理论回顾

数字赋能源于"赋能"（empowerment）这一概念。在"赋能"的相关研究中，一个比较普遍的定义是将赋能视为一个过程，这个过程可能发生在个人、组织与社群等多个层面，个人、组织以及社群可以通过赋能获得

---

① 作者简介：赵淼，内蒙古大学公共管理学院博士研究生，主要研究方向为数字政府。鲍静，中国行政管理学会副会长、研究员，主要研究方向为数字政府。刘银喜（通讯作者），南开大学周恩来政府管理学院教授，南开大学数字政府与数据治理研究中心主任，博士生导师，主要研究方向为数字政府。基金项目：国家社科基金重大项目"中国政府职责体系建设研究"（项目编号：17ZDA102）。郑磊：《数字治理的效度、温度和尺度》，《治理研究》2021年第2期。

② 鲍静、贾开：《数字治理体系和治理能力现代化研究：原则、框架与要素》，《政治学研究》2019年第3期。

③ 刘银喜、赵淼：《公共价值创造：数字政府治理研究新视角——理论框架与路径选择》，《电子政务》2022年第2期。

更多机会与资源来实现目标,①从而能够最大限度地提高个人生活质量、组织运作效率以及社群生活品质,②在这类观点中,合作参与、资源获取、实现目标以及对社会政治环境的批判性理解是赋能的基本组成部分。③有学者指出赋能是导致内外部变革的人与社会政治环境之间的互动过程,公民在此过程中发展他们的技能、能力和经验来驱动社会变革。④也有学者主张赋能本身是一种社会发展,能够使生活水平低下、弱势群体或被压迫群体获得更大的权力、能力以及社会正义,从而改变自身现状并实现预期目标。⑤

在赋能理论的研究基础上,互联网、大数据、人工智能等技术将数字技术发展推向新高度,数字技术与赋能有机融合的数字赋能受到广泛关注。⑥数字赋能相关研究重点关注数字赋能在治理领域中的应用及影响,具体涉及政府治理⑦、社会治理⑧、环境治理⑨、社区治理⑩、乡

---

① Julian Rappaport and Edward Seidman, *Handbook of Community Psychology*, New York: Springer Science & Business Media, 2000, p.43.
② Nikkhah H. A. and Redzuan M., "Participation as a Medium of Empowerment in Community Development", *European Journal of Social Sciences*, No.1, 2009, p.101; Zhu Y. Q. and Alamsyah N., "Citizen Empowerment and Satisfaction with Smart City App: Findings from Jakarta", *Technological Forecasting and Social Change*, No.174, January 2022, pp.121-304.
③ 周济南:《数字技术赋能城市社区合作治理:逻辑、困境及纾解路径》,《理论月刊》2021年第11期。
④ Sharma S., et al., "Digital Citizen Empowerment: A Systematic Literature Review of Theories and Development Models", *Information Technology for Development*, No.4, March 2022, p.686.
⑤ Peterson N. A., Lowe J., Aquilino M. L., et al., "Linking Social Cohesion and Gender to Intrapersonal and Interactional Empowerment: Support and New Implications for Theory", *Journal of Community Psychology*, No.2, January 2005, p.234; Boehm A. and Boehm E., "Community Theatre as a Means of Empowerment in Social Work: A Case Study of Women's Community Theatre", *Journal of Social Work*, No.3, December 2003, p.290;叶丽莎、戴亦junction、董小英:《"移动互联网+乡村"模式的赋能机制:基于"腾讯为村"的案例研究》,《中国软科学》2021年第11期。
⑥ 王超、赵发珍、曲宗希:《从赋能到重构:大数据驱动政府风险治理的逻辑理路与价值趋向》,《电子政务》2020年第7期。
⑦ 孟天广:《政府数字化转型的要素、机制与路径——兼论"技术赋能"与"技术赋权"的双向驱动》,《治理研究》2021年第1期。
⑧ 郁建兴、樊靓:《数字技术赋能社会治理及其限度——以杭州城市大脑为分析对象》,《经济社会体制比较》2022年第1期。
⑨ 关婷、薛澜、赵静:《技术赋能的治理创新:基于中国环境领域的实践案例》,《中国行政管理》2019年第4期。
⑩ 周济南:《数字技术赋能城市社区合作治理:逻辑、困境及纾解路径》,《理论月刊》2021年第11期。

村治理①、基层治理②、应急管理③等多个领域。数字赋能研究尽管在背景及主题方面存在差异,但总体来看体现出双重面向的特征,即聚焦数字赋能的正面效应与负面效应两个方面。从正面效应来看,数字赋能通过应用数字技术,形成一种新的方法、路径或可能性,④来赋予、激发或提升相关行动主体的能力,⑤从而获得更多机会与资源参与数字化变革过程,促使既定目标的实现。从负面效应来看,部分学者明确指出技术赋能具有不均衡性,这种不均衡性体现在政府、企业、少数技术专家和普通民众等不同主体之间。一方面,技术赋能赋予了政府和少数技术专家更多的主导权,但对于普通民众来说,技术赋能制了更大规模的信息弱势群体;⑥另一方面,技术具有的"马太效应"使技术赋权以政府和企业为主,引发集权化的垄断趋势。⑦此外,技术赋能带来的影响也具有非均衡性。⑧

已有研究为本文奠定了理论基础,但具体到数字政府建设中,相关研究还存在一定的局限。一方面,已有研究多聚焦政府内部的数字赋能,在一定程度上忽略了赋能其他主体参与数字政府建设的重要性。另一方面,已有研究大多聚焦数字赋能在数字政府建设中的正面效应,对于负面效应,特别是对数字赋能的非均衡性及其引发的数字政府建设现实困境等问题的探讨较为分散,缺乏系统分析。此外,作为具有很强未来性的重大研

---

① 杨嵘均、操远芃:《论乡村数字赋能与数字鸿沟间的张力及其消解》,《南京农业大学学报》(社会科学版)2021年第5期。

② 陈天祥等:《双向激活:基层治理中的数字赋能——"越秀越有数"数字政府建设的经验启示》,《华南师范大学学报》(社会科学版),2021年第4期。

③ 郁建兴、陈韶晖:《从技术赋能到系统重塑:数字时代的应急管理体制机制创新》,《浙江社会科学》2022年第5期。

④ 关婷、薛澜、赵静:《技术赋能的治理创新:基于中国环境领域的实践案例》,《中国行政管理》2019年第4期。

⑤ 郭春镇:《"权力—权利"视野中的数字赋能双螺旋结构》,《浙江社会科学》2022年第1期。

⑥ 韩志明:《技术治理的四重幻象——城市治理中的信息技术及其反思》,《探索与争鸣》2019年第6期;王冠群、杜永康:《技术赋能下"三治融合"乡村治理体系构建——基于苏北F县的个案研究》,《社会科学研究》2021年第5期。

⑦ 施生旭、陈浩:《技术治理的反思:内涵、逻辑及困境》,《天津行政学院学报》2022年第2期。

⑧ 杨宏山:《"互联网+基层治理"效能提升的行动路径》,《人民论坛》2021年第34期。

究课题，数字政府建设如何破解数字赋能负面效应引发的困境与挑战，应追寻何种发展和行动路径，相关研究尚未给出较为明确的答案。

（二）数字包容的理论内涵

数字包容（digital inclusion）又称为电子包容（e-inclusion）、数字融合、电子融合。自公共部门电子服务出现以来，数字鸿沟和数字包容一直是信息社会中被广泛讨论的议题。① 受欧盟数字包容战略影响，数字包容概念多见于欧盟委员会等公共机构发布的各种研究计划和报告中，如欧盟2006年签署的《里加部长宣言》指出数字包容的含义是指"通过包容性的信息技术及其使用以实现更广阔的包容性目标，数字包容关注所有个人或社区在信息社会里各方面的参与"，② 2019年国际电信联盟（ITU）将数字包容定义为"旨在确保所有人都有平等的机会和适当的技能，从广泛数字技术和系统中受益的策略"。③ 长期以来，数字包容的相关研究一直被关于数字鸿沟的研究主导，数字包容被认为是相对于数字鸿沟的概念，其目标是采取各种措施让低收入者、失业人群、残障人士、老年人等信息弱势群体了解和使用信息和通信技术，从而消除数字鸿沟。④

近年来，除了关注ICT工具和服务获取之外，越来越多的数字包容研究认识到数字包容与社会包容之间的高度相关性。Kaplan认为数字包容本质上是信息社会的社会包容，也有学者将数字包容视为社会包容的一个新维度，他们认为知识社会中的社会包容应该关注对公众的赋能和对知识社会和经济的参与，以及ICT对实现社会平等和促进社会参与的贡献程度。⑤

---

① Weerakkody V., Dwivedi Y. K., El-Haddadeh R., et al., "Conceptualizing E-inclusion in Europe: An Explanatory Study", *Information Systems Management*, No. 4, September 2012, p. 311.

② European Commission, Ministerial Declaration Approved Unanimously on 11 June 2006, Riga and Latvia, https://ec.europa.eu/information_society/activities/ict_psp/documents/declaration_riga.pdf., 2020年5月14日。

③ 杨巧云、梁诗露、杨丹：《数字包容：发达国家的实践探索与经验借鉴》，《情报理论与实践》2022年第3期。

④ 曾刚、邓胜利：《我国数字包容政策分析与对策研究——基于政策工具视角》，《信息资源管理学报》2021年第5期。

⑤ Weerakkody V., Dwivedi Y. K., El-Haddadeh R., et al., "Conceptualizing E-inclusion in Europe: An Explanatory Study", *Information Systems Management*, No. 4, September 2012, p. 317.

通过上述研究回顾发现,学界对数字包容的理解存在差异,数字包容定义多源于政策和实践层面,缺乏学术层面的概念化。本文认为,随着数字社会和数字技术的不断发展,我们定义数字包容的方式也必须不断发展。从更广泛的层面来讲,数字包容不仅仅是消除数字鸿沟的过程,数字包容旨在让包括弱势群体在内的每个人都能够平等、有意义、安全地参与数字社会发展并获得数字社会发展的好处。因此,数字包容既是一种消除数字社会结构性不平等的行动过程,又是一种状态或目标。

数字包容具有兼容性、多元性、参与性和共享性四个特征。第一,兼容性。从价值层面来看,数字包容以"包容"的名义综合考虑数字时代的效率、公平、平等、正义、民主、安全等价值理念,具有多元主义价值取向,整体上具有兼容多元价值的可能性,并且能够型构不同价值理念的平衡,使诸多价值目标适洽相容。第二,多元性。数字包容的多元性特征体现在多元主体和多元利益诉求两个方面。主体方面,数字包容旨在将包括弱势群体在内的每个人都容纳到数字社会发展中。也就是说,数字包容的主体不仅包含特定的数字弱势群体,同时也包括所有在数字时代经济、政治、文化、生活和思想等各个方面都处于相对弱势地位的个体或群体,数字包容试图克服不同社会身份、不同族群、不同阶层之间的数字排斥。此外,数字包容在延续对多元主体关怀的基础上,综合考虑不同主体的多元利益诉求,同时对弱势群体和边缘化群体的利益诉求予以特别关注。第三,参与性。数字包容的目标不仅是克服数字排斥、弥合数字鸿沟,同时也是为社会上的所有群体充分参与数字社会的各个方面提供机会。特别是在数字时代,数字包容重点强调所有人都能获得参与数字经济增长、数字社会发展和数字政府建设的平等机会和平等权利。第四,共享性。数字包容要求提高数字社会发展的共享性,确保包括数字弱势群体在内的所有公民都能够从广泛的数字技术和系统中受益,每个人都能够公平地获得数字社会发展的好处,共享数字成果和数字红利。从数字包容的特征来看,价值兼容、主体多元、平等参与、公平分配是数字包容的核心要义,而上述内容理应成为数字时代数字政府建设的应有之义。

(三) 理论分析框架

上文对数字赋能和数字包容的系统梳理，明确了两者之间的理论关联。从理论上看，数字赋能作为数字政府建设的有效性基础，实现了政府治理工具的革新和治理效率的提高，并从价值目标、治理主体、治理过程和治理结果等方面影响着数字政府建设的整体质量和水平。然而，数字赋能并不等于数字万能，数字赋能的非均衡性会导致价值失衡和主体失衡等问题，[①] 进而引发潜在价值风险。数字包容作为一种同时具备价值兼容性、主体多元性、过程参与性、成果共享性的行动过程，在一定程度上能够化解数字赋能的非均衡性及其可能引发的数字政府建设困境，成为数字政府建设的"下一步行动"。[②] 从数字赋能到数字包容的行动路径是数字政府建设的一种适应性调整过程，这一行动路径的调整与优化实质上也是对数字政府建设过程中不断变化和新生的数字垄断、数字鸿沟、算法歧视、数据权利缺失等现实困境与潜在风险的回应。从整体上来看，数字赋能与数字包容二者内在统一于数字政府建设中，数字包容是对数字赋能的调适与超越，可以说是对参与数字政府建设所有相关主体的全面赋权与赋能，在此过程中，数字政府建设的非均衡困境将得到纾解。

鉴于此，本文认为，应在对数字赋能效果进行总结的基础上，反思数字赋能的非均衡性及其可能引发的数字政府建设困境，通过调整数字政府的理念、目标期望和推进路径，使数字政府建设的发展更加有效、均衡、普惠。基于上述分析，本文在阐述数字赋能和数字包容对于数字政府建设理论意义的基础上建构本文理论分析框架（见图1）。余文将按图1所示理论分析框架展开，第二部分重点分析数字赋能在数字政府建设中的有效性问题，第三部分在数字赋能的有效性基础上重点论述数字赋能的非均衡性及其导致的数字政府建设非均衡困境，第四部分进一步阐释如何通过数字包容化解数字政府建设非均衡困境。

---

① 马俊：《论智能技术对社会治理变革的影响》，《行政论坛》2022年第4期；张帆：《信息技术赋能基层治理的路径与限度》，《兰州学刊》2021年第10期。

② 黄璜等：《数字化赋能治理协同：数字政府建设的"下一步行动"》，《电子政务》2022年第4期。

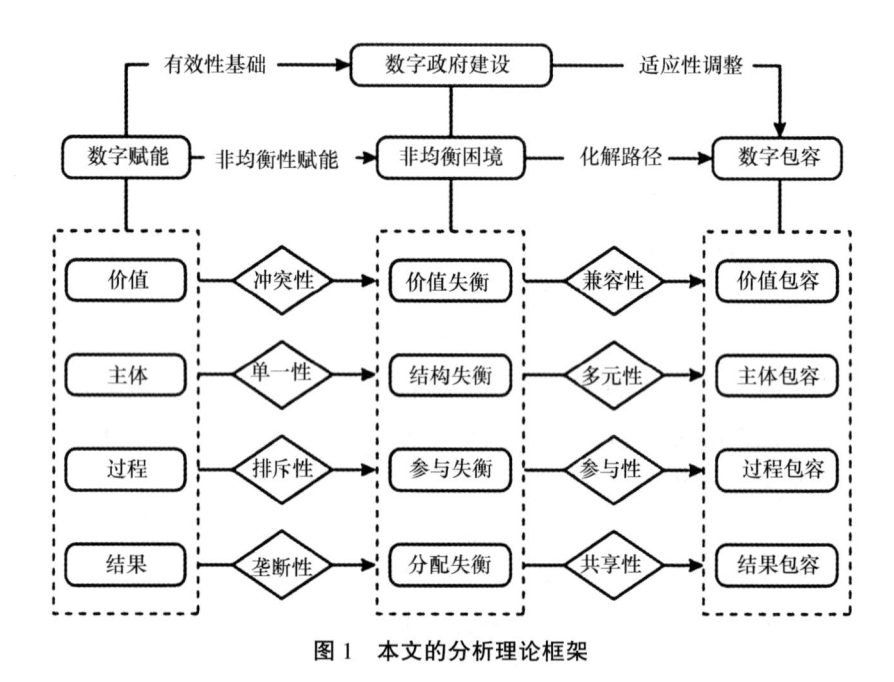

```
有效性基础 → 数字政府建设 — 适应性调整
                                              ↓
数字赋能 —非均衡性赋能→ 非均衡困境 —化解路径→ 数字包容

价值  —冲突性→  价值失衡  —兼容性→  价值包容
主体  —单一性→  结构失衡  —多元性→  主体包容
过程  —排斥性→  参与失衡  —参与性→  过程包容
结果  —垄断性→  分配失衡  —共享性→  结果包容
```

图 1　本文的分析理论框架

二　数字赋能：数字政府建设的有效性基础

从已有的定义来看，数字赋能强调数字技术运用在相关行动主体能力获得或提升过程中的主导作用，其核心要素包括数字技术、相关行动主体、赋能目标、赋能过程和赋能结果等。作为数字政府建设的有效性基础，数字赋能有效提升了数字政府建设中最主要的行动主体——政府的行政效率和治理能力，并对数字政府建设价值目标、治理结构、治理过程和治理结果等方面产生影响。

（一）数字赋能提升行政效率

从价值层面来看，数字赋能以技术理性为核心价值，追求效率是数字赋能的本质属性，数字赋能本身代表的就是一种对高效率的价值追求，[①]

[①]　刘妍：《人工智能的司法应用及其挑战》，《河南财经政法大学学报》2022 年第 4 期。

因此,通过数字赋能提升行政效率成为数字政府建设所追求的必然价值。

数字赋能对行政效率的提升首先表现在数字技术嵌入政府治理理念的转变。在推进数字政府建设的过程中,数字赋能意味着政府管理效率和质量的提升必须要以数字技术为支撑并高效利用数字技术,数字技术驱动政府治理效能提升成为数字政府建设的认识论基础。① 其次表现在对政府组织运作能力的提升与重构上。数字技术作为治理工具可以极大改变政府组织的工作方式、内部流程和工作惯例,提升政府对经济与社会治理的服务、监管和应急管理能力等。依托数字赋能,数字政府建设能够更好地使用数据资源改善政府的决策方式与流程,提升政府的科学决策能力、应急响应能力、数据治理能力、社会沟通和组织协调能力等。

(二) 数字赋能重构治理结构

数字政府建设的一个重要特征是被寄希望于改善信息和服务供给,并改变与公民、企业和其他社会主体的关系,促进不同主体参与决策并形成与政府的良性互动。② 数字赋能给数字政府建设带来了治理结构的新变化,数字政府建设强调对企业、社会和民众等主体的赋能,其治理结构旨在容纳众多治理主体。

实践中,数字技术不仅是一种现实技术,而且是一种结构性的话语体系。③ 依托数字技术的结构赋能实质上为社会治理权力的数字化延伸提供了契机,数字政府在治理空间得到拓展的同时也增强了不同主体参与政府治理的可及性和便捷性,突破了层级化所带来的距离空间限制,拓宽了公民参与决策和监督的渠道,体现出公民权利的重新配置。此外,数字政府建设通过数字赋能形成开放、流通、包容的数字平台,数字平台去边界和去中心的扁平化特征使得虚拟空间与实体空间互相融合,不仅丰富了普通民众的表达场景,也拓展了民众的话语渠道,为民众话语权的回归与增强

---

① 孟天广:《政府数字化转型的要素、机制与路径——兼论"技术赋能"与"技术赋权"的双向驱动》,《治理研究》2021年第1期。
② 刘银喜、赵淼:《公共价值创造:数字政府治理研究新视角——理论框架与路径选择》,《电子政务》2022年第2期。
③ 孟天广:《政府数字化转型的要素、机制与路径——兼论"技术赋能"与"技术赋权"的双向驱动》,《治理研究》2021年第1期。

提供了可能性。总之，数字赋能为数字政府建设中公民权利的实现、国家权力的行使提供了更加广泛的场域和多元的可能性。

（三）数字赋能重塑治理流程

在数字化环境下，数字政府建设的另外一个重要特征是以数据资源为关键要素，数据资源也因此成为赋能数字政府建设的关键工具和变量，数据共享和业务协同成为数字政府建设的重要内容。

在数字资源赋能方面，政务数据资源的协同共享有力支撑了数字政府业务协同和应用创新，充分发挥了数据资源的赋能作用。数字政府建设以数据整合和共享为途径，通过打破"数据孤岛"和行政壁垒，促进业务协同和流程再造，实现数据互联互通以及线上线下服务资源联动，进而实现跨层级、跨地域、跨系统、跨部门、跨业务的协同管理和服务，从整体上重塑了业务流程。从数据的整合与共享对于政府部门协同的赋能作用来看，通过线上的部门结构优化和业务整合，"一网通办""一证通办""一网统管""跨省通办"等成为数字政府建设的主要业务模式，"让百姓少跑腿、数据多跑路"的数字化服务目标正在逐步推进。

（四）数字赋能促进成果共享

与传统的政府治理相比，数字政府建设旨在以数字技术创造更多公共价值。由于数字技术具有较强的扩散效应、溢出效应与普惠效应，[①] 以数字赋能为有效性基础的数字政府建设能够促进社会各领域深层次变革，从而惠及更多的人群。数字政府建设的核心在于推进以人民为中心的公共服务，在提高治理效能的同时改善公共服务并提升公民服务体验。面对区域公共服务发展水平存在差异、覆盖人群复杂、公众诉求多元等现实问题，数字政府建设能够通过数字赋能不断创新公共服务供给方式，采用各类数字技术、数字平台改进公共服务供给理念和生产方式，如降低服务成本、提高服务响应能力等，并通过远程在线服务、线上线下服务深度融合等方

---

① 胡卫卫、申文静：《技术赋能乡村数字治理的实践逻辑与运行机制——基于关中 H 村数字乡村建设的实证考察》，《湖南农业大学学报》（社会科学版）2022 年第 5 期。

式提高政府提供公共服务的水平和质量，推动公共服务供给多样化、个性化、精细化，促进数字化服务等数字政府建设成果惠及更多人群。

三 非均衡性赋能：数字政府建设非均衡困境生成机制

数字政府建设的关键是充分发挥数字赋能的效用，然而，在当前数字政府建设的过程中，由于数字赋能具有非均衡性特征，导致数字政府建设呈现出非均衡困境。所谓数字赋能的非均衡性，是指数字技术向相关行动主体赋能的不均衡，这意味着不同行动主体间的力量是充满张力、非均衡的。非均衡性赋能则进一步引发了数字政府建设的非均衡困境，数字政府建设的非均衡困境是指数字政府建设的过程、结果没有平等、均衡地覆盖不同的行动主体，使基于数字赋能所形成的数字政府建设主体结构背后是一种非均衡性的参与，这本质上是一种数字不平等。数字政府建设的非均衡困境主要体现为价值结构不均衡、主体力量不均衡、参与机会不均衡、资源结构不均衡等方面。

（一）认知偏差引发数字政府建设价值失衡

提升行政效率固然是数字政府建设所追求的必然价值，但"效率优先"的数字赋能价值观抉择使得数字政府建设在大幅度提升行政效率的同时，不可避免地会面临价值选择的偏颇和价值的冲突。

数字政府建设虽然通过数字赋能提高了行政效率，但在价值选择方面的片面性导致不少地方的数字政府建设对于数字赋能的价值理性和工具理性的认知偏差，仅仅侧重于数字赋能的技术理性，认为技术的智能化就是治理的现代化，这种盲目的技术和数据崇拜使数字政府建设陷入公共事务领域被技术理性支配的困境，社会公平、正义、伦理等价值理性反而在技术工具的不断扩张下日益扭曲。如一些地方政府在通过数字赋能推进数字政府建设时，出于政府自身功利需求盲目追求公共服务的数字化，过分依赖数字设备服务，缺少以人民群众的需求和问题为导向的规划，致使部分弱势群体无法满足服务需要，产生了服务的不公平和不均衡问题。而数字政府建设的基本出发点和落脚点是满足人民对美好生活的向往，公平和效率都是数字政府建设的目标，数字赋能的技术理性不应也不能悬浮在价值理性之上。

（二）主体单一导致数字政府建设结构失衡

从社会既有权力结构以及信息的资源禀赋来看，数字技术向政府、企业和公众等治理主体赋能的过程必然是一个非均衡的过程。[1] 尽管数字赋能在一定程度上带来了治理结构的新变化，但由于社会既有权力的稳定性和保守性，数字政府建设更侧重于赋能政府自身，参与数字政府建设的数字平台企业本身具备市场、技术、数据资源等赋能优势，因此，数字技术向公众的赋能是非常有限的，这造成了数字政府建设的权力结构呈现非均衡性特征，这种结构失衡表现在两个层面。

第一个层面表现为政府与公民之间公共权力与个人权利结构的失衡。在政府主导的数字政府建设中，普通民众参与数字政府治理较为薄弱，拥有公共权力和公共资源的政府在数字赋能时拥有巨大优势，政府可以充分利用数字赋能形成新型的权力网络，从而增强社会监控和管理能力。在现实生活中，相对于数字赋能对政府的效用，数字赋能对公民的效用主要体现在一些多元化生活需求方面，而对于公民的知情权、参与权及监督权等权利保障方面的赋能则较为有限。在此意义上，公民在数字政府建设中更容易处于边缘化境地，数字赋能结构失衡很可能使数字政府建设面临从数字民主滑向数字利维坦的价值风险。[2]

第二个层面体现在企业社会权力与个人权利之间的失衡。在数字政府建设实践中，社会参与更多表现为企业尤其是数字平台企业的参与，数字政府建设中的政企合作模式使数字平台企业在数字赋能中有着较之过去更强的信息资源控制力和支配力，进而生成了更加广泛支配的社会权力，其主体地位也不断凸显。[3] 在数字平台企业与个人的关系结构中，数字平台

---

[1] 容志：《结构分离与组织创新："城市大脑"中技术赋能的微观机制分析》，《行政论坛》2020年第4期。

[2] 唐皇凤：《数字利维坦的内在风险与数据治理》，《探索与争鸣》2018年第5期；王小芳、王磊：《"技术利维坦"：人工智能嵌入社会治理的潜在风险与政府应对》，《电子政务》2019年第5期。

[3] 郭春镇：《"权力—权利"视野中的数字赋能双螺旋结构》，《浙江社会科学》2022年第1期。

企业凭借自身优势能够进一步扩大规模并深化技术能力，在数字治理规则制定等方面而占据着更为主动的话语权，逐渐形成平台垄断"霸权"，而个人作为治理对象更容易被数字技术、算法、平台影响和控制其主体权利行使与行为选择，进而导致数字政府建设过程中人发展的主体身份依附和价值剥夺危机等公共风险。①

（三）过程排斥造成数字政府建设参与失衡

从数字技术赋能数字政府建设的过程来看，数字赋能降低了公民权利表达与施展的成本，刺激了公众对公共事务的积极参与，使更多的公众有机会进入政府决策过程，扩大了民众政府决策参与面，但这种参与具有非均衡性甚至排斥性。② 一方面，在数字赋能的过程中，由于地域、收入、教育、知识、基础设施、数字技能差异等多种现实原因，人们在掌握数字技术和数字资源等方面存在不平等，影响着公民参与的能力和平等性。那些能够熟练掌握并运用数字技术的社会群体拥有更多参与数字政府治理和决策过程的机会与优势；相反，数字弱势群体因受限于技术能力和社会经济地位，缺乏数字参与机会，甚至被排斥在政府决策和服务过程之外。数字政府治理和决策过程中数字参与机会的不平等会引发新的数字不平等，进而加剧数字民主下的参与不平等。另一方面，政府与企业在数字政府建设中缔结了紧密的合作治理机制，③ 政府和企业对数字资源和技术知识的垄断变相提高了社会参与门槛，反而造成治理和决策过程的数字排斥，给数字政府建设带来了偏离数字民主的潜在风险。

（四）资源垄断导致数字政府建设成果分配失衡

从赋能资源来看，长期以来，由于国家政策、地理位置、自然资源等客观因素的影响，人力、物力、财力等资源在不同地区、行业、城乡和社

---

① 范如国：《平台技术赋能、公共博弈与复杂适应性治理》，《中国社会科学》2021 年第 12 期。
② 谭九生、杨建武：《智能时代技术治理的价值悖论及其消解》，《电子政务》2020 年第 9 期。
③ 单勇：《跨越"数字鸿沟"：技术治理的非均衡性社会参与应对》，《中国特色社会主义研究》2019 年第 5 期。

会群体间存在显著的配置不均衡现象。在数字时代，数据已经成为当前经济社会发展最关键的生产要素，数据资源配置的不均衡进一步加深了资源分配的不均衡。在数字赋能的过程中，由于不同区域和主体掌握、积累数据生产要素存在差距，导致不同地区、不同主体、不同群体间的数字红利分配也存在失衡现象。从区域层面来看，东西部地区数据要素存量差距造成数字经济发展效益的不均衡。① 从主体层面来看，一方面，由于数据资源大部分被政府和大数据企业垄断，数字收益在政府、企业和民众之间的分配是不均衡的；② 另一方面，在不同群体之间，数字弱势群体由于缺乏直接参与数据要素收入分配的途径在数字赋能中明显处于不利地位，数字优势群体对他们所能享受的数字红利产生一定的"挤占效应"，甚至可能出现"资源掠夺"现象，从而会进一步加剧群体间收入的分化，产生新的"马太效应"。③ 数字政府作为政府部门对经济演进到数字形态的自我适应，人力、物力、财力和数据等资源配置不均衡的叠加使数字政府建设成果分配也面临着不均衡现象，影响了数字化服务提供的均等化和包容性。

四　数字包容：数字政府建设非均衡困境化解路径

上述非均衡困境对数字政府建设下一步行动路径提出了新要求。数字赋能的非均衡性特征所引发的数字利维坦、数字垄断、数字鸿沟、算法歧视等价值风险本质上是一种不平等，这种不平等使得数字弱势群体被数字化、智能化、全球化的经济和社会体系排斥在外，进一步加剧了数字弱势群体在经济、政治、文化等权利方面的不平等。鉴于此，数字政府建设必须转变其行动路径，前瞻性地将数字包容确立数字政府建设的价值目标和优化路径，通过数字包容化解数字赋能的非均衡性，从而使包括弱势群体在内的所有公民在数字社会所有层面都能够被纳入，实现一个更具包容性的数字社会。

---

① 杨铭鑫、王建冬、窦悦：《数字经济背景下数据要素参与收入分配的制度进路研究》，《电子政务》2022年第2期。
② 张丙宣：《技术治理的两幅面孔》，《自然辩证法研究》2017年第9期。
③ 高一飞：《智慧社会中的"数字弱势群体"权利保障》，《江海学刊》2019年第5期。

（一）价值兼容推动数字政府建设价值包容

数字包容的价值兼容性特征对于探索建构多元价值兼容及其相互协调的数字政府建设路径，具有特定指导意义。首先，效率、公平、平等、正义、民主、安全等多元价值目标的兼容与权衡是数字政府建设的重要问题。数字包容导向下的数字政府建设行动路径既要保有对政府效率价值的天然关注，考虑实现目标和解决问题的速度，又要强调公平、平等、正义、民主等诸多基于社会整体利益的价值，考虑让包括弱势、边缘化群体在内的每个人都能够平等、有意义、安全地参与数字社会发展并获得数字社会发展的好处。其次，数字政府建设应具有多元主义价值取向，回应多元治理主体特别是数字弱势群体和边缘化群体的价值诉求。最后，数字政府建设要以一种均衡性思路对待数字社会中的多元价值观，价值包容旨在将各个领域的价值理念进行整合平衡，避免出现对某一种价值理念的过度重视而导致的价值"一刀切"问题，从而影响社会公众对数字政府建设的价值认知。①

（二）全面赋权保障数字政府建设主体包容

数字赋能虽然放大了公众的话语权，提供了重塑权力结构的新契机，但由于权力结构的相对稳定性和数字赋能的非均衡性，实践中并不能自动地形成平等合作的权力结构，如果没有平等的、可对话协商的主体关系和权力结构，数字赋能的非均衡性就会成为影响数字政府建设发展的重要因素。为此，数字包容强调在数字赋能的基础上对多元治理主体进行全面赋权，通过争取、接纳和吸收多元治理主体并对其进行全面赋权，建构一种多元、平等、开放的包容性治理结构，成为数字政府建设的行动指向。

首先，从制度上争取、接纳和吸收多元治理主体并对其进行全面赋权，创造多元共治的权力结构，形成包容性体制。主体包容的价值在于开辟一条超越数字赋能的权利实现通道，在赋能的基础上进一步对多元主体全面赋权，调整数字政府建设的主体关系，强化对公民特别是数字弱势群

---

① 刘银喜、赵淼：《数字政府治理的价值取向》，《内蒙古大学学报》（哲学社会科学版）2022年第4期。

体的数字权利保障，从制度上保障治理主体权力配置的均衡性。其次，运用法治思维和法治方式建构平等合作的权力结构。富有包容性的治理结构力图平衡政府公共权力、企业社会权力和公民数字权利之间的关系，使数字政府的权力结构能够反映和代表受到群体决策影响的各种利益相关者。① 而要想对数字政府建设过程中的权力结构进行调整，防止政府公共权力、企业社会权力与公民权利的失衡，就必须运用法治思维和法治方式约束政府公权力、规制企业社会权力、保障公民数字权利，形成平等合作的权力结构。

（三）平等参与促进数字政府建设过程包容

政府、企业、社会组织、公众等多元主体协同推进数字政府建设已然成为当前的一个共识，在共同推进数字政府建设的过程中，多元主体参与数字政府建设过程的机会平等和环境公正是数字包容的核心内涵，更是对数字政府建设民主价值的重塑。过程包容意指所有公民都有权、有意义、平等地参与数字政府建设行动过程，并影响其政策决定。

首先，过程包容要求基于数字包容理念，以数字治理平台为载体，促进多主体、全方位的平等参与，使企业、社会组织、公众从形式参与走向实质参与。在治理过程中，注重通过对话协商等方式最大程度上吸纳、整合并调节不同主体的利益诉求，均衡调整不同主体的利益，以公共利益最大化的价值取向促进多元主体发挥各自的优势与效能。其次，过程包容要求数字政府建设不能是自上而下的，而是需要积极地与受其影响最大的人接触，数字政府建设在决策过程中需构建多方参与的包容性机制来广泛纳入多样性的民意需求，从而强化数字政府建设对民意的回应，各主体以数字政府建设共同的治理目标为导向，通过彼此之间平等互动沟通，基于各自所掌握的资源或者权力推动决策的作出和有效实施，保障数字政府建设能够持续地适应社会与科技进步。

（四）公平分配实现数字政府建设成果包容

数字包容致力于使包括数字弱势群体在内的所有公民都能够获得充分

---

① 徐倩：《包容性治理：社会治理的新思路》，《江苏社会科学》2015 年第 4 期。

的机会参与到数字时代的经济、社会和文化生活中，从广泛的数字技术和系统中受益，因此，治理成果的包容性是数字包容的主要目标。在结果包容的目标导向下，数字政府建设应重塑数字普惠价值，让数字政府建设成果更多更公平惠及全体人民。具体来看，数字政府建设要坚持数字普惠价值，构建基于数据要素的公平分配机制，调整社会资源特别是数据资源的分配决策，通过对数字弱势群体的资源分配倾斜进一步消除数字鸿沟，使各利益相关者都能公平地共享数字政府建设成果。也就是说，社会资源特别是数据资源的分配政策应当是包容性的，并有意去消除社会成员在数字政府建设成果共享中遭遇的排斥与不公平，最终实现数字政府建设成果收益和资源分配的包容性和共享性。

结 语

实际上，随着数字化程度的提高，数字政府建设已经呈现出从数字赋能向数字包容演进的特征，国家层面出台了《关于推进信息无障碍的指导意见》《关于切实解决老年人运用智能技术困难的实施方案》《互联网网站适老化通用设计规范》《移动互联网应用（App）适老化通用设计规范》《数字乡村发展战略纲要》《数字农业农村发展规划（2019—2025年）》《数字农业农村发展规划（2019—2025年）》《数字乡村发展行动计划（2022—2025年）》等一系列关注残疾人、低收入人群、老年人群体和农村居民等弱势群体的数字包容政策，积极创造数字普惠基础与条件，助力实现普惠包容发展。在国家政策的指引下，未来数字政府建设应以数字包容为价值目标和优化路径，从价值兼容、全面赋权、平等参与和公平分配四个方面调适数字政府建设的价值理念、发展诉求和行动路径，化解数字政府建设非均衡困境，最终推动数字政府建设实现价值包容、主体包容、过程包容和结果包容，使数字政府建设成果更多更公平惠及全体人民。

文章原载于《数字政府治理》2022年第12期，收入本书时略有修订。

迈向虚实融合时代的元宇宙治理：
内涵、向度、风险与进路

刘　成[*]

摘要： 元宇宙打造的虚实相融新世界描绘了人类数字化的未来趋势。元宇宙治理是这一新生世界的重要产物，意指政府利用元宇宙内嵌的技术要素，通过与企业、公众以及其他人造物的协作，共同维护虚实空间的公共秩序，实现人类永续发展的一种新型治理形态。元宇宙治理在变革政府所处的治理情境、政府组织形态以及治理绩效的同时，也潜藏了巨大风险，包括来自虚拟世界的原生性和脱轨性风险，虚实互动中的外延性和工具性风险，以及对现实世界的挤压性和替代性风险。我国应建立以人为本、鼓励创新与包容审慎为主的理念路径，以夯实算力、优化算法与丰富场景为主的技术路径，以顶层设计、体制机制与标准体系为主的制度路径，以及以多元协同、公众参与元宇宙共享为主的社会路径，全方位保障元宇宙治理的健康有序发展。

关键词： 元宇宙；元宇宙治理；数字治理；虚拟现实

一　元宇宙时代的来临及元宇宙治理的出场

（一）元宇宙及其基本特征

元宇宙昭示着人类将向虚实交融世界大踏步迁徙。2021年10月，美

---

[*] 作者简介：刘成，内蒙古大学公共管理学院讲师，主要研究方向为数字治理、元宇宙治理。
基金项目：内蒙古自然科学基金项目"内蒙古自治区智慧城市建设效率测度及其组态路径研究"（项目编号：2022QN07005）、内蒙古自治区第十一次党代会精神研究专项项目"内蒙古加强城乡社区治理和服务体系建设研究"（项目编号：2022ZZC046）。

国互联网巨头脸书（Facebook）将公司更名为"Meta"——即"元宇宙（Metaverse）"中的"元"（Meta）。随即"元宇宙"火爆全球，成为商界、学界和投资界共同关注的热门话题。从词源角度而言，元宇宙并非新生事物，早在1992年的科幻小说《雪崩》中便已出现，该书中描绘的元宇宙是一个让并不相识的人通过虚拟"化身"进行社会互动的三维数字空间，是与现实世界平行的虚拟宇宙。但直到近些年，人工智能、区块链、VR、AR等数智技术的集成发展，阻碍虚实交融的技术禁锢被破除，才让元宇宙从乌托邦式的科幻走向现实。商界是对前沿技术最狂热、最具引领性的领域。从多人虚拟创作游戏罗布乐思（Roblox）风靡开始，元宇宙迸发的市场潜力持续高涨，吸引了谷歌、苹果、微软、百度、腾讯等科技巨头的战略部署，其在游戏开发、艺术收藏、文化旅游、博物馆等行业的应用也初露端倪[1]。尤应注意的是，元宇宙也成为世界多国抢占发展制高点的战略方向。以美国、韩国、日本为首的发达国家相继出台政策推动元宇宙发展，韩国首尔市政府更是制订了为期五年的《元宇宙首尔基本计划》（Basic Plan for Metaverse Seoul），宣布建立全球首个名为"元宇宙首尔"（Metaverse Seoul）的元宇宙平台。我国的元宇宙探索也如火如荼展开，从中央层面而言，《"十四五"数字经济发展规划》提出，加强元宇宙技术的融合发展，拓展其在社交、购物、娱乐、展览、银行等领域的应用。一些地方政府也积极布局元宇宙，上海、武汉、合肥、无锡、杭州、南昌、厦门等地先后推出发展元宇宙产业的系列政策。

尽管元宇宙作为一个在不断演变的复杂概念，还没有形成一个公认的、一致的定义，但并不妨碍我们整合已有观点来描绘元宇宙的轮廓性特征：一是沉浸的感官体验，即元宇宙所构建的虚拟世界，可以在视觉、听觉、触觉、嗅觉、味觉乃至意念上给予用户深度感官沉浸的具身化体验[2]。二是逼真的镜像世界，是指在保留物理实物和空间核心属性的前提下，打造出与现实世界高度同步和相近的虚拟世界，体现为对物理世界的"复

---

[1] 屠毅力、张蕾、翟振明等：《认识元宇宙：文化、社会与人类的未来》，《探索与争鸣》2022年第4期。

[2] 兰国帅、魏家财、黄春雨等：《学习元宇宙赋能教育：构筑"智能+"教育应用的新样态》，《远程教育杂志》2022年第2期。

制"和"再现"。三是开源、永续的空间,强调元宇宙是一个人人皆可按照各自需求进行自由创造的数字空间,并且这些创新乃至人的意识都可以上载至元宇宙实现永生[①]。四是虚拟化身的社交关系,指的是元宇宙中的社会交往以虚拟化身为载体,"去身体化"的虚拟数字人也同自然人一样进行着身份认同的建构和社会活动的实践[②]。五是独立的运行生态,指的是元宇宙会衍生复杂的运行要素,除了自然环境、虚拟人、虚拟商品、虚拟组织等之外,还包括虚拟生产体系、交易体系、社交体系、文化体系等,也必然催生相应的治理体系和治理规则。

经由上述梳理,试提出元宇宙的概念内涵:以智能技术集群的深度融合为依托,以沉浸体验、虚实相融、开源永生、虚拟化身和独立生态为基本特征的一套数字化社会形态。一个需要厘清的误区是,元宇宙不只是对物理世界的完全映射,还是能够单独运行和虚实互动的一个全新"数字物种"。质言之,元宇宙"既源于现实世界,又高于现实世界"。

(二) 比较视野下的元宇宙治理

每一次技术变革都不是孤立的,而是彼此关联的连续统一。马修·鲍尔提出,元宇宙是一个和移动互联网同等级别的概念。因此,从互联网产生的治理变革为始发点来类比元宇宙治理,不失为解构元宇宙治理内涵及其发展向度的有益视角。无论是互联网治理、数字治理还是炙手可热的智慧治理,共性指向是特定技术属性与治理生态的有机融合。例如,互联网的优势在于打造了一个内容共享和远程协作的网络世界,使得互联网治理致力于通过协商沟通达成共识,而非法律、法规、政策等强制性力量[③]。2016年兴起的大数据,因其在探知个人行为和社会规律的强大功能,迅速被引入国家和社会治理,数字治理随之而生,强调以数据为纽带,增强政府认知和治理社会的效率和能力,创造政府与企业、社会、公民之间的共

[①] 胡乐乐:《论元宇宙与高等教育改革创新》,《福建师范大学学报》(哲学社会科学版) 2022 年第 2 期。

[②] 周逵:《虚拟空间生产和数字地域可供性:从电子游戏到元宇宙》,《福建师范大学学报》(哲学社会科学版) 2022 年第 2 期。

[③] 章晓英、苗伟山:《互联网治理:概念、演变及建构》,《新闻与传播研究》2015 年第 9 期。

同价值，应对日益复杂的公共问题①。智慧治理是在大数据治理的基础上发展而来的，除了关注智能技术对工作效率、政民互动和治理效能的优化作用，更注重现代技术与人本主义的高度合一，以期达成技术为人服务的人本理念②。作为互联网、数智技术和交互设备等技术集群的有机结合体，元宇宙显著提速了虚拟和现实的连接与融合，促推人类由"物理公民""互联网公民"转变为"数据公民"③，既有治理系统面临全局性和颠覆性变革，元宇宙治理将随之"粉墨登场"。

目前，关于元宇宙治理的专门研究还非常少，大多是在探讨元宇宙的宏观影响时，穿插谈及元宇宙对公共治理的影响及其互动关系，主要聚焦于技术和人文两大视角。一是将元宇宙视作一种新型治理技术，认为元宇宙一方面能够提高城市治理效能、减少官僚主义④，全方位打破不同国家网民交流的技术壁垒⑤，但也会带来隐私泄露、监控资本主义、数据监控、地理监控、人类健康、信息和"认知茧房"，以及财富不平等一系列问题⑥。二是从公共价值和人类主体性视角展开探讨，认为元宇宙将人类改造自然的能力从外部自然拓展到内部自然，进而催生出"人如何成之为人""应该成为什么样的人"，以及"塑造什么样的文明"这样的灵魂拷问⑦。这就使得治理孪生宇宙的元宇宙比治理现实世界更加复杂，需要谨防技术削弱元宇宙的公共性⑧。

---

① 沈费伟、诸靖文：《大数据时代的智慧政府治理：优势价值、治理限度与优化路径》，《电子政务》2019年第10期。
② 沈费伟、诸靖文：《大数据时代的智慧政府治理：优势价值、治理限度与优化路径》，《电子政务》2019年第10期。
③ 周维栋：《元宇宙时代的数字公民身份：认同困境、实践逻辑与理论证成》，《电子政务》2022年第10期。
④ Allam Z., Sharifi A. and Bibri S. E., eds., "The metaverse as a virtual form of smart cities: Opportunities and challenges for environmental, economic, and social sustainability in urban Futures", *Smart Cities*, Vol. 3, No. 5, June 2022, pp. 771–801.
⑤ 魏开宏、苏媛：《国外元宇宙研究述论：热点、堵点与愿景》，《新疆师范大学学报》（哲学社会科学版）2022年第5期。
⑥ Egliston B. and Carter M., eds., "Critical questions for facebook's virtual reality: Data, power and the metaverse", *Internet Policy Review*, Vol. 4, No. 4, Sep. 2021, pp. 1–23.
⑦ 屠毅力、张蕾、翟振明等：《认识元宇宙：文化、社会与人类的未来》，《探索与争鸣》2022年第4期。
⑧ 谢新水：《作为"人造物"的元宇宙：建构动力、弱公共性及增强策略》，《电子政务》2022年第5期。

也有学者指出，想要在利用颠覆性技术创造社会价值的同时减轻对人类文明的负面影响，必须建构起与之相匹配的道德价值观和相应行为规范[①]。总体而言，不论是对元宇宙治理的概念界定、产生的变革效应和潜在风险，还是未来的政策路径，既有文献还极其碎片化，难以探究更深层次的治理问题，亟须从系统视角展开整体性理论探讨。

通过整合技术和人文两大视角的核心理念，试提出元宇宙治理的基本内涵，并借此探究元宇宙治理的变革向度、潜在风险和政策进路。所谓元宇宙治理，是指政府利用元宇宙内嵌的各种技术要素，通过与企业、公众以及其他人造物的通力协作，共同创造和维护虚实交融新空间的公共秩序，旨在实现人类主体性存留和永续发展的一种新型治理形态。相比以往治理模式，元宇宙治理具有四大特征：一是以虚实交互技术为代表的元宇宙技术群将成为政府提升公共服务和治理效能的新手段和新方式；二是随着身体植入、虚拟化身、交互设备乃至脑机接口的大量出现，人工意识和自然意识的界限逐渐模糊，数字存在物有可能扩展政府、企业、社会的治理格局，成为新的参与主体；三是政府的治理空间将由现实世界与数字世界的割裂状态，转化为现实与虚拟可以相互独立但又密切联系的虚实相融空间；四是以人的永续、美好生存为终极目标[②]，避免基特勒所言的人类沦为技术的"工具人"或是人类主体性的让渡。

二　元宇宙驱动治理变革的基本向度

从元宇宙治理的内涵及特征来看，随着建构在数智技术之上的虚拟世界逐渐渗透、拓展并嵌入传统的物理世界，现有治理生态也会在虚实融合过程中发生系统性变革。该过程遵循由表及里、由外到内的内在逻辑，从变革政府所面临的治理情境开始，逐步重塑和再造作为治理核心主体的政府组织形态，并由此带动治理绩效的整体性提升。

[①] Egliston B. and Carter M., eds., "Critical questions for facebook's virtual reality: Data, power and the metaverse", *Internet Policy Review*, No. 4, June 2021, pp. 1-23.

[②] 张辉、曾雄、梁正：《探微"元宇宙"：概念内涵、形态发展与演变机理》，《科学学研究》2023年第5期。

（一）元宇宙缔造新的治理情境：从单维情境转向虚实互构情境

元宇宙引致的最大变革是加速了人类向虚拟世界迁徙的步伐。大卫·查尔默斯（David J. Chalmers）预测，我们将在一个世纪之内拥有无法与非虚拟世界区分开来的虚拟世界。不同于蒸汽、电器和互联网等历次技术革命对现实社会的单维世界改造，元宇宙的变革效应逐渐从改造单维的物理社会衍生和延伸出虚拟社会，并且在现实和虚拟社会的动态互构中改变着人类的心理和行为方式，呈现出虚实互构的双维特征。对于公共治理而言，随着虚拟人、虚拟经济、虚拟城市、数字货币、人机共生等新事物的大规模出现，传统治理生态中的参与主体、行动空间和关系结构将被极大重塑，不断涌现的治理新要素及其与传统要素的复杂互构，共同驱动元宇宙治理情境的时代变迁。

其一，虚拟化人将成为新的治理对象。在元宇宙打造的新世界里，人作为唯一主体的治理格局将被打破。在虚实相生的治理场景下，虚拟身份自由穿梭的自然人以及由算法驱动的虚拟人，共同构成了元宇宙中的生产者、消费者和行动者。虽然人类生命不再受熵增限制，人的时空维度无限拓展，但随之而来的身份隐蔽化、个体的多元分身、生命可复活性、自然人同虚拟人的主体争端、人机互动的非线性化等，也会催生新的社会问题，建构于此的治理情境显然是对未来政府的极大考验，尽管高度数字化会赋予国家更强大的治理效能。

其二，虚拟空间将成为新的治理空间。利用数字孪生等技术，在虚拟空间建造房屋、道路、公园、广场、景点、政府、交通设施等城市要素，将现实空间延伸至虚拟世界，成为元宇宙时代新的公共空间。虚拟公共空间的可编辑、可随时抵达、可无限传输等特征，虽然有利于降低成本、减少能耗、提升效率，但带来了诸如管制的归属权、不稳定性、新型犯罪以及对真实公共空间的冲击等新问题。

其三，复杂互动将成为新的治理关系。戈夫曼的情景互动论认为，主体间的微观互动和宏观秩序随着社会和经验环境的变化而改变[①]，元宇宙中的社会互动和秩序形成亦是如此，且更具颠覆性。一方面，是因为数字

[①] 王晴锋：《欧文·戈夫曼与情景互动论》，社会科学文献出版社2019年版，第31页。

人和虚拟身份的嵌入，将人与人的单主体互动拓展为"人与人""人与算法""真人与虚拟人"乃至虚拟人之间的多维互动，形成了一种超复杂的互动关系；另一方面，这种复杂互动不只局限在虚拟世界，而是在与现实世界的互构中不断进行意义更替和模式迭代，极大地挑战着政府的秩序建构能力。

（二）元宇宙重构政府组织形态：虚实相隔转向虚实共生

虽然政府对新技术的采纳和应用相对迟钝和滞后，但在元宇宙掀起的颠覆性浪潮里，治理情境变化产生的倒逼效应越来越需要政府开展相应的组织变革，否则很难回应虚实融合社会引致的治理挑战。因此，包括工作环境、协同方式乃至组织结构等在内的政府形态都将面对虚实融合进程带来的改造与重塑。

第一，元宇宙将推动实体政府向政府的虚拟化运行转移。在低延时、高速率、大带宽网络等数智技术的支撑下，计算机对海量、高渲染画面的运算能力显著提高，虚拟工作空间（virtual workspace）越来越能还原真实的工作体验，尽管身处虚拟办公室、虚拟会议室，人们依然能体会到在物理空间中的真实感和存在感。扎克伯格在2021年的演讲中向世人展示了元宇宙办公蓝图——未来的员工将以定制的虚拟形象"随时随地"在元宇宙中完成工作。从疫情当下的发展潜力来看，虚拟办公是元宇宙最可能大放异彩的领域之一，诸多企业已将办公场景部分甚至全部转移至元宇宙平台。可以预期，首尔政府在《元宇宙首尔基本计划》中提出的智能远程办公室很可能成为元宇宙时代政府工作的新领地。

第二，元宇宙将增强政府决策的数字驱动和场景化特征。在元宇宙中，与治理相关的活动将更大范围发生在虚拟世界或以数字形式被记录和存储，这意味着政府有能力获取更为充分、动态、细粒的公共数据，经过算法挖掘和可视化技术的再处理，政府决策的精准性和预见性将达到新的高度。元宇宙赋能政府决策的另一个体现是对治理场景尤其是突发事件的决策模拟。例如，当城市突发火灾，消防员贸然救火很容易造成伤亡，但在元宇宙中的孪生城市，可以实时在建筑虚拟模型上模拟救灾指导决策，从中选择最优方案付诸实践，实现以最小代价成功救灾。

第三，元宇宙将重新定义政府中的个人协作与组织协同。当前政府中的个人协作一旦进入跨时空状态，依然呈现出接力式、链条式的特征，协作具有明显的滞后性，但在元宇宙打造的全息工作空间，传统协作中的时空区隔将逐渐被打破，取而代之的是实时、灵活、互操作以及支持"面对面交流"的全新协作样态。更值得期待的是，元宇宙对政府组织协同的变革，将在当下在线会议、数据共享等的基础上进一步增强资源和要素联结能力，通过搭建虚拟协同平台，营造逼真的协同操作场景，扩大治理数据的共享范围，从而建立协同共生型政府。

第四，元宇宙将加速政府组织结构的扁平化转型。相比"虚拟现实"（VR）等技术性用语，我们或许还不太熟悉一个重要但容易被忽视的组织性概念——DAO（Decentralized Autonomous Organization，意指去中心化自治组织）。凭借区块链技术形成的智能合约，DAO实现了每个人都能成为社区共建者以及决策和规则制定的去集权化，建构起一个可以避免中心决策失误的扁平化组织结构。随着越来越多的组织结构向扁平化转型，政府的权力结构和管理幅度也必然走向扁平化。虽然政府承担着算法管理和共识机制形成的重要职责，仿佛残留了领导和组织的中心化特征，但这更多的是协调和服务的角色，而非出于统治的需要。

（三）元宇宙重塑政府治理绩效：政府与公众的双向高阶赋能

"赋能"（empowerment）一词肇始于20世纪80年代西方组织行为学中的授权赋能理论，意指对组织和个人提供某种能量以增强其追求目标的能力，据此而来的数字技术赋能，强调互联网、大数据、人工智能等数字技术对治理效能的提升效应[①]。相比以数据为基础的数字技术赋能，元宇宙对公共治理的赋能效应不论是在数据量级、智能化程度还是嵌入公共世界的深度和广度上都更具颠覆性，因而将其称为高阶赋能，包括向政府赋能和向社会赋能两大类型。

从赋能政府视角来看，借助5G、人工智能、区块链、虚拟现实等集成

---

① 周济南：《数字技术赋能城市社区合作治理：逻辑、困境及纾解路径》，《理论月刊》2021年第11期。

性技术的力量，散落各地的个人偏好将被精准采集并有序汇集，从而推导出集体偏好顺序，现实世界中的"阿罗不可能定律"将被无限压缩甚至完全消除。元宇宙平台无限提升了政府与社会互动的数字化感知、分析和挖掘水平，政府探知社会行为和社会规律的能力大幅提高，随之而来的是政府提供公共服务的效能提升、更可以实现市场运行的全过程监管、更容易打造政府的"完美人设"、更能够调适公众冲击对国家体制的威胁等。不仅如此，借由元宇宙的虚拟仿真功能，政府可以迅速且低成本地进行治理工具准真实实验，更为精准地评估政策结果及其缺陷[1]。整体而言，在元宇宙时代，政府吸纳市场和社会的制度韧性和能力载荷是当下无法想象的。

从赋能公众的视角来看，公共服务的可获得性将显著提高。在元宇宙时代，虚拟政府将是数字政府发展的高级阶段，其内嵌的虚拟公职人员、自动化和24小时智能政务系统将更大范围承担起为民服务的主体责任，最终形成业务场景化、服务拟人化和体验沉浸化的公共服务新模式。随着政府与公众数字化交互密度的增加，政民互动中的信息不对称大幅消解，公众需求将更加全面、动态、实时地传递到政府端，并得到公共服务供给的精准匹配。除此之外，在虚拟现实、增强现实和扩展现实融合技术的帮助下，虚拟世界提供的沉浸式公共服务将赶上甚至超越物理世界的具身体验，可以有效打破公众获取公共服务的时空区隔以及语言和身体障碍。例如，扩展现实设备不仅能为四肢瘫痪的残疾人提供"身临其境"的远程公共服务，还可以帮助其学习、积累治理知识，让其有能力参与公共服务和治理的协商过程[2]。

三 打造向善元宇宙治理的潜在风险

元宇宙驱动的治理变革虽然能够再造和提高政府形态和组织效率，也有助于强化政府的治理效能，但也隐含了强烈的治理风险。有研究甚至发

---

[1] 何哲：《虚拟化与元宇宙：人类文明演化的奇点与治理》，《电子政务》2022年第1期。
[2] 何哲：《虚拟化与元宇宙：人类文明演化的奇点与治理》，《电子政务》2022年第1期。

现，由于全球元宇宙架构下的超链接性、数据化、算法化和平台化等特性很可能被不法滥用，学者们倾向于认为元宇宙对人类社会的负面影响要超过积极效应①。随着虚拟和现实世界关联和互动的深度、广度和频度的不断增加，由此而生的公共性风险也在不断交织、叠加和转换，其波及范围、传播速度和影响深度也更广、更快、更深，对国家和政府治理体系的考验也就更具冲击性。按照"三个世界论"的基本观点，元宇宙代表了一种虚实融合的社会新形态，内嵌了虚拟世界、虚实融合世界和物理世界三个不同的世界，而源发于不同世界的治理风险自然也有其独特属性。

(一) 虚拟世界：原生性和脱轨性风险

元宇宙之所以可以打造一个拥有自身运行体系和治理秩序的虚拟世界，很大程度上要归功于数智技术的融合发展具备了建构闭环虚拟系统的能力。这意味着将产生大量真实世界并不存在的虚拟物，传统的政府、企业和自然人也越来越以虚拟化物的形式出现，这些主体所有的思考、社交和行为活动都将在算法的规制逻辑下展开，但数智技术的内在特性、缺陷和漏洞却蕴含了相应风险，给人类的治理实践带来巨大挑战。这些风险主要包括原生性风险和脱轨性风险两个类别。

所谓原生性风险，指的是由于元宇宙技术自身固有特性的影响，虚拟世界的治理生态发生治理失范的可能性。这类风险发轫于元宇宙内在的虚拟化、沉浸化、去国界化、匿名化、去中心化等特征，与元宇宙的运行和使用相伴而生，具有内生性和不可消除性，包括领土虚拟化对国家主权的威胁、经济社会的去国界化加剧危机的跨国蔓延、用户匿名化导致虚拟犯罪追溯难、沉浸化引发的视觉欺骗等。相比而言，最大的挑战源自对国家主权的冲击，这要归咎于虚拟领土的大量出现。虚拟领土虽然突破了国家发展的时空局限和资源约束，但也颠覆着传统领土和国家主权的运行逻辑。不同于现实世界中固定的疆界，虚拟领土以数字化形式存在，完全可以脱离物理领土而独立运转，这意味着虚拟领土的拥有者并不必然掌控现

---

① Egliston B. and Carter M., eds., "Critical questions for facebook's virtual reality: Data, power and the metaverse", *Internet Policy Review*, Vol. 5, No. 4, Feb. 2021, pp. 1–23.

实世界中的某个国家，而物理领土的实际归属国也可能不是虚拟领土的操控者。此外，各国的虚拟领土将在统一的元宇宙平台上运行，而平台的技术底座却由少数几个巨头科技公司所掌控。虚拟领土所属国虽然可以在虚拟领土上行使国家权力，但也只掌握领土使用权，并不拥有领土的底层控制权。一旦国家间发生冲突和争端，虚拟领土很可能遭到技术攻击甚至直接摧毁，极易出现元宇宙霸权、元宇宙欺凌等问题，严重影响全球主权安全。

脱轨性风险指的是在虚拟世界运行中因技术应用失当、异化或是技术失控而产生的不确定性。这些风险是因技术应用偏离预期轨道而引致的负面治理效应，包括巨量数据和算法模型被盗窃、乱用和滥用，以及算力基础设施突然遭到破坏等①。虽然与原生性风险相比，脱轨性风险一定程度上可以通过人为干预进行规制和避免，而一旦出现同样会产生灾难性后果。比如在人们通过VR/AR头盔、特制手套等可穿戴终端载体"畅游"元宇宙时，所有的行为、偏好乃至表情、呼吸、血压、脑部运动等全生理和行动数据都会被真实、动态、立体地记录下来，而这些涉及隐私甚至生物识别的信息一旦泄露，对个人权益和国家安全的威胁是互联网时代不可同日而语的。再比如，虚拟化身被盗用和滥用。虽然有学者认为，虚拟化身只有得到真实人的授权才能存在，并且由于数字人没有"自我"和"有意识的心灵"，无法形成"另一个宇宙"，因而很难对真实人产生风险②。但该观点没有考虑虚拟化身被盗用的情况，身份盗用不仅意味着虚拟化身拥有了"自我"和"意识"，同时也打破了虚拟化身与真实人的关联关系，虚实身份的隔离也直接为不法行为创造了空间，由此而来的风险和危害是巨大的。

（二）虚实互动：外延性和工具性风险

虚拟世界与现实世界的相互依赖和交互影响是元宇宙时代的最大特征，两者间的深度互构在创造巨大社会价值的同时，也带来了前所未有的公共风

---

① 段伟文：《探寻元宇宙治理的价值锚点——基于技术与伦理关系视角的考察》，《国家治理》2022年第2期。

② 曾毅、包傲日格乐：《从虚拟现实到"元宇宙"：伦理风险与虚实共治》，《哲学动态》2022年第9期。

险，可以具象为由虚向实的外延性风险和由虚向实的工具性风险两种类型。

外延性风险是虚拟世界的某些特征或属性在影响现实世界过程中所衍生的风险，是风险由虚拟世界向现实世界扩散的过程和结果。在元宇宙营造的虚拟空间中，从个人到整个国家的心智和行为模式、行动逻辑和运行规律都将发生翻天覆地的变化，这种改变对于公共价值创造不全是积极的，很多时候也是消极的。比较典型的例子是，在高度依赖和成瘾的感官环境中，以游戏为代表的内容和服务精准满足了人的生理和精神需求，公众越来越多地沉沦在布热津斯基所说的"奶头乐"①，而丧失了对公共事务的思考和对公共利益的追求，导致元宇宙时代的公共性缺失和无限扩大的阶级和贫富差距。而随着人类越来越多地向虚拟世界迁徙，元宇宙某种程度形成了一个让人自愿"坐牢"的"电子牢笼"，信息"茧房效应"和意识形态的"群体极化"现象愈加明显，极大地威胁着现实世界中政治秩序和治理体系的稳定性和可持续性。

工具性风险是指虚拟世界被现实中的风险制造者当作扩散工具而产生的风险，是来自现实世界的风险源借由虚拟世界的工具效应制造风险的过程和结果。元宇宙身份虚拟性、无国界化以及薄弱的监管等特征，为不法分子、极端分子等传统风险制造者创造了无限机会，使得通过元宇宙平台进行非法金融交易、转嫁经济危机、招募恐怖主义成员并培训以及模拟恐怖袭击等成为可能。例如，元宇宙提供的匿名化身份系统让每个人都可以呈现出多种虚拟身份，而虚拟化带来的身份可变性很大程度上阻碍了对其真实身份的识别，导致难以将其和现实中的公民权利与义务相勾连②，法律追责真空带来的风险不仅会影响虚拟世界，也会传导至现实世界。有学者就指出，如果跨国元宇宙平台中数字公民的身份和行为得不到有效监管，催生出"虚"嵌套为"实"甚至"虚"控制了"实"的话，就可能会挑战现实世界的国家主权，此时经济、政治与社会的失序将难以避免③。

---

① 王卫池、陈相雨：《虚拟空间的元宇宙转向：现实基础、演化逻辑与风险审视》，《传媒观察》2022年第7期。
② 周维栋：《元宇宙时代的数字公民身份：认同困境、实践逻辑与理论证成》，《电子政务》2022年第10期。
③ 贾海薇、刘志明、张小娟：《元宇宙时代的智慧政府：角色新定位与行动新策略》，《新视野》2022年第5期。

尽管目前尚未发现恐怖分子利用元宇宙平台进行恐怖相关活动，但鉴于"伊斯兰国"组织（ISIS）和其他恐怖组织曾使用游戏平台和社交平台秘密通信、传播信息、转移非法资金，在元宇宙时代，游戏平台和社交平台的潜在优势很可能成为恐怖分子未来活动的主要平台①。

（三）现实世界：挤压性和替代性风险

大卫·查尔默斯认为，虚拟世界是对物理现实的补充而不是替代，至少短期内是如此。但从审慎技术观的角度而言，元宇宙的强大驱动性对现实政治治理秩序的干扰是确定的②，既有补充效应但也可能产生替代效应。这意味着元宇宙对于现实治理生态的影响蕴含了两个阶段：一是在元宇宙治理发展初期，虽然虚拟治理系统开始嵌入和补充现实治理系统，但其产生的挑战和冲击只是局部且有限的；二是随着虚拟治理系统对现实治理系统的冲击越积越深，现实治理系统存在的空间也越来越小直至完全被替代。这两个阶段分别对应以下的挤压性风险和替代性风险。

挤压性风险是由于虚拟治理形态的兴起和扩展对现实治理系统的压缩、侵蚀和重塑，但还不至于产生毁灭性影响，类似于互联网时代的电商对于实体店只是冲击而不会完全消除。科西莫·亚托卡在《数据时代：可编程未来的哲学指南》一书中指出："代码在攻击和毁坏我们迄今所知的世界。"③ 代码扮演的不是压缩和消除物理空间的角色，它呈现世界的方式是创造和操纵现实④。作为这些代码的集合性应用，元宇宙对现实经济社会运行体系的形塑具有颠覆性，虚拟空间对现实空间的不断压缩、虚拟化身对真实自我的意义拷问、虚拟社会关系引发社会结构的重构等。突如其来的转变极大地挑战了人类积累了成百上千年的政治体制、组织模式、社

---

① 朱永彪、王俊超：《元宇宙时代的恐怖主义风险及应对》，《中国信息安全》2022年第1期。
② 周维栋：《元宇宙时代的数字公民身份：认同困境、实践逻辑与理论证成》，《电子政务》2022年第10期。
③ [意]科莫西·亚托卡：《数据时代：可编程未来的哲学指南》，何道宽译，中国大百科出版社2021年版，第93—95页。
④ 段伟文：《探寻元宇宙治理的价值锚点——基于技术与伦理关系视角的考察》，《国家治理》2022年第2期。

会结构、治理经验和制度惯性，我们不仅需要建立和形成与之相适应的政治体系，同时也面临应对过程中的不确定性和巨大风险。例如，随着虚拟政府和数字公务员的大规模应用，实体政府和人类公务员的存在空间将被极度挤压和侵蚀，接踵而来的就业冲击不仅潜藏着重大的社会危机，也威胁国家稳定。

替代性风险实际上是由于虚拟对现实长期挤压导致的现实治理形态被逐渐替代乃至完全消亡的风险。在可预期的未来，元宇宙的出现不会改变当前政治系统对人类治理需求的满足，虽然国家只是社会发展到一定程度的产物，而非永续存在。但即便如此，随着元宇宙应用的越来越广，对人类生活的嵌入越来越深，元宇宙技术可能会形成两种趋势，不断强化的"奶头乐"效应和技术长期规训引致的"数字利维坦"，历史沉淀而成的规则体系越来越让渡于算法规则，不仅压缩着人们对现实规则系统的需求空间，也在吞噬着国家和政府作为公共秩序提供者和维护者的存在必要性，最终导致其慢慢消亡。雷·库兹韦尔（Ray Kurzweil）推测，到2049年将爆发奇点，在这一时点上，假如世界各地的人们都把人类意识与人工智能相融合，可能形成一个世界文化或一个世界法令系统，单一国家权力将逐渐消逝。届时世界文明的主导力量将是算法规则，但其缔造者不再是我们熟知的人数众多、机构庞杂的官僚系统，而是少数几个数字权力寡头。当然，替代性风险是需要关注的话题，但还为时尚早。

四 建构元宇宙治理的中国进路

元宇宙治理是一个"机遇与风险并存、发展与挑战同在"的复杂工程，而因时制宜和因地制宜则是其落地和发展的深层支配逻辑。一方面，元宇宙技术的阶段性意味着元宇宙治理演进的阶段性。元宇宙的技术演进一般被分为三个阶段，比较有代表性的是赛迪顾问提出的解构、重塑以及颠覆的"三阶论"，因而建构于此的治理模式也因为技术的迭代而不断演变。随着人类治理生态向虚实交融甚至纯虚拟世界的迈进，带来风险的不确定性、复杂多样性、潜伏性和未知性越来越强，因而对人类政治文明的重塑和颠覆的趋势也越来越明显。因此，元宇宙治理的建构需要平衡好技术落地与潜在风险、规模扩张与安全隐患、过度虚拟与文明消亡之间的内在张力。另一方面，数字化基础很大程度上制约着一个国家元宇宙治理建设的深度、广度和效度，而起始条件是所有技术治理的重要影响因素，这意味着元宇宙治理模式的构建必须考虑各地具体情境，做到因地制宜。我国数字经济蓬勃发展、庞大市场空间以及海量用户数据的整体势能提供了良好的初始条件，成为抢占元宇宙治理制高点的重要支撑，但在底层技术完备性、技术人才供给充足性、应用场景成熟性、制度体系完善性和前瞻性等方面，同美国、韩国和日本等发达国家还有一定差距，因而需要多维补强，在追赶中发展。总之，元宇宙治理模式的建构并不是一个简单的技术嵌入，实际上涉及技术风险控制、人类政治文明延续、国际治理格局竞争等问题。因此，对于我国而言，必须采取系统化措施，全面激活政府、市场和社会乃至全人类的协同合作，重点从理念、技术、制度和社会四个层面提出建构元宇宙治理的未来进路。

（一）建构元宇宙治理的理念：以人为本、鼓励创新与包容审慎

保障人类的主体性和自治是发展人工智能和自动化决策的基本原则[①]。因此，面对元宇宙可能对现实政治和文明形态产生的挤压甚至是替代，应始终秉持如下理念。

首先，树立以人为本的基本理念，捍卫和保障人类演化形成的底层伦理及其主体性地位，并将其贯穿于元宇宙治理建构中的每个细节，时刻跟踪和警惕数字人和虚拟化人对人类情感、人性、人格、自治性和自由意志的侵蚀，防范非自然人的"脱缰"和"异化"，以及对人类政治文明的冲击和颠覆。

其次，在以人为本理念引导下鼓励治理应用创新。随着元宇宙的崛起和爆发式发展，元宇宙治理是治理范式转型的大势所趋，而我国元宇宙治理尚处于创新孵化期，落地性应用还很碎片化。因此，在平衡好技术安全性与治理需求回应的基础上，要全面总结元宇宙治理先发国家，比如韩国、美国、日本等的探索性尝试，通过先行先试的政策试点机制，鼓励部

[①] 张凌寒：《自动化决策与人的主体性》，《人大法律评论》2020年第2期。

分领域、部分城市、部分地区开展创新试点，借此提炼一批高效成熟的元宇宙治理应用场景。

最后，坚持包容审慎的总体原则。对待元宇宙治理这一新形态、新模式，应借鉴监管数字经济的包容审慎理念，在最大限度鼓励元宇宙治理探索和创新的同时[①]，引入风险监测和规避机制，寻求元宇宙治理创新与人类数字文明向善发展的动态平衡。

（二）建构元宇宙治理的技术路径：夯实算力、优化算法与丰富场景

元宇宙治理是由虚实交互技术打造的数字治理闭环，其建构集中反映的是技术性问题，其构成要素包括算力、算法和场景三个层次。

第一，算力。良好运转的虚拟政府、人与数字治理系统的沉浸式交互以及虚实治理体系的高效互动是元宇宙治理系统的重要支撑，这对3D场景构建和渲染、人机协作、万物互联等算力能力提出了极高的要求，因而打造强劲的算力体系成为我国元宇宙治理建构过程中的基础任务。其中，除了要保障算力体系的安全可控之外，也要大力鼓励自主创新，实现核心技术底座牢牢掌握在自己手里，不受制于其他国家，唯有如此，才能从根本上规避元宇宙的原生性风险引致的霸权主义危机，保障国家安全和独立自主。

第二，算法。随着元宇宙的数字化和数据化程度越来越深，算法承载的权力属性愈加凸显，越来越能决定各种利益的再分配[②]。因此，在元宇宙治理中，算法优化要为社会公共价值的创造乃至人类文明的延续提供动态支撑，不仅要实现更便捷、更高效、更优质的公共服务，更要想方设法规避算法歧视、信息茧房、资本垄断以及自动化系统对人类自治性的冲击。

第三，场景。不论是何种数智技术，只有落地为具体的应用场景，才能将公共需求有效地转换为治理实践。为此，国家应深度挖掘社会公共需

[①] 唐林垚:《"元宇宙"的规制理论构建及中国方案》，《上海大学学报》(社会科学版) 2022年第5期。

[②] 张爱军、贺晶晶:《元宇宙赋能数字政治主体：表现、风险与规制》，《广西师范大学学报》(哲学社会科学版) 2022年第5期。

求，并与元宇宙沉浸式、强交互、去中心化等特征进行匹配对接，从元宇宙数字公务员、元宇宙警务训练、元宇宙政务审批等单项场景开始，推动元宇宙治理的应用落地，并根据业务需求变化不断更新迭代，逐步实现治理场景的平台化整合。

（三）建构元宇宙治理的制度路径：顶层设计、体制机制与标准体系

元宇宙引发的不只是信息经济以及生产力和生产关系的变革，更是关于"人类世界将是什么"与"人类发展将向何方"的宏大问题[1]，元宇宙治理不仅关系到经济社会发展，更关系到政治秩序重构和人类发展，是一项涉及面广且影响力大的系统性工程。

首先，要注重国家层面的顶层设计，通盘打造元宇宙治理体系和行动方略，从满足细分治理"痛点"出发，有序推动虚拟治理与现实治理的紧密联系，探索形成虚实融合、服务人类的元宇宙治理平台和治理体系。

其次，加快推进元宇宙治理的体制机制建设。这既要求国家从释放技术治理效能的层面出发，制定有利于元宇宙治理建设和运行的试点制度、法律制度、经济制度和政府协同制度；同时也要从规范技术治理的层面，出台相应的风险研判、预警、管理和防范制度，实现元宇宙治理的有序、健康、安全发展。

最后，探索构建元宇宙治理的标准体系。从数字治理的经验来看，标准化是实现技术与治理高效融合的最佳路径。随着元宇宙治理创新的不断兴起，术语界定、场景应用、综合集成持续迭代，亟须运用标准化的理念和方法，加快研发元宇宙治理的总体标准、建设标准、技术标准、业务标准、服务标准等基础通用标准规范，探寻一条最优、最高效、最集约的元宇宙治理建设路径，并通过总结提炼形成可复制、可推广的元宇宙治理"中国标准"。

---

[1] 周维栋：《元宇宙时代的数字公民身份：认同困境、实践逻辑与理论证成》，《电子政务》2022年第10期。

(四) 建构元宇宙治理的社会路径：多元协同、公众参与宇宙共享

基于负责任的虚实共治框架，从责任的分配到不同文化之间的互鉴、对话，最终回归每一个人所关心的生命价值问题上，在共同的开放性历史维度构建现实的共治路径，促进元宇宙技术的可持续发展①，是建构向善元宇宙治理的重要任务。

首先，要打造多元协同的治理文明体。要形成以国家和主管部门为主导，由科技企业、行业组织以及科研机构共同组成的跨领域合作网络，通过发挥各自比较优势，以能力互补的方式充分释放元宇宙的治理效能，同时也围绕元宇宙治理产生的多维影响尤其是负面治理效应展开协同规制，有效规避新技术不确定性可能诱发的诸多风险。此外，元宇宙本身的跨国特性会成为风险向全球蔓延的工具，由此带来的后果需要全球公众和政治系统共同承担，因而必须寻求跨国界、跨文化和跨历史的价值共识，围绕技术研发、应用监管和风险规避等开展跨国协作，共同打造向善的全球元宇宙治理新形态。

其次，要倡导公众参与、促进成果共享。社会主义的制度底色使得我国元宇宙治理建设必须以人民为中心，这一方面需要发动群众，让公众智慧渗透到元宇宙治理的各个环节，助力政府治理效能提升，另一方面也要保证公众平等共享元宇宙释放的治理红利，唯有如此，才能真正让技术服务于人民，也才能让元宇宙发展成果惠及人民。

文章原载于《电子商务》2023年第7期，
收入本书时略有修订。

---

① 曾毅、包傲日格乐：《从虚拟现实到"元宇宙"：伦理风险与虚实共治》，《哲学动态》2022年第9期。

元宇宙城市治理的实践框架研究
——来自首尔元宇宙城市的案例考察及中国镜鉴

刘　成[*]

摘要： 元宇宙为城市治理开辟出新的进化方向，处于数字化转型关键期的中国城市亟须借鉴国外的相关经验。基于政策反馈理论，以全球第一个进军元宇宙的城市——首尔为案例，全面梳理了首尔元宇宙城市治理的建构逻辑和行动策略。研究发现，过去数字治理的历史深刻影响首尔元宇宙城市治理的建构动机、主体、内容和路径要素，并形成了以服务发展为导向、多主体共建、全领域嵌入、科学规划与支持本土为特征的实践框架。在此基础上，结合我国城市发展实际，从党的领导、以人民为中心、服务发展、多元共建四个方面提出了我国元宇宙城市治理的政策启示，以期为我国的城市治理提供决策参考。

关键词： 元宇宙；城市治理；政策反馈；首尔

一　问题的提出

数字技术与城市治理的融合是技术、国家和社会三者互动的主旋律。从互联网到大数据再到人工智能，每次技术革命都牵动城市治理机制、结构和关系的系统变革，催生了"互联网+政务服务""一网通办""城市大脑"等典型案例。随着虚拟现实、增强现实、5G、区块链、数字孪生等技

---

[*] 作者简介：刘成，内蒙古大学公共管理学院讲师，主要研究方向为数字治理。
基金项目：内蒙古自治区自然科学基金项目"内蒙古自治区智慧城市建设效率测度及其组态路径研究"（项目编号：2022QN07005）。

术的融合发展，人类社会开始迈向元宇宙时代①。元宇宙作为数字化转型的高级阶段，成为全球关注的焦点，特别是随着扎克伯格（Zuckerberg）将 Facebook 改名为 Meta，元宇宙的概念更是广受关注②。元宇宙融合了虚实交互、沉浸体验、具体社交、数字孪生、文明生产等新属性③，旨在打造一个虚实融合的时空形态。城市治理也开始与元宇宙结合，不仅涌现了 Liber-land、Decentraland、Upland、Sandbox、Horizon Worlds 等虚拟城市，物理世界中的首尔、纽约、迈阿密、新加坡和上海等城市也在规划或已启动元宇宙城市建设。随着城市发展迈入元宇宙时代，如果城市治理模式不能与时俱进，依然延续治理物理城市的传统模式，不仅无法适应虚拟空间中城市规划、资源配置、公共服务等新生治理需求，也很难应对大量用户涌入对公共秩序的冲击，更难以有效防范人工智能崛起对城市可持续发展乃至人类文明的威胁。因此，借助元宇宙这一新技术推进城市治理的转型升级将成为一大趋势，而找到适合的建构道路便是当务之急。

综观城市数字治理的研究成果，现有文献大都围绕互联网、大数据、人工智能、数字孪生等普及性技术展开，如网络城市④、互联网城市⑤、智

---

① 彭国超、吴思远：《元宇宙：城市智慧治理场景探索的新途径》，《图书馆论坛》2023 年第 3 期；Banaeian F. S. and Imani R. A., eds., "What are the benefits and opportunities of launching a Metaverse for NEOM city?" Security and Privacy, Vol. 282, No. 1, June 2022；喻国明：《未来媒介的进化逻辑："人的连接"的迭代、重组与升维——从"场景时代"到"元宇宙"再到"心世界"的未来》，《新闻界》2021 年第 10 期。

② 刘成：《迈向虚实融合时代的元宇宙治理：内涵、向度、风险与进路》，《电子政务》2023 年第 7 期。

③ 彭国超、吴思远：《元宇宙：城市智慧治理场景探索的新途径》，《图书馆论坛》2023 年第 3 期；Banaeian F. S. and Imani R. A, eds., "What are the benefits and opportunities of launching a Metaverse for NEOM city?" Security and Privacy, Vol. 282, No. 2, Feb. 2022；喻国明：《未来媒介的进化逻辑："人的连接"的迭代、重组与升维——从"场景时代"到"元宇宙"再到"心世界"的未来》，《新闻界》2021 年第 10 期；刘成：《迈向虚实融合时代的元宇宙治理：内涵、向度、风险与进路》，《电子政务》2023 年第 7 期；《元宇宙发展研究报告 2.0 版》，清华大学新闻与传播学院新媒体研究中心网，https://report.seedsufe.com/detail?fid=MjQ1NzUy&search_key，2022 年 1 月 21 日。

④ 卢明华、孙铁山、李国平：《网络城市研究回顾：概念、特征与发展经验》，《世界地理研究》2010 年第 4 期。

⑤ 叶林、宋星洲、邵梓捷：《协同治理视角下的"互联网+"城市社区治理创新——以 G 省 D 区为例》，《中国行政管理》2018 年第 1 期。

慧城市①、数字城市②等，对元宇宙这一更具颠覆性的技术的探索还十分零散。这些研究大都从理论阐释角度探讨和勾勒了元宇宙嵌入城市发展的未来前景③⑪、概念界定与内涵特征④、逻辑阐释与规划应对⑤、空间生产与空间正义⑥、智慧治理场景⑦以及敏捷治理⑧等。少量实证类文献通过案例研究方法剖析了元宇宙技术在城市治理中的应用价值。例如，有学者以混合现实（MR）技术在澳大利亚温德汉姆市（Wyndham city）政府的应用为案例，探究了沉浸式技术如何帮助政府更好地与其他治理主体接触与合作，以提高城市协同治理效率⑨。虽然上述文献为后续研究奠定了基础，但无论是理论型研究还是实证型研究，都鲜有从战略层面梳理元宇宙城市治理的实践框架，也未能提出符合中国情境的行动策略。

作为全球第一个进军元宇宙的城市，首尔市（Seoul city）政府2021年发布的《元宇宙首尔基本计划2022—2026》为系统探究元宇宙城市治理的实践框架提供了契机，因而成为本文的实证案例。同时，由于传统实践框架类研究大多以静态观察或横向比较为主，鲜有嵌入在时间线中的实证考察，而忽视过往实践的差异性很容易导致"千城一面"的政策思路。为此，本研究引入政策反馈理论，将城市数字治理视为一套政策组合，从动

---

① Meijer A. and Bolivar M. P. R., eds., "Governing the smart city: A review of the literature on smart urban governance", *International Review of Administrative Sciences*, Vol. 2, No. 3, Feb. 2016, pp. 392-408.

② 姚尚建：《人的自我数据化及其防范——数字城市的前提性问题》，《学术界》2023年第1期。

③ 肖超伟：《城市元宇宙数字化转型前景》，《经济》2022年第3期。

④ 任兵、陈志霞、张茂茂：《迈向数智时代的城市元宇宙：概念界定与框架构建》，《电子政务》2023年第6期。

⑤ 邓智团：《元宇宙与城市发展：逻辑阐释与规划应对》，《城市规划学刊》2022年第3期。

⑥ 程士强：《元宇宙的空间生产与空间正义——以元宇宙"虚拟城市"为例》，《河北学刊》2022年第5期。

⑦ 彭国超、吴思远：《元宇宙：城市智慧治理场景探索的新途径》，《图书馆论坛》2023年第3期。

⑧ 赵星、陆绮雯：《元宇宙之治：未来数智世界的敏捷治理前瞻》，《中国图书馆学报》2022年第1期；李欣欣、滕五晓：《敏捷治理：发展脉络及其在应急管理领域中的研究展望》，《城市问题》2023年第2期。

⑨ Aaron A. ed., "Adopting metaverse-related mixed reality technologies to tackle urban development challenges: An empirical study of an Australian municipal government", *IET Smart Cities*, No. 1, June 2023, pp. 64-72.

态视角阐释首尔过往的实践框架影响元宇宙城市治理的反馈机制，进而立体化呈现首尔元宇宙城市治理的实践框架，以此为我国元宇宙城市治理的理论建构和实践发展提供借鉴。

二 政策反馈视角下的元宇宙城市治理：概念阐释与分析框架

（一）元宇宙城市治理的概念阐释

随着元宇宙技术的发展与成熟，它对城市治理的嵌入将带来新的治理范式，类似于智慧城市催生出智慧城市治理的新范式[①]。但是，相比过往的城市治理范式，元宇宙带来的范式变革更具颠覆性。凭借人机交互、沉浸体验、具体社交、数字孪生等新技术，元宇宙加速人类向虚拟世界迈进的步伐，延伸人类生存的物理边界，建构起与物理世界平行存在的生存场景、身份体系、社交关系和经济系统，形成虚实融合的文明新形态[②]。对城市治理而言，元宇宙的嵌入与应用也将建构起一种面向虚实融合的治理新范式。它利用虚拟现实、区块链、数字孪生等技术手段，在虚拟世界建立起一个开放、互动、智能的城市系统，为市民提供高品质的生活和社会服务，并在反哺物理城市运行的同时促推城市文明的可持续发展。

作为城市数字治理发展的高级阶段，面向虚实融合情境为元宇宙城市治理带来了新特征。一是治理空间的延伸。元宇宙中的"虚拟城市"代表着网络空间形态与空间生产方式的一次重构，通过NFT等技术将其转化成数字资产的社会经济系统[③]。而随着土地、数字货币、数字房产等虚拟经济要素的发展壮大，资本投机、"炒房"、虚拟犯罪、平台垄断等全新城市

[①] 臧雷振、张振宇：《智慧城市建设中的政府治理转型：需求耦合与运作机制》，《甘肃行政学院学报》2021年第1期。

[②] 喻国明：《未来媒介的进化逻辑："人的连接"的迭代、重组与升维——从"场景时代"到"元宇宙"再到"心世界"的未来》，《新闻界》2021年第10期；刘成：《迈向虚实融合时代的元宇宙治理：内涵、向度、风险与进路》，《电子政务》2023年第7期。

[③] 程士强：《元宇宙的空间生产与空间正义——以元宇宙"虚拟城市"为例》，《河北学刊》2022年第5期。

问题也应运而生，促使虚拟空间成为继物理空间之外城市治理的另一个重要场域。二是治理主体的拓展。数字化身和人造物（如数字公务员等）将嵌入并改变以自然人为唯一主体的传统治理网络，这不仅会挤压自然人作为治理主体的行动空间，产生"机器替人"效应，更会打破传统治理主体以权力、义务和责任为主的互动和协同机制。这就需要厘清自然人与数字人在治理活动中的角色关系①，并规范不同主体在开展治理活动中的权力、义务和责任。三是治理意义的重塑。元宇宙提供身心完全介入的沉浸体验，极易让个体丧失独立思考的能力，消磨自主意识和价值认同②，从而冲击和威胁自然人的主体性地位。因此，如何保持人类的独特性和创造性，促进人与数字技术的和谐共处，以实现人类文明的永续发展，是未来元宇宙城市治理需要应对的一大新课题③。

（二）元宇宙城市治理的实践框架：政策反馈视角的理论分析

政策反馈理论认为政策是"自变量"，会对后续政治建构和政策制定产生影响④。将此理论应用于城市数字治理的实践框架分析具有理论和现实意义，这是因为城市数字治理的特征与政策反馈理论相契合。首先，城市数字治理以日新月异的数字技术为基础，前一阶段的数字技术为后续阶段提供前提⑤，而技术体系的建立需要大量的政策支持，高阶形态的数字治理意味着政策组合的复杂度也越来越高。其次，新技术的不确定性存在巨大的应用风险，使得政府决策者更倾向于寻找相对确定的建构策略，参考过去的行动路径则是规避风险的重要策略。最后，城市数字治理是一项

---

① 彭国超、吴思远：《元宇宙：城市智慧治理场景探索的新途径》，《图书馆论坛》2023年第3期。
② 刘康：《元宇宙意识形态风险的生成诱因、样态呈现及其治理逻辑》，《南昌大学学报》（人文社会科学版）2023年第1期。
③ 刘成：《迈向虚实融合时代的元宇宙治理：内涵、向度、风险与进路》，《电子政务》2023年第7期；姚尚建：《人的自我数据化及其防范——数字城市的前提性问题》，《学术界》2023年第1期。
④ Pierson P., ed., "When effect becomes cause: Policy feedback and political change", *World Politics*, Vol. 4, No. 2, Mar. 1993, pp. 595-628.
⑤ 吴建南、陈子韬、李哲等：《基于"创新—理念"框架的城市治理数字化转型——以上海市为例》，《治理研究》2021年第6期。

系统工程，需要不同主体的协同①，但是这也带来资源分配主体结构的固化，导致越来越依赖过往政策形成的利益主体网络。然而，目前的研究大都以静态观察或横向比较为主，忽视过往实践框架的差异性，难以全面、立体地理解为何不同地区会形成不同的城市数字治理实践框架。

传统政策反馈理论关注政策与后续政治建构之间的关系，新近研究则认为政策在影响后续政治建构之后，会进一步形塑未来的政策制定②。政策反馈包含三大机制：解释效应、资源效应和学习效应。解释效应通过塑造政策利益相关者的认知、观念和态度产生影响。资源效应则为利益相关者提供物质和非物质资源，并通过影响他们的政治参与能力，塑造其在政策网络中的角色和地位③。学习效应则是指决策者从过去政策中汲取知识并将其应用于未来的政策设计，主要聚焦于已有政策的经验或教训，是政策方案内容上的反馈，目的是应对有限理性和不确定性问题④。从类型学角度看，政策反馈分为正反馈和负反馈两种类型，前者对过去政策设计进行强化，后者则起到削弱作用⑤。

解释效应、资源效应和学习效应的区分有助于更为细致地认知和理解元宇宙城市治理中的政策反馈效应。从解释效应看，过去的数字政策通过将数字技术不断嵌入治理场景，潜移默化地影响治理参与者的技术认知和观念，从而为新技术的嵌入奠定了理念基础。从资源效应看，城市数字治理中的政策蕴含了大量的资源，如资金、机会、知识和政策扶持，这些资源流向科技巨头等特定利益主体，同时也提高了公众的数字素养和政治参与能力及其话语权和影响力。从学习效应看，为应对新技术嵌入城市治理带来的不确定性和治理风险，作为有限理性人的政府决策者往往不会从零

---

① 吴建南、陈子韬、李哲等：《基于"创新—理念"框架的城市治理数字化转型——以上海市为例》，《治理研究》2021年第6期。
② Andrew J. and Matt E., eds., "Designing policies that intentionally stick: Policy feedback in a changing climate", *Policy Sciences*, Vol. 3, No. 1, Feb. 2014, pp. 227-247.
③ Pierson P. ed., "When effect becomes cause: Policy feedback and political change", *World Politics*, Vol. 4, No. 2, June 1993, pp. 595-628.
④ 翟文康、邱一鸣：《政策如何塑造政治？——政策反馈理论述评》，《中国行政管理》2022年第3期。
⑤ 熊烨：《政策变迁中的反馈机制：一个"理念—工具"分层框架——以我国义务教育阶段"减负"政策为例》，《公共管理与政策评论》2022年第5期。

开始建构政策方案,而是从过往或现行的数字政策中去寻找行动路径。综上,本文提出基于政策反馈的元宇宙城市治理实践框架(见图1)。

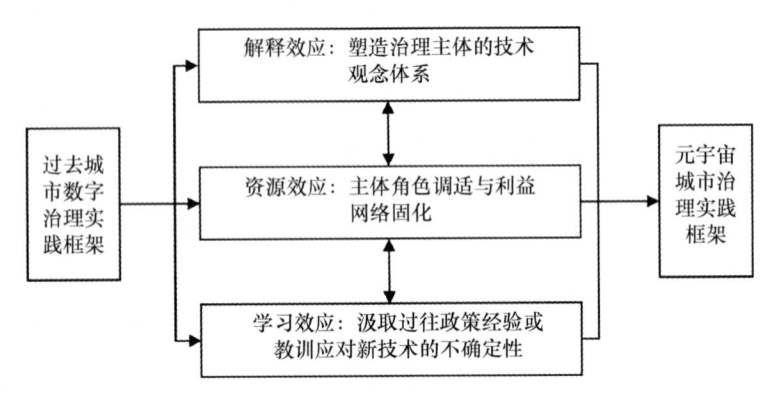

```
                    ┌─────────────────────────┐
                    │ 解释效应:塑造治理主体的技术 │
                  ┌─│      观念体系            │─┐
                  │ └─────────────────────────┘ │
┌──────────┐     │             ↕↑              │  ┌──────────┐
│ 过去城   │     │ ┌─────────────────────────┐ │  │ 元宇宙   │
│ 市数字   │─────┼─│ 资源效应:主体角色调适与利益│─┼─→│ 城市治   │
│ 治理实   │     │ │      网络固化            │ │  │ 理实践   │
│ 践框架   │     │ └─────────────────────────┘ │  │ 框架     │
└──────────┘     │             ↕↑              │  └──────────┘
                  │ ┌─────────────────────────┐ │
                  └─│ 学习效应:汲取过往政策经验或│─┘
                    │ 教训应对新技术的不确定性   │
                    └─────────────────────────┘
```

图 1 基于政策反馈的城市数字治理实践框架

三 研究设计:案例选择与资料来源

(一)案例选择

本文采用的研究方法是关键案例法。选择首尔作为研究案例主要出于如下考量:一是案例重要性。针对元宇宙城市治理这项政府创新,虽然也引起了美国、日本、欧盟等科技强国和地区的重视,但是首尔作为全球第一个进军元宇宙的现代都市,引领了元宇宙城市发展的国际潮流,凸显出该案例的稀缺性和重要性。二是案例对中国的借鉴意义。同为东亚国家,首尔同我国城市在政府管理方式上有很大相似性,即政府有较大的权威性,同时公众也有相近的文化背景和行为偏好,这些相似性使首尔能为我国的元宇宙城市治理提供更为适合的借鉴范本。

(二)资料来源

政策文本作为政策实践的文本载体[①],是解构城市治理实践的重要素

---

① 熊烨:《政策变迁中的反馈机制:一个"理念—工具"分层框架——以我国义务教育阶段"减负"政策为例》,《公共管理与政策评论》2022年第5期。

材。2021年11月3日，首尔市政府发布了《元宇宙首尔基本计划2022—2026》。作为全球首个中长期综合性元宇宙城市规划，提出了元宇宙城市的治理主体、内容和实施策略，因而成为本文解析的最主要政策文本。同时，为提炼首尔过去城市数字治理的实践框架，本研究收集和分析了各阶段的关键政策文本，如《"U-City"计划》《智慧首尔2015》《全球首尔智慧城市：首尔电子政府》等。此外，本研究也收集并参考了权威媒体报道、学术文献、行业发展报告、政府官员讲话等资料。

四 案例分析：政策反馈视角下首尔元宇宙城市治理的实践框架

本文将城市数字治理实践框架这一复杂系统解构为动机、内容、主体和路径四个要素，分别回应"为何建""谁来建""建什么""怎么建"的核心问题，能够通盘展现城市数字治理的实践全貌。接下来，本文将在回顾首尔城市数字治理演进历程与过往实践框架的基础上，总结首尔在这四大要素上的数字治理经验与做法，然后系统呈现在政策反馈效应的影响下，过去的经验如何在当前的元宇宙城市治理中得到延续并不断调适，从而全面理解首尔元宇宙城市治理的"前世今生"。

（一）首尔过往城市数字治理的演进历程

首尔作为韩国的首都，市政府有强大的政治和财政实力，拥有独立的城市发展公共机构，在智慧城市和数字政府领域享有全球盛誉[①]。首尔城市数字治理经历了网络首尔（2006年之前）、智能首尔（2007—2011年）、智慧首尔（2012—2015年）、数字首尔（2016—2020年）和元宇宙首尔（2021—2026年）五个阶段。

网络首尔（2006年之前）是基础设施夯实阶段。从20世纪90年代开始，韩国中央政府高度重视城市信息化建设，特别是2004年韩国信息通信部制定的

---

① Lim Y. and Edelenbos J., Gianoli A. eds., "Dynamics in the governance of smart cities: Insights from South Korean smart cities," *Inter-national Journal of Urban Sciences*, Vol. 1, No. 2, June 2023, pp. 183-205.

《IT839 战略》，夯实了宽带和 CDMA 无线通信等信息技术设施基础。在国家战略的支持和影响下，首尔市的无线宽带网络、互联网接入和安全通信等基础设施水平得到大幅提升，为后续智慧城市的建设与发展奠定了坚实基础。

智能首尔（2007—2011 年）是智能应用嵌入阶段。首尔市从 2006 年开始推进韩国国家层面的"U-City"计划，旨在加强信息技术在城市管理和公共服务中的应用，包含六大领域（U—福利、U—娱乐、U—绿色、U—交通、U—商业和 U—治理）及四大优先项目（U—新市镇、U—清溪川、U—图书馆、U-TOPIS）[①]，力图让市民享受高质量的生活，建设富有吸引力的现代都市。

智慧首尔（2012—2015 年）是数字应用强化阶段。2011 年提出的《智慧首尔 2015》计划，提出"利用大数据解决市民小烦恼"的口号，包括智慧首尔基础设施（Wi-Fi、NFC 技术等）、政务服务（移动办公、治理数据开放、3D 空间信息等）、市民服务（移动支付、虚拟店铺等）、智慧城市标准化（定义与蓝图、最佳建设路径、评价机制等）等四大方面[②]。经过几年的建设，首尔市政府在推动经济发展转型、城市监管、公共服务等方面的治理效能大幅提升，成为全球智慧城市的建设典范。

数字首尔（2016—2020 年）是全球数字地位巩固阶段。首尔市政府 2017 年发布了《全球首尔智慧城市：首尔电子政府》（又称为"全球数字首尔 2020"计划），旨在通过数字技术的应用，推动市民参与城市治理，促进数字技术、人与社会创新的融合发展。该计划包括四个方面：一是建立"社会首尔城"，鼓励市民参与数字项目的生产与管理；二是支持数字产业发展，促进数字经济的振兴；三是建立数据和知识驱动的政策范式，创新城市治理方案；四是成为"全球数字领袖"，在智慧城市和数字政府建设方面保持全球领先地位[③]。

---

① TEKES ed.，"Ubiquitous City in Korea Services and Enabling Technologies"，2022，https：//www．seoulsolu- tion．kr/sites/default/files/notice/ubiquitous% 20 city% 20 in% 20 korea．

② "Smart Cities Seoul：A casestudy"，ITU-T Technology Watch Report，2022，https：//www．itu．int/dms_ pub/itu-t/oth/23/01/T23010000190001 PDFE．

③ "sustainable seoul smart city：seoul e-government"，SMG，2022，http：//we-gov．org/wp-content/up-loads/2019/11/2018-%EC%84%9C%EC%9A%B8%EC%8A%A4%EB%A7%88%ED%8A%B8%EC%8B%9C%ED%8B%B0-%EC%B1%85%EC%9E%90-Sustainable_Seoul_Smart_City%EC%98%81%EB%AC%B8_compressed．pdf？ ckattempt＝1．

元宇宙首尔（2021—2026年）是未来城市探索阶段。首尔市政府2021年发布了《元宇宙首尔基本计划2022—2026》，计划从2022年起分三个阶段打造面向经济、文旅、教育、城市管理、政务等所有公共服务领域的元宇宙城市生态系统①。作为全球首个系统性进军元宇宙的现代城市，首尔的雄心不再局限于全球领先数字城市的发展目标，而是要探索未来城市的新方向，引领世界城市发展潮流。

（二）首尔过往城市数字治理的实践框架

梳理首尔城市治理的演进历程不难发现，在进入元宇宙首尔阶段之前，首尔城市数字治理已经历经了四个阶段的继承、发展与迭代，并形成了清晰的实践框架。

一是动机要素。以数字技术驱动城市发展是首尔城市数字治理建构中的一贯理念②，并且逐渐从回应经济社会的发展需求向引领国际竞争转变。例如，作为智慧首尔阶段开启的标志性政策，"智慧首尔2015"计划的目标是解决交通、能源、政务、公共卫生等城市发展问题③。而到了数字首尔阶段，"全球数字首尔2020"计划将政策视野拓展至国际，力图通过智慧城市的全球化品牌输出，帮助中小企业进军国际市场，以提升国际竞争力并解决城市治理问题。

二是主体要素。在网络首尔和智能首尔阶段，重点是基础设施建设，参与主体主要是政府和地方开发公司。进入智慧首尔阶段，"连接"成为新的建设理念，私营企业和市民开始参与，企业的角色更加突出，形成了以企业为核心的3P（Public-Private-People）建设模式。到了数字首尔阶段，公众参与变得更加重要，政府、企业和社会之间的合作关系逐渐向更为平等的网络治理模式转变。在这种模式下，企业、学界和公众获得了更

---

① 서울소식:서울시,지자체최초로자체'메타버스플랫폼'구축해신개념공공서비스，（2023）https://www.seoul.go.kr/news/news_report.do?tr_c-ode=rsite#vie-w/349872.

② Lim Y. and Edelenbos J., eds., "Gianoli A. Dynamics in the governance of smart cities: Insights from South Korean smart cities", *International Journal of Urban Sciences*, Vol.1, No.2, Mar. 2023, pp. 183–205.

③ 周利敏、陈颖：《智慧城市时代的灾害治理变革——基于多案例的比较研究》，《云南社会科学》2022年第5期。

多机会，而政府则转向协调和服务角色①。

三是内容要素。数字技术直接嵌入全领域的策略从智能首尔阶段便开始推行，并在政策反馈效应的影响下得到沿用。以智慧首尔建设为例，一项比较案例研究发现，智慧技术嵌入了运输领域、公共设施管理、公共行政以及旅游、文化和娱乐等十个领域。相比之下，同样是全球领先的智慧城市，美国旧金山只关注交通、犯罪和灾难、旅游等少数领域，未涉及设施管理、教育以及医疗和福利②。到了数字首尔阶段，依然面向城市治理的全领域，并整合为交通、安全、环境、福利、经济和行政六大领域③。

四是路径要素。由于政策反馈可能导致路径依赖，因此从网络首尔阶段开始建立的全局思维一直延续至今。这种策略的特点是通过总体规划明确愿景与目标、主体与角色、内容与领域以及项目的实施阶段。例如，2011年的《智慧首尔2015》计划、2016年的《全球首尔智慧城市：首尔电子政府》计划以及2021年的《元宇宙首尔基本计划2022—2026》都是各治理阶段的指导性方案。随着数字化规模和政府对信息化流程的依赖不断增加，信息系统和基础设施的安全性问题也越来越凸显④。因此，在政策反馈学习效应的影响下，底层技术的本土化越来越成为首尔城市数字治理建构的新路径。

基于上述实践框架，自2003年以来，首尔不仅持续提升了城市运行效率，有效应对了包括COVID-19在内的公共危机⑤，还促进了知识和创新

---

① Lim Y. and Edelenbos J., Gianoli A., eds., "Dynamics in the governance of smart cities: Insights from South Korean smart cities", *International Journal of Urban Sciences*, Vol.12, No1., Feb. 2023, pp. 183 – 205.

② Lee J. H., Hancock M. G., and Hu M. C., eds., "Towards an effective framework for building smart cities: Lessons from Seoul and San Francisco", *Technological Forecasting and Social Change*, Vol. 89, 2014, pp. 80-99.

③ Chung C. S., ed., "The introduction of e-government in korea: Development journey, outcomes and future", *Gestionet Management Public*, Vol. 2, 2015, pp. 107-122.

④ Chung C. S., ed., "The introduction of e-government in korea: Development journey, outcomes and future", *Gestionet Management Public*, Vol. 2, 2015, pp. 107-122.

⑤ 周利敏、陈颖：《智慧城市时代的灾害治理变革——基于多案例的比较研究》，《云南社会科学》2022年第5期。

经济以及城市可持续发展,在全球电子政务和智慧城市竞争中名列前茅①。因此,在政策反馈类型上,过去的实践框架产生的反馈效应是积极的,能够在当前元宇宙城市治理实践中得到强化。其影响机制包括解释效应、资源效应和学习效应三个方面(见图2)。解释效应强化了各治理主体以数字技术回应国际竞争和国内治理需求的认知、动机和倾向,从而形成对元宇宙技术的积极态度。资源效应则强调既往城市数字治理中不同治理主体已经形成了相对稳定的利益和资源分配机制,这些机制会在当前的元宇宙城市治理建构过程中延续。学习效应则是各治理主体尤其是政府部门为应对元宇宙嵌入城市治理可能带来的不确定性,一方面,会延续既往相对成熟的实施策略(总体思路、嵌入领域、行动路径等),实现元宇宙城市治理的高效建构;另一方面,也更强化了对本土技术供给的支持,以规避过度依赖国外技术对城市发展安全的威胁。

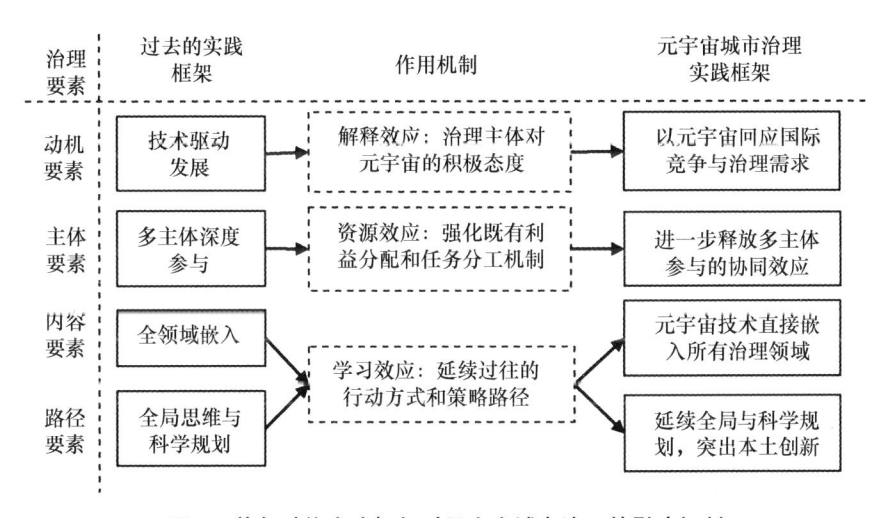

图2 首尔过往实践框架对元宇宙城市治理的影响机制

---

① Lee J. H., Hancock M. G. and Hu M. C., eds., "Towards an effective framework for building smart cities: Lessons from Seoul and San Francisco", *Technological Forecasting and Social Change*, Vol. 89, No. 3, Feb. 2014, pp. 80-99.

(三) 解释机制驱动的动机反馈：借助元宇宙回应国际竞争与治理问题

政策反馈中的解释机制提供了元宇宙嵌入城市治理的理念基础。一方面，有了前四个阶段的成功经验，首尔市政府开始获得竞争优势的新技术抓手，这便是元宇宙。2020年5月，文在寅政府便宣布了一项"数字新政"（Digital New Deal），向元宇宙、6G和人工智能等领域投入87亿美元。又于2021年11月宣布建设"元宇宙首尔"平台，促进投资、商业和政务的高效发展，帮助首尔打造全球顶尖的元宇宙市场。即使2022年"改朝换代"，发展元宇宙的战略方向也得到延续和拓展，新一届尹锡悦政府公布了110个"国家课题"（National Tasks），有关元宇宙的就有10个以上，明确要在2026年成为全球第五大元宇宙市场。

另一方面，解释效应也影响着政府和公众的问题界定和行为。面对阶层固化和经济不平等，尤其是青年失业问题[①]，进军元宇宙成为公众和政府的共同选择，而过往数字治理实践是重要的驱动因素。从公众角度看，各阶段的数字政策主动或被动地提升了市民的数字素养，使得他们有动机和能力认识和了解数字货币，并将其视为应对就业问题的机会。一些年轻人在接受《首尔新闻》采访时说，"反正一辈子打工的钱在首尔也买不起房，还不如投资加密货币（Crypto）或非同质化通证（Non-Fungible Token，NFT），这可能是改变现状的最后机会。"从政府角度看，过往数字治理实践形成的政策正反馈，除了会强化政府利用元宇宙这一新技术解决青年失业等问题的积极偏好，同时也增强了应对技术潜在风险的信心。因此，即便韩国金融服务委员会（FSC）注意到了"币圈"不断出现的诈骗、逃税等非法活动，最终还是选择了全面进军元宇宙的"激进"政策。

---

① Lee J. H., Hancock M. G., and Hu M. C., eds., "Towards an effective framework for building smart cities: Lessons from Seoul and San Francisco", *Technological Forecasting and Social Change*, Vol. 89, No. 2, Feb. 2014, pp. 80-99.

（四）资源机制驱动的主体反馈：政府权威的幕后化与企业和公众作用的增强

在元宇宙首尔阶段，由于受到政策反馈资源效应的影响，"政府—企业—社会"的合作网络得到延续。但是，随着各主体比较优势的差异化释放，他们的角色有了进一步调适，呈现为政府角色的弱化与企业和社会角色的强化。

1. 政府权威逐渐转向"幕后"，承担顶层设计者、资源供给者与组织协调者的角色

一是顶层设计者。政府权威介入依然是元宇宙首尔建设的启动力量。早在元宇宙真正诞生的 2021 年，就建立了一个由"副市长负责、7 部门协同"的组织领导架构，并发布了《元宇宙首尔基本计划 2022—2026》。经济政策办公室、终身教育局、旅游体育局等部门负责各领域的项目推进，如经济政策办公室负责经济板块，目标是利用元宇宙培育产业生态系统。

二是资金供给者。市场面对技术创新的不确定性相对谨慎，前期通常需要来自政府的资金扶持。在元宇宙城市建设中，首尔市和韩国政府承担了这一职责。2022 年初，韩国政府第 13 次"数字新政"会议就提出向元宇宙相关产业投资 8000 亿韩元（约合 6.7 亿美元），主要发放给科技领域的私营企业，在推动虚拟现实（VR）、增强现实（AR）和全息技术的开发与应用的同时，创造近 200 万个新工作岗位，培养超 4 万名专业人士，建立至少 200 家本土元宇宙企业[①]。

三是组织协调者。虽然政府权威在项目初期的作用依然重要，但从前四个阶段数字城市建设经验来看，"民间主导"成为基本共识。政府要做的是"搭台而非唱戏"，重心转向帮助科技企业、专家和社会开展高效协同。比如，2021 年 5 月，政府发起了由科技企业和专业组织构成的"元宇宙联盟"（Metaverse Alliance），吸纳了三星、LG、SK、KT 等电信巨头，成立仅仅一年联盟成员就由 17 家壮大至 850 多家[②]。

---

① 이희진:홍남기부총리"2026 년글로벌메타버스 시장점유 율 5 위, 2023, https://www.nocutnews.co.kr/news/5693280.

② 얼라이언스,메타버스얼라이언스회원사, 2022, https：// metaverse alliance.or.kr/ member_status.

2. 企业在元宇宙首尔建设中的比较优势得到更大程度释放，承担技术提供者、平台搭建者与模式探索者的角色

一是技术提供者。首尔智慧城市政策司司长 Park Jong-soo 提出，元宇宙首尔是要建立一个智能、包容的城市，这有赖于公共需求与私人技术的结合。政府的"背书"加快了科技巨头的元宇宙布局，比如三星公司除了在 Decentraland 上开设虚拟旗舰商店以及与 Zepeto 合作打造虚拟豪宅之外，也同光学方案商 DigiLens 合作开发 AR 眼镜设备，力图打造自主的元宇宙入口。毫无疑问，科技企业的技术创新和设备供给是影响元宇宙城市落地以及成效如何的重要因素。

二是平台搭建者。作为进入元宇宙城市的总入口，"元宇宙首尔"是市民"畅游"首尔市政厅所有公共服务的统一平台。虽然政府是平台的主要出资方和应用方，但是平台的搭建和运行则由私人企业负责。以教育子平台为例，西江大学推出了包括元宇宙办公室、元宇宙视频讲座等服务在内的元宇宙大学，该平台便是与运营商 LG Uplu 合作共建的。

三是模式探索者。作为一种涵盖技术、经济、社会和规则等子系统的复杂生态，元宇宙城市还没有成熟的建设标准。而在元宇宙首尔建设中，科技企业承担了模式探索者的责任。例如，韩国三大财阀之一的 SK 集团，投资并购了韩国知名加密货币交易所 Korbit，力图建立一个国际数字货币生态系统，从而为首尔建立元宇宙经济体系提供了探索样本。

3. 公众参与在元宇宙首尔建设中的作用进一步强化，扮演需求供给者、合作生产者与包容共享者的角色

一是需求供给者。以公共需求为中心成为元宇宙首尔建设的基本理念。例如，"元宇宙投资首尔""元宇宙首尔校园城"等项目就是为了回应经济增长和青年的就业需求；而为了匹配庞大的旅游需求，通过 VR、AR 等技术的嵌入，"元宇宙旅游首尔""元宇宙节日和展览"能够为无法在场的游客提供首尔热门自然和人文风光的沉浸式、无延迟体验，进一步盘活了首尔的旅游市场。

二是合作生产者。过往城市数字治理框架极大地释放了市民的智慧和价值，公众逐渐从被动参与转向主动生产，"元宇宙市民平台"便是典型案例。在这个由政府搭建的虚拟公共平台上，市民是主要的"生产者"，

每个市民都可以按照各自需要创造自己的空间和内容，比如举办形式多样的展览等活动；而为了保障合作生产效果，政府还要提供形式多样的内容制作和使用方面的专业培训，以此提升市民的数字素养。

三是包容共享者。元宇宙首尔拓展了数字包容的目标群体，逐渐从年龄包容拓展至对弱势群体和残障人士的包容。通过嵌入虚拟现实（VR）、增强现实（AR）和扩展现实（XR）等虚实融合技术，元宇宙首尔平台中的公共服务实现了视觉、听觉、触觉等沉浸式感官体验，弥补不同残障人士的感知遗憾，从而让障碍人群摆脱身体上的桎梏和心理上的枷锁，无障碍地享受政府提供的公共服务。

（五）学习效应驱动的内容反馈：元宇宙全面嵌入经济、教育等七大领域

在内容要素方面，学习效应使得首尔元宇宙城市建设延续了智慧城市和数字首尔阶段的全领域嵌入策略。从元宇宙首尔总规划《元宇宙首尔基本计划2022—2026》中可以看出，元宇宙直接嵌入经济、教育、文旅、政民沟通、城市规划、政府行政、基础设施等七大领域[①]。具体领域和任务见图3。

经济元宇宙是将企业扶持服务从线下迁移至元宇宙，通过吸引海外资本和帮扶初创公司来应对经济放缓和失业问题。其中，金融科技实验室是通过元宇宙提供专家指导、咨询和政策服务，支持本土企业发展；元宇宙投资首尔关注投资环境的优化，通过连接线下中心项目，为外国投资者提供资金、投资咨询和虚拟会议等服务；数字内容创作乐园通过在线和离线虚拟空间，向全社会开放创作、体验等数字服务；元宇宙首尔校园城则是建设一个由34所大学和当地社区组成的虚拟社区，促进初创企业、高校和社区的交流合作。

教育元宇宙主要面向千禧一代的年轻人，通过元宇宙为其提供终身教育服务。其中，首尔学习平台是一个可以满足全生命周期教育需求的元宇

---

① 서울소식,서울시,지자체최초로자체'메타버스플랫폼'구축해신개념공공서비스, 2023, https://www.seoul.go.kr/news/news_report.do? tr_c-ode=rsite#vie-w/349872.

```
                    经济元宇宙
                  金融科技实验室
                  元宇宙投资首尔
                  数字内容创作乐园
                  元宇宙首尔校园城
     教育元宇宙                          基础设施元宇宙
    首尔学习平台                          元宇宙首尔平台
    青年梦想中心                             用户手册
     元宇宙校园

                       元宇宙首尔

    文旅元宇宙                            政府行政元宇宙
   元宇宙旅游首尔                            元宇宙会议
   元宇宙节日/展览                           智慧工作
      服务                                大数据服务

            政民沟通元宇宙      城市规划元宇宙
           元宇宙120中心        XR智能城市
           虚拟市长办公室        XR现实城市
             市民平台
```

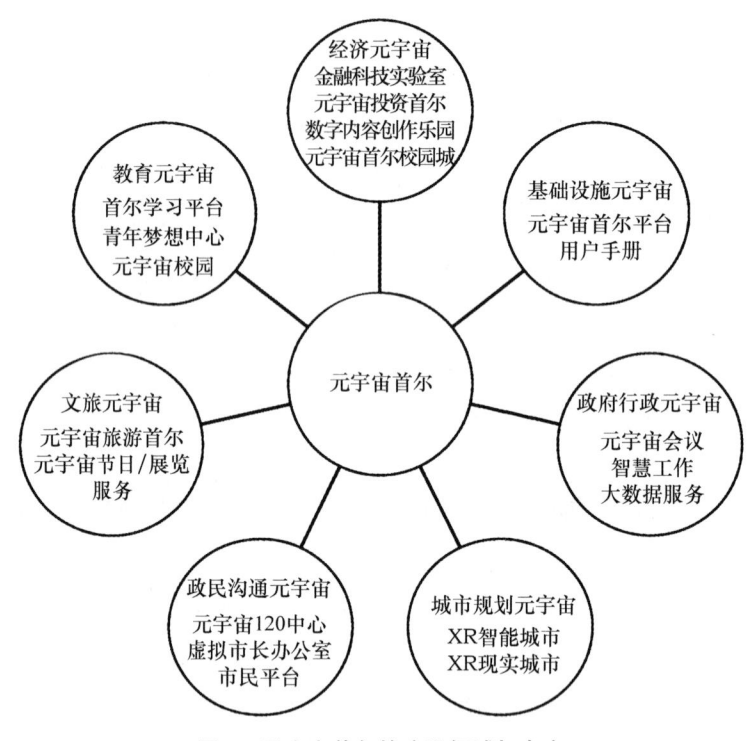

图 3 元宇宙首尔的建设领域与内容

宙学习平台；青年梦想中心用于培养年轻人的数字素养和技术能力，也可以通过虚拟咨询室，毫无负担地向专家咨询学业、职业发展及校园暴力等问题；元宇宙市民大学校园不仅面向所有市民提供线上高质量讲座，还着力打造公民讲堂、小组学习等以市民为知识生产者的虚拟学习模式。

文旅元宇宙是在虚拟平台，以逼真、沉浸、具身的方式，向全球提供无法线下享受的文旅资源。其中，元宇宙旅游首尔将光化门广场、德寿宫、南大门市场等旅游景点以及敦义门、宗庙仪式等历史资源迁至虚拟平台，同时运营元宇宙旅游巴士、实体店铺和旅行社；元宇宙节日/展览服务是在元宇宙平台运营首尔鼓节、灯笼节、贞洞夜游等特色节日和旅游项目，同时享有与艺术家交流等与线下同品质的观赏和体验服务。

政民沟通元宇宙既借助元宇宙向市民提供公共服务，还致力于市民数字素养的提升。其中，元宇宙 120 中心作为虚拟公务员服务室，除了提供"面对面"的投诉和咨询服务，还通过分析各部门的运行数据，持续提升服务效能；虚拟市长办公室通过各种交流和意见收集功能，打造政民开放交流的虚拟空间；市民平台让市民可以创建自己的虚拟空间和内容，举办展览、集市等活动，还会提供内容制作和使用方面的辅助性教育，同时也开发诸如元宇宙创作者等新职业，并为"元宇宙首尔平台"培养工作人员。

城市规划元宇宙是利用扩展现实（XR）、虚拟现实（VR）和增强现实（AR）等技术，提升城市管理和服务能力，特别是开发面向残疾人等弱势群体的个性化服务。其中，XR智能城市是通过数字孪生、XR和物联网等技术，实时监控和分析城市问题，打造安全首尔；XR现实城市开发紧急情况下的图像、声音和手语服务，为视听障碍者创造安全便利的生活，同时在景福宫和西村等旅游景点，创建智能沉浸式体验空间，用户通过智能手机便能具身体验过去的文化资产。

政府行政元宇宙是通过元宇宙的嵌入打造非接触工作环境，在提高政府行政效率的同时快速响应环境变化。其中，元宇宙会议是在元宇宙举办各种会议、辩论等活动，将其作为对内对外的沟通渠道；元宇宙智慧工作一方面要创建虚拟办公室，打破行政任务执行的时间和空间限制，另一方面引入具有专业特长的虚拟数字公务员，实现真实公务员与虚拟公务员的智慧化协同工作；元宇宙大数据服务是将人口、经济、环境等行政大数据与私人数据融合，建设向全社会开放的数据广场，政府也借此开展政策试点演练，提升政策预见性。

基础设施元宇宙是要夯实元宇宙城市的物理和制度基础，确保各项任务的推进和落地。其中，"元宇宙首尔"作为平台总入口，链接各类子服务，并在此举办各种活动；用户手册是规定元宇宙首尔建设和运行原则、方针和标准等管理体系，实现地区和部门间的高效联动，同时制定使用规则和道德安全指南，防止技术滥用，创造安全的使用环境。

（六）学习效应驱动的路径反馈：全局策略、科学规划与本土创新

一是全局思维、整体服务。受政策反馈的学习效应影响，元宇宙首尔建设在沿袭过去的全局化策略的同时也做出了改进。沿袭一方面体现在上述的全领域嵌入策略，另一方面也凸显在具体的建设路径上，比如"政府

设计、企业实施、专家与公众参与"就是从智慧首尔阶段便广泛使用的建设模式。除了沿袭之外，过往的城市数字治理也促推着元宇宙城市建设的改进，比如为了回应数字治理和服务供给中的碎片化问题，专门建设了名为"元宇宙首尔"的虚拟平台，以此作为链接各项目子系统的总入口，从而提供整体性服务。

二是科学规划、有序实施。从智慧首尔阶段开始，项目难易度和基础度便是规划实施的参考变量，而到了元宇宙首尔阶段，公众接受度和参与度也受到同样的重视。这些变量体现在《元宇宙首尔基本计划2022—2026》提出的测试（2021年）、启动（2022年）、拓展（2023—2024年）和完善（2025—2026年）四个阶段。测试阶段主要是通过宣传造势提升关注度和接受度，例如在元宇宙上线著名景点景福宫以及举办虚拟跨年活动等。启动阶段进入项目的建设环节，但实施顺序要考量项目的基础性，比如"元宇宙首尔"作为项目总入口就得到优先建设，2022年9月已经上线测试版，开始通过分析市民的使用反馈实现优化和迭代①。拓展阶段则进入各子项目的建设，包括投资首尔、元宇宙首尔校园以及市民大学等。完善阶段一方面是推动综合性、长期性工程的建设，比如 XR 城市小镇和公共空间保护等，另一方面也边运行边积累经验，全面提升政府的治理和服务效能。

三是支持本土、自主创新。在政策反馈学习效应的驱动下，首尔市政府越来越意识到技术不确定性潜藏着巨大风险，尤其是对国家安全的威胁，因而依靠本土企业的自主化策略得到强化。相比此前四个阶段，元宇宙首尔建设在大数据开放、人才培养、应用开发、企业间协作等方面，为本土企业开放了更大的政策窗口。例如，2022年9月首尔开放数据广场（Seoul Open Data Plaza）上线了全球首款整合公共和私人数据的新应用。它能够为游客提供拥堵、公共交通、停车位、交通状况和天气等实时景点信息，而其问世很大程度归功于首尔市政府主动共享了交通和环境等数据，否则 KT（韩国最大的电信运营商）无法将其和他们掌握的人口数

---

① "Beta release of Metaverse Seoul", SMG, 2022, https://english.seoul.go.kr/beta-release-of-meta-verse-seoul/.

相整合开展应用创新。未来，该应用将融合更大范围的公共和私人数据，比如公共交通乘客拥堵以及包括体育场、文化馆和公园等文体场所接待和服务能力的实时数据等①。

五 结论与启示

面对元宇宙城市治理这一数字城市发展的未来方向，找到一条合适的建构路径对于中国乃至全球其他城市都意义重大。本文从政策反馈理论视角出发，深入研究了首尔元宇宙城市治理的实践框架。研究发现，作为全球首个系统进军元宇宙的现代城市，首尔元宇宙城市治理实践框架延续并改进了过去的"发展导向、多元参与、全领域嵌入、全局策略"框架。改进之处在于将视野上升到引领全球城市发展潮流，更注重市民和企业参与的治理价值，将元宇宙技术直接嵌入城市发展的所有领域，并在全局推进和科学规划的基础上，更强调技术供给的本土化策略。基于此，本研究提出了适用于我国治理情境的元宇宙城市治理建构实践启示。

（一）以党的领导为统领，注重顶层设计与系统推进

从首尔元宇宙城市治理的实践策略来看，政府依然是最重要的发起方和推动方，扮演着十分重要的角色。在我国的国情和治理实际中，党的领导是我国政治制度的优势所在，可以充分释放党总览全局、协调各方的领导核心势能，从而为我国元宇宙城市治理提供有力支撑。具体而言：一是设立"一把手"负责的领导机构，从建设之初就秉持全局化、体系化、层次化的基本思路，构建一个统筹全局、高位推动、有效协同的顶层设计体系；二是充分发挥党和政府的组织协调作用，打造跨主体、跨层级、跨部门、跨业务的协同推进机制，强化平台联动管理、业务集成融合、数据开放共享，以促进元宇宙城市朝着整体智治方向发展。

---

① "Seoul's 50 major attractions at a glance", SMG, 2023, https：//english.seoul.go.kr/seouls-50-major-attractions-at-a-glance/.

（二）以人民为中心，重视需求导向与公众参与

首尔元宇宙城市治理呈现出显著的市民需求驱动特征，充分满足不同市民的差异化诉求，这与我国长期坚持的以人民为中心的执政理念不谋而合。因此，我国元宇宙城市治理建构应紧紧围绕经济社会的发展趋势和内在需求，释放其在以虚强实、沉浸交互、数字孪生等方面的技术优势，建设更加普惠、更能满足多样化需求的元宇宙经济社会系统。同时，应提出配套的数字素养提升计划，尤其要提升特殊人群、弱势人群的数字接入度，消除"数字鸿沟"，让元宇宙城市的发展成果更公平地惠及全体人民。此外，应加快建设基于元宇宙的政民沟通平台、虚拟市长办公室、人工智能公务员等新型政民互动模式，充分发挥人工智能等技术在数据挖掘方面的优势，提前预判公众需求和社会发展态势，持续改进治理和服务模式。

（三）以服务发展为导向，强化科学规划与本土创新

从首尔元宇宙城市的治理实践来看，越来越重视科学规划和本土创新，这既是为了提升城市发展的国际竞争力，更是出于国家安全的考虑。在我国的元宇宙城市治理中，同样需要注重科学规划和本土创新。一方面，我们需要建立以需求驱动和问题导向的底层逻辑，通过试点示范、应用模式探索、方案设计、项目评估制定、制度构建和伦理安全研究等系统工作，确保项目总体可控、深入实施。另一方面，本土企业应成为元宇宙城市技术供给的主体，掌握元宇宙的底层平台和核心数据，打造具有中国特色、符合人民利益的元宇宙城市，以确保国家长治久安，防止外部政治势力渗透和控制。

（四）以多元共建为抓手，构建协同网络与技术联盟

首尔元宇宙城市治理的实践案例表明，科技企业在技术创新和商业模式探索方面具有得天独厚的优势。因此，建立多主体协同模式，避免政府资源投入带来的效率损失，是元宇宙城市治理有效的建构路径。对于我国而言，首先，需要建立政企协同网络，通过稳定的政策和组织支持，让科技企业专注于元宇宙底层平台、数字基础设施、虚拟现实终端、应用模式

探索以及场景落地实现等关键领域，加快夯实元宇宙技术基础和场景落地模式。其次，应借鉴韩国建立的"元宇宙联盟"，将科技企业、大学、研究机构和政府等多个主体联合起来，共同推动元宇宙城市的技术发展和落地应用。最后，需要关注初创科技企业的培育，尤其是在高校中孵化的初创科技企业。这不仅有助于解决青年就业问题，还能通过元宇宙城市平台为城市居民提供多元、个性化的便捷服务，让更多人从元宇宙城市治理中受益。

文章原载于《城市问题》2023年第5期，
收入本书时略有修订。

"刷脸"治理的应用场景与风险防范

刘 成 张 丽*

摘要：人脸识别是"刷脸"时代相关领域高效运转的核心驱动力，在革新私人领域生产、消费和生活方式的同时，也助推着公共领域的治理效能变革。根据匹配量级的不同，人脸识别可分为人脸认证（1∶1）、人脸辨认（1∶N）和人脸搜索（N∶N）三种模式，分别用于智能政务效率变革、智慧社区效能提升和"平安城市"场景布控。人脸识别在释放治理红利的同时，也产生了不可忽视的技术风险、伦理风险、规制风险和社会风险。为了防范风险，在对人脸识别技术应用的治理中，应当从工具理性向价值理性和技术理性转变，从应对型治理向预见性治理、敏捷治理转变，核心主体与辅助主体协同共治，技术监管和技术创新叠加发力。

关键词：人脸识别；人脸认证；辨认；人脸搜索

人脸识别（Face Recognition）是利用公众个体的面部特征进行身份识别的新技术，它凭借易接受、非侵扰和直观性等独特优势，成为人工智能领域落地最快的生物识别技术之一，全方位形塑着整个社会的生产模式和运行方式，宣告了"刷脸"时代的来临。在建设数字中国的背景下，人脸识别正在深入政务服务、社会治理、安全保障等公共领域，这也是未来公共治理的大趋势。然而，人脸识别技术的广泛应用在带来巨大治理红利的同时也陷入了"理性的樊笼"，隐藏在技术背后的道德错判、信息失控以及公共价值弱化等问题逐渐引发了"刷脸隐忧"，甚至催生了一系列"护

---

* 作者简介：刘成，内蒙古大学公共管理学院讲师，主要研究方向为智能治理。
基金项目：北京市高校科研项目"新时代政府信任的影响因素及提升路径研究"（项目编号：2035015）；"内蒙古大学高层次人才科研启动项目"（项目编号：10000—21311201/054）。

脸行动"。未来应以何种治理之道应对人脸识别的潜在风险,已然成为亟须探索的重要课题。

目前学界关于人脸识别的研究可归纳为三条研究路径:一是技术精进路径,侧重研究特定公共场景中人脸识别的应用状况、价值功用,如在城市门禁管理中的应用现状[1]、在图书馆智能管理中的价值和可行性[2];二是风险探析路径,从权利侵犯视角探讨人脸识别应用的潜在风险,例如有学者围绕公民的隐私权、财产权和自由权剖析了人脸识别可能带来的权利侵害风险[3];三是法律规制路径,主要从法律层面提出人脸识别的规制策略,例如,有学者基于立法的视角,分析了美国和欧盟在人脸识别立法的内容、方法以及价值方面的异同,并为我国的人脸识别立法提出了建议[4]。整体而言,现有文献对于人脸识别模式划分和应用场景的研究相对零散,对于公共领域中人脸识别的风险认知和风险治理对策还缺乏系统深入的探究;而对于这些关键问题的回答,直接关系到人脸识别技术的应用合理性以及政府治理的有效性。本文基于人脸识别的技术逻辑,划分了三种识别模式,并探讨了三种模式在公共治理中的典型应用场景以及潜在风险,最后结合公共治理逻辑,提出了人脸识别的风险治埋策略。在理论上,本文挖掘梳理人脸识别在公共领域的应用,有利于深化学界对人脸识别的社会效应的理解,进一步拓展技术治理研究的认知边界;在实践上,本文的研究有利于破解人脸识别的潜在风险,也有利于提升政府治理的智慧化水平,推进国家治理现代化。

一 公共场景下人脸识别的多维应用

在公共治理中运用人脸识别,属于技术治理范畴。所谓技术治理,指的是在社会运行尤其是政治、经济领域当中,以提高社会运行效率为目

---

[1] Rossa and Chowdhurya, eds., "Security in Smart Cities: A Brief Review of Digital Forensic Schemes for Biometric Data", *Pattern Recognition Letters*, Vol. 138, No. 1, Feb. 2020, pp. 346-354.
[2] 张贺:《基于人脸识别技术的虚拟读者证办理》,《图书馆论坛》2020年第7期。
[3] 张秀:《智能传播视阈下伤害最小化伦理原则探讨——以智能人脸识别技术为例》,《当代传播》2020年第2期。
[4] 邢会强:《人脸识别的法律规制》,《比较法研究》2020年第5期。

标，系统地运用现代科学技术成果的治理活动。① 随着网络社会和信息时代的发展，复杂性的简化和清晰化的实现逐渐脱离了传统技术，以人脸识别为代表的现代科技在公共治理领域的地位越来越重要，其应用场景也越来越广泛。本文结合人脸识别的技术逻辑，将其划分为人脸认证、人脸辨认和人脸搜索三种模式，阐述不同模式在公共治理中的典型应用场景。

（一）基于人脸认证的智能政务：推动政务服务效率变革

人脸认证（Face Verification）是将某个识别对象与人像数据库中的特定人脸信息进行快速的一对一比较（1∶1），根据匹配相似程度来判断二者是否为同一人。打造基于现代技术的数字政府，是公共组织降低行政成本、扩展服务范围、提升服务品质、提高政府回应性和公众满意度的有效途径。在大力推行"互联网+政务服务"的背景下，人脸识别凭借精准、安全的身份认证功能，已经开始在政务领域全方位应用，逐渐渗透到身份认证、预约取号、远程认证以及事项办理等诸多政务服务环节，成为许多城市政务大厅的"标配"，有力地推动了政务服务的效率变革。

1. 身份识别

在政务服务领域，传统的人工和指纹验证方式逐渐被人脸识别身份认证所取代。由于嵌入了人脸识别功能，政务服务大厅实现了不用提供证件、只需"刷脸"便可办理各项业务的"刷脸即办"模式。例如，2020年12月，嘉兴市南湖区上线54台人脸识别政务服务一体机，通过对接公安部"互联网+可信身份认证"平台，自动完成居民身份证与面部特征的人证合一检验，不仅解决了公众忘带身份证件时的"办事难"问题，还能防止身份冒用等违法犯罪现象，大大提升了政务服务的"整体智治"水平。

2. 预约取号

基于人脸识别式数字身份认证，可在行政服务中心、市民服务中心的线下大厅取号办事。例如，2019年10月，北京朝阳不动产登记大厅上线智能服务系统，通过将人脸识别所获得的身份信息与业务系统数据库内的

---

① 刘永谋：《技术治理与当代中国治理现代化》，《哲学动态》2021年第1期。

取号信息相匹配，自动完成"人号合一"验证，解决了一人多号、重复取号等问题，不仅有利于提升公众业务办理的身份验证精度，还有效地杜绝了"黄牛"倒号卖号现象。

3. 远程认证

人脸认证模式还可通过支持远程身份验证，打破传统政务服务的地理空间限制，使公众足不出户便可办理政务事项。例如，早在2014年，海口市社保局就推出用于领取养老金的人脸识别远程认证系统，通过电脑终端即可完成身份认证和养老金领取，不仅方便了行动不便和异地甚至异国居住的离退休人员，还能够杜绝死亡冒领、重复领取、假冒身份骗取养老金等违法违规行为，大大提升了公众的"数字获得感"。

（二）基于人脸辨认的智慧社区：提升社区治理效能

人脸辨认（Face Identification）是将公众特定人像与数据库中的海量人脸进行比对（1∶N），根据比对结果来识别身份。公共治理中的人脸辨认模式广泛应用于智慧社区建设，如智能门禁系统、社区访客管理、智能垃圾管理系统以及电梯管控等诸多社区治理场景。智慧社区建设本质上是社区治理制度与现代技术相互调适和相互作用的新模式，它承载着国家基层社会治理体系与治理能力现代化建设的重任。人脸辨认模式顺应了"风险社会"时代社区治理的现实需求，成为提升社区治理效能、提高社区居民满意度和获得感的重要工具。

1. 刷脸门禁

传统门禁管理主要通过门禁卡来实现，但由于存在门禁卡丢失、误用等多种情况，无法确保门禁卡持有者是社区居民本人，这客观上成为社区安全事件的隐患。相比而言，嵌入人脸识别的智能门禁系统（Smart Access Control System）能够在无须人工查验的情况下自动识别可疑人员，从而有效遏制社区盗窃、乱贴小广告和陌生人随意进出小区等现象，为社区居民提供更加安全有序的生活环境。不仅如此，在进出社区时，只需停留一两秒钟，甚至不需要停留，智能系统便可通过识别和比对居民的人脸信息而自动为获得授权的居民开门，极大地提升了社区的通行效率。

2. 访客管理

人脸识别技术还能提高社区访客管理的有效性和安全性。访客进入社区前,需要社区业主在人脸识别的访客注册系统(Visitor Registration System)上传访客的人脸图像并发送邀请;访客来到大门口时,人脸识别系统会动态采集人脸信息,自动完成与受邀访客人脸数据库的对比和匹配,从而智能、精准地决定是否给访客开门。

3. 垃圾分类

目前,越来越多的社区安装了依托人脸识别技术的智能垃圾管理系统(Intelligent Waste Management System),社区居民只需提前让社区管理部门录入个人身份信息,便可通过刷脸实现垃圾投放,极大地提升了社区居民垃圾投放和垃圾分类的效率。并且,智能垃圾管理系统还可以追踪和分析每个家庭的垃圾投放行为以及相关数据,从而实现垃圾分类的有源可溯,助推社区垃圾分类的精准化、集约化和智能化转型。

4. 电梯管控

新冠疫情蔓延期间,电梯成为易感染高危区,为了避免与电梯按键的接触,降低病毒感染风险,不少社区配置了刷脸乘梯系统,自动识别乘梯权限和目标楼层,支持零接触乘梯,为电梯按键交叉感染问题提供了有效的解决方案。

(三)基于人脸搜索的"平安城市":助力城市场景布控

人脸搜索(Face Search)可对场景内多人进行面部识别(N∶N),通过与人像数据库的比对,完成对人像的全面分析和多维度建模。公共治理中的人脸搜索模式主要应用于"平安城市"建设,如智能监管、危机应对、辅助执法和犯罪预防等。"平安城市"建设是围绕预测、规避和应对公共安全风险而展开的,某种意义上每个公众都可能成为风险的制造者和参与者,因此,针对个体的精细化风险监测和防控就显得尤为必要。基于人脸搜索模式的智能监控系统为这一问题的解决提供了方案,不仅能够实时监测城市公共生活中每个个体的行为动态,还可以通过不同数据库的相互"碰撞"进行行为预测,实现了对海量人群进行实时监测和动态管控的治理需求。

1. 智能监管

交通场站作为城市基础设施建设的重点投资对象，由于其人流密集、人员复杂、空间相对封闭等特点，存在着较大的安全隐患，迫切需要建立一套集人脸数据采集、事前预警防范、事后快速排查等功能于一体的人脸识别智能预警图侦系统。例如，2019年，唐山市交警部门在全市部署人脸识别摄像机，通过将实时抓拍的驾驶人员人脸数据与后台数据库进行对比，锁定违规驾驶人员（如未取得驾照人员、驾照被吊销人员和毒驾人员等），并通过缉查布控系统通知执勤民警现场拦截处理。

2. 危机应对

我国的新冠疫情应对工作，就是人脸识别赋能公共危机治理的一个典型案例。为了在复工复产的同时有效遏制疫情传播，多地政府引入了人脸识别技术，不仅能够在非接触情况下实现体温异常人员的快速定位和溯源，还支持回溯、查找病例同行人员数据等多项功能，有利于对密切接触人群进行重点观察和隔离预防，极大地方便了追踪病毒传播路径、预测病毒传播走向，有效地降低了病毒传播风险。

3. 辅助执法

人脸识别技术还是从海量监控中定位犯罪分子的重要工具，通过人脸搜索，可以实时地把预警信息推送到相关移动执法终端上。这成为各国政府应对跨国恐怖主义犯罪等社会安全风险的一个重要手段，极大地提升了公共安全部门的执法效率。例如，英国政府给当地警察配备实时人脸识别（Live Facial Recognition，LFR）设备，不仅能够自动捕捉和识别镜头内的人脸图像，还可以实时完成人脸信息与警方"黑名单"的匹配以及复核，从而协助公共安全部门及时采取预防措施。[①]

二 公共治理中人脸识别的潜在风险

毋庸置疑，人脸识别技术的蓬勃发展和广泛应用有着重要的科学意义

[①] Zillerc and Helblingm, eds., "Public Support for State Surveillance", *European Journal of Political Research*, 2021, https://ejpr.onlinelibrary.wiley.com/doi.10.1111/1475-6765.12424, 2020年11月23日。

和巨大的社会价值。但是，在经济利益的驱动下，不少经济主体只看直接的、眼前的、局部的经济利益，忽略了长期的、社会公众的利益，过分追求人脸识别的工具属性，忽略了整个社会的公平、正义和发展。技术使用一旦没有规则、边界和禁忌，就可能进入混乱无序的境地，形成技术失控和技术僭越，甚至异化为一种社会危害。因此，人脸识别背后潜伏着的诸多风险和安全隐患亟待重视。概括起来，公共治理领域中人脸识别的潜在风险主要体现为四个方面，即技术风险、伦理风险、规制风险和社会风险。

（一）技术风险

1. 技术使用风险：错误识别

人脸识别的技术使用风险集中于因相关技术不成熟、不配套而导致的错误识别现象。其一，作伪者针对特定的目标用户，用照片代替人脸，造成虚假识别。人脸识别通过获取人脸特征信息来进行身份识别，但因人脸的可复制性，一些低技术嵌入性的人脸识别算法常常因为无法辨别所采集的人脸图像是来自真人还是来自照片而发生错误识别。为了应对照片冒充人脸问题，很多人脸识别系统添加了生物"活性"（眨眼、张嘴、摇头等）检测手段，但作伪者仍可利用视频播放、自动化人脸动效等技术，比较容易地混过检测。其二，将非目标用户识别为目标用户。虽然从生物角度来说，人脸具有唯一性，但事实上，人脸属于公众的弱隐私，容易被窃取，在"仿造"上也比较方便。因此，人脸识别系统经常遭遇仿冒认证，而将非目标用户识别为目标用户。此外，由于技术的局限性，巧合雷同性的误识别也可能发生。其三，脸部的浓妆、过敏、受伤、整容等情况导致脸部特征发生变化，也会影响人脸识别的准确率。

2. 技术安全风险：数据泄露

人脸识别的技术安全风险是指人脸识别在广泛应用的同时，也因与物联网、云计算、区块链高度连接而增加了大量的潜在受攻击点，从而造成安全漏洞。一方面，市场大都把关注点放在人脸识别的规模化商用拓展上，往往忽视了对数据安全的投入，导致某些环节的安全防护比较薄弱；另一方面，人脸识别应用市场的技术条件和管理水平参差不齐，一些技术安全不达标的企业极容易被干扰或攻击，进而引发大规模数据泄露的安全风险，致使人脸信息数据泄露案件频发。不仅私人部门如此，公共部门所收集的人脸信息也面临数据泄露的风险。例如，目前不少地方的政务服务大厅通过"人脸识别+区块链"实现了行政审批"无证办理"，然而，办事公众所授权出去的个人信息如何保护，却在叩问着人脸识别的技术安全性问题。

（二）伦理风险

1. 生物特征识别的滥用

作为一种生物特征，人脸信息具有唯一性、不可更改性和不可撤销性，必须妥善管理和使用。但在实践中，不少刷脸系统突破了"同意使用"的信息收集原则，强制授权、过度索权、超范围收集个人信息等现象大量存在，人脸识别相关法律所规定的"同意原则"失灵了。例如，许多嵌入人脸识别系统的移动互联网应用程序（App）在征得用户同意前就开始收集个人信息，或打开可收集个人信息的权限。此外，人脸识别凭借其能远距离发生作用的特点，在一些公共场景中进行无意识性、非接触性的使用，致使公众逐渐成为"透明人"。有调查数据显示，公共场所在使用人脸识别功能时，包括利用监控设备来采集人脸信息、识别身份、储存信息的时候，近半数的并未征得公众同意。更有甚者，不少企业为了占据更多市场份额、谋取更多利益，主动为商家提供"人脸互动营销解决方案"，即通过抓取公众的人脸来分析他们的性别、年龄乃至当时的心情，这种做法严重侵犯了公众的个人隐私。生物特征识别涉及与公众利益密切相关的隐私、道德、法律等问题，一旦滥用，相应的风险和危害就不可逆转，也无法有效弥补，"一次泄露，终身风险"势必会给公众带来不可估量的严重后果。

2. 主观上的算法歧视

人脸识别通过对公众个人信息的广泛收集，让精准、高效的"区别对待"成为可能。在看似中立的人脸识别算法中，由于算法设计者的认知存在偏见，可能让人脸识别决策出现有歧视性的结果，这已经引发了一系列关于权利、自由以及社会公正问题的讨论。例如，从世界范围看，大多数人脸识别系统识别白人男性面孔时准确性较高，而有色人种和女性的面孔被误判的可能性相对较大。以标签化、用户画像的名义，人脸识别把公众的家庭出身、性别、财产、职业都悄无声息地纳入决策体系中，不可避免地带有社会固有的不平等、排斥性和歧视的痕迹。① 这些算法上的歧视进一步放大了社会中固有的偏见，扩大了整个社会的"机会不平等"。可见，如果忽视伦理风险而盲目轻率地推广人脸识别技术，必然带来层出不穷的对公民平等权利的伤害。

（三）规制风险

1. 人脸识别立法滞后

目前我国还没有专门针对人脸识别技术的法律法规，只是在宏观层面规定了收集个人信息的"合法性、正当性和必要性"原则。这使得人脸识别在法律性质上仍停留于身份信息识别的隐私权范畴。例如，2020年，在备受关注的浙江"人脸识别第一案"中，虽然法院以合同为依据支持了原告的诉讼请求，保护了消费者按照合同约定的方式入园和提供个人信息的权利，但判决并未触及人脸识别技术的使用边界、人脸信息的处理规范等核心问题，也未对景区强制年卡游客刷脸的问题进行调整。该案件也折射出，目前我国在立法上还没有触及人脸识别的核心问题，人脸识别技术应用的法律边界尚待明确。此外，人脸信息属于个人敏感信息和隐私数据，而党的十九届四中全会根据经济发展和社会治理的需要，明确将数据纳入了生产要素范畴，允许数据"按贡献决定报酬"，但是，当前法律法规对于如何拥有和使用数据要素、如何落实数据要素财产权益都没有明确的规则，数据产权仍然处于模糊状态，这也从侧面影响了对公众人脸信息的有效保护。当然，人脸识别在法律上存在缺口有其现实原因。其一，从法律的制定内容来看，法律作为规范，其内容是抽象的、概括的和定型的，已经制定出来的法律应当具有一定的稳定性，法律为了保持自身的权威性和普遍适用性，不能朝令夕改，故而难以随时适应不断发展变化的复杂社会

---

① CATHC, ed., "Governing Artificial Intelligence: Ethical", *Legal and Technical Opportunities and Challenges*, Philosophical Transactions of The Royal Society A: Mathematical Physical and Engineering Sciences, Vol. 376, No. 2133, June 2018, pp. 1-8.

现实。其二，从法律的制定程序来看，法律的制定和出台要遵循一定的法定程序。在我国，按照全国人大常委会的立法程序，一部法律通常需要三五年才能获得通过。其三，作为一种新兴的互联网技术，人脸识别发展迅猛、更新迅速，相关业态和运营模式的变化也非常快。根据"摩尔定律"，互联网等高科技的更新周期仅为两年左右，技术的更新速度显著快于立法，法律以及政府监管的理念和思路未必能够与时俱进，因而常常表现出滞后性。

2. 关于人脸识别的部门规定约束力不够

我国现有的跟人脸识别相关的个人信息保护法律规定主要来自《民法典》《消费者权益保护法》《网络安全法》《刑法》，以及《关于办理侵犯公民个人信息刑事案件适用法律若干问题的解释》等，它们初步构成了人脸信息保护的法律规制体系，明确了违法行为的民事、行政和刑事责任。而在具体操作层面，国家市场监管（质量监督）部门和国家标准化管理委员会2017年发布、2020年更新的《信息安全技术个人信息安全规范》，以及2019年国家网信办等四部门联合制定的《App违法违规收集使用个人信息行为认定方法》，都对个人信息收集、使用等问题作了更为细致的界定，对规范人脸信息收集行为发挥着重要作用。但在工作实践中，这种部门规定的地位却有些尴尬，难以独立作为行政执法和相关司法的强有力依据。并且，由于管理手段有限、地方政府配合不力等原因，即使中央层面有政令，也很难完全落实此类部门规章和规范性文件等。由于以上原因，现有跟人脸识别相关的"个人信息收集"等方面部门规定约束力不强，在具体执法司法实践中面临可操作性不强、执行效果不佳的境地。

(四) 社会风险

综合以上风险分析，从风险属性上看，人脸识别的技术风险更偏向于"自然风险"，伦理风险和规制风险则更偏向于"人造风险"，这两类风险带来的主要直接后果是公众的个人隐私信息泄露，人身和财产安全受到威胁，而公众的隐私泄露和人身财产安全问题又会进一步引发超越"自然风险"和"人造风险"的社会风险。

1. 引发群体性冲突事件

人脸识别技术的不当应用极易引发群体性矛盾与暴力事件，影响社会稳定，进而引发社会失序、社会损伤、社会恐慌等消极的风险后果。例如，近期由于社区物业为了推行人脸识别门禁系统而强制要求社区居民提供房产证、身份证、手机号等信息，全国各地出现多起社区管理者与社区居民之间的冲突事件。不少居民追问人脸识别的技术使用边界，他们认为，在社区的公共区域设置人脸识别并不一定有必要，而且人脸识别系统的提供商是个私人公司，无权收集人脸信息、房产信息和家庭信息。社区管理者则认为，人脸识别是智慧社区建设的重要组成部分，智能门禁系统在方便社区居民进出的同时，还有更多贴心的功能。双方争执不下，甚至从语言冲突升级到肢体冲突。总之，人脸识别涉及公众个人隐私信息，极易引发群体性事件，而这些群体性事件在社交媒体的发酵下不仅给社会秩序、社会稳定带来巨大威胁，造成严重的不良社会影响，甚至还会危及构建社会主义和谐社会的全局。

2. 诱发衍生型下游犯罪

除了引发群体性冲突事件，人脸信息泄露还为滋生下游违法犯罪活动提供了"温床"。例如，社区智能门禁在疫情防控期间起了重要作用，但近期也频频曝出物业人员贩卖居民信息事件，而信息购买者利用非法获取的居民人脸信息进行非法的调查、跟踪、偷拍，甚至实施"电话促销"类精准诈骗活动，更有甚者利用非法获取的人脸信息进行入户盗窃。公众人脸信息的泄露成了"精准"犯罪的"助推器"，从上游非法获取公众个人人脸信息，到中游在各种黑市交易平台转手出售数据，再到下游利用各种隐私数据实施诈骗、勒索等犯罪行为，人脸信息泄露背后已然形成一条完整的黑灰产业链，由此引发的社会危害日益突出，成为影响个人甚至国家安全的重要问题。

三　人脸识别的治理之道

综观国家治理的发展过程，每一次新技术的出现和应用都可以解决或克服国家治理中的一些棘手问题，但与此同时，新技术的出现也会使国家治理面临新的挑战。面对人脸识别技术所带来的风险，探索如何实现对这种风险的识别、预防、应对和对风险损害的修复，以及如何实现人脸识别技术与国家治理的深度融合，已经迫在眉睫。我们结合公共治理的逻辑，从治理价值、治理模式、治理主体和治理路径四个方面构筑了人脸识别的治理框架，如图1所示。

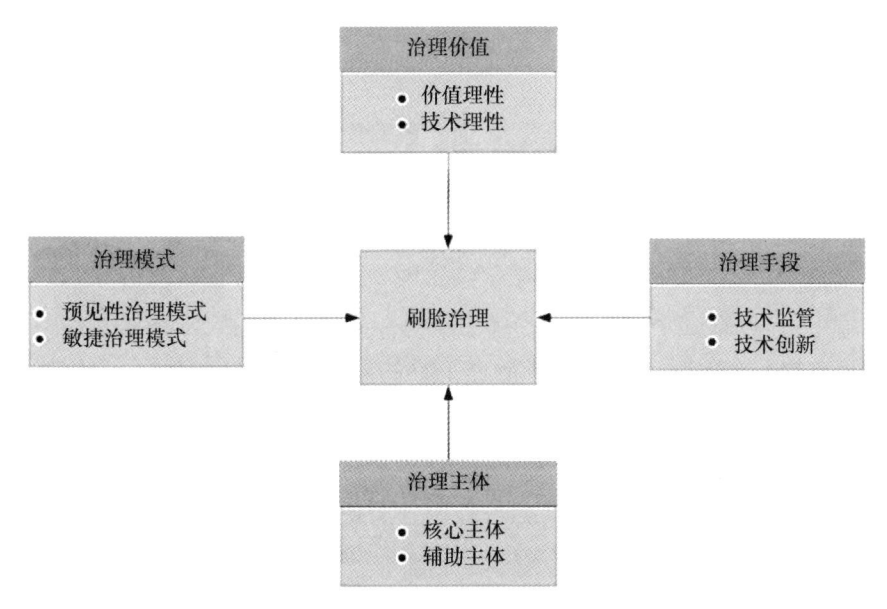

图1 人脸识别的治理框架

（一）治理价值：从工具理性向价值理性和技术理性转变

人脸识别技术作为一种推动治理现代化的工具，依靠信息量化、精细管理的特点，助力政府数字化升级，显著提升了政府的治理能力。但是，解决社会治理的难题并不能单靠技术治理，因为技术治理本身并不自带现代化属性。技术治理要推动治理现代化，必须摒弃技术治理"自我合法化"的谬误。随着互联网、大数据以及人工智能技术的兴起，技术治理发生了转变和异化，界限不明、使用不当、隐藏难识别等问题不断显现。如若不能充分认识技术治理的内在缺陷和功能弱点，忽视了技术发挥治理效能的前提条件，而过分追求技术量化和技术治理绩效，则会将公共治理推入多中心的技术依赖困境当中，进而导致公共治理的畸形化。公共治理由于其自身属性，还需其他一些重要的治理因素，例如伦理性。在将人脸识别嵌入社会治理的过程中，如果忽视道德和隐私问题，单纯追求技术治理绩效，而忽略治理目标和本源价值，则不仅"刷脸"治理的诸多风险将成大患，还会引起新的社会治理问题。

对于人脸识别技术，应当有理性的、全面的认知，审度技术的最终价值和技术的治理限度，避免滥用技术而导致技术异化和技术僭越，明确技术治理的目标是提升"治理"水平，而不仅仅是方便"管理"。在具体做法上，要注意以下两个方面。一方面，政府应当运用技术治理的手段弥补行政科层制的内在缺陷和功能弱势，填充政府治理的缝隙，变革政府的组织结构和组织能力，推行政务公开，以公众为中心，通过"刷脸"治理，促进整个社会的公平、正义、诚信和发展。另一方面，还必须破除"技术万能论"，避免过分的、盲目的技术依赖，努力寻求"技术穿透社会"的制度支撑，在不断研发和创新治理工具的同时，找回治理的本源价值目标，更好地应对现代治理中日益加剧的复杂性问题，以期通过技术治理来实现超然、客观和中立的治理目标，追求治理价值的回归。简而言之，技术的理性价值不能被技术的工具性俘虏，而是要通过正确的价值理性来引导工具理性的价值最大化。

（二）治理模式：从应对型治理向预见性治理和敏捷治理转变

传统应对型治理模式的显著特点是滞后性，究其原因，主要有二。其一，客观上，随着社会结构的多元化和社会问题的复杂化，政府常常难以迅速地、有针对性地回应公众诉求，导致了某些公共治理问题的积压。尤其是面对社会新情况、新问题时，政府时常陷入应接不暇、不堪重负、疲于应付的境地。其二，主观上，"全能政府"和"官本位"的传统观念更是阻碍了政府治理模式的创新。另外，在治理手段的选择上，应对型治理模式主要通过行政计划、直接供给等陈旧僵化的方式治理社会，使得社会公共服务供给在质量和数量上都难以满足公众的多样化需求，进而导致公众对政府处理方式的不满，加深公众与政府之间的隔阂。

人脸识别作为一种最新的人工智能技术，具有发展快、更新快、自主性和不确定性等特点，在实践过程中引发的社会问题也是不断变化的，而传统的治理模式难以应对当今高新技术所引发的一系列伦理问题和社会政治难题。人脸识别技术所带来的社会问题不断出现，迫切要求政府转变传统滞后的应对型治理模式，增强社会治理的预见性，实施预见型治理。预见型治理具有临时性、灵活性、可变性和动态性等特点，是针对新技术的复杂性和不确定性而衍生的新型治理模式。预见性治理要求政府在高技术领域的治理体现时代性和前瞻性，增强公共治理的预见性和创新性，变被动应对为主动出击，从理念、制度和机制上塑造政府治理的预见性，提升针对人脸识别潜在风险的治理绩效。此外，面对新技术，政府还应当提升治理的敏捷性，以更为动态、敏捷、灵活的方式研判人脸识别技术治理中的政策阻滞、政策偏差、政策冲突等执行问题，持续进行自我诊断和自我调适，适应治理任务，实现治理目标。

（三）治理主体：核心主体与辅助主体协同共治

"刷脸"治理不是单纯的市场行为，而是以政府为主、多方参与的国家行为。根据各主体在治理中的角色、作用以及资源依赖等方面特征，可将治理主体划分为核心主体和辅助主体。"刷脸"治理是一项系统工程，各方主体应当明确治理责任，共同构筑协同化的"刷脸"治理网络格局，共同推进社会治理体系和治理能力现代化。

核心主体在"刷脸"治理中占据主导地位，主要由政府和市场构成。政府作为社会运行的中枢和"大脑"，是整个社会系统的核心和基础。在"刷脸"治理中，政府必须进一步准确地进行自身职能定位，解决监督不到位等问题，在充分尊重市场经济规律的基础上，更好地实施宏观调控，弥补市场失灵。此外，风起云涌的信息革命需要更多的市场管制机制。市场是技术创新的出发点和归宿，因此，市场应当认真审度人脸识别技术的价值边界。对技术的审视不能局限于技术的研发和使用本身，更要关注技术发展与整个社会发展是否相融；对技术的批判也不能局限于技术领域，而应当打破技术工具与人本价值的目标割裂，回到大众本身。人脸识别的政府监管与市场机制之间并不是替代关系，而是一种动态互补关系：一方面，政府对"刷脸"治理的监管强度会随着技术手段、市场发育程度等因素的变化而调整；另一方面，市场在进行资源配置的时候需要配合政府的导向作用，推动有效市场和有为政府的更好结合。

公众、专家团体、科研机构和社会组织等辅助主体间接性或局部性地参与"刷脸"治理。"刷脸"治理的最终目的是"以技术服务人"，因此，一方面，政府应当通过制度化、规范化的渠道将公众引入"刷脸"治理过程，充分体现公众认知和公众参与的价值；另一方面，公众作为"刷脸"治理中的重要作用节点，应当提升个人依法维权的认知，加强对个人信息泄露的防范，只有这样，才能在社会上构筑一道保护人脸信息合法权益的无形屏障。此外，科研机构和相关技术专家通过提供专业、前沿的知识和信息，为人脸识别的技术监管和技术创新提供重要的理论支撑与技术咨询。最后，社会组织作为社会治理的实践者，涉及和深入了社会生活的各个层面，因此，"刷脸"治理中应当充分彰显社会组织的积极作用，以降低政府和市场的治理成本。例如，有些社会组织会集了大批专家学者，可以成为"刷脸"治理的"智囊团"；还有一些社会组织可以有效地化解人脸识别引发的矛盾纠纷，成为促进社会和谐的"黏合剂"。

（四）治理路径：技术监管与技术创新叠加发力

随着公众隐私保护意识的觉醒，越来越多的公众对人脸识别技术的运用产生了警惕，各地的个人隐私数据泄露事件呼唤着对人脸识别的技术监管，人脸识别不能成为法外之地。然而，面对人脸识别这种新兴技术，相应的规制制度却并未同步跟进。因此，在技术监管的角度上，至少应从以下三个方面努力。一是完善人脸信息保护立法。国家要对人脸数据相关立法、执法、司法作出全局性一揽子设计，构建多层次的信息防护网，明确数据的权利属性、权利内容、保护方式等，强化市场不当处置人脸数据的法律责任，维护公众人脸信息隐私权。二是加强科技伦理规范。人脸识别的广泛应用，在商业伦理、道德规范等方面产生了许多新问题，例如人脸识别研发及应用的道德标准缺失。因此，需要通过立法来弥补法律法规在人脸识别之商业伦理和道德规范方面的空白，并加强对科技产业人员的伦理规范教育。三是在合规条件下加强人脸数据的有序共享和互联互通。目前，人脸信息数据的采集、汇聚、存储、使用存在部门化、分散化、碎片化等突出问题，既阻碍了经济社会治理效率的提升，也增加了人脸数据泄露的风险。对此，政府应当基于数据共享交换平台，建立市场与政府的信息共享集成机制，加强协作，加强信息互联互通，提高人脸信息利用效率。

此外，"刷脸"治理离不开市场的技术创新。市场是技术创新的主体，而企业又是市场的主要参加者，因此，人脸识别的技术创新主要在企业。企业应当通过创新来化解人脸识别的风险：一是在技术创新过程中始终密切关注市场，根据市场需求和趋势以及"刷脸"治理存在的风险，更有针对性地选择研发目标、制定研发战略，通过技术研发，增强人脸识别技术的安全性。二是增强算法的公平性，凝拢其他相关技术集群，发挥巨大的创新合力，在焕发人脸识别技术无穷社会活力的同时克服信息泄露风险和算法歧视问题，实现技术与社会之间广泛的深度融合。三是加强自我伦理审计，践行自我监管。企业伦理道德主要依靠内在的信念起作用，具有自觉性和内在性，因此，企业在技术创新过程中，应当激发自身的责任自觉，遵循商业伦理道德，使得技术的创新和应用符合公平、正当、正义的社会伦理道德。

> 文章原载于《社会学研究》（学术交流）2021年第7期，
> 收入本书时略有修订。

第二篇

内蒙古社会治理实践与创新研究

坚持共同性与差异性相统一
走出具有内蒙古特色的养老服务发展之路

白维军

摘要：为积极应对人口老龄化，我国先后出台了《"十四五"国家老龄事业发展和养老服务体系规划》《关于推进基本养老服务体系建设的意见》等政策文件，并公布了国家基本养老服务清单，意在构建一个多层次、高质量的养老服务体系，发展养老服务也成为关乎国计民生、推动共同富裕的重要制度安排。

关键词：

内蒙古作为边疆民族地区，面临着人口老龄化的严峻考验。截至2022年底，内蒙古自治区60岁及以上老年人口515.05万人，占全区总人口的21.45%，而同期我国60岁及以上老年人口2.8亿人，占全国总人口的19.8%，内蒙古人口老龄化率高出全国1.65个百分点。内蒙古是祖国北疆的安全稳定屏障，是我国向北开放的重要桥头堡，养老问题的解决有利于维护边疆社会稳定和推动民族地区经济发展，并对铸牢中华民族共同体意识和实现全体人民共同富裕具有积极作用。养老服务作为养老事业的重要组成部分，对保障民族地区老年人基本养老权益、推动民族地区社会事业高质量发展都具有重要意义。

从实际出发推动养老服务发展

内蒙古是一个发展极不平衡的边疆民族地区，东部与西部、农区与牧区存在明显的发展差距，总体来看，西部优于东部、农区优于牧区，这使得内蒙古养老服务发展面临诸多难点,也表现出制度设计和推进实施的复杂性。在铸牢中华民族共同体意识成为党的民族工作主线背景下,内蒙古养老服务发展需遵循新时代党的民族工作要求,做到共同性和差异性的辩证统一、民族因素和区域因素的有机结合,充分考虑城市与农村、农区与牧区的实际情况,构建既满足老年人养老需求,又体现民族因素和区域因素,还能推动民族融合和民族团结的特色养老模式,实现内蒙古养老服务高质量、可持续发展。

在内蒙古养老服务发展中,坚持共同性和差异性的辩证统一、民族因素和区域因素的有机结合、国家决策部署和地方实际区情相吻合,就是要从内蒙古经济欠发达、多民族聚居的实际出发,以铸牢中华民族共同体意识为目标,既遵循制度建设的一般规律,本着制度的统一规范,与全国一盘棋,整体推进养老①服务工作,又尊重民族传统和民族文化,充分考量民族因素和地域因素,因地制宜,创新养老服务模式,推动养老服务高质量发展。

遵循共同性和统一性

为契合地域特征和老年人的基本需求,内蒙古养老服务发展彰显制度的共同性和统一性,在城市开展了与全国其他地方大体相同的养老服务,取得了显著的社会效益。例如,呼和浩特市大力发展医养结合、社区养老、居家养老、机构养老、"一站式"养老、智慧养老等,在遵循共性路径的基础上,努力结合自身特点,融入地方元素,打造适合当地经济社会发展水平以及老年人养老需求和习惯的养老模式。鄂尔多斯市杭锦旗坚持线上与线下相结合,发展智慧居家养老,解决独居"空巢"老年人面临的就医、吃饭等现实难题,变居家"养老"为"享老",打通服务社区老年人的"最后一公里"。乌海市借助全国第五批居家和社区养老服务改革试点的契机,坚持政策先行,鼓励社会参与,优化服务供给,打造周边有

---

① 作者简介:白维军,内蒙古大学公共管理学院教授、博士生导师,主要研究方向为社会保障与社会治理。

"食惠"、线上有帮扶、床边有照护的综合型养老服务模式,切实提升为老服务水平,让老年人过上幸福生活。

农村养老服务方面,乌兰察布市强化顶层设计、深化改革创新、统筹整合资源、科学合理布局,在全国率先打造"互助幸福院",实行集中居住、分户生活、社区服务、互助养老,并积极建设以县级养老服务中心为枢纽、乡镇级区域养老服务中心为辐射、村级养老服务站为补充的农村养老服务网络,扎实推动农村养老服务提档升级。

鄂尔多斯市准格尔旗以"一体两翼"推动农村养老服务发展。"一体"就是以"准享福"养老服务特色品牌为牵引,城乡统筹建设,居家社区机构一体化运作,条抓块统、形成一体。"两翼"就是通过"377面24小时"提升服务标准,通过"2助1护4级网络"强化服务手段,"两翼"合力、提档升级。一翼,打造"3边7面24小时"居家养老服务圈,其中"3边"就是贴近老年人周边、身边、床边,使老年人不离家、不离亲、不离熟悉环境、不离熟悉朋友,就近享受居家社区养老服务;"7面"就是满足老年人吃、住、行、乐、医、康、养方面的服务需求;"24小时"就是为老年人提供全天候响应的紧急呼叫服务。另一翼,打通"2助1护4级网络"居家社区机构养老服务连接线,其中"2助"就是重点普及助餐和助医;"1护"就是全部实施智能看护;"4级网络"就是贯通旗、乡镇(苏木、街道)、村(社区)、家庭4级守护网络。

把握民族性和差异性

在呼伦贝尔、通辽、锡林郭勒、赤峰等牧业旗县比较集中的内蒙古东部盟市,养老服务发展则体现了一定的民族性和差异性,在保障老年人养老、医疗、育幼需求的同时,也对促进民族团结、铸牢中华民族共同体意识起到了积极的推动作用。例如,锡林郭勒盟贯彻落实习近平总书记"小康不小康,关键看老乡。看老乡,千万别忽视了分布在农村牧区、边疆广大地区的少数民族群众"的重要指示精神,创新推出"集中居住、养老育幼、政府扶持、多元运营"独具草原特色的牧区养老服务新模式。目前,锡林郭勒盟已建成阿巴嘎旗哈乐穆吉养老服务中心、锡林浩特市爱祺乐养老园区等8个具有养老育幼功能的牧区养老园区（养老服务机构），入住养老园区的老年人中，陪读占70%，成功破解了牧区"一老一小"进城养老和进城读书问题，成为全区乃至全国首创，被推荐为"2021年自治区十大优秀改革案例"。

锡林郭勒盟东乌珠穆沁旗阿音奈养老园区推出"机构住养+医养康养+智慧养老+嵌入式居家养老服务"为一体的全新服务模式，构建了"1网（智慧养老服务调度平台）、1厅（心身互动大厅）、2中心（医养康养中心、智慧养老中心）、多站（综合服务中心、社区活动中心、娱乐活动中心）"的综合性养老服务运营体系，打造牧区养老2.0版。

为提高老年人入住率，锡林郭勒盟制定了《老年人优待办法》、《入住养老机构服务对象政府补助优惠办法》等文件，各地根据入住老年人经济条件，制定相应比例的生活费用补贴标准，确保牧区老年人进得去、留得住、过得好。例如，东乌珠穆沁旗重点针对特困人员、高龄、"空巢"和失能老年人提供无偿或低偿照护服务；阿巴嘎旗政府对入住的残疾老年人房屋租赁费、设备租赁费给予50%的补贴，取暖费、物业管理费则全部由政府补贴。牧区养老服务发展有力推动了民族地区乡村振兴战略的实施，适应了牧区老年人特殊的养老需求，满足了牧区孩子进城上学的愿望，同时也有利于草原生态修复和群众交往交流交融，对维护边疆稳定、铸牢中华民族共同体意识均有积极意义。

总之，为保障和改善民生，实现城乡和农牧区老年人"老有所养""老有所依"，内蒙古从经济社会实际情况出发，充分考量民族因素和地域因素，共同性与差异性相统一，出台养老服务政策文件，动员社会力量广泛参与，狠抓实施，不断创新服务模式，走出了一条具有内蒙古特色的养老服务发展之路，为自治区510多万老年人提供了充分而切实的养老保障。

文章原载于《中国民政》2023年第21期，收入本书时略有修订。

民族地区铸牢中华民族共同体意识：
从因俗而治与因俗过度谈起

白维军*

摘要：因俗而治是在民族地区采用的一种特殊治理方式，在不同历史时期发挥了重要的稳定器作用，但如果因俗过度，则会阻碍国家认同和中华民族认同，威胁政治稳定和领土安全，制约经济发展，破坏社会团结，给民族地区带来风险隐患。新时代，应坚持和完善民族区域自治制度，充分借鉴因俗而治的宝贵经验，吸取因俗过度的深刻教训，以铸牢中华民族共同体意识为统领，加强民族地区社会治理，形塑"五个认同"伟大共识。

关键词：民族地区；因俗而治；因俗过度；铸牢中华民族共同体意识

一 问题的提出

边疆是国家的一个特殊场域，在我国，边疆地区往往是民族地区，边疆地区与民族地区高度重合是重要的国情之一[①]。如何对边疆进行有效治理，这考验着统治者的智慧与能力。因俗而治因其良好的社会适应性，成为历代王朝治边的首选策略，也深刻影响着新中国民族事务的治理和民族政策的制定。历史经验表明，因俗而治如果执行得好，就能推动经济建设

---

* 作者简介：白维军，内蒙古大学公共管理学院教授、博士生导师，主要研究方向为社会保障与社会治理。

基金项目：国家社会科学基金项目"民族地区社会治理与铸牢中华民族共同体意识互构研究"（项目编号：21BMZ016）。

① 丁忠毅：《对口支援边疆民族地区中的府际利益冲突与协调》，《民族研究》2015年第6期。

和社会发展；如果执行得不好即因俗过度，则会破坏社会发展，制造分裂矛盾，影响民族团结和国家认同。

因俗而治是指对不同疆域、不同发展阶段的民族地区采取因地制宜的差异化方式进行政治统治和社会管理的一种治理之策。因俗过度则是指在践行因俗而治时，超出了合理的限度，对边疆稳定与社会发展产生负面影响的治理举措。因俗而治发端于先秦时期的羁縻政策，历经汉、唐、宋的发展变化，到蒙元时期渐趋成熟[1]。纵观我国多民族国家的发展历程，因俗而治在加强民族地区社会治理和维护多民族国家稳定统一方面发挥过积极作用，然而，因俗而治有一个度的把握问题，如果实施过程中超出了度即因俗过度，不仅会对民族地区的经济发展和社会稳定造成威胁，还容易引发民族交往和认同危机。

党的十九大提出铸牢中华民族共同体意识，习近平总书记在第五次中央民族工作会议上强调，必须以铸牢中华民族共同体意识为新时代党的民族工作主线，推动各民族坚定对伟大祖国、中华民族、中华文化、中国共产党、中国特色社会主义的高度认同，不断推进中华民族共同体建设[2]。新时代加强和改进民族工作，必须把铸牢中华民族共同体意识作为主线和"纲"，在政治、经济、社会、文化、生态各个领域借鉴和吸纳因俗而治的积极因素，贯彻民族区域自治制度，纠偏因俗过度，避免过分强调民族性和特殊性，以中华民族共同体意识为统领，引导各族人民牢固树立休戚与共、荣辱与共、生死与共、命运与共的共同体理念。

学术界从不同视角和领域，对因俗而治的历史、成效等进行了研究，但是尚缺乏具有中华民族共同体格局的与时俱进的全新阐述，而从因俗而治的反面——因俗过度的视角进行反思性研究更是鲜有涉及。可以说，因俗而治作为民族地区社会治理的一种特殊形式，在维护边疆政治稳定与促进边疆社会发展方面发挥了重要作用；因俗过度会削弱民族认同、阻碍民族交融、威胁领土安全、制约地区发展，引发严重的社会后果。本文以铸牢中华民族共同体意识为指引，对中华民族共同体视域下就如何吸纳因俗

---

[1] 包莲：《蒙元时期"因俗而治"政策的演进与影响》，《黑龙江民族丛刊》2017年第6期。
[2] 《习近平在中央民族工作会议上强调　以铸牢中华民族共同体意识为主线　推动新时代党的民族工作高质量发展》，《人民日报》2021年8月29日第1版。

而治的宝贵经验、规避因俗过度的负面影响展开深入研究，为边疆治理体系与治理能力现代化提供理论借鉴和实践选择。

二　因俗而治的政策演变与效应

作为边疆治理的一种特殊手段，因俗而治绵延数千载，深刻影响着我国的民族关系和民族地区社会经济发展，对稳定边疆政治秩序、提升边疆治理能力发挥过积极作用。

(一) 因俗而治的政策演变

因俗而治的思想实践源远流长。《礼记·王制》记载："凡居民材，必因天地寒暖燥湿，广谷大川异制。民生其间者异俗，刚柔轻重迟速异齐，五味异和，器械异制，衣服异宜。修其教，不易其俗；齐其政，不易其宜。中国戎夷，五方之民，皆有其性也，不可推移。东方曰夷，被发文身，有不火食者矣。南方曰蛮，雕题交趾，有不火食者矣。西方曰戎，被发衣皮，有不粒食者矣。北方曰狄，衣羽毛穴居，有不粒食者矣。"① 统治者依据生活习惯、体貌特征、语言、服饰等划分"五方之民"，并提出"修其教，不易其俗；齐其政，不易其宜"的治理思想，这可视为因俗而治的发端。秦朝在边疆治理中，对郡级以下根据其自身特点采取了灵活的治理方式，允许其根据当地实际情况处理政务，制定符合当地的法律。两汉时期的治边实践更加重视因俗而治，设立了西域都护、护乌桓校尉、护羌校尉、使匈奴中郎将等特殊机构管理边疆②。唐朝对边疆的治理主要采取羁縻政策，在都护府体制下设置羁縻府州开展政治统治。《新唐书·地理七》记载："唐兴，初未暇于四夷，自太宗平突厥，西北诸蕃及蛮夷稍稍内属，即其部落列置州县。其大者为都督府，以其首领为都督、刺史，皆得世袭。虽贡赋版籍，多不上户部，然声教所暨，皆边州都督、都护所领，著于令式。……大凡府州八百五十六，号为羁縻云。"③（1119—1120）

---

① 王梦鸥注译：《礼记今注今译》（上册），天津古籍出版社1987年版，第135页。
② 程妮娜等：《中国历代边疆治理研究》，经济科学出版社2017年版，第117页。
③ （宋）欧阳修、宋祁撰：《新唐书》，中华书局1975年版，第224页。

元朝则将域内的居民分为蒙古、色目、汉人、南人四个不同群体，并根据每一群体的不同特点和风俗习惯，实行不同的管理政策。清朝初期的因俗而治延续了元、明时期的土司制度和伯克制度，到中晚期，先后将西北和西南民族地区的土司辖区改为府、州、县，实行"改土归流"，推进民族地区内地化。新中国成立后，延续因俗而治的做法，在民族地区实行民族区域自治制度，设立自治机关，行使自治权，维护民族地区社会稳定，推动民族地区社会建设。由此可见，从羁縻政策到民族区域自治制度，因俗而治贯穿我国民族政策始终，是历代边疆治理的首选之策。

在漫长的历史演变中，因俗而治形成了二元治理格局，即在靠近政治中心的"核心"区域，由中央政府委派官员进行直接统治，而在远离政治中心的"边缘"区域则根据当地的实际情况，采取羁縻和扶绥性质的间接统治，实行因俗而治。但是，作为历代王朝国家治理的一个重要原则，因俗而治在实施过程中体现出直接统治区逐渐扩大，间接统治区逐渐缩小的特征[1]，王朝对边疆的控制力不断增强，"天无二日，土无二王，国无二君，家无二尊，以一理之也"[2]（1026—1027）的"大一统"思想日渐清晰，作为边疆治理手段的因俗而治，其演变逻辑呈现出从分隔到统一的明显趋势。

（二）因俗而治的政策效应

作为一项长期推行的边疆治理之策，因俗而治虽然在不同历史时期形态各异，但都发挥了积极的社会治理效用，在推进民族地区社会治理精准化、协同化方面起到了积极作用。

一是提升了治理精准化。民族地区民风民俗各异，在日常生活中表现出明显的差异，这无疑增加了治理难度。民族地区社会治理的精细化要求以现实情形为基础，以本地化政策为手段，将主观能动性与客观现实性相结合，以精准的"靶向"举措，提升社会治理的效益和水平。因俗而治契合了精准治理理念，在不同民族地区实施不同的政策，根据不同的治理需

---

[1] 李大龙：《中国古代国家治理思想及其实践》，《云南社会科学》2022年第3期。
[2] （后晋）刘昫等撰：《旧唐书》（全十六册），中华书局1975年版，第136页。

要设置不同职能的地方机构，并在司法制度中将地方风俗习惯作为立法的重要依据，让地方法规主动适应乡规民俗。例如，元朝在不同部族和地域实行"因其俗，柔其人"政策，从而结束了分藩割据、相互纷争的局面，开创了国家统一、政治稳定、民族交融、社会繁荣的新格局①。忽必烈开启的土司制度"超越族籍，超越国界，超越信仰，超越时间，其某些精神仍与 21 世纪的现代世界合拍"②。这些差异化、因地制宜的治理举措有效提高了边疆治理的精确化，推动着民族地区经济社会的持续发展。

二是推动了治理协同化。协同治理的本质是在共同处理复杂社会公共事务的过程中，协调相互关系，实现共同行动、耦合结构和资源共享，消除现实中存在的隔阂与冲突，以最低的成本实现社会各方共同的长远利益③。在古代，因俗而治实现了中央政府、地方省级政府及各地土司共同参与的社会治理格局，在中央政府的协同调配下，各主体在合作中实现共同的目的，提高边疆治理效果，实现边疆和谐稳固。例如，清政府根据民族地区的生产生活和社会状况，采取了不同的管理形式，对靠近内地的"番族"，在赋予其一定自主权的同时，实行与汉地一样的府、州、县管理，并让其承担纳粮贡马义务④。对边远"番族"则实行更为差异化的治理政策，赋予土司更大的自主权以维护边疆的稳定。因俗而治不仅能够较好地满足不同民族地区依照各自传统和现实情况自由发展的要求，也能够较好地满足各民族地区依照共同遵守的规则和秩序合作交往、共同发展的需要，较好地解决了多民族国家治理权力的有效性问题，从而维护了国家主权的统一性和合法性⑤。

三　因俗过度的风险隐患

中华人民共和国成立后，为保障各民族的权利，促进各民族共同繁荣

---

① 包莲：《蒙元时期"因俗而治"政策的演进与影响》，《黑龙江民族丛刊》2017 年第 6 期。
② 杜玉亭：《忽必烈平大理国 750 年题说》，《云南社会科学》2003 年第 6 期。
③ 胡颖廉：《推进协同治理的挑战》，《学习时报》2016 年 1 月 25 日。
④ 李清凌：《元明清管理甘青民族地区的政治思想》，《史林》2006 年第 6 期。
⑤ 马经：《民族区域自治与因俗而治》，《云南社会科学》2016 年第 5 期。

发展，我国实行了民族区域自治制度，继承和发扬了因俗而治，可以说，民族区域自治是因俗而治的一种新形态。充分认识因俗过度的负面影响，正视和面对因俗过度可能带来的问题与挑战，可为完善民族区域自治制度提供经验借鉴，推动中华民族共同体建设稳步前进。

（一）阻碍国家认同和中华民族认同

中华民族认同是超越各民族自身认同，对中华民族产生的认同感、向心力和凝聚力，是一种更高层次、更具情怀和胸襟的认同。没有中华民族认同，就难以形成稳定的中华民族共同体，难以形成长治久安的治理局面[①]。习近平总书记指出，民族团结是全国各族人民的生命线，关乎国家长治久安、社会和谐稳定、人民幸福安康[②]。民族团结与民族认同密不可分，民族认同是民族团结的基础，民族团结反过来促进民族认同。因俗而治是在尊重民族传统的基础上，根据民族地区特点而采取的一种特殊治理手段。在实施过程中，如果超出了合理的限度即因俗过度，则会强化各民族在思想观念、社会结构、经济发展等方面的差异，久而久之会形成民族特殊论和民族差异"应然论"，弱化对国家和中华民族的认同。具体而言，一方面会使少数民族群众在情感维系和文化、价值认同上产生意识阻隔，加剧对国家的疏离感；另一方面容易造成民族自身信仰与国家意志对立，降低少数民族群众对国家执政理念和政策法规的支持度，从而削弱国家认同基础，动摇民族团结根基。

（二）威胁政治稳定和领土安全

我国边疆绝大部分是少数民族聚居区，也是保障国家主权和领土完整、进行边境贸易的重要地区。边疆的状况直接影响着国家安全，影响着我国与周边国家的关系[③]。受国际环境和周边国家的影响，在境外敌对势力的恶意渗透下，我国边疆的政治稳定和领土安全时常受到威胁，地区稳

---

① 马大正：《中国边疆治理：从历史到现实》，《思想战线》2017年第4期。
② 南方日报评论员：《民族团结是各族人民的生命线》，《南方日报》2017年3月11日第1版。
③ 周平：《我国的边疆治理研究》，《学术探索》2008年第2期。

定形势依然严峻。因俗过度易使国内的分裂势力和极端民族主义者借机煽动民族情绪，在与国外敌对势力勾结下，制造分裂国家的极端事件，威胁国家政治稳定和领土安全。例如，清政府在新疆地区实行伯克制度，由于制度本身的独立性，加之中央在监督管理上的缺位和境外敌对势力的干扰，伯克的权力几乎不受约束，腐败不堪，群众心怀强烈的怨恨与不满。20世纪80年代实施的《关于少数民族公民犯罪的"两少一宽政策"》也是一个典型的因俗过度事例，一些狭隘的民族主义者会利用这项政策制造民族分裂，造成民族地区社会动荡，对国家领土完整和人民安全造成严重威胁。

（三）制约地区经济发展

我国民族地区经济发展相对滞后，政府公共财政薄弱，社会发展程度较低，人民生活水平相对较低。因俗而治就是结合民族地区的实际情况，采取差异化治理方式，对民族地区经济发展能起到保护和推动作用。但如果因俗过度，地方治理权限容易被不合理地放大，加之中央政府"鞭长莫及"，缺乏对民族地区及时、有效的监督，很容易滋生行政上的腐败行为，扰乱市场秩序，降低市场活力，不利于形成健康的社会环境，对经济发展产生负面影响。此外，经济发展离不开高素质、高技能的劳动力队伍，但民族地区的少数民族群众在日常生活中多用本民族语言进行交流，一些偏远地区甚至未能完全普及国家通用语言文字。这种单一封闭的语言环境对各民族交往交流交融造成很大障碍，制约了人们相互学习沟通和社会融入的深度，阻碍了区域间的合作往来。因俗过度容易促发民族地区形成与自身资源禀赋不符的经济发展模式和经济结构，这既不利于地方经济发展，无助于提高民族地区居民的福祉水平，也不利于国家发展战略的统一实施和综合国力的提升。

（四）破坏社会团结稳定

民族地区宗教问题、政治问题、意识形态问题相互交织，这增加了社会治理难度，稍有不慎就会导致整个地区动荡不安，因俗过度有可能激发不稳定因素，破坏民族地区社会团结稳定。经过几千年的历史变迁，民族地区在认知、观念及行为上形成了相对固化的传统和习俗。面对现代社会的剧烈变革，民族地区群众表现出应变能力和风险承受能力不足，容易对外界有过激反应，产生排外情绪。因俗过度在社会层面会加剧民族地区群众心理自我化、封闭化，致使地区发展差距越拉越大。心态失衡和民族隔阂日积月累，会形成社会不稳定因素，威胁民族地区团结稳定。因俗过度还会强化民族自我意识，使民族地区群众更加关注自身利益得失，进而引发民族间利益冲突，破坏民族团结和社会稳定。在民族地区实行因俗而治，并不意味着完全按少数民族自身意愿自由发展，而应把握好度，处理好普遍性与特殊性、原则性与灵活性之间的关系。如果过分强调民族地区的特殊性，一方面会割裂与其他地区的情感和联系，导致地区间交往交流不足，久而久之造成区域经济社会发展不同步，差距逐渐拉大；另一方面容易强化少数民族群众的民族意识，增强本民族认同而削弱对国家和中华民族的认同，不利于铸牢中华民族共同体意识。

四 民族地区的社会治理路径

进入新时代，面对民族地区的新发展、新情况、新要求，应充分借鉴历史上因俗而治的积极因素，坚持和完善民族区域自治制度，以铸牢中华民族共同体意识为主线，推进边疆治理现代化和多民族国家稳定发展。

（一）凝聚铸牢中华民族共同体意识的思想共识

中华民族作为一个自觉的民族实体，是在近百年来中国和西方列强对抗中出现的，但作为一个自在的民族实体则是几千年的历史过程所形成的[①]。铸牢中华民族共同体意识是巩固中华民族共同体的思想基础，是中华民族多元一体格局的必要条件，更是实现中华民族伟大复兴和各民族利益的根本要求。为此，须顺应时代变化，按照增进共同性的方向改进民族工作，做到共同性和差异性的辩证统一、民族因素和区域因素的结合，充分认识到只有铸牢中华民族共同体意识，才能有效应对实现中华民族伟大

---

① 费孝通主编：《中华民族多元一体格局》，中央民族大学出版社 2018 年版，第 159 页。

复兴过程中民族事务治理领域的风险挑战。

一是培育公民身份意识。身份认同是铸牢中华民族共同体意识的起点，中华民族共同体意识是公民身份意识觉醒下的价值共识[1]，公民身份是基于法律确认产生的，是连接国家与个人的纽带。加强民族地区群众公民身份意识的培养，是公民就应该热爱自己的国家，要有"大家庭"的意识和牢固的中华民族共同体意识，让其认识到自己首先是中华人民共和国的一名公民，然后才是某一民族的一分子。同时，政府应充分发挥引领作用，为民族地区群众提供更多参与社会政治活动的渠道，丰富参与方式，拓展参与范围，引导各族群众积极参与社会政治文化生活。

二是推进民族地区爱国主义教育。2014年中央民族工作会议暨国务院第六次全国民族团结进步表彰大会指出，"要把建设各民族共有精神家园作为战略任务来抓，抓好爱国主义教育这一课"[2]。爱国主义是中华民族精神的核心，是维护民族团结、促进祖国统一的精神纽带。发挥爱国主义在促进中华民族认同、民族团结和铸牢中华民族共同体意识中的作用，加强爱国主义教育，培养人们对国家的认同和热爱。整合、利用爱国主义教育资源，将爱国主义教育与现实生活相结合，扩展爱国主义教育层次，完善爱国主义教育方式，丰富爱国主义教育内容，把爱国主义教育体现到民族事务治理的各个方面。

（二）夯实铸牢中华民族共同体意识的物质基础

国家认同与民族团结是在经济发展的基础上不断巩固和推进的，提高民族地区经济发展水平，缩小与发达地区的差距，是促进民族交往交流和中华民族共同体认同的必由之路。因此，要重视物质基础对铸牢中华民族共同体意识的决定性作用，构建经济循环互助体系，形成帮扶互补格局，提升民族地区经济发展水平，为铸牢中华民族共同体意识夯实物质基础。

一是加强发达地区对民族地区的对口支援。民族地区经济基础薄弱，

---

[1] 于波、王员：《中国特色社会主义文化："铸牢中华民族共同体意识"的灵魂》，《河海大学学报》（哲学社会科学版）2019年第1期。

[2] 《中央民族工作会议暨国务院第六次全国民族团结进步表彰大会在北京举行》，《人民日报》2014年9月30日第1版。

自身发展能力不足，对口支援能在很大程度上补齐民族地区经济发展短板，通过培育各方利益共同点，强化双方利益共同体意识，推动民族地区经济发展，并且在合作共赢中培育认同、消除隔阂。建立健全对口支援机制体制，形成双向协作框架，为对口支援制定科学的章程。根据对口支援地区的特点和需求，寻找经济发展项目，提供资金与技术，开展人员培训，传授项目知识，发掘民族地区自身潜能。在对口支援经济社会发展过程中，要注重对中华民族共同体意识的培育和引导，在经济合作中形成认同，维系民族友好关系，共同铸牢中华民族共同体意识。

二是加大基础设施建设力度，优化营商环境，助力民族地区经济发展。基础设施落后是限制民族地区经济发展和民族交往交流交融的现实难题，需要进一步完善交通、供电、商业服务、环境保护、文化教育、卫生事业等公用工程设施和公共生活服务设施，为经济发展和民族交往交流创造条件。同时，优化营商环境，为经济发展扫除体制机制障碍。与沿海等发达地区相比，民族地区群众的观念较为保守，受传统体制机制藩篱约束较多，行政体制较为固化，这些都是制约民族地区经济发展的不利因素。民族地区群众要改变观念，学习借鉴发达地区的先进理念和做法，创新社会管理体制，为经济发展放权"松绑"，持续优化营商环境，推动民族地区经济发展。

（三）构筑铸牢中华民族共同体意识的精神家园

习近平总书记在参加十三届全国人大四次会议内蒙古代表团的审议时强调，文化认同是最深层次的认同，是民族团结之根、民族和睦之魂[①]，是培育中华民族共同体意识的根本所在。一方面中华民族共同体意识已然具备完整且先进的政治认同属性，另一方面又可以输出积极的政治认同效能，"铸牢"过程即是"认同"过程[②]。

一是正确认识、理解和发展各民族文化。各民族文化是中华文化不可分割的一部分，尊重和保护少数民族文化是推动文化认同的前提，但并非

[①] 《习近平在参加内蒙古代表团审议时强调　完整准确全面贯彻新发展理念　铸牢中华民族共同体意识》，《人民日报》2021年3月6日第1版。

[②] 赵志朋：《铸牢中华民族共同体意识的政治认同本质》，《内蒙古社会科学》2022年第3期。

所有少数民族文化都具有现代化转换价值、都能为现代化发展服务，传承和发扬少数民族文化并不是原封不动地继承一切。我们既要看到少数民族文化的独特性、进步性，也要看到某些不适应时代发展、阻碍社会进步的滞后性，扬弃结合，在传承少数民族优秀文化的同时丰富和繁荣中华文化。新时代，要正确把握中华文化和各民族文化之间的关系，认识到各民族文化是中华文化的组成部分，中华文化是主干，各民族文化是枝叶，根深干壮才能枝繁叶茂①，增强对中华文化的认同感，构筑中华民族共有精神家园。

二是树立各民族共有文化符号。传统节日、语言文字、民族乐器、革命英雄、建筑标识等形象标识承载着中华民族的集体记忆，蕴含着中华民族的精神气节，能唤起各族人民对共同文化血脉的深厚情感。因此，应树立传统节日、风俗习惯、饮食文化等共有文化符号，并通过影视艺术表演、民族文化活动等方式广泛传播，把一些民族特有的文化符号纳入中华民族的文化符号体系中，突出中华文化形象，塑造中华民族集体记忆，增强各族人民对中华文化的认同感。

（四）搭建铸牢中华民族共同体意识的交往平台

人与人的交往是在社会关系网中进行的，社区空间与心理空间的情景交融是中华民族共同体意识巩固和发展的社会基础，政府应提供更多活动空间，搭建更多交往平台，为铸牢中华民族共同体意识创造良好的社会环境。

一是构建全方位嵌入式社区环境。以社区为依托，实现各民族交错杂居，建设嵌入式居住格局，让各民族在日常的交往交流中实现交融，铸牢中华民族共同体意识。具体来说，家庭方面，鼓励组建多民族家庭，加强民族交融；就业方面，改善就业环境，创造就业机会，增加与其他地区的人员往来，实现互嵌式就业；教育方面，构建嵌入式教学环境，整合教育资源，各民族学生同校共学、共同进步。通过民族共居、共事、共学实现

---

① 《习近平在中央民族工作会议上强调　以铸牢中华民族共同体意识为主线　推动新时代党的民族工作高质量发展》，《人民日报》2021年8月29日第1版。

共生互补，从而形成和谐融洽的民族关系，培养各族群众对中华民族的认同。

二是发挥网络在中华民族共同体建设中的积极作用。信息化时代，网络已成为人们交流沟通和精神活动的重要场所，人们通过网络互动产生情感联结，从而产生群体意识和个体归属感。民族地区群众铸牢中华民族共同体意识，一方面，借助网络平台，以社会主义核心价值观为引导，巩固壮大主流思想舆论，宣扬民族团结进步事迹，塑造共同价值观；另一方面，充分利用网络空间信息交互功能，为各民族群众创造交流机会。

因俗而治为我国边疆治理提供了宝贵经验，因俗过度的风险隐患与负面影响则为当前铸牢中华民族共同体意识提供了现实依据。铸牢中华民族共同体意识是新时代民族工作的主线，牢牢把握这条主线，认清铸牢中华民族共同体意识面临的问题与挑战，坚持和完善民族区域自治制度，在肯定因俗而治积极效用的同时，避免因俗过度带来的负面影响，持续提升民族事务治理水平，增强民族地区群众对伟大祖国、中华民族、中华文化、中国共产党、中国特色社会主义的认同感，形成民族地区社会治理与铸牢中华民族共同体意识的"互嵌"与"同构"。

文章原载于《北方民族大学学报》2022年第6期，收入本书时略有修订。

民族地区巩固拓展脱贫攻坚成果同乡村振兴有效衔接研究

——以内蒙古自治区为例

安 华 李 蕾[*]

摘要： 在全面脱贫取得胜利和全面推进乡村振兴事业的历史交汇节点上，巩固拓展脱贫攻坚成果同乡村振兴有机衔接，是预防返贫风险、扎实推进乡村振兴战略的必然要求。内蒙古自治区脱贫攻坚取得显著性成果，但推进脱贫攻坚与乡村振兴有效衔接中仍存在困境，农牧区基础设施建设滞后，返贫风险长期存在，产业发展存在局限，新型农牧专业人才匮乏，缺乏内生动力，农牧区生态功能下降。内蒙古巩固脱贫攻坚成果同乡村振兴有效衔接应做好政策、规划和体制机制的有效衔接，加快农牧区基础设施建设，建立防止返贫长效机制，推动产业融合发展，完善农牧区人才队伍建设，激发农牧民发展的内生动力，持续加强生态文明建设。

关键词： 脱贫攻坚；乡村振兴；有效衔接

随着脱贫攻坚的全面收官，我国扶贫工作取得历史性成就，但贫困问题并不会因脱贫摘帽而终结，相对贫困问题和返贫风险仍然存在。为巩固拓展脱贫攻坚所取得的历史性成果，克服长期存在的相对贫困问题，有效预防脱贫人口和贫困边缘人口返贫，持续推进乡村振兴战略的全面发展，

---

[*] 作者简介：安华，内蒙古大学公共管理学院教授、硕士生导师，主要研究方向为社会保障理论与政策。

李蕾，硕士研究生，从事社会医学与卫生事业管理研究。

基金项目：内蒙古自治区高等学校科学研究重点项目"民族地区巩固拓展脱贫攻坚成果同乡村振兴有效衔接的内蒙古案例研究"（项目编号：NJSZ22348）；国家社会科学基金重点项目"发展多层次、多支柱养老保险体系研究"（项目编号：21AZD070）。

需要积极探索脱贫攻坚和乡村振兴两大战略的有效衔接。2018 年 2 月，《中共中央国务院关于实施乡村振兴战略的意见》首次提出要"做好实施乡村振兴战略与打好精准脱贫攻坚战有机衔接"。① 此后，国务院多次出台意见和规划就乡村振兴和脱贫攻坚的衔接问题提出要求。2021 年 3 月，《中共中央国务院关于实现巩固拓展脱贫攻坚成果同乡村振兴有效衔接的意见》设立五年过渡期，到 2025 年，脱贫攻坚成果巩固拓展，乡村振兴全面推进。② 研究和探讨巩固拓展脱贫攻坚成果同乡村振兴的有效衔接路径，既是理论发展的需要，也是实务工作的需要。内蒙古自治区作为全国第 10 个实现贫困旗县全部脱贫摘帽的省份，在脱贫攻坚战中取得了累累硕果。2021 年 3 月 5 日，习近平总书记在参加十三届全国人大四次会议内蒙古代表团审议时指出："内蒙古地广人稀，农牧民生活居住比较分散，生态环境脆弱，在巩固拓展脱贫攻坚成果、推进乡村振兴上难度大、挑战多，要坚决守住防止规模性返贫的底线。"③ 在脱贫攻坚全面收官与乡村振兴全面推进等重要发展交汇期，创新体制机制与路径，统筹推动巩固拓展脱贫攻坚成果同乡村振兴的衔接工作，对于内蒙古防止返贫发生，推动农牧区高质量稳定发展具有重要的战略意义。

一　文献综述

关于脱贫攻坚同乡村振兴的关系及其衔接问题的探讨较为活跃。一些学者认为，精准扶贫为乡村振兴打下了一定的基础。刘升认为，精准扶贫为乡村振兴战略的推进提供了多方面基础条件。④ 郭远智等人从多个维度剖析了精准扶贫对于乡村振兴的助推作用。⑤ 还有学者认为，乡村振兴对

---

①《中共中央、国务院关于实施乡村振兴战略的意见》，《人民日报》2018 年 1 月 2 日第 1 版。
②《中共中央、国务院关于实现巩固拓展脱贫攻坚成果同乡村振兴有效衔接的意见》，《人民日报》2021 年 3 月 23 日第 1 版。
③《习近平在参加内蒙古代表团审议时强调　完整准确全面贯彻新发展理念　铸牢中华民族共同体意识》，《人民日报》2021 年 3 月 6 日第 1 版。
④ 刘升：《精准扶贫对乡村振兴的促进机制研究》，《河北北方学院学报》（社会科学版）2019 年第 4 期。
⑤ 郭远智、周扬、刘彦随：《贫困地区的精准扶贫与乡村振兴：内在逻辑与实现机制》，《地理研究》2019 年第 12 期。

精准扶贫有巩固作用，如李敏认为，乡村振兴对防治返贫的长效机制构建十分重要。① 一些学者则从脱贫攻坚与精准扶贫的衔接机制入手，探索二者结合的有效路径。汪三贵和冯紫曦在总结脱贫攻坚取得的成效与宝贵经验的基础上，进一步分析脱贫攻坚与乡村振兴有机衔接的内在逻辑关系及衔接的具体内容。② 李晓园和钟伟从乡村振兴与精准扶贫的出场顺序、内在逻辑、耦合机制及共生路径角度出发，经过分析认为精准扶贫与乡村振兴本质上是共生共存共促关系。③ 豆书龙和叶敬忠从现实需要、制度衔接、社会主义本质等三个层面论证了乡村振兴与脱贫攻坚有效衔接的必要性和应然性，指出脱贫攻坚为乡村振兴的推进提供了经验，而乡村振兴为脱贫攻坚的深入推进和成果巩固提供了机遇。④ 廖彩荣等人从协同推进的保障措施和路径切入，提出了推进脱贫攻坚战与实施乡村振兴协同的七个具体衔接保障措施。⑤ 高强基于政策转移接续的分析视角，提出了推进脱贫攻坚与乡村振兴有效对接的政策分析框架。⑥

以上学者都充分认识到了精准扶贫与乡村振兴的重要意义，并从不同的角度出发，分析精准扶贫与乡村振兴的关系和衔接的逻辑，并提出了推进二者相衔接的路径。总体而言，国内学术界对脱贫攻坚与乡村振兴有效衔接的研究不断丰富，但其研究大多停留在宏观层面，较少根据某一地区的实际情况展开有针对性的分析，且提出的部分衔接路径可操作性不强，不能充分满足现实需求。本文立足内蒙古自治区的实际情况，探索民族地区巩固拓展脱贫攻坚成果同乡村振兴有机衔接和持续改进的系统思路和可行路径。

---

① 李敏：《以乡村振兴助推精准扶贫形成防治返贫长效机制》，《现代经济信息》2019年第14期。
② 汪三贵、冯紫曦：《脱贫攻坚与乡村振兴有机衔接：逻辑关系、内涵与重点内容》，《南京农业大学学报》（社会科学版）2019年第5期。
③ 李晓园、钟伟：《乡村振兴中的精准扶贫：出场逻辑、耦合机理与共生路径》，《中国井冈山干部学院学报》2018年第5期。
④ 豆书龙、叶敬忠：《乡村振兴与脱贫攻坚的有机衔接及其机制构建》，《改革》2019年第1期。
⑤ 廖彩荣、郭如良、严琴等：《协同推进脱贫攻坚与乡村振兴：保障措施与实施路径》，《农林经济管理学报》2019年第2期。
⑥ 高强：《脱贫攻坚与乡村振兴的统筹衔接：形势任务与战略转型》，《中国人民大学学报》2020年第6期。

二 内蒙古巩固拓展脱贫攻坚成果同乡村振兴的衔接实践

(一) 产业脱贫攻坚与产业振兴相衔接

产业扶贫是脱贫攻坚中实现可持续脱贫的重要手段,而乡村振兴战略则以产业振兴为基础。内蒙古自治区在脱贫攻坚阶段高度重视产业扶贫的作用,在"十三五"时期,累计投入财政专项扶贫资金461.5亿元,资金投入总量逐年递增,年均增长17.91%,[①] 并先后出台了《内蒙古自治区"十三五"产业扶贫规划》《关于加快推动农牧业高质量发展的意见》等系列政策举措。重点扶持乳业、马铃薯、牛羊肉、羊绒、林草等特色产业的发展,因地制宜地形成区域性产业集群,带动贫困人群增收,取得了显著的减贫成效。2020年,自治区农村牧区常住居民人均可支配收入16567元,比2015年增长53.4%。[②] 可见,内蒙古产业扶贫为乡村产业振兴提供了基础保障,同时,在产业扶贫的过程中内蒙古也形成了大量的生产性资产,如厂房、仓库、大型机械等,可以为产业振兴的实现提供良好的物质基础。

(二) 教育脱贫攻坚与人才振兴相衔接

人才是推动脱贫和实施乡村振兴的关键,而目前农村地区普遍都面临人口年龄结构失调、新型农业人才紧缺的重要挑战。为阻断贫困的代际传递,实现全面脱贫的目标,2016年内蒙古印发了《内蒙古精准扶贫教育支持计划实施方案》,致力于解决因学致贫或因贫失学的问题,全方位地针对学前教育、义务教育、职业教育、高等教育、民族教育、特殊困难儿童教育等方面作出了部署。《内蒙古自治区打好打赢扶智育人脱贫攻坚战三年行动方案(2018—2020年)》提出,要以深度贫困地区脱贫攻坚为重

---

① 双宝、史主生、马钰琦等:《内蒙古巩固拓展脱贫攻坚成果和衔接推进乡村振兴报告》,《新西部》2022年第Z1期。

② 内蒙古自治区统计局:《内蒙古自治区2020年国民经济和社会发展统计公报》,内蒙古自治区人民政府,https://www.nmg.gov.cn/tjsj/sjfb/tjsj/tjgb/202105/t20210514_1494765.html,2021年3月1日。

点，充分发挥职业教育在脱贫攻坚中的作用，确保如期完成教育扶贫任务。除此以外，内蒙古提出了到 2020 年全区培育 5 万人以上新型职业农牧民的目标，[①] 在培养职业农牧民及农牧村区发展带头人等方面发挥了巨大作用。一系列教育扶贫政策有效帮助内蒙古农牧区贫困人口实现脱贫与发展，提升贫困人口的人力资本和社会资本。人才振兴可利用教育扶贫的成果和手段，继续发挥农牧区发展带头人的作用，带动全体农牧民增收，并持续改善农牧区的教育质量，断绝教育返贫的可能。

（三）文化脱贫攻坚与文化振兴相衔接

在脱贫攻坚过程中，文化扶贫体现在开发当地文化资源、转变贫困户的精神风貌、扭转其"等靠要"的思想等方面。通过文化扶贫，内蒙古的乡村特色文化资源得到了开发，乡村文化产业得到发展。通辽市发展安代舞、蒙古族四胡等非遗项目，转变贫困人口的精神风貌，并通过在旅游景区演出的形式增收。通辽市庙屯村、呼和浩特市恼包村等地建设民俗旅游村，通过发展文化旅游带动村民增收。2019 年，内蒙古文化旅游产业扶贫带动贫困户 5554 户，实现了年均增收 3675 元。[②] 文化振兴作为乡村振兴战略的"灵魂工程"，具有较强的价值引领和价值导向作用。在巩固拓展脱贫攻坚成果同乡村振兴衔接的过程中，要在文化扶贫的基础上，着力推进文化扶贫与文化振兴的衔接工作，使文化发展成果惠及全区，激发内蒙古农牧区发展的内生动力。

（四）生态脱贫攻坚与生态振兴相衔接

生态扶贫将生态保护、资源利用、扶贫开发、经济发展有机结合，对于改善乡村生产生活条件、实现农业可持续发展、增强农民的生活幸福感具有重要意义。2013 年，内蒙古出台了《内蒙古自治区生态脆弱地区移民扶贫规划》，开始实行生态脆弱地区移民扶贫工程，通过部分搬迁或整体搬迁的形式，历经五年的时间将生活在生态脆弱区的农牧民全部迁移，实

[①] 智华：《乡村振兴战略的理论渊源与实践要求》，《时代报告》2018 年第 12 期。
[②] 《"数说"内蒙古扶贫硕果骁"蒙"战马奔小康》，央视网，https://news.cctv.com/2020/10/23/ARTIrqQjsGLz-drAd16rNPpF0201023.shtml，2020 年 10 月 23 日。

现了"移得出、稳得住、能致富"①的目标。同时，多措并举创新生态扶贫机制，通过生态补偿、发展林草产业、聘用生态护林员等形式使贫困人口在生态扶贫中受益。内蒙古农牧区的生态扶贫与生态振兴在地理空间上存在高度重叠，阶段性生态扶贫工作为长期性的生态振兴工作奠定了良好的环境基础。在生态扶贫取得显著成效的基础上，要着力增强生态振兴的发展后劲和可持续性，实现巩固生态扶贫成果与生态振兴双重目标的衔接，进一步提高人与自然和谐共生能力和农牧区可持续发展能力。

（五）党建脱贫攻坚与组织振兴相衔接

基层党组织是脱贫攻坚的战斗堡垒和精神动力，乡村振兴同样也离不开组织振兴与组织建设。在脱贫攻坚期间，内蒙古突出党建引领的作用，探索建立了"党建+扶贫"新模式。将扶贫和基层党组织建设有机结合，出台了《关于抓党建促脱贫攻坚的指导意见》《关于进一步做好抓党建促脱贫攻坚几项具体工作的通知》等文件，组织下乡驻村干部三万多名，向嘎查村派驻第一书记9306名，②并形成了干部与贫困户结对帮扶的帮扶模式。同时，发挥广大党员干部在扶贫开发中的模范带头作用，结成8.3万对党员帮扶对子，③有力帮助贫困村和贫困户脱贫。在乡村振兴战略的实施过程中，要加强党建扶贫与组织振兴的有效衔接，将脱贫攻坚组织机制推广运用到乡村振兴工作中，由五级书记抓扶贫转向五级书记抓振兴，增强村级治理能力。

三 内蒙古巩固拓展脱贫攻坚成果同乡村振兴衔接的现实问题

（一）农牧区基础设施建设滞后

一方面，内蒙古地域广袤，东西跨度大，且地形类型复杂，特殊的地

---

① 内蒙古自治区人民政府办公厅：《内蒙古自治区人民政府办公厅关于印发〈内蒙古自治区生态脆弱地区移民扶贫规划〉的通知》，《内蒙古自治区人民政府公报》2013年第9期。

② 牧远：《在实现三个历史性跨越的基础上奋力书写内蒙古"三农三牧"新篇章》，《实践》（思想理论版）2021年第9期。

③ 许美芳、尹存良：《脱贫攻坚路上党旗飘》，《实践》（党的教育版）2017年第12期。

理条件使得农牧区基础设施施工难度大，给农牧区基础设施的建设带来了较大压力；另一方面，牧区人口分布不均匀，农牧村落呈"大分散小聚居"的分布状态，使得基础设施投资建设周期长、工程量大、投入高且服务范围有限。农牧区水电、交通、网络等基础设施不完善，既影响了农牧区居民生存质量和生活品质，也制约了农牧民产业发展的渠道，还影响了农牧业生产过程中的信息互通和物流畅通，直接导致农牧产品的销路不畅、产业链条短、附加价值不高等问题。

（二）返贫风险长期存在

内蒙古如期完成了全面脱贫的目标，但相关数据显示，2020 年全区已脱贫但不稳定的风险户和收入略高于扶贫标准的边缘户共有 19880 户。[①] 内蒙古生态环境脆弱，土地沙漠化严重，自然灾害频发，致使农牧区因灾致贫返贫风险大，且风险难以控制。除此以外，在此前内蒙古贫困人口中，因病因残致贫人口比例较高，由于疾病因素的特殊性与不可控性，往往因病致贫群体脱贫难度大，脱贫后的返贫风险也随时可能出现，因病致贫、因病返贫已经成为与因灾致贫、因灾返贫程度相似的两个返贫风险因素。

（三）产业发展存在局限

内蒙古农牧区产业结构较为单一，第二、第三产业发展相对滞后，未实现产业发展多元化。农牧业生产经营具有较强的封闭性，农牧民大多固守传统单一的生产经营模式，依靠简单的初级农产品生产和交易来增收。农牧产品加工业产业体系不健全，未实现从农业种植和畜牧养殖向现代农牧产品规模加工、农牧区现代服务业的延伸和转变，尚未实现产业融合发展，新模式、新业态无法有效产生和发展。

（四）新型农牧专业人才匮乏

人才是第一资源，实现内蒙古农牧区巩固拓展脱贫攻坚成果和乡村振

---

① 乌丽晗：《教育阻断民族地区多维返贫风险的机理与对策》，《甘肃农业科技》2022 年第 4 期。

兴的有效衔接，离不开专业农牧人才队伍的支撑和支持。目前内蒙古农牧区人口年龄结构失衡，青壮年劳动力不足，大多数青年人不愿从事传统的农牧产业，接受过高等教育的青年人才更倾向于离开家乡寻求更好的个人发展，农牧区实用人才后备力量严重不足。且由于地理位置和经济发展水平的限制，内蒙古农牧区人才吸引力较弱，人才"引进来"难度大，面临"引进来"但是"留不住"的问题。除此以外，还缺乏有针对性的农牧专业人才培养机制，本土职业技术教育的人才培养速度慢，培养质量不高。

（五）缺乏内生动力

农牧民既是内蒙古脱贫攻坚的主体，也是乡村振兴的主体，但是在内蒙古脱贫攻坚同乡村振兴衔接的过程中，部分农牧民的"等、靠、要"思想还未完全根除，缺乏自力更生精神。尽管在脱贫攻坚的过程中，强有力的政策帮扶使他们脱离了贫困，但其政策依赖性过强，对扶贫形成了严重的依赖心理。在脱贫攻坚全面收官和全面推进乡村振兴的战略衔接交汇期，部分农牧民对乡村振兴的文件精神理解不深，主动参与的积极性不强，依然寄希望于依靠政府主导实现从脱贫到振兴的转变，农牧民的内生动力依然难以激发。

（六）农牧区生态功能下降

过度重视经济发展，忽略了经济与环境的协调和可持续发展，不同程度破坏了内蒙古的农牧区生态环境，"绿水青山就是金山银山"的发展理念未能有效贯彻。部分地区农业生产中化肥、农药等农业投入品过量使用现象常发，地膜残留降解慢，固体废物倾倒、填埋和堆放现象普遍，土壤和地下水污染严重，且治理难度大。在牧区存在过度放牧、违规占用草地、无节制超采地下水等现象，造成了草原及耕地面积的减少，致使土地沙漠化严重，乡村生态循环功能下降。

四 内蒙古巩固拓展脱贫攻坚成果同乡村振兴有效衔接的实现路径

(一) 做好政策、规划和体制机制的有效衔接

要细化专项实施方案,做好各项宏观层面的整体设计和衔接工作。首先,做好政策衔接,严格落实中央的各项政策文件,立足内蒙古实际,把脱贫攻坚相关政策纳入乡村振兴战略下统一的政策体系中;其次,做好规划衔接,要因地制宜地组织编制适合内蒙古自治区发展的衔接规划,细化区域规划、村庄规划等具体措施,确保各项规划衔接落在实处;最后,做好体制机制衔接,将内蒙古脱贫攻坚建立的各项体制机制认真总结,并逐步转化为符合乡村振兴要求的新的体制机制。[①]

(二) 加快农牧区基础设施建设

农牧区基础设施建设始终是内蒙古脱贫攻坚工作的重要内容,既是推进内蒙古乡村振兴的基础性保障,也是实现脱贫攻坚与乡村振兴的有效衔接的重点领域。要加大对农牧区基础建设的经济支持力度,大力发展水电、交通、网络基础设施,实现牧区通水、通电、通网,打造互联网农村生态链,实现农牧区信息互通互享,为新业态的孵化提供基本条件,实现向全面推进乡村振兴的平稳过渡。

(三) 建立防止返贫长效机制

建立健全防止返贫动态监测和帮扶机制,重点关注因病致贫、因灾致贫等返贫风险大和致贫后果严重的边缘贫困群体,并开展定期检查,利用"互联网+"、大数据动态监测其收支情况。一方面,要持续加大对农牧区的资源投入力度,发挥产业扶贫在巩固拓展脱贫攻坚成果中的作用,提升边缘贫困群体的"造血"能力,促进其自我发展,预防返贫;另一方面,

---

① 刘焕、秦鹏:《脱贫攻坚与乡村振兴的有机衔接:逻辑、现状和对策》,《中国行政管理》2020年第1期。

总结脱贫攻坚的经验,学习脱贫攻坚的相关体制机制,由基层干部与边缘贫困群体结对帮扶,落实主体责任,在发生返贫风险时及时发力,并将帮扶成果纳入干部考核。

(四) 推动产业融合发展

一方面,应以多元为模式,以龙头为支撑,以融合发展为路径,推动农牧业与农副产品加工业、文化旅游业、电商产业等基础产业和新兴产业的融合发展,拓宽延伸农牧业产业链条,帮助农牧民增收,建立农村牧区产业减贫助兴的长效机制;另一方面,内蒙古有着丰富的自然资源,可通过发展乡村旅游,促进农牧业业态转变和产业升级,以产业振兴助力乡村振兴,有效治理内蒙古的相对贫困问题,实现共同富裕。

(五) 完善农牧区人才队伍建设

首先,可以充分利用当地高校、高职的教育资源,与高校进行对接,对口培养职业人才,定期开展乡村职业农牧民培训,加强人才队伍建设;其次,加快城乡人才的交流互动,借鉴其他地区的成功经验,不断完善人才培养和保障机制,建立"下得去、留得住、干得好、流得动"的人才资源配置长效机制;① 最后,充分利用现有的人才队伍,加大政策优惠力度,吸引服务于脱贫攻坚的专业人才继续留在农牧区,继续为内蒙古乡村振兴做贡献。

(六) 激发农牧民发展的内生动力

在进行两大政策衔接的过程中,要引导思想转变,持续抓好"扶志+扶智"工作。首先,尊重农牧民主体地位,政府主导与农牧民主体相结合,激发农牧民的参与意识和内生动力,防止出现"干部干,群众看"的现象;其次,对乡村振兴文件精神进行宣传、教育和培训,使农牧民认识到乡村振兴与脱贫攻坚的区别与联系以及过渡期内的任务,扭转其"等、

---

① 本报评论员:《保障越有力大学生基层就业越积极》,《光明日报》2017年1月25日第6期。

靠、要"的思想；最后，发挥榜样示范作用，树立致富典型和乡村振兴发展带头人，先富带动后富，引导农牧民参与到乡村振兴中来。

（七）持续加强生态文明建设

"绿水青山就是金山银山"，农牧区的经济发展不能以破坏生态环境为代价来换取，要协调农牧区经济发展与环境保护的关系，坚持绿色发展理念，推动绿色生态有效衔接。这要求内蒙古创新完善生态保护机制，在过渡期内合理布局，做好农牧区经济发展与环境保护的相关规划，将"可持续发展"理念融入农牧区经济发展的战略规划中，尤其是促进牧场耕地的合理规划与集约使用。加强农村牧区人居环境的综合治理，破坏生态环境的违规违法行为要依法打击，并严肃处理，推动农牧区生态环境质量持续向好发展。

五 结语

"十四五"时期是巩固拓展脱贫攻坚成果同乡村振兴有效衔接的关键时期，包括内蒙古自治区在内的民族地区，应积极响应党中央号召，贯彻落实习近平总书记关于乡村振兴系列重要讲话精神，持续探索巩固拓展脱贫攻坚成果与乡村振兴的衔接的有效路径。要正确认识和领会脱贫攻坚与乡村振兴的内在联系和逻辑关系，在过渡期内根据民族地区实际情况落实做好宏观层面的政策、规划和体制机制衔接，在基础设施建设、产业发展、人才培养、生态文明建设等方面协同发力，完成从脱贫向振兴的工作重点转变。此外，脱贫攻坚战和乡村振兴作为实现"两个一百年"奋斗目标的重要安排部署，其衔接模式的构建必然需要一个复杂且长期的摸索过程，还有待根据实践进一步总结经验、教训，加速相关制度和政策的定型。

文章原载于《边疆经济与文化》2024年第6期，
收入本书时略有修订。

欠发达地区县域政务营商环境建设的影响因素及作用路径
——基于内蒙古自治区 D 旗的质性研究

姜雅婷　刘银喜[*]

摘要：营商环境建设是我国国家治理现代化的新内容和地方政府治理竞争的新场域，然而欠发达地区营商环境建设的影响因素和作用路径尚缺乏针对性的分析和梳理。本文聚焦欠发达地区县域政务营商环境建设实际情境，通过对内蒙古自治区 D 旗 42 份企业访谈资料的扎根理论分析，构建了包含"意识—情境—行动"三个维度的县域政务营商环境建设影响因素及作用路径模型。研究结果表明，服务供给是影响县域政务营商环境建设的关键变量，服务意识和服务能力则分别从主观制约和客观制约的角度为县域政务营商环境建设提供了前置性条件。进一步改善欠发达地区县域政务营商环境，关键着力点在于降低"机会主义"带来的寻租成本、博弈成本及其他非必要制度性交易成本。本文的研究结论为进一步改善欠发达地区县域政务营商环境、优化政府与市场关系提供了有益启示。

关键词：欠发达地区；营商环境；影响因素；质性研究

---

[*] 作者简介：姜雅婷，内蒙古大学公共管理学院讲师，主要研究方向为政府绩效管理与公共政策绩效。

刘银喜（通讯作者），南开大学周恩来政府管理学院教授、博士生导师，主要研究方向为基层政府改革、民族地区治理。

基金项目：国家社会科学基金重点项目"西部民族地区典型牧区治理有效综合调查研究"（项目编号：18AZD020）；内蒙古自然科学基金项目"内蒙古自治区营商环境评价及优化路径研究"（项目编号：2020BS07005）。

一 问题的提出

伴随着我国经济发展进入新常态，推动经济由高速增长转向高质量发展不仅是顺应国际形势新变化的基本要求，也是将我国改革进一步推向纵深发展的应然路径。营造国际一流的营商环境被认为是建设现代化经济体系、推动经济高质量发展、促进新旧动能转换的必然选择。党的十九大以来，特别是在中国特色社会主义进入新时代的大背景下，党中央、国务院出台了一系列政策措施旨在提升和优化营商环境。2019年党的十九届四中全会对推进国家治理体系和治理能力现代化做出了重大战略部署，提出要进一步深化行政审批制度改革，改善营商环境，激发各类市场主体活力。从2018年国务院首次常务会议将部署"进一步优化营商环境"作为首个议题，到2019年国务院办公厅颁布《优化营商环境条例》，从中央层面大力打造市场化、法治化、国际化营商环境的政策导向到地方政府优化营商环境相关举措和实施方案的密集出台，大力优化营商环境已经成为我国国家治理现代化的新内容和地方政府治理竞争的新场域。①

据世界银行2019年最新发布的《营商环境报告》（*Doing Business 2019*），我国是营商环境改善排名前10名的经济体之一，在全球排名中升至第46位。这一方面肯定了近年来从中央到地方多措并举改善营商环境所取得的成效，另一方面我们也要看到破解当前营商环境建设"瓶颈"、将优化营商环境建设推向纵深发展依旧任重而道远。实践层面，构建中国特色营商环境评价体系被视为剖析地区营商环境建设所面临的困境，进而破除发展障碍的有效举措。从2018年国务院提出"加快构建具有中国特色营商环境评价体系"以来，全国范围内的营商环境评价工作方兴未艾。从

---

① 郭燕芬、柏维春：《营商环境建设中的政府责任：历史逻辑、理论逻辑与实践逻辑》，《重庆社会科学》2019年第2期；宋林霖、何成祥：《从招商引资至优化营商环境：地方政府经济职能履行方式的重大转向》，《上海行政学院学报》2019年第6期；娄成武、张国勇：《治理视阈下的营商环境：内在逻辑与构建思路》，《辽宁大学学报》（哲学社会科学版）2018年第2期；赖先进：《哪些优化营商环境政策对经济增长影响更有效？——基于全球162个经济体的证据》，《中国行政管理》2020年第4期。

立足全国的整体性评价结果不难发现一个事实：相较于东部发达地区，西部欠发达地区在营商环境建设方面的表现不尽如人意，欠发达地区营商环境发展不充分、区域间营商环境建设的不平衡表现得尤为突出。2020 年"两会"前夕，党中央、国务院从全局出发，立足西部地区发展不平衡不充分问题依然突出，西部地区与东部地区发展差距依然较大的实际，为加快西部大开发形成新格局，推动西部地区高质量发展，提出了《中共中央国务院关于新时代推进西部大开发形成新格局的指导意见》，指出西部地区要深化"放管服"改革，加快建设服务型政府，努力营造良好的营商环境。由此，推动西部欠发达地区营商环境建设和优化、助力西部欠发达地区高质量发展，不仅关系到欠发达地区市场潜力和后发动力能否被充分激发，而且关系到我国经济高质量增长能否在区域间实现平衡，对于统筹区域协调发展，建设社会主义现代化国家有着重要的现实意义。故而，不论是立足区域协调的国家战略，还是立足欠发达地区营商环境建设的现实，精准识别影响欠发达地区营商环境建设的关键因素和制约条件，对于进一步推进欠发达地区营商环境建设具有重大的现实意义。

二 文献述评

通过对已有研究的梳理发现，对于营商环境建设的既有研究大多聚焦于营商环境建设的意义和作用、营商环境建设评价和优化营商环境的现实路径等三个方面。具体而言，已有研究对营商环境建设对于经济发展的促进作用取得了共识，而这种促进作用至少可以通过两种渠道来实现：一是促进生产性私人投资；二是增加创业活动。[1] 研究表明，营商环境的优化有利于促进企业研发投入强度[2]和企业全要素生产率（TFP）增长，[3] 能够

---

[1] 董志强、魏下海、汤灿晴：《制度软环境与经济发展——基于 30 个大城市营商环境的经验研究》，《管理世界》2012 年第 4 期。

[2] 何凌云、陶东杰：《营商环境会影响企业研发投入吗？——基于世界银行调查数据的实证分析》，《江西财经大学学报》2018 年第 3 期；许志端、阮舟一龙：《营商环境、技术创新和企业绩效——基于我国省级层面的经验证据》，《厦门大学学报》（哲学社会科学版）2019 年第 5 期。

[3] 刘军、关琳琳：《营商环境优化、政府职能与企业 TFP 增长新动力——"窗口亮化"抑或"亲上加清"》，《软科学》2020 年第 4 期。

增加企业家的经济活动时间,①促进实体企业的发展,②有利于降低交易成本,保障市场公平公正,对于消除寻租影响、激励企业竞争和创新具有积极作用。③在营商环境评价方面,由于世界各国政治体制和经济体制的不同,国外学者和研究机构所构建的营商环境评价指标体系对不同国家适用程度并不一致,④由此,国内学者开始逐步探索中国场景下的营商环境评价指标体系,并开展了针对不同区域的营商环境评价实践,⑤对区域营商环境进行现状评估、横向对比或问题剖析。在优化营商环境的现实路径方面,已有研究一方面聚焦于政府如何主动作为,提出从推进国家治理现代化的高度加强制度供给和制度创新,提升政府治理能力,不断缩小制度供给与企业需求之间的差距。另一方面,提出要积极构建多元主体协作与制度反馈机制,通过构建社会诚信体系改善社会环境,助推稳定公平透明、可预期的营商环境的营造。

从总体上来看,已有研究成果围绕营商环境建设的"结果如何"、营商环境建设的"现状如何""如何提升"营商环境等问题,进行了丰富的学术讨论。然而遗憾的是,相关研究对营商环境建设的影响因素这一"前因"的剖析则较为缺乏,这导致营商环境建设改善策略的提出缺乏基于逻辑链条的推导;此外,相关研究未从区域特殊性的角度开展聚焦西部欠发达地区营商环境建设的针对性研究,为数不多的区域性研究也多聚焦于东部发达地区或者东北地区。⑥反观现实情况,欠发达地区营商环境建设与

---

① 魏下海、董志强、张永璟:《营商制度环境为何如此重要?——来自民营企业家"内治外攘"的经验证据》,《经济科学》2015年第2期。
② 谢众、张杰:《营商环境、企业家精神与实体企业绩效——基于上市公司数据的经验证据》,《工业技术经济》2019年第5期。
③ 陈颖、陈思宇、王临风:《城市营商环境对企业创新影响研究》,《科技管理研究》2019年第12期;夏后学、谭清美、白俊红:《营商环境、企业寻租与市场创新——来自中国企业营商环境调查的经验证据》,《经济研究》2019年第4期。
④ 杨涛:《营商环境评价指标体系构建研究——基于鲁苏浙粤四省的比较分析》,《商业经济研究》2015年第13期。
⑤ 魏淑艳、孙峰:《东北地区投资营商环境评估与优化对策》,《长白学刊》2017年第6期。
⑥ 张国勇、娄成武:《基于制度嵌入性的营商环境优化研究——以辽宁省为例》,《东北大学学报》(社会科学版)2018年第3期;魏淑艳、孙峰:《东北地区投资营商环境评估与优化对策》,《长白学刊》2017年第6期;孙萍、陈诗怡:《基于主成分分析法的营商政务环境评价研究——以辽宁省14市的调查数据为例》,《东北大学学报》(社会科学版)2019年第1期。

东部地区相比仍存在较大的差距和不足。由于历史沿革、经济基础、资源禀赋、行政传统和治理理念等方面的差异,影响不同区域营商环境建设的关键因素有很大差别,迫切需要结合欠发达地区营商环境建设实际治理情境,梳理欠发达地区营商环境建设中的堵点和"痛点",厘清影响和制约欠发达地区营商环境优化的关键因素及作用路径,在此基础上提出具有针对性的改善策略。

在营商环境建设的诸多要素中,政务营商环境体现了政府为企业生产经营提供服务的能力及水平的总和,政务服务能力直接影响到市场主体的发展信心,[①] 对于降低企业制度性交易成本、提升地区经济竞争力意义重大,政务营商环境的改善能够以点带面有效促进营商环境的全面优化。[②] 此外,县级区域作为基层行政管理的重要单位,在承接城市功能、引导乡村振兴中发挥着重要作用,大力优化欠发达地区县域政务营商环境,不仅能够激活县域经济发展潜力和区域发展后发动力,而且有利于欠发达地区基层政府进一步深化"放管服"改革,提升政府治理能力。基于此,本文试图立足欠发达地区县域政务营商环境建设情境,运用质性分析方法厘清如下问题:对于欠发达地区县域政务营商环境建设而言,哪些因素是制约政务营商环境建设的关键因素?这些因素如何影响政务营商环境建设?本文将以内蒙古自治区 D 旗为例,基于丰富的调研资料,深度剖析影响和制约欠发达地区县域政务营商环境建设的关键因素及作用路径,以期为进一步改善欠发达地区县域政务营商环境提供参考和借鉴。

三 研究设计

(一)研究方法的选择

本文试图梳理欠发达地区县域政务营商环境建设中的堵点和"痛点",并初步探讨欠发达地区县域政务营商环境建设的影响因素和作用

[①] 廖福崇:《"放管服"改革优化了营商环境吗?——基于 6144 家民营企业数据的统计分析》,《当代经济管理》2020 年第 7 期。

[②] 彭向刚、马冉:《政务营商环境优化及其评价指标体系构建》,《学术研究》2018 年第 11 期。

路径。相较于大规模问卷调查在发掘和还原某一特定区域营商环境建设真实场景中的乏力,在真实的县级地方政府营商环境建设情境下,对大量原始材料进行归纳和分析能够提供具有信度、效度和理论解释力的研究发现。扎根理论作为一种质性研究方法,能够通过对数据进行归纳性分析,发展概念框架或理论。① 加之,在公共管理研究中,扎根理论在发掘影响因素、探寻变量因果关系,进而构建中层理论中具有一定的优越性。② 基于上述考虑,本文试图通过扎根理论这一探索性研究方法,在真实的经验资料基础上探索影响欠发达地区县域政务营商环境建设的关键因素,并试图从理论上建构各影响因素的作用路径,以形成初步的分析框架。

(二) 研究区域及数据来源

本文所聚焦的 D 旗位于内蒙古自治区西南部,资源富集,交通便利。地理区位上毗邻内蒙古核心产业带和经济区,区位优势十分明显,主要产业集中于电力、煤炭、化工、建材、农畜产品加工等五大体系。就经济发展水平而言,通过对 2017—2019 年 D 旗所属 E 市 9 个市辖区及下辖旗(县)年度 GDP 总量、公共财政预算收入等指标的梳理,发现 D 旗经济指标在 9 个区、旗(县)中徘徊于第 5—7 名,经济发展水平居于所在区域中下位置,迫切需要通过营商环境的改善,激发经济社会发展的潜能。因此,本文选取内蒙古自治区 D 旗作为研究欠发达地区县域营商环境建设的样本,具有很强的典型性。

本文所用数据来源于 2018—2019 年"内蒙古自治区 D 旗营商环境建设评价项目",该项目由 D 旗旗委委托内蒙古大学公共管理学院开展,历时两年,每年实际工作时间达六个月。在实地调研中,笔者所在的项目组分别开展了针对政府部门、当地企业、个体工商户及办事群众的调查,得

---

① [英] 凯西·卡麦兹:《建构扎根理论:质性研究实践指南》,边国英译,重庆大学出版社 2009 年版,第 155—187 页;贾旭东、谭新辉:《经典扎根理论及其精神对中国管理研究的现实价值》,《管理学报》2010 年第 5 期。
② 贾哲敏:《扎根理论在公共管理研究中的应用:方法与实践》,《中国行政管理》2015 年第 3 期。

到了丰富的问卷数据和访谈材料。其中，对当地企业负责人的深度访谈构成了本文的基础研究素材。

(三) 访谈资料收集

在具体的资料收集中，项目组首先设置针对当地企业负责人的访谈提纲，试图从服务对象的角度更为深入、全面地了解 D 旗营商环境建设的实际情况和现实困境。深度访谈主要采取半结构化的形式，在访谈提纲的基础上，被访者自由阐述看法，每人访谈时间约 25 分钟。在访谈结束后，项目组会及时整理书面记录并进行观点回顾，从而保障话语和观点的原始性，最终形成了本文所依托的原始访谈记录。项目组共调查当地企业 44 家，剔除与主题明显不相关的信息，共形成 42 份访谈样本。表 1 呈现了被访企业的基本信息，表明了样本企业选取具有一定的代表性。在实际操作过程中，随机选取 3/4 的样本（32 份）用于编码分析和理论建构，余下 1/4 的样本（10 份）用于理论饱和度检验。

表 1　　　　被访企业的基本信息统计（N=42）

统计项	类别	频数	百分比（%）	统计项	类别	频数	百分比（%）
员工数	100 人以下	21	50.00	所处行业	采矿业	2	4.76
	100—500 人	9	21.43		制造业	13	30.95
	500—1000 人	9	21.43		农、林、牧、渔业	8	19.05
	1000 人以上	3	7.14		住宿和餐饮业	3	7.14
年营收总额	50 万元以下	12	28.57		教育、文化、体育和娱乐业	3	7.14
	50 万—200 万元	10	23.81		信息服务、计算机服务和软件业	2	4.76
	200 万—500 万元	1	2.38		居民服务、修理和其他服务业	4	9.52
	500 万—1000 万元	3	7.14		批发零售业	3	7.14
	1000 万元以上	16	38.10		建筑业	2	4.76

续表

统计项	类别	频数	百分比（%）	统计项	类别	频数	百分比（%）
企业规模	大型企业	6	14.29		金融业	1	2.38
	中型企业	8	19.05		交通运输、仓储和邮政业	1	2.38
	小型企业	10	23.81				
	微型企业	18	42.85				

四 研究过程与模型建构

（一）开放式编码

开放式编码（Open Coding）是将数据通过逐行编码逐渐概念化和抽象化，用概念和范畴来反映资料内容。开放式编码需要扎根于数据资料，对资料所表明的内容保持开放，并尽可能地贴近数据。[①] 在具体操作中，需要尽量基于访谈记录中被访者的原话发掘初始概念，以充分发掘剖析其对于当地政务营商环境影响因素的真实态度。经过反复对照、整合和归纳，本文共得到185条原始语句，提炼出31个初始概念，对同类初始概念进行抽象和归并后形成14个范畴。本文编码分析基于Nvivo11.0软件实现。表2节选了初始概念下其中一条原始语句及其所属范畴。

表2　　　　　　　　　开放式编码范畴化

原始语句举例	初始概念	范畴
政府去企业主动服务的行为少，不查不罚就不去企业	A01 主动意识薄弱	B01 主动服务
政府支持企业是对的，但是不要把企业引进来就不管了	A02 服务意识薄弱	
政府工作人员不理解、不学习国家政策。政府要求耕地实行三年轮作制，一些干部理解不到位	A03 学习意识薄弱	B02 学习先进
入工业园区时政府的许诺没有实现，比如资源配置，垫资7000多万元，财政没有返还	A04 承诺未兑现	B03 重信守诺
从上面申请的专项资金，市里拨到旗里，旗里没有如期拨付	A05 资金未拨付	

---

① 李贺楼：《扎根理论方法与国内公共管理研究》，《中国行政管理》2015年第11期；陈向明：《质的研究方法与社会科学研究》，教育科学出版社2000年版。

续表

原始语句举例	初始概念	范畴
吃拿卡要比前几年好很多，但是卡、要的现象依然存在，只是不明显了	A06 吃拿卡要	B04 公正法治
注册手续办好之后，工作人员不办事，他们坐在那聊天，不给办事，政务大厅工商窗口不作为现象明显	A07 不作为	
正规去窗口办事不给审批，有关系的不用批直接就能过，我们举报也不管用，有关系的城管也不管，没有的就管你	A08 乱作为	
问一个问题至少三天答复，还不一定有答案，很多小事迟迟解决不了	A09 慢作为	
政务大厅人员办事效率太慢，有时办事办着就离开办事窗口了，排队排很远，办一件事好几天	A10 服务效率低	B05 便利高效
相关业务办公室职责不清，问两个人两个答案，存在地税、财政局推诿，"踢皮球"现象	A11 权责不清	B06 部门权责
不到10公里的运输，8个部门在管理，各管一片，疲于应付	A12 多头管理	
政府不清楚哪些企业属于创新，看不到互联网企业的价值，一些好的创新项目得不到重视	A13 人员素质和水平有限	B07 人员配备
政府办事人员少，缺乏业务熟练能讲清楚流程的工作人员	A14 人员数量不足、结构失衡	
工作人员"文山会海"，负担很重，没有时间放在真正的服务和办事上，很多情况需要在领导散会的间隙反映工作人员没有时间做业务	A15 人员压力大、任务重	
开发区主干道区间限速40km/h，没有带来相应效果，反而带来很多交通隐患	A16 政策科学性不足	B08 政策水平
子公司注销上次说不用手续，现在去又要手续，原因是政策改变了	A17 政策朝令夕改	
政府下发关于企业创优项目奖励的政策、文件，我们有了这个项目，但是没有得到奖励资金	A18 政策执行偏差	

续表

原始语句举例	初始概念	范畴
办手续半年没有批下来，营业执照办理快两个月了	A19 审批时间长	B09 简政放权
2016年跑了一年办了15—20个手续，每个手续审批程序都不一样	A20 审批手续多	
有些网上审批速度非常快，但审批完后续很麻烦，网上只是立项审批，虽然简化了程序，流程看似简化，但是在实际做的过程中并没有简化	A21 象征性放权	
很多监管部门拿鸡毛当令箭，随意放大权限，存在胡判乱判的现象	A22 执法不规范	B10 监管执法
执法部门不懂业务，想罚多少罚多少	A23 执法不专业	
有些部门执法粗暴机械，只按照规则条例处罚查罚，不看企业的实际情况，给企业在运行方面造成很多困难	A24 执法机械粗鲁	
工业园区没电企业自己建电厂，没水自己建水厂。不通公交车，基础设施缺乏	A25 基础设施不足	B11 要素支撑
物流全靠汽运，成本太高，水电成本比外地高，不具有竞争力	A26 要素成本高	
好几年前企业从市里、国家申请回来的补贴被政府挪用，不给兑现，也没有承诺兑现补贴的期限，导致很多企业前期资金不到位，财务计划没法做	A27 专项资金落实困难	B12 资金支持
融资担保，实际上落实寥寥无几，融资不能落实因为没有担保，政府不给担保	A28 企业融资困难	
办事流程很多查不到，注销公司之前没有说明有哪些流程，只是口头讲说	A29 办事流程不易查	B13 信息公开
想了解国家怎么支持中小企业发展，但一些企业优惠政策没有途径得知	A30 政策可知晓度低	
政府和企业一直在沟通，问题说了很多但是都不给解决，没有实际效果，无效的沟通使得企业积极性很低	A31 反馈意见无回应	B14 需求回应

（二）主轴式编

基于14个初始范畴，主轴式编码（Axial Coding）试图发现和建立范畴之间的潜在逻辑关系，构建主范畴及其对应范畴之间的假设性关系，从而整合出更高层次的主范畴。① 本文根据 14 个初始范畴在概念层次上呈现的相关性进行主观聚类，通过对概念的再抽象归纳出服务意识、服务能力和服务供给 3 个主范畴。主轴式编码形成的主范畴见表 3。

表 3　　　　　　　　　　主轴式编码形成的主范畴

关系的内涵	对应范畴	主范畴
政府主动服务、学习先进、重诺守信、公正法治、便利高效等服务理念的强弱程度影响欠发达地区县级政府及相关部门的政务服务意识	B01 主动服务　B02 先进学习 B03 重诺守信　B04 公正法治 B05 便利高效	C01 服务意识
政府部门机构设置和权责配置情况、人员配备结构和水平、政策水平影响欠发达地区县级政府及相关部门的政务服务能力	B06 部门权责　B07 人员配备　B08 政策水平	C02 服务能力
政府在营商环境中简政放权、监管执法、要素支撑、资金支持、信息公开和需求回应构成欠发达地区县级政府及相关部门政务服务供给的直接表征	B09 简政放权　　B10 监管执法 B11 要素支撑　　B12 资金支持 B13 信息公开　　B14 需求回应	C03 服务供给

（三）选择式编码

选择式编码（Selective Coding）是在主范畴基础上发掘具有统领性的核心范畴，通过以故事线（Story Line）的方式分析主范畴及其对应范畴与核心范畴之间的关系，从而形成理论框架。② 在前述编码基础上，本文确定"欠发达地区县域政务营商环境建设的影响因素及作用路径"为核心范畴，以此为线索建立的故事线可被表述为：服务意识、服务能力和服务供给 3 个主范畴对欠发达地区县域政务营商环境建设存在显著影响。其中，服务供给是影响欠发达地区县域政务营商环境建设的决定性因素，服务意识和服务能力则分别为服务供给提供了主观层面和客观层面的制约。具体而言，服务供给一方面可被看作县级政府简政放权、放管结合、优化服务

---

① 李贺楼：《扎根理论方法与国内公共管理研究》，《中国行政管理》2015 年第 11 期；陈向明：《质的研究方法与社会科学研究》，教育科学出版社 2000 年版。

② 李贺楼：《扎根理论方法与国内公共管理研究》，《中国行政管理》2015 年第 11 期；陈向明：《质的研究方法与社会科学研究》，教育科学出版社 2000 年版。

的重点环节；另一方面，作为政府这一行政主体向行政相对人提供政务服务时的具体作为，服务供给的内容、水平与质量和企业的存续与发展密切相关。基于此，服务供给从"行动"层面构成了影响县域政务营商环境建设的关键变量。服务意识的形成本质上反映了政府对组织文化及权力的认知，不仅表现为欠发达地区县级政府及相关职能部门提供政务服务时所秉持的服务理念，而且是构成县级地方政府治理理念的重要组成要素。服务能力则主要指欠发达地区县域政务营商环境建设中所面对的治理能力方面的客观实际，特别是其中的约束性条件。服务意识和服务能力作为影响服务供给内容、水平与质量的前置性条件，分别从"意识"和"情境"层面提供了影响欠发达地区县域政务营商环境建设的主观制约因素和客观制约因素。由此，可从"意识—情境—行动"三个维度构建影响欠发达地区县域政务营商环境建设的理论架构，见图1，各主范畴间的典型关系结构见表4。

表4　　　　　　　　　　主范畴间的典型关系结构

核心范畴	典型关系结构	关系结构内涵
欠发达地区县域政务营商环境建设的影响因素	服务供给—政务营商环境	服务供给是影响政务营商环境建设的关键变量，对政务营商环境建设具有决定性作用
	服务意识—服务供给—政务营商环境	服务意识是影响政务营商环境建设的主观制约因素，为服务供给—政务营商环境建设之间的关系提供了主观理念层面的前置性条件
	服务能力—服务供给—政务营商环境	服务能力是影响政务营商环境建设的客观制约因素，为服务供给—政务营商环境建设之间的关系提供了客观能力层面的前置性条件

（四）模型验证和构建

本文利用研究预留的1/4样本的访谈资料进行理论饱和度检验，对其再次进行开放式编码、主轴式编码和选择式编码，在编码过程中未发现新的概念、范畴和类属关系，表明初始概念和范畴均已达到理论上的饱和。此外，

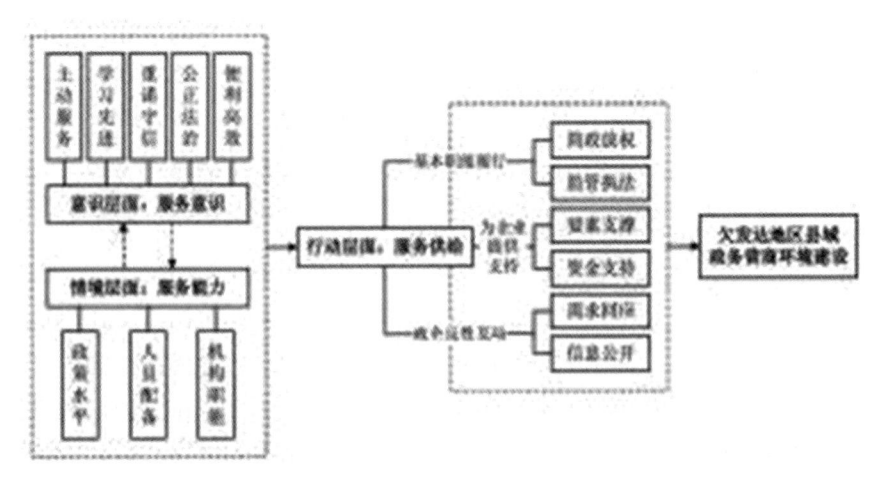

图 1　欠发达地区县域政务营商环境建设影响因素及作用路径模型

运用 Huberman 与 Miles 所提出的编码信度检验方法,① 在 Nvivo11.0 中显示两位独立编码者的编码结果,得出编码信度远高于 90%;此外,主编码者在编码结束半个月后随机选取 10 份访谈记录重新编码,内部一致性高于 95%。效度方面,笔者与项目组成员就研究结果进行深度探讨,并利用其他欠发达地区县级政府委托项目的机会和相关县级政府部门与企业进行沟通,结果表明,基于 42 份访谈资料的分析结论能够反映欠发达地区县域政务营商环境建设实际。由此,基于"意识—情境—行动"三个维度构建的欠发达地区县域政务营商环境建设的影响因素及作用路径模型在理论上是饱和的。

五　欠发达地区县域政务营商环境建设影响因素模型诠释

(一) 影响欠发达地区县域政务营商环境建设的关键变量:服务供给

服务供给主要指政府在营造良好的政务环境,为企业提供服务的过程

---

① [美] 迈尔斯、[美] 休伯曼:《质性资料的分析:方法与实践》,张芬芬译,重庆大学出版社 2008 年版。

中"做了什么"。作为影响西部欠发达地区县域政务营商环境建设的关键变量，服务供给对于政务营商环境的影响主要通过三条路径实现。其一，政府的基本职能如何履行直接影响政务营商环境。在当前大力推进"放管服"改革和持续优化营商环境的背景下，一方面，县级政府围绕简政放权的相关举措能否切实推进，能否切实缩短审批时限、减少审批事项，直接影响当地政务营商环境的好坏。已有研究表明，放权过程中的"形式化""隐形化""非规范化"等问题①需要引起注意。在访谈中，"实质性审批权限未下放""审批流程明减暗增""立项审批快、后续流程繁杂"（B09）等现象在欠发达地区依然存在。另一方面，政府对市场主体进行监管执法的方式、内容和规范程度同样对政务营商环境建设具有直接影响。访谈中，不少企业提及"很多监管部门拿鸡毛当令箭，随意放大权限""执法粗暴，不专业""不懂业务，想罚多少罚多少"（B10）等，表明欠发达地区县级政府及相关部门在监管执法的科学性和规范性层面尚有较大的改进空间。其二，政府如何为企业发展提供支持直接影响政务营商环境。具体而言，道路、通信、水电气等基础设施是企业生产经营的重要保障，由此带来的要素成本也成为企业所应承担制度性交易成本的重要组成部分，然而受限于社会经济发展环境，欠发达地区县级区域内基础设施供给不足、便利程度低、要素价格不具有竞争力成为制约营商环境改善的重要因素。如在访谈中，企业提及"在工业园区内没电企业自己建电厂，没水自己建水厂，不通公交车""物流全靠汽运，成本太高""水电成本比外地高，不具有竞争力"（B11）。此外，"从上级政府申请的专项补贴被挪用""融资担保难以落实"（B12）等反映了政府对企业提供资金支持方面存在困难。其三，政府与企业如何良性互动直接影响政务营商环境。已有研究从行为平等、地位平等、沟通顺畅、合作融洽等方面构建政企关系视域下的营商环境分析框架。② 在访谈中，企业多次提及与政府沟通合作不畅，具体体现在单向维度上信息公开不充分、政策解读不到位（B13）和双向互动下诉求回应不畅通（B14）。由此，作为政务营商环境

---

① 孙彩红：《地方行政审批制度改革的困境与推进路径》，《政治学研究》2017 年第 6 期。
② 彭向刚、马冉：《政企关系视域下的营商环境法治化》，《行政论坛》2020 年第 2 期。

建设中政府的"主要动作",政府职能如何履行、政府如何为企业提供支持、政企如何互动从"行动"层面决定了欠发达地区县域政务营商环境建设的基本图景。

(二) 影响欠发达地区县域政务营商环境建设的主观制约因素:服务意识

服务意识从主观制约的角度为服务供给内容、水平和质量,进而为政务营商环境建设提供了前置性条件。基于政务营商环境建设的客观需求,政府部门秉持"公开、公正、法治、诚信、便利、廉洁、担当、平等"的服务理念是其应有之义。① 然而,对于欠发达地区而言,一方面,政府重诺守信、公正法治、便利高效等服务理念仍相对薄弱。调研中我们发现,尽管基层公职人员"吃拿卡要"等现象得到有效遏制,但严问责、弱激励机制下公职人员的不作为和慢作为(B04)现象仍旧突出;此外,欠发达地区县级政府违背信赖保护原则随意变更承诺、不兑现承诺等行为普遍存在,甚至截留企业从上级政府申请的专项资金(B03),需要不断强化"承诺"与"兑现"的互动过程。② 另一方面,地方政府"官本位"思想根深蒂固,政府主动服务企业的意识相对薄弱,直接导致门难进、脸难看、话难听、事难办等现象屡见不鲜,政府提供服务的效率依旧较低(B05)。这主要是由于欠发达地区政府在传统"管理"甚至"管制"视角下,将企业视为管理对象而非服务对象,故而在深度访谈中不少企业坦言,政府深入企业、切实解决企业发展面临困境的主动调研较少,而更多的是检查和罚款,甚至"不查不罚就不去企业"(B01)。再者,在营商环境建设明显落后于东部发达地区的既定事实下,政府部门是否具有对标先进的学习意识(B02),同样制约了县域政务营商环境建设。上述维度从"意识"层面构成了欠发达地区县域政务营商环境改善的主观制约条件。

---

① 彭向刚、马冉:《政务营商环境优化及其评价指标体系构建》,《学术研究》2018 年第 11 期。

② 王连伟、刘太刚:《论政府信任的生成路径及其现实启示——基于"承诺—兑现"的分析视角》,《北京行政学院学报》2015 年第 6 期。

（三）影响欠发达地区县域政务营商环境建设的客观制约因素：服务能力

服务能力从客观制约的角度为服务供给内容、水平和质量，进而为政务营商环境建设提供了前置性条件。在大力优化营商环境的语境下，政府政务服务能力是政府治理能力的重要构成要素。相较于东部发达地区，欠发达地区政府治理能力进而政务服务能力同样存在短板，① 服务能力对欠发达地区县域政务营商环境建设的制约作用从以下几方面体现。其一，政府部门机构设置与职能配置的科学性影响政务营商环境建设。党的十九届三中全会以来，在新一轮党和国家机构改革相关部署下，地方政府机构改革同步进行，然而县级地方政府若简单复制上级政府机构改革方案进行职能拼接，没有涉及机构职能的实质性调整，则会导致机构调整中的条块分割现象、职能整合仿效大部制改革带来的内部协作等难题，② 需要切实解决部门权责不清、运行不畅、多头管理（B06）等困境。③ 其二，政府部门人员配备的数量、结构、素质等影响政务营商环境建设。特别是对于欠发达地区县级政府而言，窗口部门工作人员的岗位技能和业务能力是政务服务效能和营商环境建设综合水平的直接体现。调研中我们发现，欠发达地区政府职能部门，特别是窗口单位人员素质和水平较为有限，人员数量不足、结构失衡的现象（B07）依然突出。其三，政府政策的科学性影响政务营商环境建设。政府制定公共政策的合理性、明晰性、协调性、稳定性和公平性直接决定了政策执行效果。④ 在大力优化营商环境的背景下，欠发达地区县级政府在政策制定和执行过程中科学性不足、可持续性差、执行偏差等现象（B08）依旧普遍，导致针对特定服务对象的政策优惠不能落到实处，"放管服"改革成效受到限制。上述维度从"能力"层面构

---

① 陆喜元：《中国西部县级政府治理能力现代化研究——以 H 县为例》，博士学位论文，兰州大学，2017 年。
② 聂勇钢、曾南权：《地方政府机构改革的问题与路径——以南昌市为个案》，《党政论坛》2019 年第 9 期；任敏、李玄：《合法利用与有效探索：机构改革中的地方新部门如何实现真正整合？——基于 F 市自然资源和规划局的案例研究》，《北京行政学院学报》2019 年第 5 期。
③ 《机构改革如何做好"后半篇"文章》，《领导决策信息》2019 年第 16 期。
④ 丁煌：《政策制定的科学性与政策执行的有效性》，《南京社会科学》2002 年第 1 期。

成了欠发达地区县域政务营商环境改善的客观制约条件。

六 研究结论和进一步的讨论

政务营商环境建设不仅有利于提升政务服务能力和效能，而且是优化政府与市场关系、推动政府职能转变的有力抓手，着重体现了我国行政改革，特别是职能建设历程中"有效市场"与"有为政府"①内涵的深刻变迁。受制于历史沿革、经济基础、行政传统、治理理念等多方面的差异，相较于东部发达地区，欠发达地区行政改革和政府职能转变任重而道远，而优化政务营商环境是欠发达地区县级政府职能转变的应有之义。本文以内蒙古自治区 D 旗 42 份企业访谈资料为依据，运用扎根理论分析方法，基于开放式编码、主轴式编码和选择式编码等步骤，识别和发掘了 3 个对欠发达地区县域政务营商环境建设存在显著影响的主范畴。其中，服务供给是影响县域政务营商环境建设的关键变量，服务意识和服务能力则分别从主观制约和客观制约的角度为县域政务营商环境建设提供了前置性条件。在此基础上，本文探索性地构建了上述 3 个主范畴影响县域政务营商环境建设的作用路径模型，即"意识—情境—行动"分析框架。这一模型能够从理论和实践两个层面对欠发达地区县域政务营商环境建设进行针对性的阐释。

已有研究表明，在营商环境较好的地区，企业进出市场所需花费的时间成本和资金成本都相对较少，制度层面给企业造成的负担和成本较轻。②对于欠发达地区而言，营商环境改善的关键阻碍在于制度性交易成本，特别是其中非必要制度性交易成本的高企。已有研究基于制度经济学的视角，通过对制度结构的划分阐释制度性交易成本的产生。③具体而言，一方面，相较于发达地区，围绕机构设置、政策法规、人员配备等正式制度

---

① 赖先进：《改善优化营商环境的举措、成效与展望——基于世界银行〈营商环境报告 2020〉的分析》，《宏观经济管理》2020 年第 4 期。
② 杨艳、车明：《行政审批改革与制度性交易成本——基于效率评价的视角》，《经济体制改革》2020 年第 1 期。
③ 程波辉、陈玲：《制度性交易成本如何影响企业绩效：一个制度经济学的解释框架》，《学术研究》2020 年第 3 期。

要素，政府治理能力的不足导致欠发达地区县级政府及其相关部门的"有限理性"[1]尤为突出，具体表现在政府部门权责不清、多头管理，政策朝令夕改、科学性不足、执行偏差，公务人员结构失衡、素质水平有限等等，上述围绕"服务能力"的制约因素在客观上为企业带来机会成本、监督成本、执行成本[2]等制度性交易成本。另一方面，相较于发达地区，围绕组织文化、权力认知等非正式制度要素，政府治理理念滞后可能引致欠发达地区县级政府及其相关部门的"机会主义"行为，具体体现在公职人员吃拿卡要、乱作为、政府承诺不兑现、主动服务意识薄弱、服务效率低等方面，上述围绕"服务意识"的制约因素在客观上为企业带来寻租成本、博弈成本等制度性交易成本。图2对制度性交易成本视角下欠发达地区县域政务营商环境建设影响因素及作用路径模型进行了再阐释。

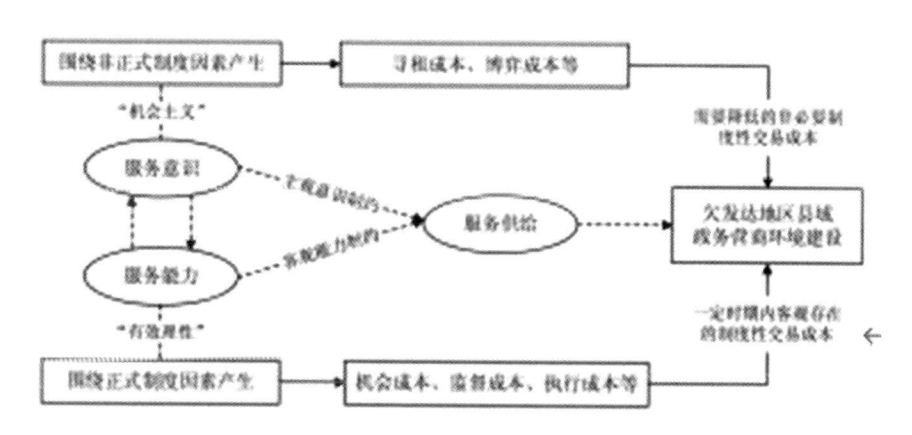

图2 欠发达地区县域政务营商环境建设影响因素及作用路径模型的再阐释：制度性交易成本视角

诚然，由前文所述，相较于东部发达地区而言，欠发达地区历史沿革、行政传统影响深远，经济社会发展水平短期内无法跃升。由此，对于欠发达地区县域政务营商环境建设而言，治理能力不足、治理理念滞后的

---

[1] 曾昭腾、黄新华：《基于制度性交易成本的"放管服"改革研究》，《学习论坛》2020年第7期。
[2] 廖福崇、张纯：《"放管服"改革与营商环境建设——制度成本的分析框架》，《秘书》2020年第4期。

主客观制约因素会在一定时期内客观存在，加之服务意识与服务能力之间的相互影响，进一步限制了欠发达地区县域政务服务供给质量的改善和政务营商环境的优化。特别是围绕正式制度因素产生，体现为"有效理性"的机会成本、监督成本和执行成本等，构成了当下欠发达地区县域政务营商环境建设中难以避免的制度性交易成本。由此，进一步改善欠发达地区县域政务营商环境，关键着力点在于降低"机会主义"带来的寻租成本、博弈成本及其他非必要制度性交易成本。这类交易成本对应我们在调研中发现的欠发达地区县级政府及相关部门主动服务意识缺位（B01）、对标先进意识薄弱（B02）、政府失信行为（B03）、公职人员不当作为（B04）、服务效率意识缺乏（B05）等营商环境建设现状。

本文试图基于县域政务营商环境建设的真实情境，从服务对象的角度剖析影响欠发达地区县域政务营商环境建设的关键因素和作用路径，并将其纳入一个较为完整的分析框架中，但仍存在一些局限，有待未来进一步深入研究：营商环境建设是一项牵涉多主体的系统工程，本文从服务对象的角度剖析影响政务营商环境建设的关键因素，所构建的理论框架受到所搜集的数据资料的限制，未来应聚焦政府本身，从顶层设计、制度、机制等多方面充实研究结论；此外，本文运用质性研究的方法生成理论层面的研究结论，未来需要基于经验证据更进一步地进行定量检验。

文章原载于《甘肃行政学院学报》2021 年第 3 期，
收入本书时略有修订。

中国草原制度变迁逻辑：
制度成本调节与牧民行为博弈
——以内蒙古自治区 B 嘎查为例

武俊伟[*]

摘要：改革开放以来，中国草原制度频繁调整，折射出草原大国制度变迁的复杂性。以内蒙古牧区草原制度变迁为例，剖析了草原制度变迁的动因和机制，研究发现，草原制度产生的制度成本需要行动者共同分担，而成本分担不均常常引发行动者利益冲突，导致草原制度变迁。具体而言，草原制度成本不断上升，增加了牧民成本分担压力，牧民获利空间逐步被缩减。为此，牧民采取成本转移、利益博弈、制度套利等差异化行为予以应对，持续对制度变迁施加压力，促使国家对牧民制度需求作出回应，从而驱动草原制度调整。因此，政府需重视草原制度成本问题，通过建立科学合理的成本分担机制，进一步稳定和完善中国草原制度。

关键词：草原制度；制度变迁；制度成本；牧民行为

引　言

我国是典型的草原大国，现拥有近 60 亿亩草原，占国土面积的 41.7%。草原制度变迁是草原大国的一个重大理论和现实问题，不仅关系着草原治理规则调整、利益重组、生态变迁，还关系着牧区经济社会发展、民族团结以及边疆稳定等国家重大政治秩序。因此，国家高度重视草

---

[*] 作者简介：武俊伟，内蒙古大学公共管理学院特聘研究员、硕士生导师，主要研究方向为政府改革与创新、基层社会治理、公共政策执行。

基金项目：内蒙古大学高层次人才科研启动项目（项目编号：10000-23112101/039）。

原制度的稳定性,强调草原制度要保持"长期稳定"①"长久不变"②。然而,改革开放以来,中国草原制度一直处于频繁调整状态。直到 20 世纪 80 年代,草场承包制作为党在牧区实施的一项基本制度被固定下来。草场承包制被誉为"一项伟大的发明",是党和国家在牧区实施各项政策的"基石"。草场承包制度调动了广大牧民的生产积极性,推动了牧区经济的发展和社会的长期稳定。然而,草场承包制度在保持总体稳定的同时一直处于变迁状态。2002 年,国务院出台的《关于加强草原保护与建设的若干意见》提出的实施草原禁牧休牧制度成为一项重要的草原制度。时隔 10 年,草原制度再次进行调整。2011 年,中央政府推出"草原新政"③,在全国主要草原牧区省份实施草原生态补奖制度。截至目前,我国已实施三轮草原生态补奖。

草原制度变迁折射出草原大国制度变迁的复杂性,这一问题备受学界关注。如从制度环境视角强调现代国家政权建设为草原制度的形成提供了原动力④,不同时期的政治制度环境⑤、国家发展战略环境⑥对草原制度变迁的影响;从行动者视角强调制度行动者观念,尤其是中国共产党意识形态⑦、观念革新⑧对草原制度变迁的影响,并且重点讨论了由多元行动者的利益冲突⑨、利益不均衡和利益博弈⑩、路径选择⑪所引发的草原制度变迁

---

① 《中共中央关于推进农村改革发展若干重大问题的决定》,《人民日报》2008 年 11 月 1 日。
② 《中共中央国务院关于保持土地承包关系稳定并长久不变的意见》,《人民日报》2019 年 11 月 27 日。
③ 马有祥:《草原发展政策新标志》,《中国畜牧业》2012 年第 16 期。
④ 杨腾原:《从"蒙地"到北方草原:草原政策的历史背景》,《内蒙古大学学报》(哲学社会科学版) 2016 年第 5 期。
⑤ David Sneath, Changing Inner Mongolia, ed., *Pastoral Mongolian Society and the Chinese State*, Oxford: Oxford University Press, 2000, p.344.
⑥ 温铁军等:《八次危机:中国的真实经验 1949—2009》,东方出版社 2012 年版。
⑦ 戴双兴、郑文娟:《百年来中国共产党农地产权制度改革:演进历程、历史经验及政策思路》,《上海商学院学报》2022 年第 4 期。
⑧ 陈红:《百年中国农地产权制度变革的政治经济学逻辑及其启迪》,《财经理论与实践》2022 年第 6 期。
⑨ 程世勇:《中国农村土地制度变迁:多元利益博弈与制度均衡》,《社会科学辑刊》2016 年第 2 期。
⑩ 吴杰华:《利益博弈与制度变迁:基于制度经济学角度的理论反思——以现阶段农村土地流转为实例的分析》,《理论月刊》2009 年第 7 期。
⑪ 范亚莉、覃朝晖:《中国农业经营主体的路径选择与演进逻辑》,《上海商学院学报》2021 年第 6 期。

问题；从交易成本视角分析草地要素价格相对变化对草原制度变迁的影响，如廖祖君（2009）研究发现，草地要素相对价格变化是草原产权制度变迁的根本动因，而技术进步则决定草原产权制度变迁的速度。[①]

总的来说，已有研究虽然从不同视角分析了草原制度变迁的影响因素，但仍存在可深入研究的拓展空间。一是研究视角较窄，仅强调单一因素的影响，未能厘清各因素间的内在关联，难以阐明草原制度变迁的因果关系。二是缺乏机制性探讨，较少论及草原制度变迁的机制与逻辑。三是普遍倾向于宏大叙事，缺乏本土实证经验支撑。基于上述分析，整合草原制度变迁影响因素、搭建因果链条和理论框架、解释中国草原制度变迁的动因及其机制具有一定的理论价值和现实意义。鉴于此，本文构建草原制度变迁理论框架，以内蒙古 B 嘎查为例，探讨我国草原制度变迁及其机制。

一 草原制度变迁理论分析框架

草原制度变迁受多种因素影响，并且这些因素最终通过行动者发挥作用。本文选取制度成本和行动者两个关键变量，构建理论分析框架（如图1所示），探讨制度成本通过调节牧民行为影响草原制度变迁的过程，并揭示其影响机制。

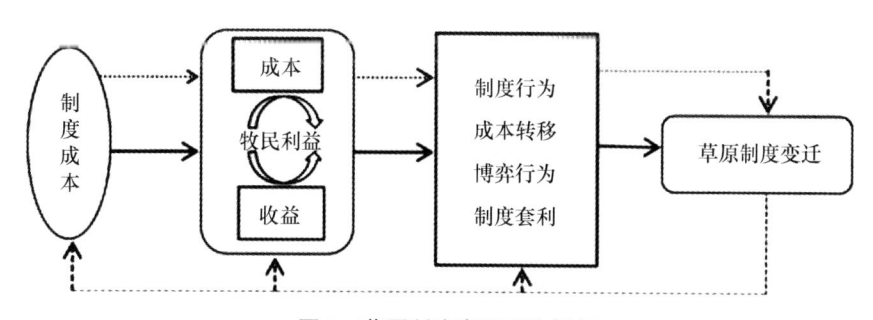

图 1 草原制度变迁理论框架

[①] 廖祖君：《要素价格变化、技术进步与草地产权制度变迁》，《农业经济问题》2009 年第 4 期。

(一) 制度行动者

行动者是制度变迁的主体,他们直接或间接参与制度创建和制度变迁。草原制度行动者一般分为制度创建者、制度执行者以及制度承接者。其中,制度创建者主要包括中国共产党、中央政府以及国家草原主管部门;制度执行者则主要指各级党政机关与职能部门;制度承接者主要指牧民。然而,不同行动者在草原制度变迁中扮演的角色、发挥的作用是不同的。通常而言,党政机关和职能部门发挥主体作用,他们主导制度创建、执行制度、解释制度,并根据实际情况调整和改变制度。同时,牧民通过采取多种行为表达对制度的需求,间接地影响草原制度变迁。需要强调的是,自20世纪80年代草场承包制度实施以来,集体经济所发挥的作用逐步减弱,国家和牧民成为主要行动者。因此,本文将草原制度行动者简化为国家和牧民。

(二) 制度成本

制度成本是影响制度变迁的关键变量。制度经济学早已论证了制度成本(交易成本)对制度变迁的影响。科斯指出,在给定的技术水平条件下,人们创造或选择某种制度以降低交易成本,从而导致新制度的出现或制度变迁。[①] 道格拉斯·C. 诺斯围绕交易成本,阐释了市场主体为提高经济效率,主动创立制度或推动制度变迁以降低交易成本。[②] 在诺斯看来,制度变迁的重要原因就是降低交易成本,以此提高制度收益。因此,制度变迁可以理解为一种收益更高的制度对另一种收益较低的制度的替代过程。可见,制度成本在制度变迁中扮演了关键角色,并发挥了极其重要的作用。

不仅如此,制度成本具有强制缴纳的特征,它往往需要在制度行动者之间进行分担。但是,制度成本分担不均也会引发制度变迁。部分研究关

[①] R. H. Coase, "The Problem of Social Cost", *The Journal of Law and Economics*, Vol. 12, No. 3, July 1960, p. 21.

[②] [美] 道格拉斯·C. 诺斯:《制度、制度变迁与经济绩效》,杭行译,格致出版社、上海三联书店、上海人民出版社2008年版。

注了制度成本分担不均导致行动者利益冲突及行为博弈而引发的制度变迁问题。例如，郑文博等人（2020）从行动者的利益冲突视角论述了由制度成本分配冲突引发的中国农地制度变迁。[①] 刘守英等人（2021）研究发现，当公众与国家博弈使土地制度成本与收益结构发生变化时，就可能会引发土地制度变迁。[②]

（三）理论阐释

本文理论分析框架包含制度成本、行动者以及草原制度变迁三个要素。其中，制度成本是指制度固有的且需要由行动者予以分担的直接或间接的经济成本的总和。本文的理论分析设定分为四个方面。

一是任何草原制度都释放一定的制度成本，并且随着草原制度变迁，制度成本将出现叠加现象。二是草原制度成本需由国家或牧民共同承担。由于我国草原具有面积大、制度成本高的基本特征，单一行动者无力承担全部制度成本，因此，草原制度成本最终应由国家和牧民共担。三是理性牧民倾向于减少分担草原制度成本，因为在制度收益一定的情况下，牧民利益取决于其所分担的草原制度成本。也就是说，理性牧民对分担草原制度成本是比较敏感的。四是草原制度成本分担不均会引发行动者利益冲突，推动草原制度变迁。制度具有利益再分配功能，制度引发利益分配冲突，诱使行动者展开利益争夺，实现制度变迁。[③] 依据草原制度成本大小，牧民将采取转移成本、行为博弈、制度套利等差异化行为与国家进行深入交流、互动，驱动草原制度变迁，以实现利益均衡。

概而言之，理论框架基本逻辑是草原制度成本增加、改变牧民利益结构（成本—收益比较），并日益威胁牧民的利益。为此，牧民采取差异化行为与国家展开互动磋商乃至博弈，给制度变迁施加压力，实现草原制度

---

① 郑文博、丰雷：《制度变迁中的冲突与协调——理论发展回顾与探讨》，《经济学动态》2020年第1期。
② 刘守英、颜嘉楠：《体制秩序与地权结构——百年土地制度变迁的政治经济学解释》，《中国土地科学》2021年第8期。
③ Knight J., ed., *Institutions and Social Conflict*, Cambridge: Cambridge University Press, 1992, p.223.

调整，具体包括两个方面：一方面，考察草原制度成本增减变动对牧民利益结构的影响；另一方面，探讨牧民应对草原制度成本的差异化行为对草原制度变迁产生的影响。

二 改革开放以来的中国草原制度变迁：基于内蒙古 B 嘎查的实践

（一）草场承包制度的确立与发展（1980 年至 2000 年）

改革开放初期，国家经济体制改革突破既有的集体生产经营制度，使得农牧民对制度的需求得以释放，他们普遍关注自身制度收益。这一时期，农区"包产到户"取得一定成效，有效回应了农牧民对制度的需求。1980 年 9 月，中共中央印发了《关于进一步加强和完善农业生产责任制的几个问题》，肯定了"包产到户"的做法。随着农区家庭联产承包责任制改革的不断深入，我国草原地区结合草原实际，逐步推行以"草畜双承包"为主要内容的家庭承包经营责任制。

1981 年 4 月，内蒙古自治区党委、人民政府发出《关于抓紧落实生产责任制的紧急通知》，鼓励牧区探索多种生产经营责任制。在此背景下，B 嘎查率先探索草畜双承包制。1982 年，B 嘎查启动牲畜承包到户工作，将集体牲畜分到牧民手中。然而，承包到户的牲畜继续吃"草场大锅饭"，导致制度成本外溢。1983 年 3 月，内蒙古《草原管理条例》起草领导小组会议纪要提出，落实草原责任制是完善农牧业生产责任制的重要组成部分。只落实土地和牲畜责任制而不落实草原责任制，只是落实了农牧业生产责任制的一半[①]。1983 年 4 月，内蒙古自治区党委、人民政府批转《草原管理条例试行试点经验交流会议纪要》，明确要求牧区落实草原生产责任制。1984 年，B 嘎查落实草场承包政策，牧民分到各自的草场。但草场之间没有建立物理性阻隔，牧民依然延续草场共用的习惯。这时草场的权、责、利还不够统一，制度成本外溢造成对草场的过度使用。为此，20

[①] 参见内蒙古自治区畜牧厅修志编史委员会编《内蒙古自治区志·畜牧志》，内蒙古人民出版社 1999 年版，第 86 页。

世纪 90 年代，国家推行"双权一制"①，进一步完善草场承包制度。至此，草场承包制度作为一项基本制度被确立下来。

草场承包制的实施重新确立了牧民生产经营的主体地位。相应地，过去由集体承担的草原制度成本转由牧民承担。牧民在生产经营过程中需要不断支付草原保护、建设及经营等各类制度成本。为此，牧民采取超载过牧行为，通过增加对草场利用的强度来抵消草原制度成本。这种由制度成本诱发的超载过牧行为加速了草原生态退化趋势，进而引发草原制度变迁。

（二）禁牧休牧制度的形成与发展（2001 年至 2010 年）

牧民的超载过牧行为引发了国家草原生态危机。面对严峻的草原生态问题，国家采取有效措施，进一步加强草原生态保护，这为草原制度的变迁提供了重要契机。21 世纪初，国家逐步对牧民放牧活动和放牧牲畜数量进行管理。2002 年，国务院出台的《关于加强草原保护与建设的若干意见》首次明确实施禁牧休牧制度，标志着草原禁牧休牧制度的形成。2002 年，新修订的《草原法》对禁牧休牧制度作出明确规定，为制度实施提供了法律保障。随后，国家自上而下强化制度实施，持续推动了禁牧休牧制度深入牧区。

B 嘎查所在 A 旗全面实行禁牧休牧管理，出台禁牧休牧实施细则与管理办法。同时 A 旗政府每年发布一道"禁牧令"，强调禁牧区域、禁牧时间以及违反禁牧规定的惩罚措施等。按照当地禁牧规定，将嘎查全部草场纳入禁牧休牧区域。禁牧期所有牲畜要进行饲舍圈养，停止一切放牧活动。这一时期，牧民放牧活动和牲畜数量受到政府的严格限制。一方面，牲畜吃草问题日渐凸显，牧民需要额外购买大量的饲草料，增加了其生产性成本；另一方面，政府实施减畜控畜活动，致使牧民的牧业收益不断下降。制度成本和制度收益一升一降，牧民生计空间在一定程度上受到影响。对此，一些牧民采取偷牧夜牧、超载放牧行为，自下而上地违反草原

---

① "双权一制"指草场所有权、使用权和承包责任制，是 20 世纪 90 年代内蒙古自治区实施的一项草场生产责任制。

禁牧规则，进一步驱动草原制度变迁。

（三）草原生态补奖制度的产生与演变（2011年至今）

禁牧休牧制度增加了牧民的生产成本，并诱发牧民普遍的非遵从行为。对此国家围绕制度成本问题进行了草原制度调整。2010年10月，国务院召开常务会议，决定从2011年起，在全国主要牧区实施草原生态补奖制度。2011年6月，国务院发布《关于促进牧区又好又快发展的若干意见》，正式建立草原生态补奖制度。草原生态补奖制度是在综合考虑生态保护成本、发展机会成本的基础上，对牧民给予合理补偿，是使草原生态保护经济外部性内部化的一种制度安排。

根据国家草原生态补奖制度，2011年12月，B嘎查所在的A旗制定的《草原生态保护补助奖励实施办法》进一步细化了制度范围与补奖标准等。B嘎查草场被纳入补奖范围，牧民依据自家草场面积可获得一定的禁牧补助。不过，获得禁牧补贴是以遵守禁牧规定为前提条件的。不仅如此，草原生态补奖制度在一定程度上产生了制度成本，由此引发了牧民一边领取禁牧补贴、一边超载放牧的制度套利行为。面对此种情形，国家围绕制度成本问题推动草原生态补奖制度变迁。一方面，国家延长禁牧休牧目标期限，适度放松对草原的监管；另一方面，国家扩大了草原生态补奖制度覆盖范围，并逐步提高奖补资金标准。2016年，国家启动新一轮草原生态补奖，加大资金投入力度并扩大补奖范围。2021年，国家继续实施第三轮草原生态补奖，进一步提高补奖标准，扩大制度实施范围。

三　利益缩减：制度成本上升与牧民利益结构变动

牧民利益是指制度收益与制度成本之差。在制度收益一定的情形下，牧民利益取决于所承担的制度成本。随着不同时期草原制度成本的变化，牧民利益结构亦随之发生变动（如图2所示）。

（一）利益激增：制度收益上升与制度成本显现

自20世纪80年代草场承包制度实施以来，牧民的制度收益快速上升，

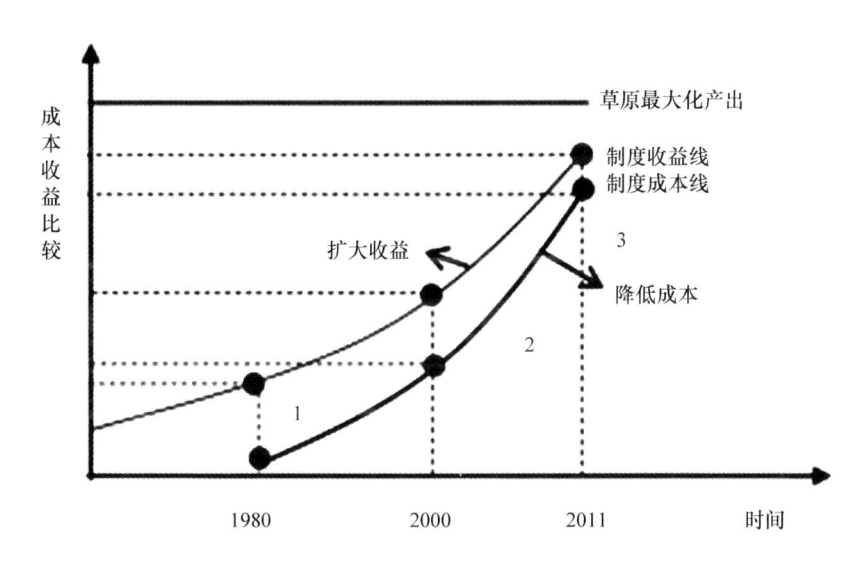

图 2　草原制度成本上升与牧民利益结构变动

制度成本逐渐显现。一方面，草场承包制度红利逐步释放。牧民生产积极性空前提高，牲畜数量激增，人均收入上涨。数据显示，B 嘎查人均纯收入从 1980 年的 123 元增加到 1990 年的 934 元，2000 年已达到 2443 元，较 1980 年提高了 18.9 倍。[1] 另一方面，草原制度成本初步凸显。20 世纪 90 年代，国家进一步明确草场权属，牧民纷纷围栏自家草场，出现"围栏成本"[2]。围栏成本是共用草场制度下不需要投入的成本，是实施草场承包到户的产权制度增加的成本，但是围栏投入并不能增加收益，相对于这项成本的增加，牧户的收益是减少的。资料显示，2002 年 B 嘎查草场围栏费用为 22.2 元/亩[3]，以户均 2000 亩草场测算，户均围栏支出高达 4.4 万余元，而同期当地人均纯收入为 2720 元[4]。也就是说，草场围栏费用是人均纯收

---

[1]　数据来源于旺吉拉斯仁《巴音乌素志》（蒙文版），内蒙古文化出版社 2012 年版。
[2]　草原"围栏成本"具有狭义和广义两种解释：狭义的草原"围栏成本"特指牧民围栏草原而产生的经济成本；广义的草原"围栏成本"是指草场承包制度带来的各种相关生产费用的总称。
[3]　数据来源于鄂托克前旗畜牧局编《草原围栏建设项目实施方案》，藏于鄂托克前旗档案史志馆，2002 年 6 月 28 日。
[4]　数据来源于《鄂托克前旗人民政府关于 2002 年工作总结的报告》，藏于鄂托克前旗档案史志馆，2002 年 12 月 21 日。

入的 16 倍。不仅如此，草场围栏还存在折旧，折旧及维护费用亦相当高。

草场承包制度实施以来，牧民在获取制度收益的同时开始承担高昂的"围栏成本"。国家一项调查报告显示，草原围栏成本的 85% 以上由牧民承担。① 事实上不止围栏成本，与草场承包制度相关的生产成本、风险成本等多数成本都以不同形式转移给了牧民，加重了牧民的生产负担。以内蒙古牧区为例，牧民家庭生产费用占总支出的比重从 1991 年的 27.2% 增加到 2000 年的 39.57%，并呈现逐年上升趋势。② 这意味着，草原制度成本已逐步成为影响牧民利益的重要因素。

（二）利益缩减：制度成本上升与制度收益放缓

21 世纪初，国家实施禁牧休牧制度。这一时期制度成本逐渐增加，制度收益放缓，主要表现在两个方面。一方面，禁牧休牧推高了制度成本。政府严禁放牧活动，并要求饲舍圈养牲畜。牧民既要新建或扩建舍饲棚圈，又要购买储备饲草料，由此产生大量饲舍圈养成本。当地牧民粗略估算，休牧期饲草料支出占全年收入的 20% 左右。同时，棚圈建设、围栏费用等生产性支出也随之增加。内蒙古发展研究中心调研组的一项报告指出，"2002 年至 2007 年，内蒙古牧民人均家庭经营支出是农民人均家庭支出的 2 倍以上，牧民家庭经营支出占总支出的 40% 以上，平均高出农民 6 个百分点"③。制度成本的迅速上升进一步增加了牧民的分担压力。另一方面，制度收益逐步放缓。草原收益逐步进入"瓶颈"，草原制度收益开始缩减。当地林草局的一位干部讲道："草场是牧业第一生产资料，20 世纪 90 年代，草原生产能力已达到最大化。牧民草原经济收入已进入平稳状态，基本没有变化了。"（访谈资料：CBZ20190826）尤其进入 21 世纪，随着禁牧休牧制度的实施，政府限制放牧活动，严控牲畜数量，致使牧民收益受到不同程度的影响。以 B 嘎查为例，政府规定载畜

---

① 赵和平、张明富：《关于内蒙古自治区鄂尔多斯市草原围栏情况的调查报告》，《内蒙古草业》2003 年第 1 期。

② 数据来源于内蒙古畜牧业厅编《内蒙古畜牧业统计资料（1991—2000）》，乌兰察布盟统计局机关印刷厂 2003 年版，第 322 页。

③ 内蒙古发展研究中心调研组：《关于内蒙古牧民收入问题的调查与思考》，《北方经济》2009 年第 21 期。

标准为 26.5 亩草场/羊。这样一来，放牧牲畜数量受到限制，相应地，牧业收益也会缩减。

总的来说，自禁牧休牧制度实施以来，饲舍圈养成本不断提高，加重了牧民的成本分担压力。加之控畜减畜，牧民获取利益的空间缩小，制度收益随之下降。

（三）利益趋缓：制度成本逼近制度收益

自 2011 年起，国家启动草原生态补奖制度。这时，制度成本逼近制度收益，牧民利益持续缩减。一是制度成本叠加上升。草原生态补奖制度重申禁牧休牧，并致力于推动畜牧业现代化转型。与此相关的各类草原建设项目自上而下进入牧区。这些项目大多需要配套相应资金，无形中增加了牧民的生产成本。2016 年，伴随新一轮草原生态补奖制度的实施，B 嘎查获得了棚圈改造项目。数据显示，有 49 个牧户获得该项目，自筹资金总计为 62 万元，户均投入 1.26 万元，其中有一户投入高达 5.5 万元。[①] 这些生产性支出与以往的"围栏成本""饲舍圈养成本"相互叠加，一定程度上提高了牧民承担的制度成本。二是制度收益缩减。牧民领取草原生态补奖资金，以承诺禁牧和减畜为前提。但政府"并没有对牧民所承担的这部分机会成本进行补偿"[②]，而且补奖资金远不足以弥补减畜所带来的损失[③]。事实上，"在新的草畜平衡标准下，多数牧民面临着减畜压力，而奖励资金又不能补偿其因减畜造成的收入下降部分，收入自然也下降"[④]。与此同时，草原早已达到最大产出，牧业收益逐步放缓。这一时期，草原制度成本与制度收益之差越来越小，进一步缩小了牧民的利益空间。

---

① 数据来源于巴音乌素嘎查委员会编《"十个全覆盖"工程汇总表》，藏于巴音乌素嘎查档案室，2018 年 12 月 11 日。
② 奥成宁、卢金钟：《草原生态补偿政策下政府与牧民的博弈分析》，《内蒙古统计》2019 年第 4 期。
③ 康晓虹等：《草原禁牧补助政策背景下牧户生计资本现状及其影响因素研究——基于内蒙古典型牧区的调查数据》，《干旱区资源与环境》2018 年第 11 期。
④ 文明等：《内蒙古部分地区草原生态保护补助奖励机制实施情况的调查研究》，《内蒙古农业大学学报》（社会科学版）2013 年第 1 期。

四　行动回应：牧民差异化行为应对与草原制度变迁

随着草原制度成本的增加，牧民的利益呈现缩减趋势。因此，牧民采取一系列差异化应对措施，对制度变迁持续施加压力。国家及时回应牧民对制度的需求，围绕制度成本推动草原制度变迁。

（一）触发机制：制度成本转移引发草原制度变迁

自草场承包以来，牧民取代集体成为生产经营主体。相关的围栏成本以及各项生产成本转由牧民承担。然而，草原制度成本已超过牧民有限的承担能力范围。为此，牧民逐步将制度成本转移至草原，"将过度利用草地的经营决策行为作为维持和提高其收入的主要手段"[①]，以减轻成本分担压力。一方面，牧民通过增加牲畜和过度利用草原获取更多收益，抵消制度成本分担压力。从案例看出，20世纪90年代以来，草原牲畜数量增长最为显著。另一方面，牧民暂时放弃牧业生产，通过对外租赁草场来逃避制度成本。新的牧业生产者不断增加草场放牧强度，发挥租金最大效用，将制度成本加倍转移给承租草场。对此，当地林草局的一位干部讲道："租下的草场肯定会被滥用，租的时候（合同）写的放牧100只羊，等你走了之后，300只也放。把租的草场草吃完，再把羊放到自己草原上。"（访谈资料：CWR0220190819）

牧民通过成本转移的方式减轻了其成本分担压力，但同时也使草原长期处于超载状态，引发全国草原生态危机。数据显示，20世纪90年代末，全国"90%的草地已经或正在退化，其中，中度退化程度以上（包括沙化、碱化）的草地达1.3亿公顷"[②]。草原生态恶化日益威胁人畜生存和生态安全，引起国家的高度重视和社会的普遍关注。鉴于此，中央政府启动草原禁牧休牧制度，实施了限牧和控畜措施，以此加强草原生态保护。与

[①] 冯秀等：《草原生态补奖政策下牧户草畜平衡调控行为研究》，《中国草地学报》2019年第6期。

[②] 《1998年中国环境状况公报》，中华人民共和国生态环境部，https://www.mee.gov.cn/gkml/sthjbgw/qt/200910/t20091023_179984.htm，2023年3月10日。

此同时，中央财政逐步增加资金投入，给予牧民粮食和资金补贴，适度分担草原制度成本。总的来说，牧民自下而上的制度成本转移行为引发了草原生态危机，引起国家对草原生态的高度关注，进一步触发草原制度变迁。

(二) 施压机制：行为博弈促使草原制度变迁

在禁牧休牧实施期间，饲舍圈养成本与围栏成本叠加加重了牧民成本分担压力，并且，"由小农承担的制度成本引发了大量对抗性冲突"[①]。牧民实施一系列博弈行为以减轻制度成本分担压力。例如，他们采取偷牧、夜牧等行为策略，以"违规放牧的行为来达到其利益最大化"[②]。在此情形下，超载放牧成为一种常态。数据显示，全国主要牧区省份和重点天然草原牲畜超载率常年保持在30%左右。仅2006年，在全国266个牧区、半农半牧区县（旗）中，204个县（旗）处于超载状态。另外，从已公开草原各类违法案件看，禁牧休牧期间，全国每年违反禁牧休牧和草畜平衡的案件有1万起左右，两类案件占全部草原违法案件的80%左右。[③] 可见，草原制度成本所引发的牧民违反禁牧休牧行为已成为普遍现象。

牧民自下而上的博弈行为增加了草原制度变迁压力。政府对此进行积极回应，推动草原制度调整。一是关注制度成本对牧民利益的影响，并对牧民违规放牧行为予以理解。例如，农业部领导在一次全国草原监理会议上讲道，"牧民维持生计和增收主要靠增加牲畜饲养量，导致牧区草原超载过牧严重，有些地方已是'一方水土养活不了一方人'"[④]。二是围绕牧民的制度成本分担压力，对草原制度内容进行调整。中央政府实施草原生态补奖，要求"坚持保护草原生态和促进牧民增收相结合，实施禁牧补助

[①] 董筱丹、温铁军：《宏观经济波动与农村"治理危机"——关于改革以来"三农"与"三治"问题相关性的实证分析》，《管理世界》2008年第9期。

[②] 齐顾波、胡新萍：《草场禁牧政策下的农民放牧行为研究——以宁夏盐池县的调查为例》，《中国农业大学学报》（社会科学版）2006年第2期。

[③] 参见本刊采编部、刘源《2015年全国草原监测报告》，《中国畜牧业》2016年第6期；采编部、刘源《2016年全国草原监测报告》，《中国畜牧业》2017年第8期。

[④] 《高鸿宾副部长在全国草原监理工作会议上的讲话》，中华人民共和国农业部，http://www.Moahtm，2023年5月14日。

和草畜平衡奖励，保障牧民减畜不减收，充分调动牧民保护草原的积极性"①。由此，草原生态补奖制度逐渐形成。

（三）倒逼机制：制度套利行为驱动草原制度变迁

在草原生态补奖制度期间，草原制度成本不减反增。对此，牧民实施制度套利行为予以应对。这里的"制度套利就是利用差异谋取好处，或自身的真实处境和自己在管理制度中的位置之间的差异，或是多种管理制度之间的差异"②。而牧民的制度套利行为表现为既领取禁牧补贴，又实施超载放牧。其一，基于自身差异采取套利行为。牧民不断强调生计艰难，夸大自身处境的特殊性，要求获得更多禁牧补贴。若未能满足增加补贴的要求，牧民则会继续实施超载放牧。其二，利用草原制度实施差异，采取套利行为。其中典型的是，以补奖标准不一致为由或对标周边旗县补贴标准，要求按最高标准获取补贴。否则就不会遵从禁牧休牧规定，继续超载放牧。牧民的制度套利行为导致"户均养羊数量不降反升，减畜发生率与减畜率均较低"③。在第一轮草原生态补奖制度结束后，内蒙古牧户草场超载率平均高达 44.70%。④

牧民自下而上的制度套利行为倒逼草原制度调整。围绕草原制度成本问题，国家适时推动草原制度调整。一是逐步降低禁牧休牧监管强度。这期间，政府草原监管频次、监管力度有所下降，并且逐步放松对牲畜数量的管控，甚至提出"禁牧不禁养，减畜不减收，减畜不减肉"的口号，鼓励牧民增加饲养牲畜数量。二是积极回应草原制度成本问题，有针对性地调整草原生态补奖制度内容。2016 年，国家启动的第二轮草原生态补奖制度明确规定，要"拓宽牧民增收渠道，稳步提高牧民收入水平"⑤。同时，提高中央财

---

① 《国务院关于促进牧区又好又快发展的若干意见》，《人民日报》2011 年 8 月 10 日第 1 版。
② [加] 宋怡明：《被统治的艺术》，[新加坡] 钟逸明译，中国华侨出版社 2019 年版。
③ 周升强、赵凯：《草原生态补奖政策对农牧户减畜行为的影响——基于非农牧就业调解效应的分析》，《农业经济问题》2019 年第 11 期。
④ 丁文强等：《草原补奖政策下牧户是否超载？谁在超载及影响因素——以内蒙古为例》，《草地学报》2020 年第 1 期。
⑤ 《农业部办公厅 财政部办公厅关于印发〈新一轮草原生态保护补助奖励政策实施指导意见（2016—2020 年）〉的通知》，《中华人民共和国农业部公报》2016 年第 3 期。

政草原补奖标准，将更多地区、更多牧民纳入制度范围。2021年，国家继续实施草原生态补奖制度，进一步增加资金投入，持续扩大制度实施范围。

结　论

草原制度变迁是草原大国的一个重要研究议题。改革开放以来，草原制度频繁调整，这一现象引起学界的广泛关注。已有研究指出交易成本以及行为博弈对制度变迁的影响，但尚未清晰揭示其中的影响机制，无法提供对草原制度变迁的因果性解释。本文以内蒙古B嘎查为例，探讨了牧民应对制度成本采取的差异化行为对草原制度变迁的推动作用，研究发现，制度成本是影响草原制度变迁的关键变量。既有的草原制度所产生的制度成本不断叠加上升，挤压牧民的利益空间。为应对高昂的制度成本，牧民采取成本转移、行为博弈以及制度套利等差异化制度行为，不断对制度变迁施加压力，迫使政府做出回应，从而驱动草原制度的调整。

上述结论对完善和稳定新时代我国草原制度具有重要政策启示。一是高度重视草原制度成本问题，建立科学合理的成本分担机制。牧民制度成本分担压力将会持续构成中国草原制度变迁的重要驱动力。因此，国家要通过建立科学合理的成本分担机制，并适度参与分担草原制度成本，从而减轻牧民成本分担压力，维系草原制度稳定。需要强调的是，国家对草原制度成本分担要保持合理区间，尤其要重视牧民日益普遍的制度套利行为，从而避免制度套利行为对草原制度产生的干扰。二是注重制度激励，强化牧民的制度遵从。按照"谁遵从、谁受益"的原则，将牧民的制度遵从行为与实际利益挂钩，不断改进正向激励机制，促使草原制度走向稳定。同时运用负向激励机制，及时约束并抑制牧民非遵从行为，以此强化牧民制度遵从行为。三是夯实制度根基，稳定制度预期。继续保持现有草原制度的连续性、稳定性、可持续性，为牧民提供相对稳定的预期，进一步巩固现有草原制度。

文章原载于《内蒙古社会科学》2023年第6期，
收入本书时略有修订。

码上治理：数字技术赋能基层治理路径
——以鄂尔多斯康巴什区"多多评"为例

武俊伟　聂娅娜　张睿琪*

摘要： 随着新一轮科技革命的快速发展，数字技术赋能成为基层治理的重要趋势。文章以鄂尔多斯康巴什区"多多评"为例，分析数字技术赋能基层治理的路径。研究发现：数字技术以整合治理主体、优化运行机制、植入考评体系等方式，嵌入并重塑基层治理。具体而言，"多多评"跨越行政组织边界，整合内外部治理主体，有效降低了共治门槛。同时，"多多评"利用"发单—抢单"机制，进一步优化基层治理过程，解决了线下治理不畅的问题。通过"码上评价"机制，实现治理主体、治理行为、治理效能的追踪评价，有效提升了基层治理效能。未来，应加快推动数字技术与基层治理的深度融合，充分释放数字技术治理的潜力。

关键词： 基层治理；技术治理；技术赋能；"多多评"

一　问题的提出

治国安邦重在基层，基层治理是国家治理的基石。[①] 党的十八大以来，以习近平同志为核心的党中央高度重视基层治理工作，作出了一系列重大

---

* 作者：武俊伟，内蒙古大学公共管理学院特聘研究员、硕士生导师。主要研究方向为政府改革与创新、基层社会治理、公共政策执行。

基金项目：内蒙古自治区哲学社会科学规划项目"内蒙古强化抵边乡镇工作力量研究"（项目编号：2024ZZC07）；鄂尔多斯市社会科学课题"平战结合场域下基层社会治理机制动态衔接研究"（项目编号：2023P509）。

① 《中共中央、国务院关于加强基层治理体系和治理能力现代化建设的意见》，《人民日报》2021年7月12日第1版。

决策部署。习近平总书记强调，基层强则国家强，基层安则国家安，必须抓好基层治理现代化这项基础性工作。① 党的二十大报告提出，要健全和完善共建共治共享的社会治理制度和社会治理体系，提升社会治理效能。② 党的二十届三中全会强调，要提高市域社会治理能力，强化市民热线等公共服务平台功能，为基层治理指明了重要发展方向。长期以来，基层治理普遍面临治理主体合力不足、治理方式单一、治理任务繁重、回应不及时、矛盾风险激增等诸多现实困境，进而导致基层治理机制运行不畅以及治理效率低下的问题，引发基层治理失序风险。针对这些问题，国家日益重视技术治理在基层治理中的作用，强调构建网格化管理、精细化服务、信息化支撑、开放共享的基层管理服务平台，以提升基层治理效能。当前，随着现代数字技术快速发展，技术治理已成为基层治理现代化的重要趋势。地方政府普遍借助数字技术优化基层治理机制，涌现出诸如北京"接诉即办"和上海"一网统管"等技术治理创新模式。然而，学界对于基层技术治理的机理探讨尚不够充分。本文着眼政府治理主体，以鄂尔多斯康巴什区"多多评"为例，探讨数字技术赋能基层治理的路径。

二 文献综述与分析框架

（一）文献综述

技术治理日趋成为基层治理重要路径，备受学界关注。现有研究大致围绕两方面展开。一是集中论述数字技术在基层治理中的作用。多数研究关注到数字技术在再造基层治理结构、整合治理资源、优化治理机制方面的积极作用。在组织结构方面，指出了数字技术通过嵌入基层治理，实现了对传统科层结构的解构，③ 横向上打破了基层治理边界和职能边界，纵向上打破了基层治理流程和资源限制，使基层政府组织结构在一定程度上

---

① 中共中央党史和文献研究院编：《习近平关于基层治理论述摘编》，中央文献出版社2023年版，第65—69页。
② 习近平：《高举中国特色社会主义伟大旗帜 为全面建设社会主义现代化国家而团结奋斗——在中国共产党第二十次全国代表大会上的报告》，人民出版社2022年版，第55—61页。
③ 张乾友：《组织理论视野中的虚拟政府》，《学海》2015年第2期。

呈现网络化及扁平化特征;① 在资源整合方面,讨论了数字技术调动线上线下资源,推动政府、市场与社会之间资源共享和分工合作,解决治理资源碎片化的问题,形成不同治理资源的叠加效应,从而提升基层治理效能;② 在治理机制方面,论证了数字技术在调整政府、社会和市场主体之间关系,优化基层治理流程,③ 重塑基层治理机制④等方面的作用。数字技术从根本上推动了基层治理机制转型,压缩了烦琐的治理机制,使得治理流程简约、治理行为清晰可视、治理结果可追踪。同时,数字技术催生了一套以应用为基础的社会问题解决机制,通过降低信息不对称提升治理水平⑤。当然,也有部分研究注意到了技术治理的负面作用。比如,从组织结构视角讨论数字技术与科层组织之间的错配,⑥ 以及由此造成的技术行动与社会规则之间的异步等问题。⑦ 还有一些研究基于技术风险角度,讨论了技术过度使用所导致的平台异化⑧、算法官僚困境⑨、数字鸿沟⑩以及技术治理多重幻象⑪等问题。

二是探讨数字技术赋能基层治理路径与机制。一方面,揭示了数字技术嵌入基层治理体系的路径。有研究指出,数字技术通过改变政府内部或外部的信息结构、行为程序、资源处置等方式,使得原有政府治理体系发

---

① 姜宝、曹太鑫、康伟:《数字政府驱动的基层政府组织结构变革研究——基于佛山市南海区政府的案例》,《公共管理学报》2022 年第 2 期。
② 翟慧杰:《技术赋能市域社会治理现代化创新研究》,《行政管理改革》2023 年第 8 期。
③ 黄新华、陈宝玲:《治理困境、数字赋能与制度供给——基层治理数字化转型的现实逻辑》,《理论学刊》2022 年第 1 期。
④ 郁建兴、樊靓:《数字技术赋能社会治理及其限度——以杭州城市大脑为分析对象》,《经济社会体制比较》2022 年第 1 期。
⑤ 关婷、薛澜、赵静:《技术赋能的治理创新:基于中国环境领域的实践案例》,《中国行政管理》2019 年第 4 期。
⑥ 盛明科、贺清波:《数字赋能政府治理何以产生"数字负能"?——基于数字技术与科层体制的交互视角》,《湖南科技大学学报》(社会科学版) 2023 年第 4 期。
⑦ 邱泽奇:《技术化社会治理的异步困境》,《社会发展研究》2018 年第 4 期。
⑧ 范如国:《平台技术赋能、公共博弈与复杂适应性治理》,《中国社会科学》2021 年第 12 期。
⑨ 段哲哲:《控制算法官僚:困境与路径》,《电子政务》2021 年第 12 期。
⑩ 单勇:《跨越"数字鸿沟":技术治理的非均衡性社会参与应对》,《中国特色社会主义研究》2019 年第 5 期。
⑪ 韩志明:《技术治理的四重幻象——城市治理中的信息技术及其反思》,《探索与争鸣》2019 年第 6 期。

生整体或局部重塑。① 另一方面，讨论了制度吸纳技术治理的途径。技术治理不只是数字技术简单嵌入原有政府治理模式，而是要通过变革治理结构、创新治理机制等途径来消除制度障碍，吸纳技术主动融入基层治理②。在此基础上，部分研究提出技术治理的"嵌入—吸纳"路径。比如，解胜利和吴理财通过考察项目制技术治理，发现"项目制通过对科层、市场和社会的双维嵌入，形成了嵌入引导和嵌入控制的双重技术治理机制，吸纳了现代国家建设中的多元主体发展压力和多元主体分化秩序的压力"③。

既有研究肯定了数字技术在基层治理中的作用，并揭示了基层技术治理赋能路径，但仍存在一些不足。一是既有研究限于探讨数字技术赋能基层治理作用及路径，而不同程度地忽略了技术与科层体制融合问题，未能清晰呈现数字技术融入科层体制、技术赋能基层治理、数字技术提升治理绩效等治理逻辑。二是现有研究多以数字技术基础较好地区为研究案例，较少关注欠发达地区的技术治理转型情形。为此，本文聚焦基层技术治理问题，以内蒙古鄂尔多斯康巴什区"多多评"技术治理实践为案例，并构建一个理论分析框架，考察技术嵌入重塑基层治理的路径，为完善当前我国基层技术治理提供边际贡献。

(二) 理论分析框架

1. 基层治理的基本要素及框架

基层治理重点在于理顺治理体系内各要素的关系，构建主体多元、职责明确、运行流畅的治理路径。其中，治理主体、运行机制、考评体系是基层治理体系的关键要素。三要素相互依存、相辅相成，共同影响基层治理效果。

第一，基层治理主体形成共治合力。按照行政属性，基层治理主体可

---

① 姚清晨、郁俊莉：《嵌入与变构：数字化技术重塑政府治理体系的逻辑及其基层困境》，《甘肃行政学院学报》2021年第5期。
② 陈振明、张树全：《技术与制度互构关系转换及其对公共治理的影响》，《公共管理学报》2023年第4期。
③ 解胜利、吴理财：《从"嵌入—吸纳"到"界权—治理"：中国技术治理的逻辑嬗变——以项目制和清单制为例的总体考察》，《电子政务》2019年第12期。

以分为行政内部主体与行政外部主体。行政内部主体主要指职能部门与属地政府，即通常所说的"条条"与"块块"；而行政外部主体则包括居民、企业、社会组织等治理主体。这些多元主体以多种形式共同参与基层治理，并直接或间接地影响基层治理。从行政内部主体来看，作为基层治理两个重要主体，职能部门与属地政府的行为关系深刻影响基层治理的走向及其效果。基层治理在很大程度上依赖于职能部门与属地政府的相互合作。但是由于职责权限、部门利益，职能部门与属地政府频繁出现协调不畅的问题，制约了基层治理的效能。从行政外部主体来看，居民、企业、社会组织等主体加入，能够承担一定的治理任务，弥补基层治理短板。比如，居民参与基层治理，可以推动自我管理、自我服务、自我教育、自我监督，实现政府治理与居民治理相融合；而社会组织能够承担行政内部主体无法实现或无法顾及的任务，迅速补位基层治理。所以说，多元治理主体是基层治理必不可缺的要素。基层治理的重点是推动构建多元共治模式，实现基层治理共治合力。

第二，基层治理运行机制顺畅有效。基层治理运行机制是基层治理的关键，它不仅能够规范治理主体关系及行为方式，还关系治理流程、治理资源配置等问题。一直以来，基层治理机制面临各种障碍和运行不畅问题，这些问题导致基层治理陷入困境。因此，基层治理的重点是优化运行机制，确保治理主体权责明晰、治理节奏同步并行、治理资源合理配置、治理程序高效运转，最终实现基层治理的有效运行。一方面，建立治理主体的聚合机制，以此解决职能部门与属地政府条块分割、联动不足的问题，推动行政内部主体信息沟通、联动协同。同时，打破居民等行政外部主体参与基层治理的障碍，确保多元治理主体聚合。另一方面，优化资源整合路径。分散、碎片化的资源配置机制不断制约基层治理效能。只有打通资源流动障碍，优化资源配置流程，提升行政源配置效率，才能实现基层治理资源有效整合。总体上，要从主体、资源等方面入手，构建一套科学合理、运行高效的治理路径。

第三，基层治理考评体系发挥导向作用。基层治理在很大程度上依赖于以考评体系为主的制度性基础。如果缺乏规范、监督、考核等制度保障，基层治理机制将难以稳定运转，甚至引发治理结构变形、治理过程异化、治理机制瘫痪等问题，最终影响基层治理效果。因此，要保障基层治理有序运转，必须高度重视考评体系的制度支撑作用。一方面，要完善基层治理考评体系，遵循科学严谨、客观评价、务实可行、强化激励的原则，制定公正、公平、精准的考评体系，对基层治理工作实施精准评价。另一方面，充分发挥考评的"指挥棒"作用，增强基层治理机制运行动力，保障基层治理机制有序运转，不断提升治理效能。

2. 数字技术重塑基层治理路径

当前数字技术已成为提升基层治理效能的重要外部变量。数字技术沿着治理主体、运行机制、考评体系三个要素，嵌入并改变基层治理路径，实现基层治理的整体性重塑（见图1）。从治理主体来说，数字技术嵌入基层治理的第一步是对治理主体进行整合，通过打破组织边界、调整组织权责关系等方式，促使多元主体进入同一基层治理场域。数字技术通过塑造多元主体行为及其关系，改变政府传统一元化管理，实现多元主体协同共治，推动基层治理效能提升。从运行机制来说，数字技术突破科层体制障碍、简化治理机制运行逻辑、缩减治理程序步骤，使基层治理过程更加简洁明了、运转更加顺畅高效。换言之，依托数字技术治理思维，进一步塑造、优化传统线下的基层治理路径，实现线上线下治理路径融合协同。从考评体系来说，数字技术为基层治理制度化创造条件，为健全共建共治共享基层治理提供技术支撑。由于缺乏技术支撑，基层治理评价制度难以实施，进而影响了基层治理效能。数字技术植入基层治理场景，实现基层治理全过程的数字化留痕，进而对多元主体的行为表现、问题解决、治理效能进行追踪监控与评价考核。由此形成一种以考评为主的制度化倒逼路径，以保障基层治理效果。

3. 理论框架适用性分析

数字技术基本切合基层治理研究指向与研究命题，为理解基层治理提供了极具解释力的分析框架。首先，从研究取向看，数字技术治理关注技术变革对原有治理体系的影响。数字技术被视为政府治理工具，以此突出技术治理的重要性及其治理功能命题。其次，从研究内容看，数字技术治理注重治理主体和治理机制分析研究。事实上，基层治理同样关注治理主体与治理机制的问题，探讨何种主体关系或何种治理机制有助于提升基

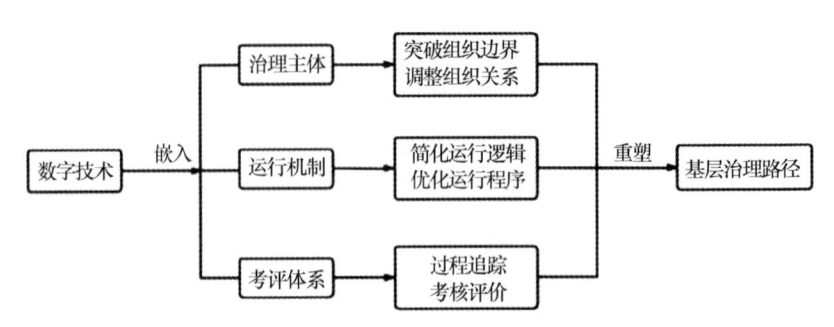

```
数字技术 ──嵌入──→ ┌─治理主体──→ 突破组织边界
                    │            调整组织关系
                    ├─运行机制──→ 简化运行逻辑 ──重塑──→ 基层治理路径
                    │            优化运行程序
                    └─考评体系──→ 过程追踪
                                 考核评价
```

图 1　数字技术嵌入基层治理的理论框架

层治理效能。最后，从研究方法看，数字技术治理通常依靠案例阐述，属于一种经验性研究。基层治理研究亦是从案例入手，通过呈现治理过程，揭示其中的因果机制。总体上，数字技术治理与基层治理存在高度恰适性，可以用来分析基层治理研究议题。本文的理论框架清晰呈现了数字技术嵌入基层治理的多种途径，创造性揭示了数字技术重塑基层治理的途径。

三　案例呈现：康巴什区基层技术治理探索

康巴什区是内蒙古鄂尔多斯市的中心城区。全区总面积372.55平方公里，建成区面积38.42平方公里，下辖4个街道办事处、21个社区，常住人口12.45万。作为鄂尔多斯最年轻的中心城区，康巴什区常住人口城镇化率达到99%，辖区外来人口集中，流动性较大。城市化的快速发展导致社会主体日益多元，利益诉求更加复杂多样，矛盾纠纷明显增多，这些都持续地加大了基层治理难度。不仅如此，康巴什区基层治理本身还面临治理主体分散、群众参与不足、政府回应不及时以及治理效能低下等诸多现实难题。经过长期不断探索，康巴什区从"二维码"中找到了破解基层治理难题的答案，并打造出"多多评"基层技术治理综合平台。

2021年，康巴什区以创建国家首批"智能社会治理特色实验基地"为契机，打造"多多评"治理平台，推行"二维码+"技术治理新模式。

"多多评"小程序最先产生于鄂尔多斯政法队伍教育整顿期间。那时候，"多多评"主要是作为信息的反馈途径，群众利用"多多评"小程序扫描"单位码、车辆码、警员码"，对政法队伍进行监督评价。2021年8月，康巴什区正式推出"多多评·码上生活"社区智能综合服务平台（以下简称"多多评"），开始逐步聚焦基层民生服务事项。这一时期，康巴什区为辖区19个社区近6万户居民和商店定制专属的"一户一码"，搭建政策宣传、民情沟通、便民服务三大应用场景，提升基层数字化在线服务能力。其中，居民通过"多多评"接入高频服务事项办理，实现临时身份证办理、居住证办理、无犯罪记录证明开具等业务的线上办理。同时，"多多评"成为政府便民政策发布的重要窗口，也是居民与政府、社区网格员、网格民警、物业人员的重要沟通渠道。

之后，"多多评"逐步拓展到基层治理场景，开启全民共治新模式。2022年1月，康巴什区召开经济工作会议，提出治理数字化的重要内容。在此背景下，"多多评"增加"码上治理"功能场景。一方面，推出"随手拍"功能激发居民参与基层治理。居民通过手机拍照上传，可以随时随地监督上报类似垃圾乱堆、车辆乱停、道路失修等身边各类问题，促使属地政府或职能部门快速解决问题。"随手拍"通过"点对点"问题反馈与精准解决，提高了政府回应性，提升了基层治理效能。另一方面，针对居民"随手拍"上报的问题，"多多评"推出"抢单—发单"功能。根据居民反馈上报问题，属地政府和职能部门基于自身职能权限，进行抢单以解决问题。平台将属地和区级职能部门相关主体整合到同一个治理场域中，并驱动条块主体实现协同，从而快速回应基层治理问题。而且，"多多评"相应地设置了居民对政府评价、属地与部门互评等多重评价方式，进一步倒逼基层各类问题的解决。

经过不断探索与发展，康巴什区"多多评"治理实践取得显著成效。"多多评"对治理主体进行高度整合，建立制度化合作治理机制，实现多方共治，一定程度上解决了当前基层治理所面临的主体协同不畅、治理效率低下等难题。另外，"多多评"丰富拓展基层治理场景，构建起横向联合、纵向赋权、数字加权的治理体系，走出了一条基层技术治理道路。当前，"多多评"已覆盖鄂尔多斯2区7旗，并逐步扩散到呼和浩特等周边盟市。总的来看，康巴什区"多多评"案例已成为观察基层技术治理的一个重要缩影。

四 嵌入与重塑：数字技术赋能基层治理的路径

基层技术治理并不是对数字技术进行简单叠加，而是将数字技术嵌入基层治理的场景，以重塑基层治理模式[1]。"多多评"主要围绕治理主体、治理机制和结果评价，形成了主体整合、抢单发单、考核评价三种相互关联的机制，从而创新数字技术赋能基层治理的路径。

（一）行政内外部整合：治理主体整合机制

整合治理主体是基层治理的关键环节。长期以来，囿于基层治理组织壁垒、条块分割等问题，部门与属地、部门与部门、政府与居民等内外部治理主体间协调不畅，使得治理主体难以有效整合，无法形成治理合力。"多多评"跨越了行政组织边界，降低了共治门槛，逐步实现了治理主体内外部有效整合，提升了基层共治合力。

1. 跨越行政组织边界：行政内部多重整合

行政内部整合是基于行政组织结构、要素、权责配置的再设计，协调组织内部上下左右关系，实现行政组织的共同目标。当前治理结构下，部门与属地之间存在条块分割、协调不畅、相互推诿等问题，导致基层治理诸多难题得不到及时解决。同时，基层属地的治理主体多、力量分散，难以应对基层复杂治理局面。"多多评"则将多元行政主体拉入同一基层治理场景，推动行政内部多重整合。

一是对纵向部门与属地的整合。部门与属地是基层治理的重要主体，多数基层问题都涉及职能部门和属地职责权限。但由于部门与属地协调不畅、联动不足，基层治理时常出现"管得着的看不见，看得见的管不着"这类悖论现象。而"多多评"这一技术平台构建了"条块"联动路径，将

---

[1] 陈勋、胡洁人：《技术治理的适配性：基层治理数字化改革的效度及逻辑反思》，《中共天津市委党校学报》2023年第5期。

纵向职能部门和横向多元主体汇集于线上平台，拉入同一基层治理场域，实现协调联动、信息共享、资源整合。实践中，属地利用"多多评"发布涉及职能部门权限的治理事项，相关职能部门同步接收到属地上报的信息，第一时间对治理事项进行研判，并协同属地快速解决。实际上，"多多评"改变了行政内部"多重"信息流动，确保信息"直达"，以这种"去中心化"的扁平整合方式打通了职能部门和属地的权限壁垒，克服了以往信息层层上报、指令层层下达的科层弊端，推动属地与部门信息共享，快速联动，提升了解决基层治理问题的敏捷性。

二是对横向属地多主体的整合。当前基层治理是以属地管理为主，故属地成为基层治理的重要场域。基层属地主要包括街镇、社区等层面的行动主体，而这些治理主体相对分散、沟通联动不足，难以形成属地共治力量。因此，"多多评"基于整体性治理理念，厘清多元主体的职责及其互动关系，进一步整合街道、社区等多元治理主体，形成共治合力。一方面，"多多评"将街镇与社区职责事项搬到线上并固定下来，形成相对稳定的行政预期。另一方面，"多多评"将社区专职网格员、警务力量等分配到网格治理模块，充实属地网格的治理力量和人力配置，以更快更好地回应居民的诉求与问题。康巴什区某社区居民提道："像之前一样求助无方的情况已经很少了，通过线上，我们可以与社区专兼职网格员、网格民警、物业服务人员进行'一键呼叫连接'，反映问题非常方便。"（JM20230802）"多多评"利用属地整合，将各个治理主体纳入属地治理场景，实现各归其位、各司其职、多元共治，大大提升了基层治理的回应性和效率。

2. 降低共治门槛：行政外部整合

当前基层治理"干部干，居民看"现象普遍，居民参与基层治理动力不足，政府与居民共治局面尚未形成，影响基层治理效能提升。"多多评"优化居民参与途径，动员居民参与基层治理。一是推出"随手拍"，畅通居民参与渠道。"随手拍"是"多多评"的一项内置功能，是居民参与基层问题的重要渠道。居民利用"随手拍"，可以随时随地对街道、社区乃至小区的各类基层问题拍照上传至"多多评"。街道社区接到问题投诉后第一时间进行研判解决。二是实施物质积分奖励，激励居民参与基层治理。为保障居民参与积极性，属地政府采取物质积分奖励抵扣购物现金的方式，激励居民使用"随手拍"反映问题，从而将居民纳入基层治理当中。这样既畅通了居民表达利益诉求和参与基层治理的渠道，又壮大了基层治理队伍，打破了基层行政组织与居民之间的隔阂，将以往"单一社会治理主体"变为"社会治理共同体"。不仅如此，居民线上参与，提升了基层"问题发现—信息传递—问题解决"的效率，真正打造出了"互动式回应社区治理"局面。

总的来说，"多多评"构建了一种行政内外部整合的路径，实现了行政内外部治理主体的有效整合。这种整合以"高效处理一件事"为主要内容，在不改变既有科层组织结构的情况下，协调部门与属地、政府与居民共同应对同一治理任务，从而驱动基层问题解决，提高基层回应性，提升基层治理效能。

（二）发单抢单：技术治理运行机制

创新治理机制是基层治理的一项重要内容。然而，当前基层治理机制不同程度地存在僵化、不畅、失灵等问题，影响基层治理的效果。"多多评"创新基层治理机制，它利用"发单—抢单"机制成功解决线下治理不畅的问题，并对治理过程进行技术优化，确保基层治理事项"事事有回应、处处有留痕"，驱动基层治理有效运行。

1. 属地发单与部门抢单

街道、社区作为属地承担了发单的角色，而发单的对象则是康巴什区级相关职能部门。街道、社区依托网格员收集属地各类事项，并利用"多多评"发单模块，将非属地权限事项或跨层级、跨部门的事项进行发单，最后形成线上问题清单。区级职能部门可随时查阅、调取线上的问题清单列表，并根据职能权限作出响应，实施"抢单"，以回应、解决属地发单事项与问题。职能部门完成任务后，需要上传相关佐证材料到"多多评"，属地再根据佐证材料确定订单完成，形成问题解决完整闭环，提高问题解决效率。有社区干部提道："像小区出现了墙皮脱落的现象，所属社区发布任务下单后，有能力解决的职能部门会主动抢单，再也不用像过去一样对其他组织挨个打电话问了！"（SQ20230802）

总的来说,"属地发单—部门抢单"路径,成功使职能部门参与基层治理,并回应基层治理问题。但是对于那些涉及跨区域、跨层级、跨部门的基层问题,"发单—抢单"机制同样存在一定局限,仍要依靠线下传统治理机制。

2. 居民发单与政府抢单

除了属地发单外,辖区居民也可以使用"随手拍"进行"发单"。与属地"发单"不同的是,居民"发单"对象包括属地和职能部门。面对各类基层问题,居民利用"随手拍",以"拍摄照片+问题描述+实时定位"的形式提交问题,完成线上发单。属地政府秉着"谁主管、谁负责、谁答复"的原则,对发生在属地的问题进行核实认领并及时处理,提高问题发现与解决效率。某社区居民说:"我们小区之前没有安全护栏,前几天我停车时由于视线盲区,不小心将车开到了台阶下面,造成了不小的损失。后来通过'随手拍'功能把这件事情进行了上报,第二天小区所有的台阶旁边都安装了护栏。"(JM20230803)但是,对于那些超出属地权限范围的任务事项,属地政府将按程序"转单"到职能部门,由职能部门解决。由此看来,居民"发单"的对象经属地延伸至职能部门,并最终回归属地发单和职能部门抢单的问题解决逻辑。因此,居民"发单"问题,同样形成了"问题发单—属地抢单或部门抢单—问题解决"的完整闭环,确保居民问题得到及时回应解决。这样一来,更加激发了居民基层治理的积极性,实现多主体共治的良性循环。截至 2022 年,"多多评"平台累计收集居民群众"急难愁盼"问题 3400 余件,解决各类矛盾纠纷 2300 余起,处置率和实时反馈率均为 100%。[①]

总体上,"多多评"创新"发单—抢单"机制,破除属地政府与职能部门各行其是、行政分割等体制机制障碍,以相对低成本、高效率的方式激活多元治理主体、优化基层问题解决路径,形成了"社区不用吹哨,部门抢着报到"的良好共治局面。

---

① 王玉琢、刘宏宇:《鄂尔多斯用数字科技破解基层社会治理难题》,《内蒙古日报(汉)》2023 年 4 月 24 日第 1 版。

(三) 评价激励：技术治理的考评体系

基层技术治理依赖稳定的制度支撑。为保障基层技术治理机制稳定运行，"多多评"衍生出不同类型的"码"，作为评价治理主体的窗口和渠道。通过"码上评价"机制，实现了对治理主体、治理行为、治理效能的追踪监控和评价，确保了基层技术治理路径稳定运行。

1. 行政内部互评

行政内部互评是指政府组织之间、干部之间就业务办理和业绩表现进行互相评价的一种机制。其一，行政组织间互评。康巴什区90%的基层组织、社区、包联单位在"多多评"注册生成了"单位码"，而这些"单位码"成为组织间互评的重要载体。针对在"发单—抢单"过程中的行为表现、问题解决等，街镇和职能部门通过扫"单位码"，对对方的工作作风、业绩绩效、业务办理、执法执纪等行为进行评价，从而让每个单位都有"绩"可考、每项工作都有"据"可评。行政组织内部互评，进一步规范了基层治理主体行为，提升了基层治理绩效。其二，干部互评。除基层组织进行互评外，"多多评"专门为基层行政人员建立互评渠道。干部互评主要是用于了解掌握基层干部日常工作实绩。结合工作分工和实绩表现，按照"超赞、满意、吐槽"三个等级进行互相评价，评价结果影响到干部的考核评优及晋升，对基层干部规范自身行为、提高办事效率起到了重要作用。

2. 居民外部评价

居民对政府外部评价，主要是针对社区干部、网格员的问题解决情况及其效率进行评价。"多多评"依托平台为基层工作人员设置专属"一人一码"。居民通过扫码，随时对基层工作人员业务办理、执法执纪、矛盾调解等工作进行评价或提出意见建议。来自辖区居民的评价，将直接作为社区干部、网格员日常奖惩的重要依据。评价结果排名靠前的网格员会得到相应物质积分和现金奖励，以进一步激发网格员回应居民问题诉求的积极性，提升解决问题的效率。比如康巴什区某网格员提道："以前就是埋头干没有激励，现在我们都知道做得好就有积分奖励用能来抵扣购物现金，还有机会被评为'王者网格员'。这个形式很有趣，就像在游戏里一样，一点一点做任务、攒经验、打通关，以前繁杂枯燥的社区事务，变成了一道道关卡，只要打通这一关，就会有积分奖励，让我们枯燥的工作一下子就有了新的盼头。"（WG20230803）

数据显示，目前康巴什区社区干部、网格员等已接受居民评议4300余次。这些来自居民的评价充当一种"指挥棒"，促使社区干部、网格员积极回应居民诉求、解决居民问题，真正实现了"对居民负责"。与此同时，居民拥有了基层治理的评价权，进一步激发了其参与基层治理的内生动力，很好地保障了基层技术治理路径的良好运转。

3. 居民之间互评

居民之间互评是指居民间就身边人、身边事进行相互评价的一种路径。它旨在鼓励辖区居民进行自我管理，以减少基层治理问题。"多多评"为每户居民设置一个"室外码"，作为居民间相互评价的载体。同时，还制定了一套包含"正能量"加分行为和"负能量"扣分行为的量化积分规则。基于邻里居民现实行为表现，居民通过举报或点赞邻里行为，为被评价居民减分或加分。同时，将居民获得的品德积分与教育、医疗、养老等优质公共服务资源适度挂钩，从而规范约束居民的日常行为，对提升居民自我管理能力起到了重要作用。作为基层治理的推动力和受益者，通过居民间互评，居民主动参与融入到基层治理共建共治共享场景。某社区居民说道："最初有居民在楼道或小区里乱丢垃圾，其他居民通过扫室外码将此类不文明现象进行投诉扣分，对居民起到了很好的警示作用。"（JM20230802）

总的来看，"多多评"评价体系保障了基层技术治理稳定运行。"多多评"依靠一整套差异化的多重评价机制，不仅提升了基层政府部门问题回应能力，而且促使居民融入基层共建共治共享场景，进一步增强了基层治理能力。

（四）基层技术治理效果

"多多评"将数字技术内嵌于基层治理场景，并通过整合治理主体、优化运行机制、植入考评体系等方式，打破传统基层治理结构性障碍，实现基层治理机制整体性重塑，有效提升了基层治理效能（见图2）。一是拓展基层治理场景。"多多评"通过对"码"的应用，将基层治理场景搬到线上平台，实现技术治理的全覆盖。目前，"多多评"已拓展至城市管理、社会治理、人居环境、政务服务等多个领域，实现治理领域由"广覆盖"走向"全覆盖"。而且，"多多评"不断开发完善系统治理模块，让技术更加贴近基层现实需求，极大地拓展了智能应用场景，精准解决了基层治理难题。二是基层政府回应性得到提升。"多多评"借助"发单—抢单"机制，对行政内外部治理主体进行全面整合，使得多元主体跨越行政组织边界，进入同一治理场域。在此基础上，多元主体沿着技术治理的逻辑，按照"发现问题—解决问题—多重评价"治理流程，提升解决基层问题的效率，从而增强基层政府的回应性。三是群众满意度不断提高。"多多评"降低居民参与基层治理的门槛，并搭建了居民的制度化参与渠道。另外，"多多评"赋予居民对基层的"评价权"，促使社区干部、网格员更加关注居民现实需求与问题，提升居民的满意度。截至2023年4月，"多多评"

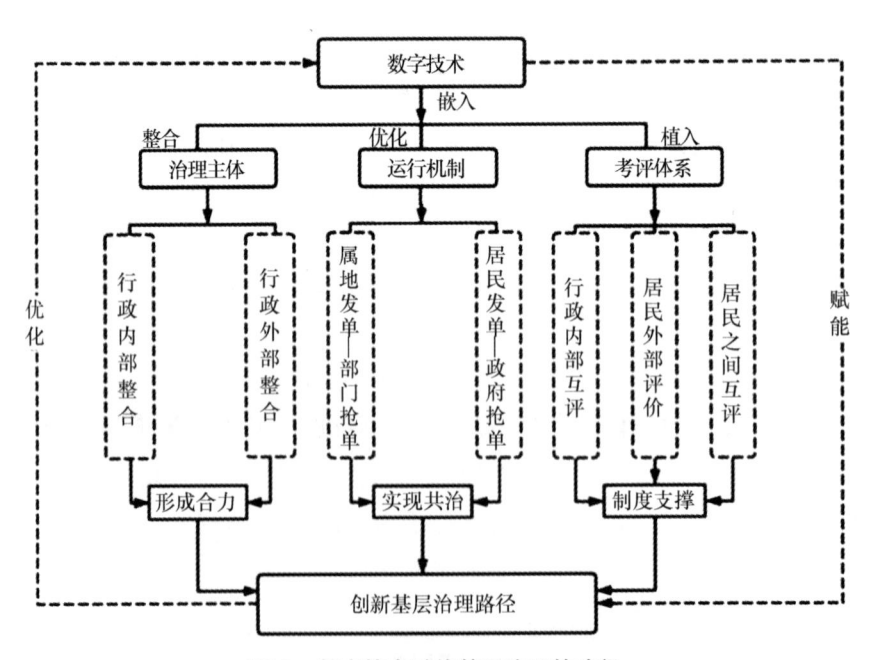

图 2　数字技术赋能基层治理的路径

平台共收到居民47.52万余条评价，好评率达99%以上①。不仅如此，"多多评"进一步激发了居民参与积极性，为打造共建共治共享基层局面奠定了重要基础。

结　语

论及数字技术嵌入基层治理路径与内在机制。为此，本文以鄂尔多斯康巴什区"多党的二十届三中全会对健全城乡基层治理体系作出重要部署。随着新一轮科技革命和数字技术快速发展，基层技术治理成为一种重要趋势。然而，当前学界很少多评"为例，探讨了数字技术赋能基层治理的路径。研究发现：一是数字技术沿着治理主体、运行机制、考评体系三种途径嵌入基层治理，并对传统基层治理模式进行整体性重塑；二是技术逻辑适度突破科层逻辑，推动多元治理主体进入同一治理场景，并以"发单—抢单"机制，驱动政府、居民实现合作共治，从而有效应对基层治理疑难杂症；三是基层技术治理依赖制度化支撑，通过引入技术治理评价考核，增强基层技术治理的自主性，避免技术治理陷入"科层化"困境而流于形式。当然，技术治理也存在一定限制。一是技术逻辑与科层逻辑具有内在张力。实践中，技术治理更多是服从科层逻辑而非技术逻辑②。尽管"多多评"一定程度上整合横向与纵向部门，但在遇到跨区域、跨部门问题时仍会受制于科层体制。二是技术治理简化取向与基层治理复杂性的冲突。基层治理须以相对灵活手段应对繁杂琐碎事务。然而，技术治理手段较为刚性且存在简化导向，这极易忽视基层治理的复杂性③。

下一步，推动数字技术与基层治理深度融合，充分释放基层数字技术治理潜力。一是明确基层数字技术治理的定位与边界。数字技术不只是简单的治理工具，也是数字时代的基层治理典型模式。同时，基层数字技

---

① 王玉琢、刘宏宇：《鄂尔多斯用数字科技破解基层社会治理难题》，《内蒙古日报（汉）》2023年4月24日第1版。

② 吴晓林：《技术赋能与科层规制——技术治理中的政治逻辑》，《广西师范大学学报》（哲学社会科学版）2020年第2期。

③ 陈晓运：《技术治理：中国城市基层社会治理的新路向》，《国家行政学院学报》2018年第6期。

治理也有一定边界，而这种边界表现为不损基层治理秩序。二是拓宽数字技术的基层应用场景。利用数字技术优势，推进数字基建、数字协同、数字普惠等，探索开发数字技术基层应用新的场景，构建基层治理"数字全景图"，实现基层政府决策科学化、社会治理精准化、公共服务高效化。三是注重数字技术与科层体制的深度融合。从治理主体、治理机制、治理方式等方面着手，利用数字技术对科层体制进行适度调整，实现数字技术与科层体制双向融合，进一步释放基层数字技术治理的效能。

文章原载于《西华大学学报》2024年第5期，收入本书时略有修订。

制度建设何以促进边疆民族地区社会稳定
——从价值功用到建构逻辑

李慧勇　王　翔　高　猛*

摘要：党的十九届四中全会指明了国家治理体系和治理能力现代化的发展方向和战略要求。边疆民族地区作为国家治理体系重要的组成部分，其社会稳定直接关乎国家发展和民族团结，具有鲜明的政治意义。在一定意义上讲，通过制度建设来促进边疆民族地区社会稳定，是实现边疆民族地区优良治理的最佳策略。制度体系因其结构特征和构成逻辑所显现的耦合效应、嵌套关系、吸纳能力可以在相当程度上满足边疆民族地区社会稳定治理实践的现实需求，使其更好地融入"一带一路"发展之中。制度建设之于促进边疆民族地区社会稳定的价值功用主要体现于：制度建设不仅可以有效化解社会矛盾，而且可以形塑社会秩序基本样貌。也因此，实现边疆民族地区社会稳定的制度建构应该着眼于：以制度创新激发经济发展新活力、以民族区域自治制度凝聚政治信任、以制度资源推进认同整合、以制度吸纳促讲少数民族代表人士参与协同治理。这既是化解边疆民族地区社会矛盾、维护社会稳定的制度性策略，也是充分释放中国特色社会主义制度优势，推进边疆民族地区治理体系和治理能力现代化的制度建构逻辑。

关键词：边疆民族地区；社会稳定；社会矛盾；制度体系；制度建设

---

* 作者简介：李慧勇，内蒙古大学公共管理学院副教授、硕士生导师。主要研究方向：当代中国政府与政治、民族政治学、民族政策与民族关系研究；王翔，清华大学社会科学学院博士研究生。主要研究方向：当代中国政府与政治研究；高猛，华东师范大学硕士研究生。主要研究方向：当代中国政府与政治研究。

基金项目：国家社会科学基金一般项目"'结构—制度'框架下的边疆民族地区社会冲突化解机制研究"（项目编号：16BZZ028）。

社会治理所达至的良善社会秩序始终是人类孜孜以求的发展目标，社会秩序往往决定着一个国家和地区持续发展的机会空间，是贯穿于人类社会演进过程的命题。党的十九届四中全会聚焦于国家治理体系和治理能力现代化建设，我国边疆民族地区地域辽阔，创新边疆民族地区社会治理，是维护边疆民族地区社会稳定、实现国家治理现代化的内在需求。边疆民族地区社会稳定状况动态标识着国家治理能力水平、关乎国家发展前途命运。站在新的历史方位，在实现中华民族伟大复兴的现代化征程中，提升边疆民族地区治理体系和治理能力，推动边疆民族地区安定有序，具有鲜明政治意义。如亨廷顿所论，"对于诸多现代化进程中的国家来说，首要的问题不是自由，而是建立一个合法的公共秩序。人当然可以有秩序而无自由，但不能有自由而无秩序"。[①] 诸多国家现代化成功转型的实践经验表明，国家治理体系现代化很大程度上是在既定国家制度框架下展开，既遵循其内在逻辑，又能使其日臻完善，从而实现自身与国家制度体系保持内在有机统一。[②] 通过制度手段来构建民族地区良好秩序可谓当今各国实现其优良治理的最佳策略。现代化进程中诸多民族国家在探寻良方以推动民族地区社会稳定的征程中，大多数国家都自觉或不自觉地把目光投向了制度体系的构建。某种程度上也恰恰说明，制度建设是国家治理现代化的题中应有之义，推进国家治理现代化，不仅需要将制度建设摆在突出位置，而且要将制度建设与国家治理有机结合起来。[③] 可以说，边疆民族地区能否实现长治久安并成功实现现代化转型，很大程度上取决于相应的制度体系能否进一步合理建构和优化。也因此，本文对以下几个问题给予了特别的关切：既然制度尤为重要，那么，我们应该在何种程度上界定制度和制度体系？一个优良的制度体系应当具备何种属性？制度建设之于边疆民族地区有何种功用？在现有的资源条件下何以发挥制度赋权的能动作用，进而推动边疆民族地区的社会稳定？凡此种种困惑的解答，都直接或间接地

---

① ［美］塞缪尔·P. 亨廷顿：《变化社会中的政治秩序》，王冠华等译，上海人民出版社2008年版，第6页。
② 赵宇峰、林尚立：《国家制度与国家治理：中国的逻辑》，《中国行政管理》2015年第5期。
③ 虞崇胜：《制度建设是国家治理现代化的题中应有之义》，《福建论坛》（人文社会科学版）2014年第2期。

制约着人们观察、理解和探索民族关系的视角，也关系着边疆民族地区的发展际况和未来走向。

一　制度体系：结构特征与构成逻辑

制度体系是人为设计的一套行动规则，是人类文明发展的产物。正如迪韦尔热所言："制度是作为一个实体活动的结构严密、协调一致的社会互动作用整体，它理所当然地主要是在这个范围内设立的模式。"① 制度体系反映着现代国家的发展程度，一个高度发达和有效运转的现代化国家很大程度上依托于复杂且科学、严谨而可靠的制度构造，它有效规范着人与人之间、人与社会之间的有机互动，不断拓展社会交往的信用基础，同时也能动地激励着社会成员的进步和创新。反之，单一、零散、孤立的制度构成既不能满足现代社会发展的多样化需求，也不能适应现代社会发展的潮流。换言之，制度之间的协作、呼应与整合才是维系政治体系合法性、有效性、适应性的周全之道——制度体系便是由各项制度构成的复杂、集成、网络化的规则系统，该系统内部容纳了政治、经济、文化、环境等各个领域的制度规则，这些规则并非算术意义上的简单相加，而是系统内部函数意义上的有机整合。可以说，社会治理体系本质上是一系列规范社会权力运行和维护公共秩序的制度与程序所组成的一个有机的制度体系②。那么，由此产生的更为重要的问题是，制度体系的构成逻辑如何？在发展过程中呈现出怎样的特征？

其一，制度体系内部具有耦合效应。制度体系内部的关系通常具有三种状态，一曰独立状态，二曰耦合状态，三曰互斥状态。③ 独立状态意味着某项制度的发展与变化是独立而不受其他制度要素的影响，同时也意味着该项制度不会给整个制度体系带来改善或引致震荡。与此相对称的状态

---

① ［法］莫里斯·迪韦尔热：《政治社会学》，杨祖功、王大东译，华夏出版社1987年版，第200页。
② 罗会军、范如国：《社会制度系统的复杂"二相性"与社会治理创新研究》，《学习与实践》2016年第2期。
③ 张旭昆：《制度系统的关联性特征》，《浙江社会科学》2004年第3期。

便是互斥状态，这意味着制度体系内部结构存在着竞争，但这种竞争并没有受益方，而是零和博弈的过程。如果把制度内部结构视为一个连续谱，将前面提到的两种状态视为连续谱的两端，那么耦合状态可谓一种中间状态。具体来说，耦合状态意味着制度体系内部的制度结构是共生互补、辅车相依的关系——某项制度需求往往是其他制度的函数。当然耦合的程度和耦合的质量很大程度上影响甚至决定着制度体系的实施程度。比如刑法等强制性法律体现了强耦合关系，而风俗习惯则是耦合关系的具体表现。有效的制度体系需要建构制度内部结构不同层次的耦合实现机制，同时应当提升耦合质量，规范耦合性的基本度量，平衡耦合程度与耦合机制之间的映射关系，从而提升制度体系的有效性和适用性。

其二，制度体系内部结构之间呈现为嵌套关系。埃莉诺·奥斯特罗姆夫妇的多层次制度嵌套理论认为："一是制度体系是可以分层的，并可将制度体系划分为宪法选择、集体选择和操作等三个制度层次；二是制度层次之间是相互'嵌套'的，一个层次制度内容的设定和改变，取决于更高层次上的软件（制度），即一个层次的行动规则的变更，是在较之更高层次上的一套固定'规则'中发生的。"① 易言之，制度体系内部并非制度要素的简单叠加，而是制度节点之间的排序归位并呈现出嵌套层次。制度的简单堆积未必能发挥1+1>2的优势，倘若制度内部要素衔接失当，1+1<2也并非没有可能。制度间的嵌套性如同螺丝和螺母之间的关系，两者若要恰到好处地衔接在一起则需要接口适当并且比例合理，由此两者的嵌套才持久稳固。制度体系内部结构亦是同样的原理，制度体系内部的结构要素并非孤立存在的，制度要素间存在不同程度的配适与衔接，并且各个制度要素本身也存在度量特征，并在一定尺度范围内实现制度之间乃至制度体系整体的均衡与稳定。

制度体系内部的嵌套结构主要表现为纵、横两方面的结构：纵向来看，制度体系内部具有位阶层次（制度体系内部各个制度要素存在一定的等级秩序），如同我们熟知的"金字塔"结构，由上至下层次分明，每一

---

① ［美］埃利诺·奥斯特罗姆：《规则、博弈与公共池塘资源》，王巧玲、任睿译，陕西出版集团、陕西人民出版社2011年版，第56页。

个制度层次都有自身的结构和功能,高层次容纳并统领低层次,低层次在高层次许可范围内能动调适,进而搭建了安定有序的制度系统。再从横向来看,制度体系的嵌套结构还表现为每一个层级之间相互联系,这种联系并非单向度的直线联结,而是多向度的非线性协调与配合。同时,制度体系的内部要素往往要通过"合并同类项"的方式进行聚类整合,提升制度结构的"分辨度",即谋求通过制度要素合并与重整的方式来发挥制度体系的最大功能。

其三,制度体系具有吸纳能力。作为一种制度安排,吸纳的主体是代表权威的政治体系,集中体现了对政治资源的调控性以及贯彻国家意志的独立性。制度体系的目的是确立稳定的社会秩序,明确社会成员之间的交往规则,并且也调整着公民与政府之间互动的节奏,掌握着社会活动的总体方向。因此,一项制度从设计之初到运作执行的整个过程,必然是一个不断吸纳民意的过程。民意的吸纳是制度赖以存在和发展的必要前提,并且很大程度上影响着制度的绩效与制度的合法性。此外,制度体系的吸纳性充分体现着民主政治的内核,并且为民主政治的不断发展提供了新动力。众所周知,民主政治从某种意义上可以理解为公民自下而上的意见表达以及政府自上而下对公民诉求的回应与满足。那么,制度体系设计之初便要符合民主政治的核心要求,不断建立公民与政府之间的信任关系,公民通过制度性的政治参与,可以加深公民对制度的认同、理解和支持,并且在参与之中形塑着公民政治文化的基本样态。与之相对应的是,公民的意见表达实则也促进着政府提升其代理能力与回应能力,不断提升制度运作的透明度,并且积极改善制度要素与制度环节,以不断提高制度执行的整体质量。这也说明,制度吸纳具有创造政治认同、促进有序政治参与和政治调控等作用,对维护政治稳定具有积极促进作用①。

二 制度建设之于边疆民族地区社会矛盾化解的基本功用

倘以制度建设来推动社会安定有序的治理,则需要明晰制度体系的

---

① 肖存良:《政治吸纳·政治参与·政治稳定——对中国政治稳定的一种解释》,《江苏社会科学》2014年第4期。

属性特征与构成逻辑。对今日中国而言，站在新的历史方位，致力于制度供给体系的建构，通过切实的政治建设和政治发展进程来适应社会主要矛盾的变化，不断满足人民日益增长的美好生活需要，是党的十九大提出的新的历史任务。① 进一步而言，探索更多的有效制度安排，对各个制度层次之间的关系进行深入的理论研究，在制度体系的整体框架下推动制度创新和变革，对增强国家的制度供给能力，推动当今社会治理进展具有重要意义。由此引申而来的问题是，制度建设之于边疆民族地区社会矛盾化解具有怎样的现实功用？制度建设又以何种方式形塑着社会秩序？如前所述，制度体系复杂的结构特征和内在属性在相当程度上决定了它对于社会治理的基本功能。在制度运行和发展过程中，制度建设之于边疆民族地区社会矛盾化解的突出贡献和价值功用，主要体现在以下两个维度。

（一）以制度建设化解社会矛盾

社会稳定是社会自觉性的体现，它是秩序要素回应它们所处的即时性环境时作出的反应。40多年改革开放之所以能够取得巨大成就，一个十分重要的原因就是我们维持了长期的社会政治稳定，制度性稳定和价值性稳定是新时代社会政治稳定的两个重要发展方向。② 从某种意义上说，社会稳定是相对于秩序紊乱无序的一种状态，它要求社会系统内部各个单位排列有序并形成有机链条，各个要素在特定边界范围内活动，并且各个环节相互支撑，逐步形成趋于一致的社会凝聚力，从而保持社会发展的动态且相对平衡的有序状态。然而社会稳定的基本状态并非仅仅依靠社会成员的自觉性就得以顺利达至，当原有的社会秩序遭遇公共危机时，期待社会系统的自觉性来弥合社会矛盾往往是不切实际的。这是因为自生自发秩序的形成常常依赖于诸要素之间多样性的行为互动——这是一个比较漫长的过程，并且有时会滞后于时势的需求。

---

① 桑玉成：《论人民美好生活需要之制度供给体系的建构》，《武汉大学学报》（哲学社会科学版）2018年第2期。

② 王珂、赵宏：《中国社会政治稳定面临的若干问题及对策思考》，《科学社会主义》2018年第4期。

秩序紊乱或社会矛盾往往致使政府的合法性减损，这时就需要政府适时作出反应，不断自觉地输入和配置新的合法性资源以增益、提振和强化其合法性，从而防止原有的合法性的递减流失。制度建构往往是化解合法性危机的可靠方案，因为良好的制度建设是化解社会矛盾、维护社会稳定的重要保障①。在某种程度上，制度建设起因于人类社会秩序的失调，而制度建设的目的之一也是调整这种失调的秩序从而恢复原有秩序的平衡。制度建设的关键是通过制度规则矫治社会紊乱、协调社会关系，相应制度的生成使社会稳定的秩序需求有了实现的技术手段。

对于边疆民族地区的治理而言，有时一些民族因素往往成为制度治理的难题，不断审视边疆民族地区一些治理的应对策略，我们可以看出以制度建设化解社会矛盾的基本逻辑。例如，当一些事件发生后，为防止事件的进一步扩大，政府在以制度手段维系稳定的同时，时常会辅之以应急处突的手段进行管制，在治理策略上往往选用"刚性稳定"②和"外压式"维稳手段③，以期在最短的时间内恢复正常的社会秩序。这一阶段看似应急处突手段优先于制度化调控，实则是以应急处突手段刺激了制度机制的生成，亦可视之为制度建构的起点。囿于制度形成的长期性和过程性，所以在一些事件发生之初制度化策略往往要尊让于应急处突策略，但是应急处突优先策略往往难以彻底解决问题的根源，无法将社会紧张关系充分释放，隐患有可能随时再次发生。

相比之下，这种应急处突策略优先的治理方式具有一定效率、秩序的优势，但它仅仅是暂时性的应对策略，未能从根本上舒缓紧张的社会关系。所以事态基本控制之后，在治理手段上制度化策略更具有优先性，非制度化策略则"退居二线"。"韧性稳定"②的制度建构过程开始进行，在此后相对较长的一段时间里，紧张的社会关系将会通过相应的制度进行舒缓、消解和治愈。如果原有的制度难以有效发挥这些功效，就会刺激治愈

---

① 张明军：《社会冲突：破坏抑或建构——基于典型样本的现实解读》，《行政论坛》2015年第1期。

② 于建嵘：《从刚性稳定到韧性稳定——关于中国社会秩序的一个分析框架》，《学习与探索》2009年第5期。

③ 黄毅峰：《社会冲突视阈下"维稳"治理模式的限度分析》，《中南大学学报》（社会科学版）2018年第2期。

社会矛盾和创伤的新制度的产生：通过制定制度、推行制度、宣传制度等一系列系统过程进行社会动员，矫治社会成员的行动偏好并引导社会成员向正向的行动轨道不断迈进。

如上所论，制度化解社会矛盾是一种历时性的结论，而非终局性的结论。历时性是指社会矛盾尚未得以初步管控之前，制度建设并不能在瞬时发挥积极的治愈效果，需要借以政治手段作为铺垫、以治理经验和治理实践所引致的制度需求为基础对社会原有制度缺口进行研判和确认，进而通过治理主体的能动性和创造性进行制度生成、制度整合、制度治理，从而形成良好的社会秩序、实现社会稳定的旨归。社会矛盾触发下的制度建设所具备的系统性和逻辑化特征，在相当程度上促成了制度体系延续和发展的可行路径。发展的可行路径见图1。

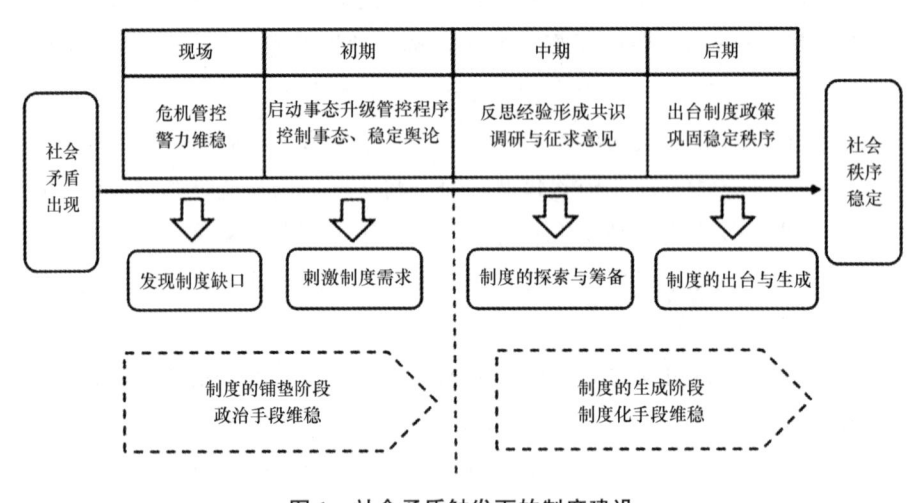

图 1　社会矛盾触发下的制度建设

（二）以制度建设形塑社会秩序基本样貌

制度体系的发展创新刻画了社会发展的活力，能够不断为社会提供持续性的稳定要素，进而创造安稳有序的社会环境并且在潜移默化中形塑着社会发展的基本样貌。正是在这个层面上，诺斯把制度看作一系列用来规范和制约人们相互关系的社会规则，它通过为人们发生相互关系所提供的框架来确定和限制人们的选择集合,进而减少人们行为互动的不确定性。① 换言之,制度体系的羁束性特征可以为社会活动提供约束、规训、裁切等功能,制度体系经由惩戒、奖励、监督、激励、引导等方式对社会关系进行调整,并为社会矛盾的缓解供给了规则系统和运行机制——通过发挥制度的自主性规制约束社会系统运作过程中的人为性和任意性,用程序规划行为运作的轨道,减少不同利益关系复杂交错中的杂沓效应。总之,制度体系真实地影响、制约、塑造着人的活动,为人的活动提供了规则、标准和模式,并将其引入合理预期的轨道,为各种活动提供了实际空间,② 进而不断规范和形塑人们的互动行为,减少社会生活的不确定性。

制度建设不仅为社会稳定不断地提供持续性和扩散性的资源,而且承担着培育公共理性、塑造观念认知、延承代际文化的重要使命。作为一个政治社会集体的理性——公共理性是指导社会成员达成保障秩序、安全、信任及合作等公共规则,以及根据该公共规则来协调政治行为,达成和维持政治共识的重要理念。③ 对社会而言,在长期的社会发展中形成的公共理性,能够提供正义层面规范意义上的公共管理取向和社会政治价值定义,因而具有超地域政治的特性。④ 可以说,理性精神是社会稳定不可缺少的要素,一个社会的制度化水平越高,理性认知的代际均质性就越强,社会矛盾发生的阻力就越高,社会的稳定程度就会越高。不仅如此,公共理性在价值上也具有兼容调和作用,能够制约和平衡政府权力的运行,推动公共行政创新,在促进政府行为理性的同时能够帮助政府提高效能。⑤ 从某种程度上来说,制度可以复制、延展某种社会行为,通过制度赋权的功能使某种社会行动获取合法性,通过制度发挥示范效应引起社会成员之间的响应与效仿,提高公共理性的传播,节约社会治理的成本,从而维持社会成员日常行为的稳定性和预期性。

---

① [美]道格拉斯·C. 诺斯:《制度、制度变迁与经济绩效》,刘守英译,上海三联书店1994年版,第3—7页。
② 吴向东:《制度与人的全面发展》,《哲学研究》2004年第8期。
③ 陈肖生:《公共理性与政治共识——罗尔斯对康德及霍布斯观点的继承与改造》,《西南大学学报》(社会科学版) 2018年第3期。
④ 秦德君:《国家公共管理中的公共理性》,《上海行政学院学报》2003年第1期。
⑤ 施雪华、黄建洪:《公共理性:不是什么和是什么》,《学习与探索》2008年第2期。

总之，一个稳定的社会应当是民众与民众、民众与权威之间建立起制度化的联系，制度建设聚焦于制度与行为的互动关系，并且从已经获得某种确定状态或属性进行赋权与赋能，进而推进制度化的辐射性和延展性，并在其他空间维度上发挥示范效应，从而实现整个社会行动理性的均质性传播，最终达至一种稳定的状态和秩序见图2。

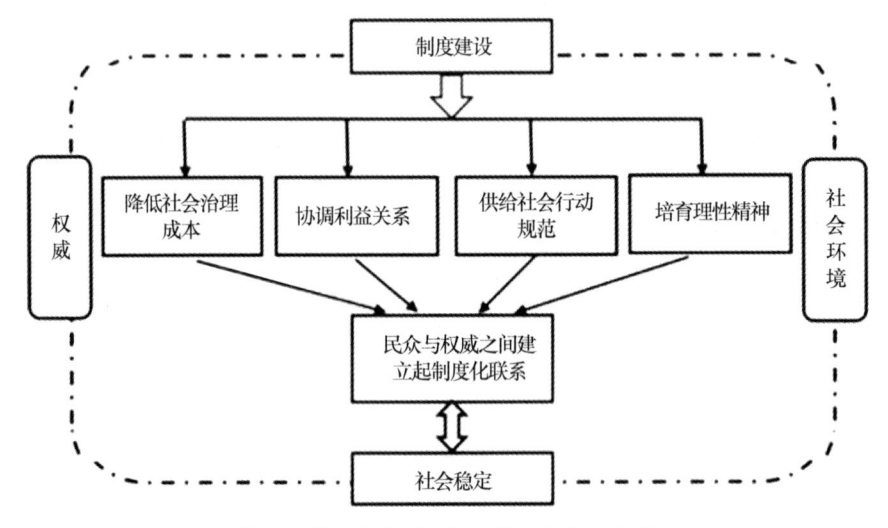

图2　制度建设形塑社会秩序的基本方式

一般来说，上述关于制度建设的基本逻辑也同样适用于边疆民族地区的社会治理。近现代政治文明发展的历史实践表明，通过制度建设将社会矛盾纳入制度框架，能够为矛盾化解和治理提供重要保障。[1] 虽然对于这种普适性的治理逻辑在适用对象上需要加以区分，但是普适性的治理逻辑是对长期社会发展所提炼出的共识性理念的一种确认，是构成人类社会持续发展的基础性逻辑。这种通识性治理逻辑因其扩散性和延承性，在一定程度上可以跨越不同的区域、不同的文明、不同的民族，也在一定程度上构成了整个社会发展的"底线性价值"。只有各个民族之间共同尊重这种"底线性价值"，各个民族之间才有进一步对话和交往的基础和前提。正如

---

① 张明军：《社会冲突：破坏抑或建构——基于典型样本的现实解读》，《行政论坛》2015年第1期。

习近平总书记指出："涉及民族因素的矛盾和问题，有不少是由于群众不懂法或者不守法酿成的。这些矛盾和问题，虽然带着'民族'字样，但不都是民族问题。要增强各族群众法律意识，懂得法律面前人人平等，谁都没有超越法律的特权。"① 在这里，法律作为社会公共理性的具体体现，是各族人民共同遵守的"底线性价值"，是各族人民彼此沟通、交往和发展以及社会治理的通识性逻辑。

然而，改革开放以来，社会发展的脚步变快，各民族跨区域流动进入活跃期，使得边疆各个民族地区的发展环境发生深刻变化，为了避免陷入价值相对主义和虚无主义的泥潭，就更加需要优先认可具有普适性的治理逻辑。但是这并不意味着处置方法的等量齐观而忽视边疆民族地区的实际情况，因为我们很难通过一个一劳永逸的制度安排来实现边疆民族地区经济社会持续发展。通识性的治理逻辑往往以提取最大公约数的方式提取最低必要限度的内涵，边疆民族地区在适用时要结合实际需要加入能动的经验判断。至于制度设计为何，不同地区的基本形态也是不同的。总之，我们要领会一种方法论认识，不能把民族地区的特殊性混同于研究方法的特殊性，亦不能把研究对象的民族性混同于发展思路的"民族化"。

厘清了制度建设的适用逻辑之后，需要进一步讨论的问题是，制度建设是如何形塑边疆民族地区的社会秩序的？或曰，民族地区的特殊性和民族性在制度建设中是如何被反映的？

首先，制度建设通过支持风俗习惯以提升其民族认同性。有些风俗习惯是少数民族私权秩序的自生自发反映，从诞生之日起就具有民族性，因而风俗习惯往往会成为某少数民族区别于其他少数民族的重要表征。事实上，传统文化、伦理道德和风俗习惯等非正式制度，正以其独特的方式影响着利益矛盾治理的正式制度能否得到民众内在价值观念认同、政治生态文化支持、伦理道德自觉接受等方面的考验。② 倘若制度建设能够以少数

---

① 《习近平在中央民族工作会议上的讲话》，人民网，http://jhsjk.people.cn/article/29663133，2019 年 10 月 8 日。
② 张存达：《非正式制度因素影响下的利益冲突治理制度变迁分析》，《海南大学学报》（人文社会科学版）2017 年第 6 期。

民族的习惯、风俗、惯例等好的部分为基本原料并且将其抽象为行动规则，无疑会增进民众对规则制度的亲近感和认同感，进而唤起人们遵守规范的主动性和自觉性。质言之，制度建设若能与传统风俗习惯达至有机融合，不仅能够有效降低制度实施的成本，而且可以有效提升制度实施的效率和效果，从而对塑造优良稳定的社会秩序具有重要的促进作用。

其次，制度建设通过包容各民族文化精神以提升其兼容性。制度设计是少数民族文化与精神的宣示和结晶，正如黑格尔所言："民族的伦理、民族的法制、民族的风俗以及民族的科学、艺术和技能，都具有民族精神的标记。"① 制度规范可以视为一种缜密的规范体系——在坚持社会主义基本价值在文化多样性中核心地位的同时，又能恰当尊重差异、包容多元②。进而言之，现代制度规范更需要以一种严谨、抽象和规范的术语和范式表达来阐释、尊重和不断回应少数民族地区优良文化风尚和精神需求因为这种以平等、公正等关怀为价值取向的制度规范，能够不断呼应少数民族稳定的心理预期和共同价值理念，进一步增强对中华民族的认同感。

最后，制度建设通过调整利益关系以增强其统合性。人类一切政治制度的建立都是围绕着利益关系建立起来的，同时也服务于社会成员的共同利益。民族地区也不例外，随着市场经济下竞争的加剧以及族际交往的不断增多，少数民族民众对自身的利益诉求也在不断增强，有时会引发一些矛盾并给社会治理带来一定挑战，所以妥善协调竞争性利益关系需要制度建设发挥其作用。因为制度的首要功效就是整合社会、协调利益关系。以利益关系的均衡和利益秩序的稳定为活动的主要方向的制度体系能够凭借其合法效力对社会利益关系进行权威性调控，从而促使社会秩序稳定运行③。当代民族利益关系具有高度复杂性，往往和民族问题、社会保障问题、宗教文化问题、生态问题等交织叠加。以制度建构、民族政策等手段来平衡协调利益关系，既是我国政府对少数民族地区的特殊性与实际治理需要的高度关切，也是我国民族政策的传统优势所在。

---

① ［德］黑格尔：《历史哲学》，王造时译，生活·读书·新知三联书店1956年版，第104页。
② 常士䦨、韩正明：《政党权威与制度建设：当代中国的族际政治整合》，《马克思主义与现实》2011年第3期。
③ 杨超：《政治的功能分析：利益关系的视角》，《南京政治学院学报》2007年第1期。

三 制度建设助推边疆民族地区社会稳定

边疆民族地区社会不稳定是诸多要素共同作用的结果，因此以制度建设构建稳定的社会秩序将会呈现多元立体式格局。改革开放四十多年来，经济利益、文化观念等因素复杂交织的社会环境，促使我国社会经历了一些重要的社会变迁，一些社会问题也随之而来。首先，边疆民族地区因其独特的自然环境因素和历史人文因素，在经济发展中，边疆民族地区在国家总体发展格局中处于相对边远地区，一时发展会慢一点。近年来，国家采取各种政策和手段大力推动边疆民族地区发展，但是在市场经济竞争博弈中，因受到一些区域环境限制，对边疆民族地区的发展会产生一些影响。其次，边疆民族地区的稳定和发展在某些层面仍然受到不同程度的意识形态的威胁。例如，境外势力的干预和渗透在一定程度上威胁着边疆民族地区的社会秩序。再次，伴随着改革开放的深入发展、国家整体发展战略的宏观调整，边疆民族地区经济社会的不断发展以及民众利益诉求的增长，也不断激励着民族区域自治制度等制度的完善。最后，面临市场经济条件下个体和组织利益诉求的多元化转向，使得基于法律许可范围内的常态化、制度化、精细化的利益传达、利益整合机制的需求更加强烈。只有通过合理的利益传达与整合机制，才能有效串联和凝聚边疆民族地的发展动力，才能有效抑制"向心力松动"对边疆民族地区发展造成的不良影响。可以说，现代社会发展进程中的以上问题的出现具有客观性，但是这些问题在很大程度上对边疆民族地区的社会稳定和发展产生了极大的张力，通过制度建构和完善来回应这些问题将成为社会转型发展的必然要求和能力考验。显而易见，在试图通过制度建构不断推进边疆社会治理的现代化进程的不懈探索中：从制度的功能维度来看，应注重以发现和解决问题为导向，以充分发挥制度功能为主要抓手，进而充分释放制度体系的正向效应以黏合汇聚相应治理资源，在深层次上促进边疆民族地区社会稳定。当然，从制度的效果维度来看，对影响边疆民族地区的一些不稳定因素，国家可以通过制度化的手段将这些产生矛盾的因素整合于制度框架内部解决，具体的制度建构思路如图3所示。

（一）制度促动：以制度创新激发经济发展新活力

习近平总书记在庆祝改革开放40周年大会的讲话中指出："改革开放40年的实践启示我们，制度是关系党和国家事业发展的根本性、全局性、稳定性、长期性问题。"① 从社会实践层面来看，通过制度建设和创新助推社会经济发展是经过改革开放的伟大实践所验证的；从学术理论研究层面来看，以制度建设促动区域经济的发展在学理上可以追溯到诺斯的制度创新理论。诺斯认为，"制度创新可以在一个动态变化的过程中不断界定和明晰产权，从而形成关于创新的激励机制，降低'搭便车'等机会主义的可能性，降低交易费用，解决制度的不均衡问题，并减少未来的不确定因素，不断实现有效率的经济组织对无效率经济组织的替换，最终促进经济的不断增长"②。一般来说，制度创新以交易费用作为制度创新的原动力，制度主体通过分析权衡受益成本而形成制度偏好。质言之，通过制度建设降低交易成本，优化社会利益与个人利益的配置方式，可以有效整合生产要素、创制激励机制以提升生产效率。可以说，制度创新是区域经济发展的核心性要素，并且是一个地区发展的原动力。以制度创新推动边疆民族地区经济发展，不断释放改革开放和发展的社会红利，不断增强人民群众的获得感和幸福感，对于推进边疆民族地区社会稳定和长治久安具有深远意义。

当前，边疆民族地区应继续深入贯彻落实新发展理念，以制度建设不断激发经济内生动力，更加注重推动高质量发展，不断提高自身发展能力和水平。2019年3月，习近平总书记主持召开的中央全面深化改革委员会审议通过的《关于新时代推进西部大开发形成新格局的指导意见》③，为推进新时代西部大开发形成新格局作出了全面部署，为我们进一步思考边疆民族地区以制度创新激发经济发展新活力提供了重要参考。具体来看，首

---

① 习近平：《在庆祝改革开放40周年大会上的讲话》，《人民日报》2018年12月19日。
② 陈文申：《试论国家在制度创新过程中的基本功能——"诺斯悖论"的理论逻辑解析》，《北京大学学报》（哲学社会科学版）2000年第1期。
③ 《习近平主持召开中央全面深化改革委员会第七次会议》，中国政府网，http://china.cnr.cn/news/20190320/t20190320_524548878.shtml，2019年12月8日。

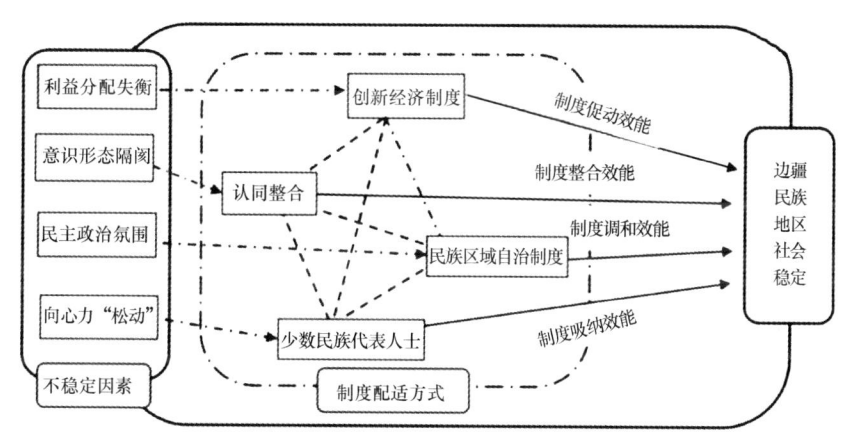

图3 制度建设助推民族地区社会稳定作用机制

先,边疆民族地区应从国家的顶层制度设计中不断寻求经济发展的机会空间。例如,"一带一路"倡议的实施使得边疆民族地区的角色定位由"边缘"逐渐转化为对外开放的前沿阵地,与之相适应,边疆民族地区需不断完善建构与顶层设计相配适的制度体系,充分利用地缘优势拓展对外经济贸易,使民族地区在服务"一带一路"倡议大局中大有可为。在良好的制度建设和政策法规的不断落实中,边疆民族地区甚至可以在发展中超越传统的"地理上偏远、经济上落后、文化上保守"的传统边疆形象,建设一个经济发展、文化繁荣、政治昌明、社会稳定的新时期现代化边疆[①]。其次,以制度规范厘清经济发展的重点、权责,不断落实边疆民族地区经济发展主体责任,推动边疆民族地区在新发展理念的引领下高质量发展,促进边疆民族地区经济社会发展与人口、资源、环境相协调。再次,不断优化投资制度,积极吸引各种投资流向边疆民族地区,并依托其自然资源、旅游资源、民族文化、沿边开放政策等优势探寻经济增长点。最后,不断调整产业政策,保持边疆民族地区农牧业基础性地位,延伸产业链条,实现农牧业的现代化、集约化、产业化、市场化;不断促进边疆民族地区资源型工业的发展,发挥其地域和文化优势大力发展旅游业

---

① 熊坤新、平维彬:《超越边疆:多民族国家边疆治理的新思路》,《中国边疆史地研究》2017年第3期。

和服务业。

（二）制度调和：以民族区域自治制度凝聚政治信任

政治信任是民众对政治体系的期待、确信以及肯定，是一种建立在与权威当局直接或间接互动的基础上的一种政治心理，"是对维持合乎道德的社会秩序的期望"①。政治信任是民众对政治体系的情感与评价的综合反映——既对政治体制的正当性与政治稳定具有正面意义，又为衡量民众对政治支持力度提供了重要指标②。可以说，作为政治发展的重要指标，政治信任反映了政府被民众认可的程度和合法性基础。社会成员对抽象规范系统的信任实则是对制度性承诺的信任，制度的科学性、制度的供给能力和执行能力是政治信任不可或缺的制度基础，周延而有效的制度体系是修复社会不稳定的根本选择。事实上，在政治系统运行过程中，民众对政治体系的信任不仅是其遵从政府政策的心理基础，更是影响政治支持、促进政治体系稳定运转的重要因素③。

对于边疆民族地区而言，民族区域自治制度则扮演了培育和塑造民族地区政治信任机制的重要角色——它是国家对地方非均质化授权的重大创举，并为我国的民族区域自治提供了合理性、合法性、有效性的外在设置。在这个意义上，可以说民族区域自治制度的落实程度直接关乎民族地区社会的稳定及政府的合法性。就目前的治理实践而言，还需要始终坚持和不断完善民族区域自治制度：在维护国家政令统一和畅通的前提下，深入贯彻落实宪法和民族区域自治法，不断推进配套立法工作，始终坚持用法律保障民族团结和巩固社会稳定。具体而言，首先，对于那些来源于民族工作实践的，对民族治理体系和治理能力具有方向道路、意识形态、价值观念作用的新观点、新理念、新办法，应当通过立法的方式上升或转化为新的法治规范，用以推进新时代中国特色社会主义民

---

① ［美］伯纳德·巴伯：《信任的逻辑与限度》，牟斌、李红、范瑞平译，福建人民出版社1989年版，第14页。
② 林冈、顾佳雯：《论政治信任及其影响因素》，《上海师范大学学报》（哲学社会科学版）2016年第3期。
③ 李艳霞：《何种信任与为何信任？——当代中国公众政治信任现状与来源的实证分析》，《公共管理学报》2014年第2期。

族事业的稳健发展①。其次，在制度贯穿民族工作的各个领域和环节、以制度规范民族关系、推进民族事务法治化的治理过程中，需要努力做到统一和自治相结合、民族因素和区域因素相结合，力求不断实现制度、法治与民族地区地方经验的有机融合。最后，要警惕"三股势力"利用民族、宗教、人权等问题挑拨民族关系，落实国家安全法，筑牢边疆民族地区安全稳定屏障。为解决这些问题，新疆维吾尔自治区在治理实践中探索出诸多有益经验，2016年1月1日起正式施行的《新疆维吾尔自治区民族团结进步工作条例》为推动新疆地区民族事务治理、巩固民族团结、维护社会稳定提供了重要制度保障。近年来，新疆依照《中华人民共和国民族区域自治法》等法律规定，加快地方性法规的立法进程，先后出台了《新疆维吾尔自治区宗教事务条例》《新疆维吾尔自治区实施〈中华人民共和国反恐怖主义法〉办法》《新疆维吾尔自治区去极端化条例》，为遏制、打击恐怖主义、极端主义提供了有力的法律武器②，满足了新疆各族人民对安全的殷切期待，维护了社会和谐稳定和长治久安。

（三）制度整合：以制度资源推进民族共同体建设

从某种程度上来说，制度整合可以增强各种制度之间的有机联系，增加一致性、统一性和聚合性，减少制度之间的矛盾和不利因素，增进整个制度体系的整体性、协调性和有效性。换言之，制度整合是促进制度定型、提升国家与社会治理的效率和水平，推进国家治理体系和治理能力现代化的重要途径③。对于中国这样的统一的多民族国家，民族构成的多样性不仅仅具有数量、类型、规模上的人口统计学意义，而且还具有深远的政治心理学意义，它直接关乎多民族国家社会凝聚力的聚合与构建，更关乎社会稳定秩序的心理基础。爬梳党和政府重要历史文本不难发现，"中华民族共同体理念早已长期内嵌于政治话语逻辑之中，2018年'中

---

① 宋才发：《民族区域自治制度的实践回眸及未来走势——纪念中国改革开放40周年》，《学术论坛》2018年第2期。
② 《新疆的反恐、去极端化斗争与人权保障》，中华人民共和国国务院新闻办公室网，http://www.scio.gov.cn/zfbps/32832/Document/1649841/1649841.htm，2019年12月24日。
③ 张保权：《制度整合、制度定型与国家治理现代化》，《兰州学刊》2018年第6期。

华民族'入宪实则叠加了中国共产党在处理民族关系、构建民族共同体问题上颇为厚重的反思与沉淀，亦是立基于现实经验、响应时代需求的综合性考量"①。"中华民族"入宪所蕴含的制度理性和现实意义仍需进一步深思——如何在保障各民族成员的利益的同时又不减损民族共同体的整体利益？如何在统一的政治单元利益下保证族际间的有效整合并和睦相处？

中国社会转型的范围广泛而内容深刻，其结果也使得改革开放前的均质社会结构逐渐分化、社会利益结构日趋多元化，由此产生的利益表达、群体矛盾等使得边疆民族地区的社会治理也面临着一些挑战。为了有效回应因社会发展转型而产生的挑战，政治吸纳和整合能力的重要性和紧迫性便日益显现。作为边疆民族地区社会治理现代化的重要内容和主要任务，民族认同与国家认同的有效融合可以说是实现民族团结、解决不平衡不充分矛盾并实现国家治理现代化的重要保障和文化基础②。在实现中华民族伟大复兴的征程中，重视国家认同的建构仍然是国家统一和稳定的必备条件③。然而，应当在怎样的维度实现国家认同和民族认同的有机整合？

以上诸多问题都是建构民族共同体、维护社会稳定而需要回应的重要话题。在具体的策略层面，思想方面的教育引导必然不可缺少，但法律、制度与政策的保障可能更为重要。因为旨在促进民族融合的法律、制度和政策更能长效发力、更有利于保障各民族实现融合④，从而进一步提升国家认同。从国家合法性的层面来看，制度能否发挥相应的整合作用是提振国家认同、增强国家合法性的关键变量。国家需要通过制度建构不断保障各民族作为异质性因素延续本民族及其文化的权利，由此不断提振各民族对国家的认同感。具体来看，"建构'一元主导多元并存'的社会价值观形态，是保证我国社会秩序成功建构，达至良性运行

---

① 王翔、李慧勇：《"中华民族"入宪：民族共同体理念的文本轨迹和演化逻辑》，《河南大学学报》（社会科学版）2019年第2期。
② 李永娜、左鹏：《新时代边疆治理现代化视域下国家认同与民族认同的融合》，《云南社会科学》2018年第3期。
③ 周平：《民族国家认同构建的逻辑》，《政治学研究》2017年第2期。
④ 黄其松：《权利、自治与认同：民族认同的制度逻辑》，《政治学研究》2016年第4期。

的必由之路"①。在这方面的治理实践之中，内蒙古自治区已经成功连续开展了35个"全区民族团结进步活动月"活动，逐渐形成了民族团结进步的内蒙古特色制度模式，在铸牢中华民族共同体意识、增强国家认同方面发挥了重要的功用②。边疆民族地区的社会治理可以借鉴内蒙古自治区的有益经验，创办相应的特色活动，以制度资源持续推进民族共同体建设。

（四）制度吸纳：充分发挥少数民族代表人士的积极作用

中华人民共和国成立以来，党和国家一直高度重视少数民族地区群众的政治参与，在少数民族地区逐步构建了较为完善的利益表达途径、程序和机制，最大限度地保障和实现人民群众的政治诉求。改革开放四十多年来，广袤的边疆民族地区在各行各业涌现出许多杰出的代表人士，他们对民族地区的经济社会发展做出了重要贡献。这些代表人士与民族地区的人民群众保持着亲密的联系，在表达民众诉求、维护民众利益、提升政治认同等方面发挥着重要的作用。从这个层面而言，在党和政府的主导下，不断加强少数民族代表人士吸纳制度建设，建立多元协同治理机制，对推进民族事务治理体系和能力现代化具有重要意义。

习近平总书记指出："少数民族代表人士，有的是历史形成的，有的是时势造就的，在群众中影响大，一定要团结在我们身边，做到政治上尊重、工作上关心、生活上关照，发挥好他们咨政建言、协调关系、引导群众、化解矛盾的作用。"③少数民族代表人士整体上拥有较高的政治责任

---

① 郭星华、刘朔：《社会秩序的恢复与重建》，《国家行政学院学报》2017年第5期。
② 内蒙古自治区成立以来，自治区各族人民群众像爱护眼睛一样爱护民族团结，像珍视生命一样珍视民族团结，民族团结像一条红线贯穿在自治区工作的方方面面，形成了各族人民共同团结奋斗、共同繁荣发展的大好局面。自治区持续开展民族团结进步宣传教育和创建活动，民族团结进步教育内容不断创新，以党的民族理论和民族政策、中国梦、社会主义核心价值观、中华优秀传统文化、"两个共同"理念、"三个离不开"思想、"五个认同"意识以及"八个坚持"等为主要内容的民族团结进步教育得到广泛开展，正确的祖国观、历史观、民族观得以牢固树立。民族团结进步创建活动形式不断丰富，每年开展"全区民族团结进步活动月"，形成了民族团结进步的内蒙古模式，对维护和巩固民族团结、边疆安宁和祖国统一起到了重要作用。参见张吉维、吉雅主编《各族人民当家做主——内蒙古政治建设70年》，内蒙古人民出版社2017年版，第24页。
③ 《习近平在中央民族工作会议上的讲话》，人民网，http://jhsjk.people.cn/article/29663133，2019年12月25日。

感,可以有效地汇聚吸纳民族地区的社会资源,是影响多民族国家族际政治整合的重要力量,对民族地区的社会治理机制的运行和治理能力的提升具有重要影响。一般来说,在民族交往的过程中,少数民族代表人士之间关系的融洽度往往会影响到族际关系的亲疏,往往对本民族成员有着较强影响力。少数民族代表人士的政治态度对本民族民众往往具有示范效应。少数民族代表人士要积极发挥带动少数民族群众提升本民族的国家认同感的作用,并主动支持国家各方面建设,维护边疆地区的稳定。

通过制度吸纳,将社会各界少数民族代表人士与普通群众有机融入民族地区的治理能力现代化建设之中,将协商民主通过制度安排有机嵌入民族地区基层社会治理,是提升民族地区治理能力现代化的重要治理目标。具体来看,应不断加强协商治理的制度供给和机制创新,发挥基层党组织的主导作用,拓展协商途径,培育公共协商理性,从而提高参与主体的政治能力,进而推进民族地区基层治理现代化①。在这方面,新疆维吾尔自治区开创了基层治理的有益探索,创造性开展"访惠聚"驻村工作,坚持立足实践、扎根基层、倾听群众心声、汇聚民情民意、直接服务群众等工作原则,为实现边疆地区的民族团结和社会稳定提供了重要的经验借鉴②。

由此可见,当今世界如何处理好国内的民族问题,协调好民族关系从而保障社会秩序的稳定和发展,已经成为多民族国家所面临的共同问题。从某种意义上说,通过不断加强制度建设可以在相当程度上为边疆民族地区建构良性的发展秩序。正如哈耶克指出,"良好的制度、利益共享的规则与原则,则能够正确地引导人们最恰当地运用其知识进而切实有效地引导其社会目标的实现"③。通过制度建设和制度体系的不断完善,可以助益于边疆民族地区增强民族认同、优化协调民族关系、加强民族凝聚力,从

---

① 吴晓霞:《协商民主嵌入民族地区基层治理:价值、作用与路径选择》,《广西社会科学》2018年第8期。

② 孙秀玲、马丽:《"访惠聚"驻村工作是党中央治疆方略在新疆的伟大实践》,《新疆社会科学》2018年第1期。

③ [英]哈耶克:《自由秩序原理》,邓正来译,生活·读书·新知三联书店1997年版,第69页。

而实现社会稳定。正是在这样的意义上，制度建设被寄寓了相当程度的核心期待。党的十八大以来，中国开启了以制度建设为核心的"国家治理体系和治理能力现代化"之路，完善治理制度显然成为提升当今社会治理质量的重要选择①。在维护边疆民族地区社会稳定的治理实践中，在习近平新时代中国特色社会主义思想指引下，充分发挥人民代表大会制度、中国共产党领导的多党合作和政治协商制度、民族区域自治制度、基层群众自治制度等中国特色社会主义制度优势，不断构建和完善边疆民族地区社会治理的制度体系，对推进国家统一、社会稳定、民族复兴具有更为根本和深远的意义。那么，对于未来可能出现的问题，我们或许可以从制度建设的维度加以审视，从制度结构内部的运作逻辑和价值功用中探寻可能的答案。

文章原载于《西北民族大学学报》（哲学社会科学版）2020 年第 1 期，收入本书时略有修订。

---

① 孟天广、李锋：《政府质量与政治信任：绩效合法性与制度合法性的假说》，《江苏行政学院学报》2017 年第 6 期。

内蒙古城乡（牧区）居民基本医疗需求的嬗变与保障

宋 娟[*]

摘要：伴随社会主要矛盾的转变，内蒙古城乡（牧区）居民的基本医疗需求也在发生变化。本文通过分析基本医疗需求的恩格尔系数，发现内蒙古城乡（牧区）居民的基本医疗需求不仅存在总量的增长，还存在结构性的差异。这种结构差异不仅体现为传统二元视角下的城乡分化，更是阶层视角下的多元分化。为切实保障居民基本医疗需求，应进一步提高医疗保障的整体水平，并适当向低收入群体倾斜，同时创新医疗服务供给方式，向农牧民提供流动的医疗卫生服务。

关键词：内蒙古；基本医疗需求；恩格尔系数

党的十九大报告指出，我国社会主要矛盾已经转化为人民日益增长的美好生活需要和不平衡不充分的发展之间的矛盾，中国特色社会主义进入新时代。随着社会主要矛盾的转变，社会成员的基本医疗需求也在发生变化，其中既有总量的增长，也有结构的变化。社会医疗保险要基于国民基本医疗需求的变化适时做出调整。2021年，国务院办公厅发布《"十四五"全民医疗保障规划》，指出社会主要矛盾的变化对完善医疗保障制度政策提出更高要求，我国医疗保障发展仍不平衡不充分，与群众需求存在差距。推动中国特色医疗保障制度更加成熟定型，实现医保高质量发展，是"十四五"时期我国医保改革发展的核心目标。

---

[*] 作者简介：宋娟，内蒙古大学公共管理学院讲师，主要研究方向为医疗保险理论及实务。

基金项目：2020年内蒙古哲学社科规划项目一般项目"基础理论与学科专项课题"（项目编号：2020NDB071）。

政府作为基本医疗保险制度的顶层设计者,应基于各地区的社会经济环境以及城乡居民的实际医疗需求调整完善基本医疗保险政策,满足居民不断发展变化的医疗需要,真正实现基本医疗保险从适度普惠走向质量提升。为此,本文以内蒙古城乡(牧区)居民的基本医疗需求为研究对象,探索居民基本医疗需求的总量增长和结构分化,为进一步完善城乡(牧区)居民的基本医疗保险制度提出建议。

一 居民基本医疗需求的总量增长

伴随社会经济的发展、人口结构转变、疾病谱系变化以及医学技术的进步等因素的影响,城乡居民医疗卫生服务需要呈现较大幅度增长。① 而收入的增长和医疗保险制度的完善使居民医疗卫生服务的主观需要更多的转变为具有支付能力的客观需求。

1998年,内蒙古以职工群体为起点,探索实施社会医疗保险制度。目前,各项基本医疗保险制度逐渐实现普遍覆盖,职工和居民医保政策范围内的住院医疗费用报销比例分别达到85%和75%左右,② 有效减轻了参保人员医疗费用支出的经济负担。1998—2020年,内蒙古居民可支配收入约增长了9.95倍,而居民收入中用于医疗保健支出的部分却增长了约13.47倍,医疗支出增长明显超过收入增长速度,居民基本医疗需求显著增长和释放。根据内蒙古自治区卫生健康事业发展简报的统计数据,2019年,内蒙古各类医疗卫生机构诊疗达10702.27万人次,居民平均就诊次数上升到4.21次;2020年,受疫情的影响,各类医疗卫生机构诊疗人次比上年减少1089.93万人次,但居民平均就诊次数仍高达4.00次。

为进一步阐释内蒙古城乡(牧区)居民基本医疗需求的总量增长趋势,本文选取基本医疗需求的恩格尔系数这一指标。恩格尔系数依据居民

---

① 国家卫生计生委统计信息中心编著:《2013第五次国家卫生服务调查分析报告》,中国协和医科大学出版社2015年版,第116页。

② 《内蒙古自治区职工医保报销比例提高至85%》,搜狐网,https://www.sohu.com/a/25149588,2015年7月31日。

家庭食品支出占总支出的比例描述不同收入水平下消费结构的变化，最初主要用来衡量一个国家或地区的生活水平，之后经济学家们对这一理论进行了发展和补充。他们认为恩格尔定律可以描述不同收入阶段生活基本品的经济学特征，除食物外，生活中的其他必需品和基本品也符合恩格尔定律。在有关医疗卫生的计量研究文献中，医疗保健消费通常被列入居民消费结构中的一类消费品进行讨论，① 因此基本医疗服务也是一种生活基本品，其主要的经济学特征近似服从恩格尔定律。② 通过计算基本医疗需求的恩格尔系数，可以观察社会成员基本医疗服务支出的经济学特征，具体公式如下：

$$基本医疗需求的恩格尔系数 = \frac{个人基本医疗服务支出}{个人消费支出} \times 100\% \quad （公式1）$$

关于医疗需求的度量，在国内外的研究文献中常采用医疗支出或医疗使用次数两种方式来衡量医疗需求数量。③ 国内学者的研究曾运用医疗使用次数指标，如两周患病就诊率④和县级以上医院的门（急）诊人次⑤等测量基本医疗需求。本文拟采用医疗支出指标衡量居民医疗需求，拟将内蒙古年度人均医院门（急）诊费用和人均住院费用的总和作为居民基本医疗需求的度量指标。其依据在于：内蒙古已实现社会医疗保险的普遍覆盖，并且与国家各项基本医疗保险制度的顶层设计保持一致，城乡各项医疗保险制度的保障定位一直是保障基本医疗需求。因此假设在这样的保障定位下，所有的制度受保人实际获取的大体上都是基本医疗卫生服务，所发生的医疗费用也基本上都属于基本医疗开支这一范畴。通过观察这一指标，一方面可以了解历年来内蒙古居民基本医疗服务支出绝对值的变化情况，另一方面通过计算基本医疗需求的恩格尔系数，可以

---

① 周先波、田凤平：《中国城镇和农村居民医疗保健消费的差异性分析——基于面板数据恩格尔曲线模型的非参数估计》，《统计研究》2009年第3期。
② 王梅：《基本医疗需求的恩格尔曲线》，《经济研究参考》1997年第75期。
③ 韩华为：《个体医疗需求行为研究综述》，《经济评论》2010年第4期。
④ 陈心广、饶克勤、魏晟：《中国农村基本医疗服务需求弹性经济学模型研究》，《中国卫生事业管理》1996年第3期。
⑤ 王梅：《基本医疗研究系列报告之二——从经济学看基本医疗需求》，《中国社会保障》1997年第7期。

了解居民基本医疗开支占生活消费支出的比重，对比不同居民满足基本医疗需求的生活负担程度，以及不同群体基本医疗需求的总量变化和结构分化。

表1按医院口径，[①] 统计内蒙古居民历年平均门诊费用和平均住院费用，并计算获取历年基本医疗需求的恩格尔系数。这一指标从2007年的4.5%增长至2019年的8.7%，2020年受疫情影响下降至8.3%。说明内蒙古居民基本医疗卫生服务支出占消费支出的比例越来越高，一方面反映居民基本医疗需求不断释放和增长的趋势，另一方面也表明居民为满足基本医疗需求的经济负担越来越重。内蒙古社会医疗保险制度要适时作出调整，探索提升制度保障能力，构建发展更充分的全民医保制度体系。

表1　　　　　　　　内蒙古居民基本医疗需求的恩格尔系数

年份	个人平均门诊费（元）	个人年均住院费（元）	个人年均基本医疗服务支出（元）	居民人均消费支出（元）	恩格尔系数（%）
2007	104.6	177.6	282.2	6268.6	4.5
2008	127.1	242.4	369.5	7223.4	5.1
2009	152.0	300.9	428.0	8168.5	5.3
2010	183.1	378.1	561.3	9227.7	6.1
2011	217.4	459.9	677.2	10692.9	6.3
2012	268.1	594.9	863.0	12948	6.7
2013	306.5	698.4	1004.9	14877.7	6.8
2014	354.9	773.1	1127.9	16258.1	6.9
2015	382.5	773.0	1155.5	17178.5	6.7
2016	422.3	924.7	1347.0	18072.3	7.4
2017	457.5	1006.4	1463.9	18945.5	7.7
2018	521.2	1115.6	1636.8	19665.2	8.3

① 注：根据《中国卫生健康统计年鉴》，医院包括综合医院、中医医院、中西医结合医院、民族医院、各类专科医院和护理院，不包括专科疾病防治院、妇幼保健院和疗养院。

续表

年份	个人平均门诊费（元）	个人年均住院费（元）	个人年均基本医疗服务支出（元）	居民人均消费支出（元）	恩格尔系数（%）
2019	626.9	1175.9	1802.8	20743.0	8.7
2020	633.4	1011.3	1644.7	19794.5	8.3

资料来源：历年《中国统计年鉴》《中国卫生统计年鉴》《内蒙古统计年鉴》《内蒙古卫生健康统计年鉴》以及《内蒙古卫生健康事业发展统计公报（2007—2016）》《内蒙古自治区卫生健康事业发展简报（2017—2020）》。

注：＊个人年均门诊费＝平均就诊人次×次均门诊费用，即平均每位社会成员的年度门诊支出总额。其中，次均门诊费用为医院次均门诊费用，通过内蒙古卫健委历年卫生事业发展统计公报获取。

＊＊个人年均住院费＝（总人口×住院率×人均住院费用）/总人口，即平均每位社会成员的年度住院支出总额。其中，人均住院费用为医院人均住院费用，通过内蒙古卫健委历年卫生事业发展统计公报获取。

＊＊＊个人年均基本医疗服务支出＝个人年均门诊费＋个人年均住院费。

二 居民基本医疗需求的结构差异

内蒙古居民基本医疗需求总量增长的同时，还存在结构差异，为进一步阐释这种结构性差异，本文首先对内蒙古城镇居民、农民及牧民三大群体的基本医疗需求进行对比分析。其次，引入阶层视角，以收入作为划分不同阶层的主要标准，对不同收入阶层居民的基本医疗需求进行对比分析。

（一）居民基本医疗需求的城乡（牧区）差异

为观察城乡（牧区）居民的基本医疗需求差异，继续使用医疗支出相关数据衡量医疗需求的变化，并选取居民医疗保健支出这一指标。如前所述，内蒙古已实现基本医疗保险制度对城乡居民的普遍覆盖，制度定位一直是保障基本医疗需求，因此假设在该制度背景下，居民的实际医疗支出总体上限定在基本医疗需求的范畴内。城镇居民、农民或牧民每个群体的人均医疗保健支出占该群体人均生活消费支出的比重就是该群体居民基本

医疗需求的恩格尔系数,具体公式如下:

$$城乡居民基本医疗需求的恩格尔系数 = \frac{影}{学} \times 100\% \quad (公式2)$$

表2是历年内蒙古城乡(牧区)居民基本医疗需求的恩格尔系数。总体上看,城镇居民、农民以及牧民的基本医疗需求呈波动递增趋势,存在群体差异。其中,城镇居民医疗支出绝对额最高,而基本医疗需求的恩格尔系数最低。从历年趋势看,整体增长幅度不明显,相对比较稳定,表明城镇居民基本医疗需求满足程度相对较高,长期来看医疗负担相对较低。相比之下,内蒙古农民和牧民的医疗负担偏重,尤以牧民群体为最。牧民历年医疗保健支出的绝对额明显高于农民,牧民基本医疗需求的恩格尔系数在2009年出现峰值,且整体趋势最高。

受自然气候条件和生活条件的影响,牧民群体健康资本折旧率较高,患病率有一定的增加,具有较高的医疗服务需求。此外,由于牧区医疗资源匮乏,牧民居住分散,导致牧民的就医成本普遍偏高。牧民的收入来源单一且具有很大的不稳定性,所以牧民更有可能因为收入波动以及高医疗成本,出现患病却无法就诊的情况。如果没有充分的医疗保障,牧民(尤其是低收入者)将会面临极高的疾病风险。内蒙古应针对牧区居民的实际需要,制定合理的医保报销方案,增加牧民的受益,并适当对牧民群体中的低收入者作政策倾斜。构建高质量医保,不仅需要总量的提升,还需要基于城乡牧三元视角进行结构调整。

表2 内蒙古城镇居民、农民及牧民基本医疗需求的恩格尔系数

年份	城镇居民		农民		牧民	
	医疗保健支出(元)	基本医疗需求恩格尔系数(%)	医疗保健支出(元)	基本医疗需求恩格尔系数(%)	医疗保健支出(元)	基本医疗需求恩格尔系数(%)
2007	719	7.75	251	8.47	516	9.40
2008	870	8.03	290	8.69	555	9.63
2009	993	8.03	355	9.77	888	13.67
2010	1126	8.05	421	10.23	821	11.62
2011	1239	7.80	502	9.90	765	8.86

续表

年份	城镇居民		农民		牧民	
	医疗保健支出（元）	基本医疗需求恩格尔系数（%）	医疗保健支出（元）	基本医疗需求恩格尔系数（%）	医疗保健支出（元）	基本医疗需求恩格尔系数（%）
2012	1313	7.41	583	9.28	833	7.94
2013	1352	7.03	783	10.90	855	8.45
2014	1471	7.04	1074	11.30	1422	10.46
2015	1576	7.20	1078	10.58	1426	10.15
2016	1840	8.09	1130	10.31	1631	10.66
2017	1907	8.07	1221	10.48	1809	11.10
2018	2106	8.60	1468	11.59*	1468	11.59*
2019	2349	9.25	1749	12.66*	1749	12.66*
2020	2040	8.54	1667	12.26*	1667	12.26*

资料来源：原始数据来自历年《内蒙古统计年鉴》，基本医疗需求的恩格尔系数经数据整理获得。

注：*2018年起，《内蒙古统计年鉴》不再分别统计农民和牧民的消费性支出和医疗保健支出，因此表格中自2018年起，内蒙古农民和牧民的基本医疗需求恩格尔系数趋同。

（二）阶层视角下居民基本医疗需求的多元分化

收入是影响医疗需求的直接因素[①]，不同收入阶层的医疗需求存在差异。本文拟通过对比内蒙古城乡不同收入阶层居民基本医疗需求的恩格尔系数指标，观察在阶层视角下，社会成员内部是否存在基本医疗需求的多元分化。关于不同收入阶层居民基本医疗需求恩格尔系数的计算公式如下：

$$\text{不同收入阶层基本医疗需求的恩格尔系数} = \frac{\text{该收入阶层人均基本医疗保健支出}}{\text{该收入阶层人均可支配收入}} \times 100\% \quad （公式3）$$

关于内蒙古居民收入阶层的划分，参照内蒙古统计局的分组方法（收入七分法和收入九分法），分别选取高、中、低收入组群中部分组别的历年人均可支配收入及医疗保健支出数据（见表3、表4）。总体上看，内蒙

---

① 封进、秦蓓：《中国农村医疗消费行为变化及其政策含义》，《世界经济文汇》2006年第1期。

古城乡（牧区）居民不同收入阶层之间差异明显。为满足基本医疗需求，不同收入阶层的经济负担程度不同，城镇居民中最低收入中的困难户和农牧民中的低收入户负担偏高。2017 年，城镇最低收入中的困难户医疗支出达到可支配收入的 16.34%，而农牧民中的低收入户医疗支出接近可支配收入的 60%。世界卫生组织提出，当家庭卫生支出超过非生存支出的 40% 时，即发生了灾难性医疗支出。国内学者通常采用家庭医疗支出超过收入的一定比例作为我国灾难性医疗支出的衡量标准，朱铭来等将这一比例界定为 44.13%。[①] 以此为依据，可见内蒙古农村低收入阶层一旦患病就可能面临比较严重的灾难性医疗支出问题。

此外，随着居民收入的增加以及社会医疗保险制度的完善，这种阶层差异并没有得到很好的缓解。2007 年，城镇高收入户与最低收入中的困难户之间基本医疗需求的恩格尔系数相差约两倍，及至 2017 年这种差距扩大到约 4.8 倍。同年，农牧民高收入户与低收入户之间的差距为 8.5 倍，农牧民内部的阶层差异更为明显。今后的全民医保建设不仅需要制度普惠和总量提升，更需要结构调整，向低收入阶层倾斜。

综上所述，内蒙古居民基本医疗需求出现明显的变化，一是基本医疗需求总量的增长，二是城乡（牧区）居民之间，以及不同收入阶层之间基本医疗需求的结构分化。其中，受经济支付能力的限制，低收入群体均面临部分合理医疗需要无法转变成为有效医疗需求的问题。

表 3　内蒙古城镇居民不同收入阶层基本医疗需求的恩格尔系数（%）

年份	最低收入中的困难户	最低收入户	低收入户	中等偏下收入户	中等收入户	中等偏上户	高收入户	最高收入户
2007	10.41	7.94	9.51	5.14	8.28	6.40	5.02	5.07
2008	12.80	9.40	7.48	6.53	7.48	5.64	6.31	5.39
2009	8.41	8.32	9.18	6.10	7.99	6.14	7.82	4.35
2010	22.25	16.26	6.59	5.54	7.61	5.82	6.41	5.74

① 朱铭来、于新亮等：《中国家庭灾难性医疗支出与大病保险补偿模式评价研究》，《经济研究》2017 年第 9 期。

续表

年份	最低收入中的困难户	最低收入户	低收入户	中等偏下收入户	中等收入户	中等偏上户	高收入户	最高收入户
2011	9.98	8.66	7.93	7.33	7.09	5.34	5.73	4.83
2012	9.41	7.73	6.61	6.24	6.70	5.15	5.09	5.59
2013	31.01	14.38	9.88	5.04	5.69	4.14	3.97	3.44
2014	27.10	13.42	9.87	4.79	6.51	4.86	4.04	2.71
2015	16.20	10.82	8.44	5.75	6.94	5.26	4.33	3.17
2016	14.98	9.89	8.78	5.45	7.02	5.41	5.50	5.55
2017	16.34	11.56	8.82	6.08	6.41	4.91	4.63	3.41

资料来源：原始数据来自历年《内蒙古统计年鉴》，基本医疗需求的恩格尔系数经数据整理获得。

表4　内蒙古农牧民不同收入阶层基本医疗需求的恩格尔系数（%）

年份	低收入户	中等偏下收入户	中等收入户	中等偏上收入户	高收入户
2013	—	12.02	8.28	5.01	4.25
2014	—	13.79	14.04	9.72	5.39
2015	87.01	13.06	10.61	7.97	7.89
2016	65.85	11.42	10.59	7.57	7.54
2017	56.01	14.49	10.92	8.44	6.62

资料来源：原始数据来自历年《内蒙古统计年鉴》，基本医疗需求的恩格尔系数经数据整理获得。

三　完善保障居民基本医疗需求的政策建议

内蒙古探索医疗保障制度体系建设已有近20年的历程，全民医保建设取得了突出的成绩，已实现制度层面上的普遍覆盖。在制度普惠的前提下，内蒙古城乡（牧区）居民基本医疗需求不断释放，总量增长的同时还存在结构分化。在现有的医疗保障制度体系下，城乡低收入者尤其农牧民群体中的低收入者，其基本医疗需求的经济负担较重，根源之一是医疗保障还存在发展的不充分和不平衡问题。内蒙古地区全民医保制度体系还需适时做出以下政策调整。

(一) 构建发展更为充分的全民医保制度体系

内蒙古居民基本医疗需求总量的增长要求提升整体的医疗保障能力,构建发展更为充分的全民医保制度体系。根据《中国卫生健康统计年鉴(2021)》数据,2019年,内蒙古卫生总费用增长至1169.4亿元,卫生总费用占GDP的比重达到6.79%,低于西部地区的平均水平(8.0%)。同年,内蒙古个人现金卫生支出占卫生总费用比重下降到30.56%,但仍高于西部地区的平均水平(23.59%)。与西部地区相比,内蒙古地区的卫生费用总投入较低,而个人卫生负担较重。2020年,内蒙古地区居民平均就诊次数4.0次,低于全国水平(5.49次)和西部地区的平均水平(4.37次),居民医疗服务利用相对不足。

"健康中国"战略提出要满足人民群众不断增长的健康需求,到2050年,建成与社会主义现代化国家相适应的健康国家。未来一段时期,在共享经济发展成果的理念下,在保障制度可持续发展的前提下,内蒙古应合理增加政府用于卫生事业的财政投入,力争达到西部地区的平均水平。首先,政府财政要对困难地区尤其是农村牧区给予重点倾斜,通过财政转移支付缓解这些地区实施基本医疗保险制度的财政压力。对经基本医疗保险报销后个人医药费用负担仍然较重的农村牧区困难家庭,可通过大病保险、医疗救助等方式进行梯次减负。其次,提高基本医疗保险的统筹层次,落实省级统筹。通过提高统筹层次,提升医保基金统筹互助的能力,进而提高各项医疗保险制度的质量,切实减轻参保人的医疗支出负担,使制度的保障功能更为充分。

(二) 构建发展更为平衡的全民医保制度体系

针对居民基本医疗需求的结构分化,在整体提升制度保障能力的同时,还要在公平理念的指导下对制度进行精准的结构性调整。针对城乡低收入群体基本医疗需求保障不足的现状,应将经济增长的红利以及由此形成的医保福利增值部分更多地惠及低收入人群或低保障人群。科学合理地对该群体制定差异化的医疗保障方案,进一步提高其医保受益程度。鉴于居民医保与职工医保之间的待遇给付差距,可在保障基金安全的前提下,适时调整城乡居民医保待遇，降低门诊统筹或住院统筹的起付线，提高封顶线和支付比。

大病保险和医疗救助要强化对低收入人群的保障，在保障过程中精准识别城乡低收入者和低保障者是关键。除城乡低保家庭之外，还应重点考虑低收入组家庭，尤其是低收入牧户。受自然气候、生产生活环境以及诊疗条件等多种因素的影响，牧民患传染病、慢性病概率较高。据统计，内蒙古牧区蒙古族人群及汉族人群高血压患病率均高于内地汉族人群，预防人畜共患疾病也是牧民最关心的问题。[1] 牧民的健康状况不理想，具有较高的医疗服务需要，然而受限于家庭经济状况，低收入牧民起付线以下的部分以及社会统筹段的个人自付部分，都是不小的支出压力，也因此会出现放弃医治的情况。低收入抑制了内蒙古农牧户家庭的医疗消费，为构建更加公平的全民医保体系，应在资助参保、大病保险、医疗救助等方面向城乡低收入群体倾斜。

此外，结构调整还体现在放缓优势参保人群的待遇增长速度，缩小职工与城乡（牧区）居民之间的制度差距，以及缩小不同收入阶层居民之间的医疗福利差距。尽管自2017年起，内蒙古启动居民医保整合，此后居民医保覆盖范围和筹资规模增长迅速，但是与职工医保相比，差距仍然较大。2017年，内蒙古职工基本医疗保险筹资占卫生总费用比重为19.58%，而居民医保仅有11.14%，依据卫生总费用各项筹资等同于支出原则，内蒙古城乡居民医疗保险保障水平仍远低于职工医疗保险保障水平[2]。对于高保障人群，可以适当放缓其待遇增长的速度，改善制度发展的不平衡状况。真正实现"健康中国"战略提出的"共建共享、全民健康"的目标。

（三）提高农村牧区医疗卫生服务的可及性

根据"三医联动"理念，构建发展更充分、更平衡的医疗保险制度体系还要与增强医疗服务的可及性相结合。一方面，针对医疗资源区域配置不均衡，要强化偏远农村牧区的医疗卫生服务能力，将医疗服务下沉延伸

---

[1] 《内蒙古牧区居民高血压患病率走高》，新华网，http://heath.cnr.cn/jkgd，2015年11月10日。

[2] 于彩霞等：《完善医疗保障体系降低居民卫生负担》，《中国卫生经济》2019年第12期。

到基层，增强苏木（乡级行政区）、嘎查（行政村）的基层医疗机构建设，既要增加数量，更要提高医疗服务的质量，防止基层卫生机构徒有其名。另一方面，针对牧民居住分散、医疗服务半径大的特点，创新卫生资源的供给方式。发展家庭医生签约服务，提供流动性和主动上门式的医疗服务，如"马背药箱""流动医疗室"等，增强医疗服务的可及性与可得性，构建农村牧区高效的医疗服务递送体系。最后，大部分蒙古族牧民由于语言、文化和习俗的影响倾向于选择蒙医和蒙药。因此，应针对牧区居民就医用药习惯，制定更加符合民族医药特点的医疗保险政策，如将更多符合资质的蒙医院列入定点医疗机构，并将更多符合条件的蒙医特色医疗服务及药品列入医保目录。

文章原载于《中国医疗保险》2022年第9期，收入本书时略有修订。

内蒙古县域内城乡义务教育一体化研究：
基于整体性治理视域

叶盛楠[*]

摘要：治理结构、政策、目标和技术工具（信息资源）的"碎片化"，是制约内蒙古县域内城乡义务教育一体化的主要因素。整体性治理理论及其方法，为破解内蒙古县域内城乡义务教育"碎片化"问题提供了理论基础和实践方向。推进内蒙古县域内城乡义务教育一体化，实现城乡义务教育优质均衡发展，可以从四个方面进行：整合城乡义务教育供给结构，建立多元主体协同治理模式；整合供给政策，实现政策的配套联动；整合治理目标，确保价值理念的协同一致；整合信息资源，打破"信息孤岛"壁垒，促进信息共建共享。

关键词：城乡义务教育一体化；碎片化；整体性治理

一　问题的提出

《国家中长期教育改革和发展规划纲要（2010—2020年）》提出："加快缩小城乡差距，建立城乡一体化义务教育发展机制。"[①] 这是我国首次把城乡义务教育一体化提升到了国家战略的高度。《国务院关于统筹推进县域内城乡义务教育一体化改革发展的若干意见》（2016）指出："义务教育是教育工作的重中之重，是国家必须保障的公益性事业，是必须优先

---

[*] 作者简介：叶盛楠，女，内蒙古大学公共管理学院讲师，主要研究方向为中国地方政府与政治。

基金项目：2018年度内蒙古自治区教育厅人文社会科学项目（项目编号：NJSY18015）。

① 《国家中长期教育改革和发展规划纲要（2010—2020年）》，教育部网，http://www.moe.gov.cn/srcsite/A01/s7048/201007/t20100729_171904.html，2021年6月23日。

发展的基本公共事业，是脱贫攻坚的基础性事业。"① 这份专门针对县域的改革发展意见，为县域内推进城乡基本教育公共服务一体化指明了道路和方向。2022年3月5日，在第十三届全国人民代表大会第五次会议上，李克强总理所做的政府工作报告进一步强调：要"促进教育公平与质量提升，推动义务教育优质均衡发展和城乡一体化"②。

近年来，内蒙古县域内城乡义务教育一体化取得了显著成效，但城乡义务教育资源配置不均衡、不充分的问题依然存在。乡村学校的教育质量、办学水平、师资配置等与城市学校相比，还存在着明显差距。有的乡村小规模学校的基本办学条件亟待改善，有的乡村学校的校园生活非常贫乏，有的乡镇寄宿制学校寄宿条件简陋，一些贫困地区初中学生辍学现象比较突出，还有一些学生上下学交通非常不便。乡村生源流失严重，城镇大班额现象突出，"乡空城挤"的矛盾还没有彻底解决。城乡义务教育一体化是乡村振兴战略的前提机制，也是乡村振兴的题中之义。城乡义务教育一体化的本质是要缩小教育差距，实现教育公平。它是我国经济社会发展到现阶段的必然要求，也是新时代我国经济社会发展的一项重要战略目标。那么，是哪些因素制约了县域内城乡义务教育一体化的发展？如何克服这些制约因素的影响，实现教育资源在城乡间的合理流动、互相支持和互相补充？厘清这些问题，对于在新时代进一步推进内蒙古县域内城乡义务教育一体化具有重要的意义。

目前，国内学术界关于"城乡义务教育一体化"的研究主要集中在四个方面。一是概念范畴，主要是对城乡一体化的内涵和外延进行界定，澄清城市和乡村的概念及空间范围，③ 探讨城乡教育均衡、城乡教育统筹和城乡义务教育一体化的联系和区别。④ 二是一体化的阶段过程和指标体系

---

① 《国务院关于统筹推进县域内城乡义务教育一体化改革发展的若干意见》，教育部网，http://www.moe.gov.cn/jyb_xxgk/moe_1777/moe_1778/201607/t20160711_271476.html，2021年7月3日。
② 《李克强总理在第十三届全国人民代表大会第五次会议上作的政府工作报告》，中共中央党校网，https://www.ccps.gov.cn/zl/2022qglh/202203/t20220312_153250.shtml，2022年3月17日。
③ 杨卫安、邬志辉：《城乡教育一体化：范围、实质与研究路径》，《湖南师范大学教育科学学报》2013年第4期。
④ 杨卫安：《城乡教育一体化：问题指向、内涵阐释与方法论选择》，《湖南师范大学教育科学学报》2015年第5期。

构建,认为我国城乡义务教育一体化经历了自发型、政府干预型和高度自主型三个阶段,并构建了由目标层、准则层和指标层构成的指标体系。①三是价值理念,主要从教育公平与社会正义的角度来探讨城乡义务教育一体化的重要性和必要性。② 四是问题研究,主要对城乡义务教育一体化过程中遇到的具体问题和路径选择进行探讨,如教师资源配置与流动、标准化学校规划与建设、城乡文化的冲突与融合、管理体制和管理方式等。③

综观既有文献,大多把城乡义务教育一体化当作一项重要的、独立的公共政策,探讨其本身的重要性、可行性、执行性和有效性。而事实上,城乡义务教育一体化是一个跨部门、跨领域的问题,要想实现其政策目标,就必须要考虑其所处的系统及系统内各个因素的相互影响和相互作用。只有各部门通力合作、相互配合、价值目标一致,形成合力,城乡义务教育一体化的问题才能得到有效解决。整体性治理理论及其方法,为我们破解内蒙古县域内城乡义务教育一体化中存在的治理结构、政策、目标和技术工具(信息资源)的"碎片化"问题,提供了一种可能的新思路。整体性治理理论兴起于 20 世纪 90 年代末的英国,它是在对新公共管理模式下的功能"碎片化"和服务"裂解性"进行反思和修正基础上逐渐形成的一种全新的治理模式。整体性治理理论及其方法,直指因功能过度分化及部门中心主义所导致的"碎片化"问题,通过协调与整合"碎片化"的治理结构、政策、目标和技术工具(信息资源),着眼于组织内部的整合与通力合作、政策内容的配套联动、组织目标的协调一致和信息资源的整合共享,主张管理应"从分散走向集中,从部分走向整体,从破碎走向整合"④,从而为民众提供整体的、无缝隙的公共服务。其基本特征和方法论意义主要体现在以下四个方面。其一,组织结构方面。整体性治理理论认

---

① 李玲、宋乃庆等:《城乡教育一体化:理论、指标与测算》,《教育研究》2012 年第 2 期。
② 张旺:《城乡教育一体化:教育公平的时代诉求》,《教育研究》2012 年第 8 期。
③ 王鹏炜、司晓宏:《城乡教育一体化进程中的教师资源配置研究——以陕西省为例》,《陕西师范大学学报》(哲学社会科学版)2011 年第 1 期;曲铁华、朱永坤:《城乡一体化:农村义务教育发展困境的突破口》,《教育理论与实践》2014 年第 25 期;纪德奎:《城乡教育一体化进程中乡村学校文化的冲突与调适》,《教育发展研究》2013 年第 21 期;王建:《城乡一体化义务教育发展战略和机制:基于苏州和成都的实践模式研究》,《教育研究》2016 年第 6 期。
④ 竺乾威:《从新公共管理到整体性治理》,《中国行政管理》2008 年第 10 期。

为:"专业主义本身不是问题,问题在于雇用这些专业部门的机构在竞争机制的影响下,过多关注部门内部利益的实现。部门与部门之间横向联系少,缺乏有效信息和资源共享,导致提供的服务与实际需求出现偏差,碎片化问题由此产生。因此,整体性治理所要解决的问题是由专业机构之间的关系处理不当形成的碎片化,实现逆碎片化治理。"① 整体性治理理论及其方法着眼于组织内部机构的整体性运作,认为组织间必须跨越功能(职能)过度分化及部门中心主义,通过对话与协商,使组织间的目标、资源得以充分整合,从而成为整体政府。其二,政策制定和执行等体制机制方面。整体性治理理论及其方法的核心在于协调和整合,即通过协调和整合,各治理主体之间可以在政策目标上达成共识,放弃各自为政,消除不同治理主体间政策产出的矛盾和冲突,在政策执行的过程中达成高度一致,减少不必要的资源浪费,保持政策的连续性,从而实现无缝隙的治理。其三,价值理念方面。整体性治理以解决民众问题为导向和行动目标,以公民的需求和偏好为中心,整合不同层级或同一层级政府部门的业务,组建"一站式"服务系统,为民众提供无缝隙的公共服务。"在肯定效率价值的同时,整体性治理注重对正义、公平、责任性等价值的强调和对公民权利、人民主权和公共利益等多元价值的追求,以充分体现公共行政的公共性本质。"② 其四,治理技术工具方面。现代信息技术的发展和进步,为整体性治理的实现提供了技术上的支持和可能。整体性治理以信息技术为治理工具,打破了科层制下各级政府间、政府内部各部门间、政府与社会间的信息壁垒,改变了原有的独立、封闭运作模式,搭建起了互通的网络系统和平台,在技术上实现信息资源的汇总、整合、共享,提高了行政效率和对问题的回应度,使得治理流程变得更加顺畅和便利,推动公共治理向着整合化和透明化的方向发展。

整体性治理理论上述四个方面的基本特征及其方法论意义,对我们构建以治理结构、治理政策、价值理念、信息技术(信息资源)为关键性要素的四维分析框架,探究内蒙古县域内城乡义务教育"碎片化"问题及其

---

① 赵茜:《整体性治理理论与西方治理实践研究》,《法制与社会》2013年第8期。
② 曾凡军:《从竞争治理迈向整体治理》,《学术论坛》2009年第9期。

制约因素具有适用性和解释力。

二 整体性治理视角下内蒙古县域内城乡义务教育一体化问题分析

"碎片化"原指完整的东西破碎成诸多零块,最初这一概念被用于描述传播学中社会信息传播过程出现的割裂化与断续化现象。后来这个词被广泛应用于社会治理领域,用以描述在科层制组织结构下,由于治理主体间缺乏沟通和协调,各自为政、各行其是,最终导致治理效率低下的治理困境。碎片化是"由于政府职权的划分和政府管辖权限与边界的增值而产生的复杂状况"①。它一方面明确了政府各部门的职责,另一方面也制造了部门间的壁垒,难以实现协同效应。碎片化治理的弊端在于:"一是部门之间相互转嫁问题和成本问题;二是相互冲突的项目;三是重复建设;四是相互冲突的目标;五是缺乏沟通;六是在回应需求时各自为政;七是公众无法获得恰当的服务;八是在对棘手问题的原因缺乏考虑的情况下,倚重可得的或固有的一套专业干预。"② 从公共治理的角度讲,内蒙古县域内城乡义务教育一体化进程中存在的问题,主要表现为治理结构、政策、目标及技术工具(信息资源)的"碎片化",并成为制约内蒙古县域内城乡义务教育一体化的主要因素。

第一,治理结构的"碎片化",成为制约内蒙古城乡义务教育一体化的组织因素。当前,我国农村义务教育实行"在国务院的统一领导下,由地方政府负责、分级管理、以县为主"的管理体制。在这种管理体制下城乡义务教育主要的供给主体是县级政府,各县之间、县市之间很难统筹。在推进城乡义务教育一体化发展的过程中,要想实现一体化的目标,县级政府必须至少具备以下两个条件:一是具有足够的建设资金,二是具有良好的治理能力。然而现实是,内蒙古许多县级政府多靠上级政府的财政转移支付才能勉强维持运转,财政收入严重不足,可利用的资源不多,治理

---

① 罗思东:《美国地方政府体制的"碎片化"评析》,《经济社会体制比较》2005年第4期。
② 胡象明、唐波勇:《整体性治理:公共管理的新范式》,《华中师范大学学报》(人文社会科学版) 2010 年第 1 期。

能力也有限，使得县级政府往往捉襟见肘，无能为力。在笔者进行调研的内蒙古 S 县，据财政局的工作人员讲，全县每年的实际财政收入约为 1 亿元，而全县每年需要发放的行政机关、事业单位人员工资为 13 亿元，12 亿的工资缺口全部需要中央政府的转移支付才能填平。[①] 教育局的统计资料显示，仅 2020 年尚有义务教育薄弱学校改造补助专项资金、义务教育校舍维修资金、职业教育专项资金、基础教育专项资金、学前教育专项资金、教育费附加等总计 3122 万元没有到位。[②] 如果不能在更大范围内进行统筹和治理，光靠县级政府是很难解决这些问题的。此外，由于地区差距，各县级政府财政状况差距、教育经费投入差距也很大，最终导致地区间的教育供给差距更加明显。在县级政府内部，各部门间同样也存在着职责"碎片化"的问题。例如学校标准化建设，这不仅仅涉及教育部门，还需要财政部门、国土资源部门、安监部门等的协同配合。然而，由于城乡义务教育一体化是教育部门的主要职责而非财政、国土资源、安监等部门的职责，它们只是配合教育部门，因而从表面上看各部门各司其职，但实际上却会出现部门间的博弈与推诿，从而导致治理结构及其职责"碎片化"。

在"市管县"体制下，市级政府处于分级管理的中间环节。由于市政府既不是统筹安排的主体，又不是管理的主体，往往缺乏主动性和积极性。自治区政府也难以有效地履行统筹责任，特别是对一些财政比较困难的旗县的资金支持不够。各级地方政府之间治理责任不明确，没有形成协同合作的整体治理机制。上级政府通过行政指令将各项教育支出责任转嫁给县级政府，导致县级政府财权与事权不对等现象严重。在政府作为城乡义务教育主要供给和治理主体的情况下，其他主体不大可能过多地参与到治理过程中来。作为政策受众的民众，其真实意愿原本应当是教育政策制定的重要依据和来源，但在现实中，由于缺乏参与意识、参与渠道和参与能力，他们往往只是政策的被动承受者。政府的偏好代替了民众的偏好，

---

① 2021 年 8 月，笔者在内蒙古 S 县进行了调研，对财政局的工作人员进行了访谈。实际财政收入数据来自笔者对财政局工作人员的访谈。

② 2021 年 8 月，笔者在内蒙古 S 县进行了调研，数据来源于 S 县汇报材料《S 县基础教育发展现状》。

提供什么样的教育资源和教育服务，几乎都是由政府来作决定的，在"自上而下"的教育政策供给中，民众基本丧失了治理的话语权，遑论参与治理。

第二，治理政策的"碎片化"，成为制约内蒙古城乡义务教育一体化的政策因素。城乡义务教育一体化建设，既是一项自上而下的重大决策，更是一项相互协同的系统工程。然而，就内蒙古自治区而言，有些政策内容孤立存在，缺乏配套措施，实施效果不佳。例如，有的地方乡村教师保障条件没有落实，工作条件差，工资待遇低，编制和职称解决不了，难以吸引和留住优秀的教师在乡村任教。有些政策内容与民众的实际偏好相背离，引发了许多新问题。例如，"撤点并校"政策撤掉村小学，将学生集中到镇里，变成中心小学，或者让学生直接到县城上学。"撤点并校"政策的初衷是想通过中小学布局结构调整，减少资源浪费、提高办学的规模效益，但随之而来的却是孩子们无法就近入学，需要走很远的路去中心小学，城镇超大规模学校和超大班额现象由此出现。而且在很多地方，校车的供给也是有限的，需要父母自己想办法解决交通问题，增加了家庭的经济负担。还有很多低龄的孩子不得不选择寄宿，他们太早离开家庭，离开父母的关爱和照顾，也会导致各种生理和心理问题的出现。教育政策涉及不同的行动主体，各主体所处立场不同，偏好自然也不同。在学校布局结构调整上，站在地方政府的立场和角度，确实可以实现规模效益，并且管理难度也由此降低了许多。但是，这样的布局调整，使得"居住偏远的农村居民承担了教育集中化所带来的额外交通、食宿成本，这既损害了农民的教育利益，农村学校作为农村社区文化中心的功能丧失，也违背了教育自身的发展规律"[①]。这一政策，在解决一些问题的同时，也制造了另外一些问题，而且可能会导致比较严重的后果。教育政策的各种后果会相互影响，有时会抵消甚至逆转政策制定者的预期效果。还有一些问题，表面是此原因所致，但实质上是彼原因所致。例如，农村留守儿童的教育问题，与现行户籍制度下进城务工农民子女城市上学难问题密切相关，如果不能

---

① 王建：《城乡一体化义务教育发展战略和机制——基于苏州和成都的实践模式研究》，《教育研究》2016年第6期。

改革现有的户籍制度，取消对进城务工人员子女的入学限制，让他们可以随父母进入城市接受教育的话，那么留守儿童的问题就无法得到彻底解决。

第三，治理目标的"碎片化"，成为制约内蒙古城乡义务教育一体化的价值理念因素。"文本形态或政府话语体系下的公共政策转化为现实形态的政策目标的过程并不是一个直线的过程。政策目标从中央到地方往往经历政策细化或再规划的过程。"① 在"压力型体制"下，中央政府关于城乡义务教育一体化的整体目标经过层层分解后下发到县级政府各个相关部门。在各项事务沿着"任务分配链"逐级传递的过程中，各级政府和相关部门虽然都参与其中，但目标却并不尽一致。"公共部门的多重委托—代理关系使其呈现出组织目标多元性和模糊性的特征。"② 中央政府作为顶层政策的制定者，其目标是希望能实现最初政策设计所确定的政策目标——推进县域内城乡义务教育学校建设标准统一、教师编制统一、生均公用经费基准定额统一、基本装备配置标准统一和"两免一补"政策城乡全覆盖；城乡二元结构壁垒基本消除，义务教育与城镇化发展基本协调；城乡学校布局更加合理，大班额基本消除，乡村完全小学、初中或九年一贯制学校、寄宿制学校标准化建设取得显著进展，乡村小规模学校（含教学点）达到相应要求；城乡师资配置基本均衡，乡村教师待遇稳步提高、岗位吸引力大幅增强，乡村教育质量明显提升，教育脱贫任务全面完成；义务教育普及水平进一步巩固提高，九年义务教育巩固率达到95%，县域内义务教育均衡发展和城乡基本公共教育服务均等化基本实现。

然而，在现实的政策目标实施中，自治区政府和市级政府作为承上启下的两个行政层级，其主要目标是把中央政府的相关行政命令和行政任务成功地分配下去，以各种方式监督和督促下级政府完成任务，并把更多的精力用在如何分配任务和监督下级政府完成任务方面。县级政府作为政策的最终执行者，其目标是尽可能地完成上级下达的各种任务，尽量确保在现有的行政评估体系下获得一个有利的评估。因此，县级政府更倾向于去

---

① 贺东航、孔繁斌：《公共政策执行的中国经验》，《中国社会科学》2011年第5期。
② 倪星、王锐：《从邀功到避责：基层政府官员行为变化研究》，《政治学研究》2017年第2期。

完成各种显性的、可以看到政绩的任务，以使自己在年度评估中可以获得更好的评价。另外，在任期制下，长远目标和短期目标间的张力，也使得治理目标容易呈现"碎片化"的特征。在有限的任期内，作为理性"经济人"，地方政府及其主要领导更倾向于去实现短期目标，完成那些具有显性政绩的工作和任务（如修建校舍和校园），而对那些长期目标和隐性政绩的工作和任务（如提升教学质量），却并不那么热衷。基层官员在执行政策时，"邀功"和"避责"往往共存，而且"避责"逐渐成为各部门及其官员的新选择或首选。这是因为，当某个政策在执行过程中出现问题时，必然需要有人为此负责，而最终负责的人往往是基层经办人员。"风险社会的来临、信息技术的传导力度、公众信任危机的存在共同导致的结果就是，政府部门形成风险规避的风气，政府官员成为风险规避者"①，不求有功，但求无过，用不作为来规避风险。各级治理主体目标上存在着差异，原本完整的、统一的政策目标，在经过层层割裂、层层分解、层层下压之后，重新组合则难以还原成原本的样子，甚至可能会发生巨大偏差。

第四，信息技术和信息资源的"碎片化"，成为制约内蒙古城乡义务教育一体化的技术性因素。在传统的科层制下，从纵向上看，信息系统分属于中央、自治区、盟市、旗县；从横向上看，信息系统分别由不同职能的行政部门掌管。有多少个部门，就有多少个信息系统，每个系统都有各自的信息中心、操作系统、应用软件，各成独立的体系。行政层级、条块分割、部门掌控，使得信息资源呈现"碎片化"特征和"信息孤岛"状态。在内蒙古各县域，信息技术落后，缺乏有效沟通的平台，缺少相关人才，存在数据获取和共享等困难。加之信息不对称和"信息鸿沟"或"数字鸿沟"现象的存在，导致信息不畅通问题时有发生，互不沟通、各自为政也就成为常态。因此在实际的管理过程中，可能出现重复工作、浪费资源的现象；也可能出现管理真空、责任缺失的现象。而当遇到这些现象时，相互推诿、相互扯皮也就屡见不鲜。例如，在对留守儿童和家庭经济困难儿童的"控辍保学"问题上，一方面，教育部门需要依托全区中小学

---

① 倪星、王锐：《从邀功到避责：基层政府官员行为变化研究》，《政治学研究》2017年第2期。

生学籍信息管理系统对适龄儿童的入学情况进行动态监测；另一方面，还需要民政部门共享贫困人口信息资源，以便将享受低保的贫困家庭学生纳入资助范围。然而，由于信息技术的落后和信息共享的不畅，该得到资助的学生没有及时立档，不需要资助的学生却获得资助的情况时有发生。

在内蒙古，信息技术和资源的"碎片化"不仅表现在县域电子政务上，还表现在城乡教育教学实践中。目前，自治区乡村义务教育一体化最大的难题在于城乡教育资源的不均衡。乡村学校学习资源匮乏，教师数量有限，结构性短缺，使得一些课程开不了或者开不好。如果乡村的孩子们可以共享"国家中小学智慧教育平台"，如果"网络云教育"可以实现，如果"在线老师+在校老师"合作的教育模式可以实现，那毫无疑问，就可以解决乡村学校许多课程无人能开、一位老师讲授多门课程的问题，就可以在很大程度上解决当前教育一体化过程中面临的城乡教学质量差距大的问题。但是，目前自治区许多乡村小学的电脑和多媒体等硬件设施还比较短缺，互联网还没有覆盖到一些偏远学校，许多教师对新技术和新设备也比较生疏，信息技术和信息资源在城乡的不均衡和"碎片化"，使得一些乡村的孩子缺少了通过互联网看世界的机会，不能得到大城市优质师资的指导，更不能接触到丰富的学习资源。

三 内蒙古县域内城乡义务教育一体化整体性治理的推进路径

问题产生的原因决定着问题解决的思路与路径。治理结构、治理政策、治理目标和技术工具（信息资源）的"碎片化"，是制约内蒙古县域内城乡义务教育一体化的主要因素。所以，要推进县域内城乡义务教育一体化，就必须对这几个方面进行整合，即在县域内，通过整合城乡义务教育治理（供给）结构，构建多元主体协同的治理体系；整合治理（供给）政策，实现政策的配套与联动；整合治理目标，确保价值理念的协同一致；整合技术工具（信息资源），打破"信息孤岛"壁垒，促进信息共建共享。

第一，整合治理结构，建立县域内城乡义务教育一体化的多元主体协同治理体系。整合和明确中央与地方政府之间、各级地方政府之间的权力和责任。合理划分政府间的事权与财权，明确自治区、市、县三级政府教育经费的承担比例，用于城乡办学条件"标准化"建设。中央政府和自治区政府掌握着更多的财政权力，应当承担和提供城乡义务教育一体化建设所需的主要资金。县级政府财政能力较弱，可以根据自身的经济状况配套一部分资金，主要承担政策执行的责任。提升管理主体的级别，扩大城乡义务教育一体化的区域范围，如由市政府统筹全市教育发展资金和教育管理问题。在自治区范围内统一教师工资标准，统筹城乡教师的培训和进修。进一步完善转移支付制度，通过积极的财政补偿政策为农村义务教育发展提供充足的经费，实现供给责任的无缝覆盖。义务教育作为最基本的公共服务，应当具有全国统一的基本办学标准。在一体化建设的过程中，要有重点地对经济不发达地区、偏远地区的义务教育进行资源倾斜和差序补偿，以缩小因地域和经济差距所造成的巨大差距。

与单中心治理模式不同，多元主体协同治理不是纯粹的以市场为主导，也不是以政府干预为主导，它遵循着整体性治理的理念和机制。当前我国的城乡义务教育一体化还是以政府为主导，但是也应为其他主体充分、平等、有效参与协商提供条件和渠道，从而达成广泛共识，实现良性互动，为城乡义务教育善治负起相应责任。政府可以作为组织者，组织教育系统内具有丰富教学经验的老师和信息技术专门人才，共同开发与课程配套的 PPT、教案、教学软件、拓展资源、视频、音频、题库等，构建义务教育资料库，方便师生获取相应的教学和学习资源。政府也可以作为公共物品的供给者，从其他教育资源供给主体那里购买完备的教育资源、相关课程，以便实现教育资源的共享和使用。地方政府也可以和其他主体通力合作，为民众提供更好的教育服务。如果学校缺乏相应的师资来提供素质教育，那么可以通过购买服务的方式，引进其他素质教育机构，提供相应的教育服务。

充分发挥民众决策主体的作用。除了传统的"自上而下"的政策供给外，需要建立起充分反映民众诉求和偏好的"自下而上"的政策供给模式。将中央政府的顶层设计和地方民众的需求有机结合起来。"在整体性治理图式下，公民成为政府治理的主要主体，掌握着核心资源及资源的主要流动方向。政府资源的流动缘起于公民的整体诉求,发端于社会最底层的公民。"①

第二,整合供给政策,实现县域内城乡义务教育一体化的政策配套与联动。在县域内优化城乡义务教育的整体布局。根据学龄人口流动变化趋势,优化城镇学校布局,新建、扩建、改建标准化学校和宿舍,解决城镇大班额的问题及农村儿童到城市上学的住宿问题。在城市建设规划中,要提前预留和增加教育用地,对于新建住宅小区的配套标准化学校建设,需要在考虑学校服务覆盖半径、学校和班级规模等因素的前提下,与住宅建设同步规划、同步建设,以确保附近的学龄儿童可以就近入学。随着农村地区学龄人口的减少,需要进一步调整和优化农村学校布局。一是在交通便利、公共服务成形的农村地区修建标准化学校。考虑到有的孩子因撤点并校后学校离家较远需要住校的问题,所以需要有完善的住宿条件。离家不太远的孩子,则需要有统一的校车接送。二是办好必要的农村小规模学校。这些学校的存在具有重大的意义和价值,它们是保障那些没有条件到县城就读或到中心小学就读的农村弱势群体受教育的底线。

在县域内统筹城乡师资配置,优化师资结构,提升教学质量。一是建立城乡一体化的编制统筹配置机制和跨区域调整机制,根据当地的城乡教育的实际情况,核定教职工编制总额和岗位总量,然后根据实际需要统筹分配。对城乡教师的编制进行动态管理,避免各种形式的"吃空饷"和挤占、挪用义务教育学校教职工编制问题。二是教师在城乡内可以合理统筹和流动,但是需要有配套的措施解决教师流动中的各种问题,免除他们的后顾之忧(如校车、宿舍的提供,教师子女的上学问题),保障乡村教师的工资待遇和职称待遇。三是乡村教师和城市教师享有同样的薪酬待遇,在边远和艰苦地区工作的乡村教师应享有额外的生活补助。在市域内用统一标准进行城乡教师的招聘、培养、晋升、考核。四是完善教师培训制度,提升教学质量。为乡村教师提供更多的到其他大城市学习的机会,也可以进行线下或线上的集中培训,让他们有机会接触最新的教学理念和教

---

① 倪星、王锐:《从邀功到避责:基层政府官员行为变化研究》,《政治学研究》2017年第2期。

育方法，实现自我知识体系的更新换代。

第三，整合治理目标，确保县域内城乡义务教育一体化价值理念的协同一致。中央政府在进行顶层设计的时候，需要进行大量的实地调研，倾听来自基层的声音，充分考虑各地区由于地理位置、经济发展水平、风俗和生活习惯等方面的差异所造成的不同的教育需求偏好，避免新政策与现实脱节。自治区政府在进行行政任务分配的过程中，应当充分考虑辖区内不同市县的不同情况，因地制宜地进行工作分配。把中央的顶层设计和地方的自主探索相结合，避免"一刀切"。在行政绩效考核中，要改变以GDP为中心、以显性政绩为主体的政绩考核模式，将隐性的政绩考核纳入政绩考核中来。因为教育本身并不是一蹴而就的事情，教育目标也不是有了标准校舍或生均标准经费就可以马上实现的。

对于政策的执行者——县级政府来说，需要从模糊管理转变为精细管理，要有一个明确的具体标准来衡量任务是否完成，以及完成效果如何。更需注意的是，在奖惩制度、责任制度的界定、明晰和完善方面，避免基层政府和工作人员因为担心出事而不敢为、不作为。在新形势下，"问责的强度塑造着政府官员行为。一方面，当避责策略有效时，高强度的问责可能面临更为激烈的避责行为；另一方面，高强度的问责往往伴随更严厉的惩罚，当避责行为无法有效规避风险时，问责的规范性作用就可能得到提升"①。整合治理目标，进一步促进和加深各治理主体之间的沟通、交流与合作，避免传统方式下的"各自为政"，形成治理合力，从而从整体上提升治理效果。

第四，整合信息资源，促进县域内城乡义务教育一体化的信息共建和共享。没有高度发展的电子化政府，就无法跨越政府的层级鸿沟，也无法将数量庞大的行政机构和单位用电脑连接起来，以便向民众提供整合性服务。② 一是需要加强人才引进和培训。电子政务是专业性和技术性很强的学科，而县域内大部分工作人员并没有受过专业的学习和训练，如果不能

---

① 倪星、王锐：《从邀功到避责：基层政府官员行为变化研究》，《政治学研究》2017 年第 2 期。
② 彭锦鹏：《全观型治理：理论与制度化策略》，中国台湾地区《政治科学论丛》2005 年第 23 期。

引入专门的人才或者加强对现有人员的培训，县域内电子政务的发展就会步履维艰。二是要加快推进政务信息系统的整合和共享。共享的数据库、动态的信息供给、互动的信息搜寻应当成为信息系统整合和共享的应有之义。推进信息技术和信息资源在教育教学中的应用，为乡村小学配备电脑和多媒体教学设施，在更大范围普及互联网，推动学校教育信息化，使新技术与课堂教学相融合，从而打破传统教育教学环境下好学校、好师资有限的困境。没有专业老师开设的课程，可以借助互联网开展学习，通过各种"云课堂"，让乡村的孩子有机会接受一线城市的优质教育。三是在乡村学校实行"在校教师+在线教师"的合作教学模式。在线教师可以通过网络进行教学，在校教师可以在课堂上帮助学生更好地理解在线教师所讲授的内容和知识点，辅导和批改学生作业，在校教师和在线教师共同承担教学任务，用"云课堂"+"翻转课堂"的模式，提升教学质量。总之，信息技术的进步、互联网的发展、数字时代的来临，不仅改变了人们的生活，推动了电子政务的发展，也为打破城乡义务教育的壁垒提供了平台和途径，为进一步推进县域内城乡义务教育一体化的整体性治理提供了技术上的支持和可能。

文章原载于《内蒙古大学学报》（哲学社会科学版）2022年第6期，收入本书时略有修订。

智慧城市建设视角下西部地区城市发展水平及驱动机制
——以内蒙古为例

刘 成[*]

摘要：在"东数西算"战略和智慧城市建设浪潮下，西部城市既要向东部输送算力，更要提升自身发展水平，缩小与东部城市的发展差距，才能避免陷入新一轮区域数字鸿沟。本研究以内蒙古12个盟市为对象，采用熵权TOPSIS法测度城市发展水平，在此基础上利用模糊集定性比较分析（fsQCA），基于TOE框架，从技术、组织和环境三个维度分析了智慧城市建设的不同条件影响城市发展的组态路径。研究发现：（1）各城市的整体发展水平较低且发展不平衡问题突出；（2）技术创新是城市发展的必要条件；（3）从智慧城市视角来看，推动城市发展的组态路径有三种：以技术创新和同侪竞争为核心的技术+环境型路径，以技术创新和科技投入为核心的技术+组织型路径，以技术创新、科技投入和同侪竞争为核心的综合发力型路径；（4）综合发力型路径案例覆盖度最高，说明城市发展是一项综合比拼，整合发力才能掌握发展主动权；（5）在三条阻碍城市发展的组态路径中，科技投入缺乏、技术创新缺乏、上级支持缺乏的出现频率最高。

关键词：城市发展；智慧城市；西部地区；组态分析

一 问题的提出

2022年2月，国家发改委联合多部门宣布在京津冀、长三角、粤港澳

---

[*] 作者简介：刘成，内蒙古大学公共管理学院讲师、管理学博士，主要研究方向为数字治理研究。
基金项目：内蒙古自治区自然科学基金项目"内蒙古自治区智慧城市建设效率测度及其组态路径研究"（项目编号：2022QN07005）。

大湾区、成渝、内蒙古、贵州、甘肃、宁夏等 8 地启动建设国家算力枢纽节点，标志着"东数西算"工程全面启动。它是继"南水北调""西电东送""西气东输"等工程之后，我国启动的又一个大工程，是中国数字经济发展的重要引擎。"东数西算"的核心意涵是以构建数据中心、云计算、大数据一体化的新型算力网络体系为抓手，把东部算力需求有序引导到西部，促进东西部协同联动。近些年，我国越来越多的城市将建设智慧城市作为发展目标，强调将大数据、云计算、物联网、5G、城市大脑等数字技术嵌入城市运行和治理的过程中。实现这一目标对算力的需求十分巨大，"东数西算"工程的启动，以及全国一体化算力网络的建设，将在很大程度上满足智慧城市对算力的需求①。

对于西部地区的城市而言，"东数西算"工程可谓机遇与挑战并存。借助自身独特的资源和成本优势，西部在为东部乃至全国城市数字化转型提供算力支撑的同时，将获得政策支持、企业投资以及来自东部地区的产业转移。但如果不能借此机遇加快自身算法资源等高阶数字能力建设，推动城市的智慧化发展，西部地区很可能进一步拉大与东部地区的差距，陷入新一轮区域数字鸿沟之中。因此，把握"东数西算"工程的时代契机，加快智慧化发展进程，尽快赶上东部地区数字化步伐，是所有西部城市面临的重要问题。要解决这一问题，应从智慧城市视角客观评价当前西部城市发展水平，精准识别其背后的多元驱动机制，为西部地区城市发展提供理论依据和决策参考。

二 文献综述与分析框架

（一）文献综述

1. 智慧城市视角下城市发展水平评价研究

作为衡量一个国家或地区城市化发展程度的重要指标，城市发展水平评价是学界的热点议题。吴艳霞和张道宏运用 R 型和 Q 型聚类分析法，从

---

① 李俊杰、姬浩浩：《"东数西算"驱动西部地区经济增长的内在机理与对策》，《中州学刊》2022 年第 9 期。

人口与密度、经济与产业结构、居民生活方式与质量和社会进步四个方面构建指标体系，实证评价了关中城市群的城市发展水平[1]。杨文等从经济发展、基础设施、社会发展、居民生活和人居环境五个方面建构指标体系，采用熵权法实证评价了288个地级及以上城市的发展水平[2]。张远景等以黑龙江省14个中俄边境口岸城市为研究对象，从社会经济、资源环境、基础支撑和口岸建设四个方面构建三级评价指标体系，采用层次分析法等方法评价沿边口岸的城市发展水平[3]。王涛涛等从经济发展、社会发展和生态环境三个方面构建指标体系，综合利用熵值法与层次分析法，实证研究了我国沿海省份114个地级及以上城市的发展水平[4]。

近年来，随着智慧城市建设浪潮的兴起，与之相关的要素成为城市发展水平评价的重要内容。有研究发现，当前评价智慧城市发展水平的指标体系，不仅包括经济发展、环境（政策、人文、生态）、公共管理和服务等常见指标，也包括信息基础设施、智慧化应用（政务、治理、民生等）、人力资本投入（智慧民众等）等指标[5]。不过，这些研究大都以京津沪[6]、长沙[7]、武汉[8]等较发达地区作为研究对象，面向西部地区的系统性研究比较缺乏。

2. 智慧城市视角下城市发展水平的影响因素研究

伴随城市发展的理论与实践演进，人们注意到不同城市的发展水平存在巨大差异，这激发了学界探究其背后影响因素的兴趣。影响城市发展水

---

[1] 吴艳霞、张道宏：《城市发展水平的综合评价及实证分析》，《经济与管理研究》2005年第8期。

[2] 杨文、刘永功：《中国城市发展质量评价》，《城市问题》2015年第2期。

[3] 张远景、王月等：《黑龙江省沿边口岸城市发展潜力评价模型构建及发展对策研究》，《城市发展研究》2021年第7期。

[4] 王涛涛、任俊姣等：《空间形态与人口集聚的城市发展水平研究》，《测绘科学》2022年第1期。

[5] 张梓妍、徐晓林、明承瀚：《智慧城市建设准备度评估指标体系研究》，《电子政务》2019年第2期。

[6] 刘维跃、王海龙等：《运用熵权/TOPSIS组合模型构建智慧城市的评价体系——以京津沪为实例探究》，《现代城市研究》2015年第1期。

[7] 王威、王丹丹等：《新型智慧城市一体化评价体系研究与实践——以长沙市为例》，《电子政务》2022年第12期。

[8] 李霞、戴胜利：《面向建设国家中心城市的智慧武汉发展评价及模式优化：理论与实证》，《中国软科学》2018年第1期。

平的因素既包括经济基础①、数字技术②、环境质量③、人力资本④等有形因素，也包括制度⑤、文化软实力⑥等无形因素。而对于以互联网、物联网等新兴信息技术为核心驱动的智慧城市而言，影响其发展的除了经济⑦、人才⑧、政策⑨等传统因素，技术创新的影响也是不可忽视的⑩。

近些年，Tornatizky等从整合视角将影响技术整合和采纳的因素划归为技术、组织和环境三大维度，提出了TOE（Technology-Orgnization-Envirionmant）框架⑪。有研究利用TOE框架，定量分析了101个地级市智慧城市发展的影响因素，发现科技发展水平、财政资源和需求压力是智慧城市发展的关键因素⑫。尽管围绕智慧城市影响因素的实证研究逐渐增多，但大都聚焦于单个因素的"净效应"，分析各个独立因素对城市发展的影响，鲜有从系统视角分析各个因素的协同作用⑬。

综上所述，不论是城市发展水平的评价研究，还是影响因素研究，都留有一定的研究空间。在当前智慧城市建设浪潮下，一方面，面向西部地区的实证研究有限；另一方面，缺少从整体视角探究不同影响因素间的互

---

① 杨文、刘永功：《中国城市发展质量评价》，《城市问题》2015年第2期。
② 邓智团：《元宇宙与城市发展：逻辑阐释与规划应对》，《城市规划学刊》2022年第3期。
③ 谢婷婷、王勇：《环境质量与中国城市发展沉浮：人力资本视角的解释》，《世界经济》2022年第1期。
④ Storperm, Scottaj, "Rethinking human capital, creativity and urban growth", *Journal of Economic Geography*, Vol. 9, No. 2, Sep 2009, p 28.
⑤ 马忠新、陶一桃：《制度供给、制度质量与城市发展不平衡——基于改革开放后288个城市发展差异的实证研究》，《财政研究》2018年第6期。
⑥ 吴忠：《提升城市文化软实力的意义与路径选择》，《学术界》2011年第5期。
⑦ 李明、吴磊：《智慧城市建设项目PPP模式应用现状与推进建议》，《科技进步与对策》2018年第24期。
⑧ 刘淑妍、李斯睿：《智慧城市治理：重塑政府公共服务供给模式》，《社会科学》2019年第1期。
⑨ 李霞、陈琦、贾宏曼：《中国智慧城市政策体系演化研究》，《科研管理》2022年第7期。
⑩ 刘晔、陈燕红：《城市竞合视角下中国智慧城市建设驱动力研究——对49个城市的实证分析》，《上海行政学院学报》2021年第6期。
⑪ Tornatzkylg, Fleischerm, ed., *The Process of Technology Innovation*, Lanham: Lexington Books, 1990, pp. 118-146.
⑫ 邓雪、吴金鹏：《市域社会治理现代化视角下的智慧城市建设——基于中国地市级层面的实证分析》，《东北大学学报》（社会科学版）2023年第3期。
⑬ 张建伟、李贝歌等：《中国智慧城市发展水平空间差异研究》，《世界地理研究》2017年第2期。

动关系，低估了城市发展特别是智慧城市发展的复杂性。面向西部地区城市发展路径的研究，需要在精准地评估其发展水平的基础上，进一步探索不同因素影响下形成的多元路径，更为细致地厘清背后复杂的因果逻辑，才能提出因地制宜的行动策略。

（二）分析框架

借鉴已有文献，本研究从经济发展、生活水平、民生环境、公共服务、创新发展五个维度构建综合性指标体系，并使用熵权 TOPSIS 法，评估西部地区的城市发展水平；基于 TOE 框架，从技术、组织、环境三个维度构建智慧城市建设的不同条件影响城市发展水平的组态分析模型。分析框架见图 1。

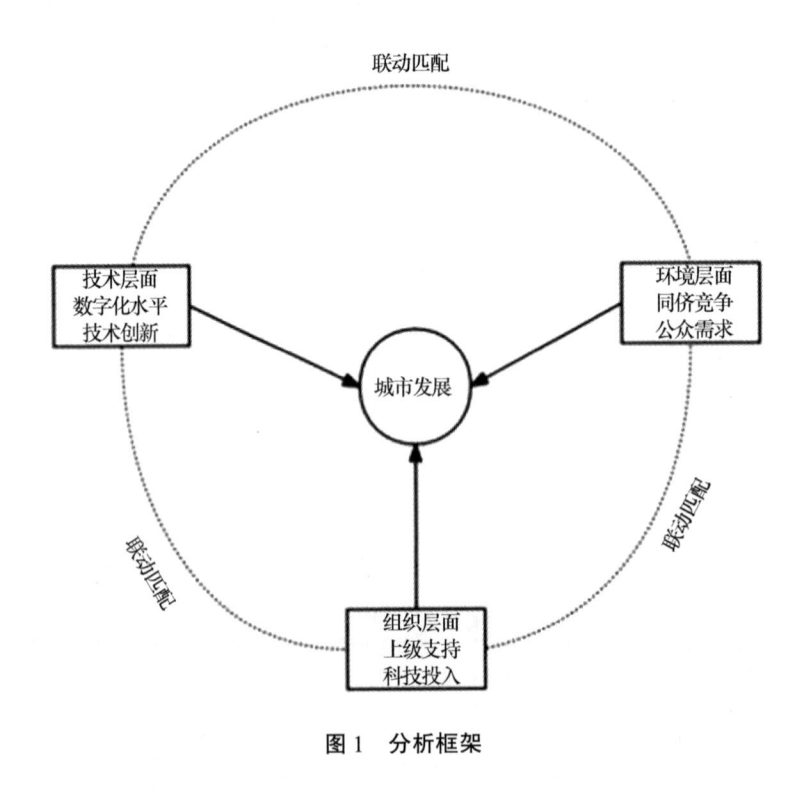

图 1　分析框架

第一，技术层面。TOE 框架中的技术因素是指技术的相对优势、兼容性、成本等，这与信息技术创新的特征相关。智慧城市的核心目的是建立基建、政府、民生、技术、生产以及社会经济和谐统一的生态系统①，这也是建立在信息技术的应用与创新基础之上。一方面，数字化水平是智慧城市发展的重要基础，数字化水平较高的地区拥有更为海量的城市运行数据和数据处理能力，可以提升城市政策制定、规划设计和资源管理等方面的能力，进而提高城市运行效率、优化资源配置，推动城市发展。另一方面，创新能力是智慧城市发展的核心，可以促进新技术的研发和应用，推动智慧城市技术的不断更新和进步，从而为城市发展提供持久的技术支持。因此，本研究在技术层面设立数字化水平和创新能力两个条件。

第二，组织层面。在TOE框架下，组织因素指的是组织的特征，包括领导支持、财政投入、组织的规模、类型、结构等。组织因素为技术应用提供政策保障和资金支持，直接影响着城市发展的成效。在中国政府的实际运作中，领导的关注程度和支持力度是影响一项政策和项目执行情况的重要因素②。作为探索城市发展的新尝试，智慧城市发展更是离不开上级政府的支持。与此同时，智慧城市建设作为一项系统性工程，势必需要大量的财力、物力和人力投入。有研究发现，财政资源支持可以通过促进技术创新、调整财政支出结构，提升城市的创新效率，从而达到建设智慧城市的目的③。因此，本研究在组织层面设立上级支持、财政科技投入这两个条件。

第三，环境层面。环境因素指的是组织所处的具体环境，包括政治、经济、文化、人口等。人口规模是城市发展的一个重要指标，而人口越多，信息技术用户量越大，大量的信息互动促进了技术创新，使得新思想和新技术流动更加迅速，对智慧城市发展的需求更高④。此外，在智慧城

---

① 任亮、张海涛等：《基于熵权TOPSIS模型的智慧城市发展水平评价研究》，《情报理论与实践》2019年第7期。
② 陈思丞、孟庆国：《领导人注意力变动机制探究——基于毛泽东年谱中2614段批示的研究》，《公共行政评论》2016年第3期。
③ 何凌云、马青山、张元梦：《智慧城市试点对吸引FDI的影响——来自准自然实验的证据》，《国际商务》（对外经济贸易大学学报）2021年第6期。
④ 邓雪、吴金鹏：《市域社会治理现代化视角下的智慧城市建设——基于中国地市级层面的实证分析》，《东北大学学报》（社会科学版）2023年第3期。

市建设初期，区域内智慧城市试点的建立所导致的资源倾向会引起同级政府间的竞争①。从创新扩散理论来看，相邻政府之间存在相互竞争关系，相邻城市的智慧化发展水平越高，该城市面临的同侪竞争压力也越大，推动城市智慧化发展的决心和效能也越高。因此，本研究在环境层面设立公众需求、同侪压力两个条件。

三 研究设计

（一）技术路线

1. 用熵权 TOPSIS 法测度城市发展水平

熵权 TOPSIS 法是熵权法和 TOPSIS 法的结合。熵权法是一种客观赋权法，按照指标间的数值离散程度计算权重，能够有效排除人为因素的干扰。TOPSIS 法是一种排序方法，根据各评价对象与最优（劣）解之间的相对接近度来进行排序②。由于综合了两种方法的各自优势，熵权 TOPSIS 法使城市发展水平评价的计算过程逻辑清晰、计算模型更为简洁、评价结果更加客观③。熵权 TOPSIS 法具体包括两大步骤。

步骤一：通过熵权法确定指标权重。首先，采用极差法对各个指标数据进行标准化处理，得到城市 i 在指标 j 下的标准化值 Y_{ij}。

其次，计算 Y_{ij} 的信息熵 H_j。

$$H_j = \ln \frac{1}{n} \sum_{i=1}^{n} \left[\frac{Y_{ij}}{\sum_{i=1}^{n} Y_{ij} \ln \left(\frac{Y_{ij}}{\sum_{i=1}^{n} Y_{ij}} \right)} \right] \tag{1}$$

最后，将熵值转换为权重 W_j，求出加权矩阵 R。

$$W_j = (1 - H_j) / \sum_{i=1}^{n} (1 - H_j) \tag{2}$$

---

① 刘维跃、王海龙等：《运用熵权/TOPSIS 组合模型构建智慧城市的评价体系——以京津沪为实例探究》，《现代城市研究》2015 年第 1 期。

② 黄寰、陈静、魏奇锋：《成渝城市群城市知识网络结构的多属性测度及评价》，《软科学》2019 年第 8 期。

③ 任亮、张海涛等：《基于熵权 TOPSIS 模型的智慧城市发展水平评价研究》，《情报理论与实践》2019 年第 7 期。

$$R = (r_{ij})\, n \times m = (W_j \times Y_{ij})\, n \times m \qquad (3)$$

式（3）中，r_{ij} 为第 i 个城市的第 j 个指标值，城市数量为 n，指标数量为 m。

步骤二：使用 TOPSIS 法计算综合得分。首先，根据 R 得到理想解 P_j^+ 和负理想解 P_j^-。

$$P_j^+ = (\max r_i 1,\ \max r_i 2,\ \cdots,\ \max r_i m) \qquad (4)$$

$$P_j^- = (\min r_i 1,\ \min r_i 2,\ \cdots,\ \min r_i m) \qquad (5)$$

其次，计算各城市发展水平指标数据到正、负理想解的距离（欧氏距离），即

$$d_j^+ = \sqrt{\sum_{j=1}^{m}(P_j^+ - r_{ij})^2} \qquad (6)$$

$$d_j^- = \sqrt{\sum_{j=1}^{m}(P_j^- - r_{ij})^2} \qquad (7)$$

最后，计算相对接近度 C_j，取值越大，说明该城市的发展水平越高。

$$Cj = \frac{d_j^-}{d_j^+ + d_j^-} \qquad (8)$$

2. 用模糊定性比较分析研究城市发展水平的组态路径

本研究采用模糊定性比较分析（fsQCA）进行组态路径分析。将内蒙古 12 个盟市的城市发展实践视为个体案例，通过跨案例比较的方式分析不同的前因要素组合对各地城市发展水平的影响，识别促进和阻碍智慧城市视角下城市发展水平的条件组合。

本研究使用该方法主要有以下几点考虑。第一，与擅长通过大样本分析解决变量间线性关系的变量间线性关系的线性回归方法相比，定性比较分析（QCA）更适合识别 10—60 个中小样本的因果关系，并且能够揭示导致某一现象出现或不出现的不同条件组合。第二，传统的单案例研究只针对典型案例进行分析，QCA 可以将多个案例作为一个整体对象进行跨案例分析，使得研究结果更具普遍性。第三，鉴于城市发展的复杂机制，影响因素多为连续变量，因而相较于清晰集定性比较分析（csQCA）和多值定性比较分析（mvQCA），本文使用模糊集定性比较分析（fsQCA），能够更精准地识别各个影响因素在不同水平上的细致变化。此外，为更精准地检验单个条件是否构成结果的必要条件及其对结果影响的必要程度，本文在

进行组态分析前，使用 Dul[①] 提出的必要性分析方法（NCA）进行检验。

（二）变量选取

1. 结果变量设计

本研究综合参考既有文献，建构了以经济发展、生活水平、民生环境、公共服务、创新发展为一级指标的评价体系。具体指标体系如表1所示。

表1　　　　　　　　　城市发展水平指标体系

一级指标	二级指标	三级指标	指标性质
经济发展	经济水平	人均地区生产总值（元）	正向
		第三产业占比（%）	正向
		人均电信业务总量（元/人）	正向
	全球化	进出口贸易总额（万元）	正向
生活水平	生活水平	人均可支配收入（元）	负向
		失业率（%）	正向
民生环境	医疗	每万人卫生机构床位数（个）	正向
	教育	人均电信业务总量（元/人）	正向
	环境	污水处理厂集中处理率（%）	正向
		建成区绿化覆盖率（%）	正向
		人均教育支出（元/人）	正向
公共服务	基础设施	互联网宽带普及率（%）	正向
		移动电话普及率（%）	正向
	公共交通	人均客运量（人）	正向
		每万人拥有公共汽车数（辆/万人）	正向
	数字金融	数字金融指数	正向
	政务服务	"蒙速办"在线服务成效度（%）	正向
创新发展	创新力	R&D 内部经费支出（万元）	正向
		每万人专利授权量（件）	正向
	人力资本	每万人在校大学生数（人）	正向

[①] DUL J.，"Necessary condition analysis（NCA）：logic and methodology of 'necessary but not sufficient' causality"，*Organizational Research Methods*，Vol. 19，No. 1，June 2016，p. 89.

在智慧城市建设视角下，本研究在二、三级指标的设置上对"智慧"相关要素进行了考量。经济发展强调以信息技术的应用为驱动，促进经济增长和产业转型，进而提升城市的国际竞争力。因此，本文设立了经济发展和全球化两个二级指标，其中经济发展由人均电信业务总量、人均地区生产总值和第三产业占比等三级指标构成，分别反映电信业发展水平、经济增长和产业转型程度；全球化以进出口贸易总额为测度指标。生活水平基于城市发展的人文与社会视角，强调民众日常生活的改善。生活改善的基础是收入和就业，因此以人均可支配收入和失业率作为人民生活水平的测度指标。民生环境的改善和提升是城市发展的重要方向之一，本研究选择医疗、教育和人居环境作为民生环境的二级指标，以每万人卫生机构床位数和人均教育支出反映"病有所医"和"学有所教"程度，以人均公园绿地面积等指标反映环境宜居程度。公共服务是指为公众提供有偿或无偿的服务以满足公众的需求，在智慧城市发展背景下，要更多地考虑数字化的便捷程度。本研究设置了基础设施、公共交通、数字金融和政务服务四个二级指标。基础设施以互联网宽带和移动电话普及率进行测量；公共交通则从人均客运量和每万人拥有公共汽车数反映城市要素流通速度和环境友好程度；数字金融由数字金融指数进行测量；政务服务由"蒙速办"App 在线服务成效度反映。创新发展是智慧城市建设的重要方向，而创新发展离不开强劲的创新力以及为创新力提供不竭动力的人力资本。本文使用 R&D 内部经费支出和每万人专利授权量测度创新力，以每万人在校大学生数测度人力资本。

2. 条件变量设计

技术层面：数字化水平和技术创新。数字化水平采用电子商务发展水平进行测量。技术创新的衡量指标主要包括新产品销售收入、研发资金投入和专利。有学者提出用专利测度创新效应更为科学，并且由于专利授权量与专利创新活动之间存在较大时差，专利申请量更能衡量一个城市当时的创新活力，能更好地反映一个城市的创新能力[1]，因而用专利申请量估

---

[1] 应千伟、何思怡：《政府研发补贴下的企业创新策略："滥竽充数"还是"精益求精"》，《南开管理评论》2022 年第 2 期。

算技术创新水平。

组织层面：上级支持和科技投入。"试点"是中国改革成功的重要因素，其背后往往包含额外的支持，可能包括更充分的管理权限、行政编制、转移支付、物品供给等，因此，以样本城市试点设立情况评价上级支持力度①。在智慧城市视角下，本研究将是否获批智慧城市试点作为对"上级支持"的评价。具体而言，对于被列入国家级智慧城市试点的城市赋值 2 分、被列入内蒙古自治区级智慧城市试点的城市赋值 1 分。智慧城市作为一项复杂的系统性工程，需要大量的人力、物力和财力的投入，而政府对科技发展的财政支持也尤为重要。政府的科技投入既可以促进技术创新和研发，也能够推动数字基础设施的建设和升级，进而为城市的智慧化发展提供创新动力。参考既有研究②，采用科技支出占预算支出的比重衡量科技投入。

环境层面：同侪竞争和公众需求。在我国政府绩效考核的实践中，与邻近同级政府的绩效比较是考核官员的一项重要因素，并且邻近地区之间的相似性也容易产生模仿行为，因而邻近同级政府之间绩效表现是衡量同侪竞争的重要指标③。具体而言，本文以邻近城市的发展水平均值衡量同侪竞争压力。人口越多，信息技术用户量越大，新思想和新技术流动更加迅速，对城市发展的智慧化需求越高④，因而本文以城市人口规模作为公众需求的衡量指标。

（三）数据来源

测度城市发展水平的数据主要源自《内蒙古统计年鉴 2021》，少量缺失数据来自各盟市 2021 年统计年鉴或国民经济和社会发展统计公报等；数

---

① 胡税根、结宇龙、陈伊伦：《行政审批制度改革的路径选择——基于 30 个省会及以上城市的定性比较分析》，《经济社会体制比较》2022 年第 2 期。
② 邓雪、吴金鹏：《市域社会治理现代化视角下的智慧城市建设——基于中国地市级层面的实证分析》，《东北大学学报》（社会科学版）2023 年第 3 期。
③ 胡税根、结宇龙、陈伊伦：《行政审批制度改革的路径选择——基于 30 个省会及以上城市的定性比较分析》，《经济社会体制比较》2022 年第 2 期。
④ 邓雪、吴金鹏：《市域社会治理现代化视角下的智慧城市建设——基于中国地市级层面的实证分析》，《东北大学学报》（社会科学版）2023 年第 3 期。

字金融数据来自"北京大学数字普惠指数",政务服务指标的数据来自内蒙古政务服务网"蒙速办"App）2022 年的统计数据,在此基础上通过熵权 TOPSIS 法对各盟市城市发展水平进行测度。

在影响因素组态分析研究中,电子商务发展水平（用以测量数字化水平）数据来自《内蒙古电子商务发展报告》中 2022 年 1 月至 6 月各盟市网络交易额数据,上级支持数据来自国家和内蒙古自治区发布的有关智慧城市试点的政策文件,其余数据均来自《内蒙古统计年鉴》或各盟市统计公报。

四　实证分析

（一）城市发展水平结果分析

1. 指标权重分析

本文首先使用熵权法计算各维度指标所占权重,权重越高意味着各城市在该维度的数据波动幅度越高,在城市评价中起到的作用也越大。测算结果显示,"创新发展"所占权重最高,"生活水平"所占权重最低（见表 2）。这说明 12 个盟市的创新力和人力资本发展不均衡,"创新发展"是智慧城市视角下决定城市发展水平的关键指标,这与既有研究[①]结果一致;12 个盟市在"生活水平"维度上的差异不大,其对城市发展水平排名的影响较小。

表 2　　　　　　　　城市发展水平评价指标权重

一级指标	权重	二级指标	权重	三级指标	权重
经济发展	0.163	经济水平	0.126	人均地区生产总值（元）	0.058
				第三产业占比	0.029
				人均电信业务总量	0.039
		全球化	0.037	进出口贸易总额（万元）	0.037

---

① 任亮、张海涛等:《基于熵权 TOPSIS 模型的智慧城市发展水平评价研究》,《情报理论与实践》2019 年第 7 期。

续表

一级指标	权重	二级指标	权重	三级指标	权重
生活水平	0.069	人民生活	0.069	人均可支配收入（元）	0.044
			0.025	失业率	0.025
民生环境	0.152	医疗	0.038	每万人卫生机构床位数	0.038
		教育	0.028	人均教育支出比重	0.028
		环境	0.086	污水处理厂集中处理率（%）	0.028
				建成区绿化覆盖率（%）	0.029
				每万人公园绿地面积	0.029
公共服务	0.222	基础设施	0.079	互联网宽带普及率（%）	0.053
				移动电话普及率（%）	0.026
		公共交通	0.094	每万人客运量	0.051
				每万人拥有公共汽车数	0.043
		数字金融	0.020	数字金融指数	0.020
		政务服务	0.029	"蒙速办"在线服务成效度（%）	0.029
创新发展	0.394	创新力	0.282	R&D 内部经费支出（万元）	0.167
				每万人专利授权量	0.115
		人力资本	0.112	每万人在校大学生数	0.112

2. 城市发展水平分析

基于以上权重分析结果，采用 TOPSIS 模型对 12 个盟市城市发展水平进行总体评价，12 个盟市的得分分布在 0.171—0.709（见表 3）。除了呼和浩特市之外，其他 11 个盟市的得分都低于 0.4，表明近些年在"东数西算"战略的驱动下，虽然越来越多的西部城市重视智慧城市建设，将其作为发展战略和工作重点，但实际建设成效仍不显著。按照评价得分区间划分，内蒙古 12 个盟市可分为优秀、一般和较差三个组别：得分超过 0.3 分的盟市为优秀组，包括呼和浩特市、乌海市和鄂尔多斯市；一般组得分在 0.20—0.30，包括包头市、乌兰察布市、阿拉善盟、巴彦淖尔市和锡林郭勒盟；较差组的得分在 0.2 以下，包括呼伦贝尔市、通辽市、赤峰市和兴安盟。呼和浩特市的得分（0.709 分）是兴安盟（0.171 分）的 4 倍之多，反映出在智慧城市建设的背景下，西部地区城市发展不平衡问题十分突出。这可能与呼和浩特市作为内蒙古自治区的政治、经济和文化中心，在经济发展、人力资本和数字化基础等方面享有先发优势密切相关,进而说明城市发展根植于当地的原始条件,各地需要结合自身经济社会情况,建构符合自身实际和发展目标的政策路径。

表3 城市发展水平综合评价与排名

城市	相对接近度	排名
呼和浩特市	0.709	1
乌海市	0.318	2
鄂尔多斯市	0.308	3
包头市	0.285	4
乌兰察布市	0.234	5
阿拉善盟	0.219	6
巴彦淖尔市	0.207	7
锡林郭勒盟	0.202	8
呼伦贝尔市	0.192	9
通辽市	0.190	10
赤峰市	0.181	11
兴安盟	0.171	12

(二) 智慧城市建设的不同条件影响城市发展水平的组态路径

1. 校准

本研究采用客观校准和主观校对相结合的方法进行变量校对。由于没有相关理论和经验对前因条件构造分级标准,对除"上级支持"外的其他变量采用客观校准法,并按照常规做法,分别以第75百分位数、中位数、第25百分位数作为完全隶属、交叉点、完全不隶属的校准锚点①。由于各盟市在上级支持方面的总得分有3种情况,分别是3分、2分和0分,因此本文将3分、2分、0分分别作为完全隶属、交叉点与不完全隶

---

① 杜运周、刘秋辰、程建青:《什么样的营商环境生态产生城市高创业活跃度?——基于制度组态的分析》,《管理世界》2020年第9期。

属的校准锚点。为避免案例由于隶属度恰好为 0.50 而被删除，本文对隶属度小于 1 的所有变量都加上一个常数 0.001①，校准后的结果如表 4 所示。

表 4　　各变量校准锚点

变量类别	变量	校准		
		完全不隶属	交叉点	完全隶属
结果变量	城市发展水平	0.193	0.214	0.292
技术层面条件	数字化水平	1.385	0.531	0.116
组织层面条件	技术创新	197.451	15.000	3.100
	上级支持	3.000	2.000	0.001
环境层面条件	科技投入	0.016	0.005	0.003
	同侪竞争	0.381	0.268	0.180
	公众需求	373.118	191.396	42.639

2. 必要条件分析

必要性分析是组态分析的前提，包括 QCA 和 NCA 两种检验方法。QCA 只能识别某一前因条件是否为结果的必要条件，NCA 除了具备这项功能外，还可以分析其效应量，因此被越来越多地应用到必要性分析中。

QCA 必要条件分析的认定标准一般要求一致性大于 0.9，覆盖度大于 0.5②。如表 5 所示，单个前因条件对高城市发展水平的必要性、一致性均低于 0.9，即不存在产生促进城市发展水平的唯一必要条件；在产生低城市发展水平方面，只有"~技术创新"的必要性一致性高于 0.9（0.913），这意味着技术创新不足是阻碍城市发展水平的必要条件。

---

① Fiss P. C., "Building better causal theories: a fuzzy set approach to typologies in organization research", *Academy of management journal*, Vol. 54. No. 2, Sep. 2011, p. 189.

② Hossain M. A., Quaddus M., Warren M., et al., "Are you a cyberbully on social media? Exploring the personality traits using afuzzy-set configurational approach?", *International journal of information management*, Vol. 66, No. 3, June 2022, pp. 102-537.

表 5　　　　　基于 fsQCA 方法的单个条件的必要性检验

前因条件	高城市发展水平		低城市发展水平	
	一致性	覆盖度	一致性	覆盖度
数字化水平	0.646	0.673	0.488	0.665
~数字化水平	0.679	0.503	0.760	0.737
技术创新	0.840	0.881	0.429	0.588
~技术创新	0.608	0.448	0.913	0.882
上级支持	0.490	0.681	0.202	0.368
~上级支持	0.546	0.343	0.825	0.679
科技投入	0.688	0.809	0.286	0.441
~科技投入	0.525	0.360	0.876	0.786
同侪竞争	0.790	0.787	0.389	0.507
~同侪竞争	0.505	0.387	0.837	0.839
公众需求	0.675	0.591	0.615	0.704
~公众需求	0.663	0.568	0.644	0.721

注：~表示逻辑运算中的"非"。

使用 Dul 开发的 NCA 工具，通过上限回归（ceilingregression，CR）和上限包络分析（ceilingenvelopment，CE）分别生成对应函数，计算效应量等指标。NCA 检验中，只有效应量（d 大于 0.1）且蒙特卡洛仿真置换检验值显著（$P<0.01$）时，认为该条件是结果的必要条件[①]。表 6 的分析结果显示，只有技术创新构成高城市发展水平的必要条件（d=0.410、P=0.000）。

表 6　　　　　NCA 方法中 CR 和 CE 方式的分析结果

前因变量	方法	精确度	上限区域	范围	效应量（d）	P
数字化水平	CR	91.7%	0.164	0.92	0.178	0.196
	CE	100%	0.232	0.92	0.252	0.117

---

① DUL J., "Necessary condition analysis (NCA): logic and methodology of 'necessary but not sufficient' causality" *Organizational research methods*, Vol.19, No.1, Feb.2016, p.97.

续表

前因变量	方法	精确度	上限区域	范围	效应量（d）	P
技术创新	CR	66.7%	0.374	0.91	0.410	0.000
	CE	100%	0.421	0.91	0.462	0.000
上级支持	CR	100%	0.143	0.94	0.152	0.038
	CE	100%	0.285	0.94	0.303	0.019
科技投入	CR	91.7%	0.179	0.90	0.199	0.093
	CE	100%	0.274	0.90	0.304	0.023
同侪竞争	CR	83.3%	0.221	0.89	0.247	0.122
	CE	100%	0.329	0.89	0.368	0.014
公众需求	CR	91.7%	0.164	0.90	0.182	0.310
	CE	100%	0.223	0.90	0.247	0.292

上述必要性条件分析发现，在智慧城市建设视角下，"技术创新""~技术创新"分别是促进和阻碍城市发展水平的必要条件，因而下文将把该前因条件纳入 fsQCA 组态分析中。

瓶颈水平指的是产生特定结果所需必要条件的最低水平，即要达到某一特定结果，单个前因条件需要满足的最低水平值（%）[①]。采用 NCA 中 CR 瓶颈水平方法分析可知，要实现 20%以上的城市发展水平，需要满足一定的技术创新能力（≥7.1%）和同侪竞争压力（≥3.5%），而要达到 90%的城市发展水平，不仅需要 83.9%水平的技术创新，还需要 71.7%水平的数字化水平、64.8%水平的上级支持、54%水平的科技投入、51.2%水平的同侪竞争和 70%水平的公众需求（见表 7）。

表 7　　　　NCA 方法中 CR 瓶颈水平分析结果　　　　单位：%

城市发展水平	数字化水平	技术创新	上级支持	科技投入	同侪竞争	公众需求
0	NN	NN	NN	NN	NN	NN
10	NN	NN	NN	NN	NN	NN
20	NN	7.1	NN	NN	3.5	NN

---

① 杜运周、刘秋辰、程建青：《什么样的营商环境生态产生城市高创业活跃度？——基于制度组态的分析》，《管理世界》2020 年第 9 期。

续表

城市发展水平	数字化水平	技术创新	上级支持	科技投入	同侪竞争	公众需求
30	NN	18.1	NN	NN	10.3	NN
40	NN	29.1	NN	1.7	17.1	NN
50	NN	40.0	NN	12.2	23.9	NN
60	NN	51.0	NN	22.6	30.8	NN
70	15.8	62.0	6.7	33.1	37.6	20.6
80	43.8	73.0	35.7	43.5	44.4	45.3
90	71.7	83.9	64.8	54.0	51.2	70.0
100	99.7	94.9	93.9	64.4	58.1	94.8

注：NN 是"Not Necessary"的缩写，表示"不必要"，指的是某一条件不构成结果产生的必要条件。

（三）组态分析

前因组态需要建立真值表，而真值表的建立需要进行相关设置，参考已有研究①，将一致性阈值设为 0.8，PRI 值设为 0.75，频数阈值设为 1。本文与既有研究一致，运用 fsQCA3.0 软件对条件组态进行充分性分析，仅汇报中间解，并辅以简约解。同时出现中间解和简约解的条件为核心条件，单独出现中间解则为辅助条件②。如表 8 所示，在智慧城市视角下，产生高城市发展水平的组态有 3 个，其一致性分别为 0.986、1 和 0.990，总体一致性为 0.994，一致性很高。产生低城市发展水平的组态也有 3 个，其一致性分别为 0.977、1 和 1，总体一致性为 0.978，同样呈现很高的一致性。

表8　　　　　　　　　　高/低城市发展水平的条件组合

前因条件	产生高城市发展水平的解			产生低城市发展水平的解		
	S1	S2	S3	NS1	NS2	NS3
数字化水平	•	•	●		●	•
技术创新	●	●	●		•	•

---

① 谭海波、范梓腾、杜运周：《技术管理能力、注意力分配与地方政府网站建设——一项基于 TOE 框架的组态分析》，《管理世界》2019 年第 9 期。
② Fiss P. C., "Building better causal theories: a fuzzy set approach to typologies in organization research", *Academy of management journal*, Vol. 54. No. 2, June 2011.

续表

前因条件	产生高城市发展水平的解			产生低城市发展水平的解		
	S1	S2	S3	NS1	NS2	NS3
上级支持	●	●	●	●	●	●
科技投入	●	●	●	●	●	●
同侪竞争	●	●	●	●		●
公众需求	●	●	●		●	●
一致性	0.986	1	0.990	0.977	1	1
原始覆盖度	0.145	0.106	0.365	0.674	0.235	0.221
唯一覆盖度	0.134	0.097	0.363	0.317	0.022	0.028
典型案例	乌兰察布市	乌海市	包头市	锡林郭勒盟	巴彦淖尔市	赤峰市
总体一致性		0.994			0.978	
总体覆盖度		0.606			0.724	

注：●＝核心条件存在；•＝核心条件缺失；＝边缘条件存在；＝边缘条件缺失。

1. 产生高城市发展水平的条件组态

①技术+环境驱动型

组态 S1 表明，只要城市拥有高技术创新能力和同侪竞争压力，即便其他条件都不满足，也会产生高水平的城市发展。其中，技术创新（技术因素）和同侪竞争（环境因素）为核心条件存在，其他条件均为边缘缺失条件，因此将这条路径命名为"技术+环境驱动型"。该组态以城市具有较强的技术创新能力为依托，加之来自邻近城市的竞争压力，共同促进当地城市发展水平的不断提升，呈现典型的技术与环境双重驱动特征。

这一组态路径的典型案例是乌兰察布市。乌兰察布市没有获得国家或自治区级的智慧城市试点，说明在争取"上级支持"方面处于劣势，并且其数字化基础、政府的科技投入、整体数字需求方面也不占优势，但依靠对技术创新能力的高度重视，城市的智慧化发展取得了显著成效。根据乌兰察布市官网的报道，该市于 2021 年启动智慧城市建设项目吸引了华为等知名企业入驻，全市数据中心项目达 26 个，总投资 732 亿元，签约服务器规模 419 万台，上线了时空信息、数据治理、政务云安全等八大统一组件，智慧政务、智慧城管等应用投入运行，已构建完成跨区域、跨层级、跨部门的智慧城市平台体系，"南贵北乌"的大数据格局正在形成。对数字技术的高度重视，使乌兰察布市的技术创新能力得以不断提升，为当地智慧化城市发展奠定了良好基础。此外，乌兰察布市毗邻呼和浩特市、包头市和鄂尔多斯市等智慧城市发展水平较高的城市，在压力型体制和晋升锦标赛体制下，为从激烈的"政绩竞争"中脱颖而出，当地政府对推动城市的智慧化发展有着强烈的愿望。对于那些数字化基础较为薄弱但又面临巨大竞争压力的城市，以乌兰察布市为代表的"技术+环境"驱动型城市发展路径具有一定的借鉴意义。

②技术+组织驱动型

组态 S2 表明，只要一座城市拥有高技术创新和高科技投入，再辅以上级政府的支持，即便没有激烈的同侪竞争和充足的公众需求，也能达到较高的城市发展水平。与组态 S1 类似，技术创新（技术因素）起到核心作用，但与组态 S1 不同的是，组态 S2 需要科技投入和上级支持（均为组织因素）分别作为核心存在条件和边缘存在条件。由于该路径出现了技术层面和组织层面的多个条件，因此将其命名为"技术+组织"型路径。

这一组态路径的典型案例是乌海市。乌海市的城市规模较小，2022 年仅有 56 万人口，但当地高度重视技术创新，并且获得了组织层面的资金和政策支持。根据乌海市科技局的数据，截至 2023 年 6 月，全市高新技术企业有 50 家，科技型中小企业 20 家，自治区级企业研发中心 42 家，技术创新能力稳步提升。在财政投入方面，乌海市 2021 年的财政科学技术支出占一般公共预算支出比重达到 1.51%，位列自治区第二，远高于 0.67% 的自治区平均水平。此外，乌海市不仅入选 2013 年国家首批智慧城市试点，还被列为自治区级新型智慧城市试点，获得了上级的政策支持。良好的技术创新能力以及各级政府的财政和组织支持，为乌海市的城市发展和提升创造了条件，其发展路径为那些公众需求较小、同侪竞争较弱的城市提供了借鉴意义。

③综合发力型

组态 S3 表明，当一座城市拥有高技术创新能力和高科技投入，面临高强度同侪竞争，同时拥有良好的数字化水平和充足的公众需求，可以抵消没有获得上级支持的不利情境，实现城市的高水平发展。其中，技术创新

（技术因素）、科技投入（组织因素）、同侪竞争（环境因素）为核心存在条件，数字化水平（技术因素）和公众需求（环境因素）为边缘存在条件，上级支持（组织因素）为边缘缺失条件。由于需要三个层面的多个条件支持，因此将这一路径命名为综合发力型。

这一组态路径的典型案例是包头市。虽然包头市并未进入全国或内蒙古自治区级智慧城市试点，但作为老牌工业城市，包头市凭借自身在数字化基础、技术创新能力、财政科技投入、公众需求和同侪竞争上的比较优势，全面推动当地智慧城市建设，取得显著成效。在技术创新方面，包头市工信局的数据显示，2018年开园的包头大数据产业园已入驻企业116家，强化了当地的技术创新能力，也为城市发展奠定了良好的技术基础。在财政科技投入方面，根据包头市统计局的数据，2021年财政科学技术支出占一般公共预算支出的比重为1.62%，位列自治区之首，显示出当地政府在科技投入方面的重视。在环境层面，由于与呼和浩特市、鄂尔多斯市这些发展水平较高的城市毗邻，包头市面临激烈的同侪竞争，客观上促进了包头市持续推进城市发展；同时，包头市2022年的人口规模达到274万，位列自治区第四，也反映出规模较大的公众需求。凭借在技术、组织和环境层面的综合实力，包头市实现了城市的高水平发展，荣获"2022中国领军智慧城市"奖项、入围2023数字城市百强榜便是很好的例证。

根据覆盖度指标，路径S3是S2和S1之和的近3倍，36%的高发展水平城市案例仅能被这条路径解释。这意味着，一座城市想要提升城市发展水平，采用综合发力路径是相对稳妥的策略。换句话说，对于相对欠发达的西部城市而言，智慧城市建设作为一项复杂的系统性工程，需要从技术、组织和环境层面综合发力，形成提升技术创新能力、强化组织资金和政策支持、营造良好发展环境的整体性策略，才能掌握城市发展的主动权。

对比以上3条组态发现，如果无法做到综合发力（组态S3），只要拥有高技术创新能力，且面临激烈的同侪竞争（组态S1），也能够实现城市的高水平发展。如果一座城市没有处在激烈同侪竞争的环境之中，则必须在高技术创新能力的基础上，强化科技投入，同时有上级支持作为辅助条件（组态S2）。总体而言，尽管综合发力路径（组态S3）是提升城市发展水平最稳妥、最可靠的策略，但除此之外仍有两条路径可走，其共同点是需要具有较高的技术创新能力。这也意味着，当前阶段西部地区城市在发展过程中，技术创新具有核心作用。因而对于综合实力相对较弱的城市而言，狠抓当地的技术创新能力，既是提高城市发展水平的必经路径，也是追赶发达地区城市发展步伐，避免陷入新一轮的数字鸿沟的必然要求。

2. 阻碍城市发展的条件组态

因果关系的非对称性使得产生高、低结果变量的条件组态并不相同，因而本研究分析了产生低城市发展水平的条件组态。表 8 的结果显示，存在 3 个阻碍城市发展的条件组态：NS1 显示，技术创新、上级支持、科技投入和同侪竞争为核心缺失条件的城市，其城市发展水平不高；NS2 显示，技术创新、科技投入和公众需求作为核心条件缺失，上级支持作为边缘条件缺失，即便有数字化水平作为核心条件存在，城市发展水平也不高；NS3 显示，上级支持、科技投入和同侪竞争为核心条件缺失，数字化水平作为边缘条件缺失，即便有公众需求作为边缘条件出现，城市发展水平同样不会高。综合来看，3 条产生低城市发展水平的条件组态中，财政科技投入均作为核心缺失条件出现，表明财政科技投入不足是导致城市发展水平较低的普遍原因。在科技投入充足的同时，每条组态都还会缺失诸如技术创新、上级支持等其他因素。这意味着，一些城市的发展水平之所以较低，原因不只是缺乏某一个因素，而是多个因素共同缺失的结果。因此，对于这些城市而言，必须明晰自身禀赋与短板，并根据禀赋补齐短板，进而推动城市发展迈向新台阶。

（四）稳健性检验

参考既有研究[①]，本研究对智慧城市建设视角下，促进城市发展的前因组态进行稳健性检验。首先，将原始一致性阈值从 0.8 提高到 0.85，产生的组态与原组态完全一致。其次，将 PRI 一致性从 0.75 提高至 0.80，产生的组态也与原组态完全一致。上述检验结果表明本研究结果相对稳健。

---

① 陈怀超、梁晨等：《组织特征和制度距离对在华外资企业社会责任绩效的影响——基于 fsQCA 和 NCA 方法的研究》，《管理评论》2023 年第 2 期。

五 结论与启示

本研究以内蒙古为例,从经济发展、生活水平、民生环境、公共服务、创新发展五个维度构建综合性指标体系,使用熵权 TOPSIS 法精准评估了西部地区城市发展水平,在此基础上使用 fsQCA 方法,从技术、组织、环境三个维度识别了智慧城市建设的不同条件影响城市发展的组态路径。

首先,西部地区城市发展的整体水平较低,发展不平衡问题尤为突出。除了呼和浩特市之外,其他 11 个盟市的城市得分都低于 0.4,一定程度上反映出西部地区的城市发展还有巨大的提升空间。呼和浩特市的评价得分最高(0.709 分),是最低得分兴安盟(0.171)的 4 倍多,反映出西部地区城市发展不平衡问题突出。

其次,从智慧城市视角来看,实现高水平城市发展有多种路径,即技术+环境驱动型路径、技术+组织驱动型路径和综合发力型路径。不同城市根据自身发展水平,扬长避短选择组合因素,可制定符合自身情况的差异化策略。三条路径中,综合发力型路径更为常见,这意味着对于一般城市而言,实现城市的高水平发展的首选策略是基于整体性视角对技术、组织和环境三重要素进行联动调配,凸显组态协同整合,发挥要素联合作用,避免只注重特定要素。

最后,技术创新是城市高水平发展的基础要素,是未来西部地区城市发展的重要方向。研究发现,技术创新是提升城市发展水平的必要条件。三条高水平城市发展组态路径都包括技术创新要素,说明在当前西部地区城市发展过程中,技术创新一定程度上起到了决定性作用。虽然城市发展特别是智慧城市发展的更新迭代使得人们越来越摒弃所谓的"技术决定论",但对于数字化转型升级相对后发的西部地区而言,提升技术创新和应用水平依然是当前城市建设和发展的重点。

在"东数西算"战略背景下,西部城市面临的机遇与挑战并存,既要为东部输送算力,服务东部及全国数字化转型,更要加快推进自身城市发展,缩小与东部地区的数字化差距。然而,西部城市依然面临整体发展水平低且区域发展不平衡等问题,并且从智慧城市建设视角来看,导致城市发展水平高、低的组态路径并不相同,因此各地应立足自身条件和资源禀赋,探索适合本地区发展的多样化道路,具体如下所示。

第一,加强技术创新。无论选择何种路径,技术创新是智慧城市建设浪潮下城市发展的核心和根本。因此,各地要通过资金支持、政策倾斜、税收优惠、制度保障等组合方式,培育和吸引优秀科技人才,激励企业开展技术研发,促进创新企业、研究机构和高校之间的合作与交流,推动技术创新的跨界融合,并建立健全相关法律和制度保障机制,推动技术创新的可持续发展。

第二,强化同侪竞争。从纵向政府关系来看,上级政府可以围绕城市智慧化发展制定一系列指标体系,通过评比表彰或与官员政绩考核挂钩等方式,激励和引导地方政府在城市建设中不断创新和突破,提升城市发展水平。从同级政府之间的关系来看,各城市应强化竞争意识,根据当地具体情境,因地制宜、因时制宜探索适合自身的城市建设策略,借此从激烈的同侪竞争中脱颖而出。

第三,注重整体协同发力。虽然"技术+环境(S1)"和"技术+组织(S2)"两条路径同样可以提升城市的发展水平,但其解释力相较"综合发力(S3)"路径相去甚远。因此,各地的优先选择应是建立整体思维,从技术、组织、环境三个方面要素的协调推进,在强化自身优势的同时,着力补齐短板,实现均衡发展,唯有如此,才能真正掌握城市发展的主动权。

诚然,本研究也存在一些不足:一是受限于数据的可得性,仅评价了内蒙古12个盟市的城市发展水平,一定程度上限制了结论向其他西部地区外推的适用性。二是考虑到QCA方法对于时间维度的应用还在完善过程中[①],本研究只进行了静态比较,未考虑前因条件随时间变化对结果变量的影响,从动态视角切入开展历时研究将使结果更为准确。三是从全球范围来看,城市发展特别是智慧城市发展十分迅速,评估指标体

---

① 杜运周、刘秋辰、程建青:《什么样的营商环境生态产生城市高创业活跃度?——基于制度组态的分析》,《管理世界》2020年第9期。

系在不断变化，在不同发展阶段使用适当的评价指标才能提升评估的有效性。

文章原载于《武汉科技大学学报》（社会科学版）2024年第6期，收入本书时略有修订。

民族地区基本公共教育政策变迁的演进逻辑
——基于"间断—均衡"理论的视角

李政蓉　郭　喜[*]

摘要：为研究民族地区基本公共教育政策变迁，揭示其变迁历程、表现特征、作用机制和驱动因素等方面的演进逻辑，本文借鉴"间断—均衡"理论，构建了民族地区基本公共教育政策变迁的理论分析框架，并运用文本分析法对民族地区2006—2020年基本公共教育政策进行了系统分析与细致梳理。研究发现，民族地区基本公共教育政策变迁过程经历了逐步覆盖阶段（2006—2010年）、适度调整阶段（2011—2013年）、稳步提升阶段（2014—2017年）和2017年以后的优质发展阶段。政策变迁体现出"间断—均衡"与延续性并存、地方政策耦合协同中央政策、注意力驱动政策选择等逻辑规律，体现出一定的中国特色。在此基础上，对"间断—均衡"理论分析框架进行了一定程度的修缮，对增强"间断—均衡"理论解释力以及结合民族地区实际加以实践有一定的启示意义。

关键词：民族地区；政策变迁；间断—均衡；演进逻辑；基本公共教育

---

[*] 作者简介：李政蓉，内蒙古大学公共管理学院讲师，主要研究方向为公共服务、公共政策、社会治理工作与教育背景。

郭喜，内蒙古工业大学校长、教授、博士生导师，研究方向为民族地区公共服务和公共政策。

基金项目：国家自然科学基金"公共服务协同供给的演化博弈、决策优化与绩效评估研究"（项目编号：71864025）。

一　问题的提出

研究公共政策变迁，在政策研究领域占据重要位置，它不仅能展现某一政策领域的历史过程，也有助于在政策变迁历程中把握公共政策的演进逻辑，推进国家治理体系和治理能力的现代化，提升地方政府的治理能力和治理水平。民族地区基本公共教育一直以来受到党和国家的高度重视，在各大政策方针中均体现了对民族地区教育事业的大力支持，使得民族地区基本公共教育取得了显著成效。

基于此，民族地区基本公共教育政策变迁相关研究成为学界热点，但已有研究大多数从民族教育范畴入手。如李祥等人以教育部1987—2018年《工作要点》为文本，研究发现民族教育政策变迁经历了"追赶"（1987—2001年）、"跨越"（2002—2013年）、内生力培育（2014年至今）三个发展阶段[1]；龙立军基于"间断—均衡"理论视角，分析发现中华人民共和国成立70年来少数民族教育政策变迁符合"间断—均衡"变迁规律，并在变迁历程中充分体现了教育、人与社会发展之间的紧密联系[2]；袁梅等人则认为新中国成立70年来民族基础教育政策大体经历了普及初等教育、健全民族基础教育、实现"两基"、推动民族团结进步教育和特色发展为重点的五个阶段[3]。这些研究从民族教育政策的维度出发，将民族学视角同教育政策相结合，虽然也体现出民族地区基本公共教育某一领域的变迁规律，但并未包括基本公共教育政策的全部内容。同时，已有相关研究缺少必要的政策变迁分析理论框架，抑或未将理论分析同政策变迁的内在逻辑相联系，使得对政策变迁的演进逻辑分析还不够深入和到位。这便有必要构建科学、合理的理论分析框架，对上述政策变迁问题进行深入研究。

进入新时代，我国社会主要矛盾已经转化为人民日益增长的美好生活

---

[1] 李祥、王路路、陈凤：《我国民族教育政策变迁的脉络、特征与展望——基于〈教育部工作要点〉的文本研究》，《民族教育研究》2019年第1期。

[2] 龙立军：《间断平衡理论视角下70年中国少数民族教育政策变迁分析》，《云南民族大学学报》（哲学社会科学版）2020年第1期。

[3] 袁梅、张良、田联刚：《民族基础教育政策变迁历程、逻辑及展望》，《西南民族大学学报》（人文社会科学版）2020年第5期。

需要和不平衡不充分的发展之间的矛盾，民族地区基本公共教育政策需要不断完善。一方面，基本公共教育事关人民群众最关心、最直接、最现实的切身利益，是实现人可持续和长远发展的重要前提。在实践中，民族地区各族人民对基本公共教育的需求愈加多样化和个性化，使得供给侧不仅需要多元化，还需要精准化和动态化，这便对相关政策的制定和完善提出了更高要求。另一方面，公共政策已经超出了解决具体问题和本身具有的公共价值意义，而是政治主体可以利用并实现利益、目标和价值的工具或载体①。因此，关注民族地区基本公共教育政策变迁，不仅能够反映政策本身的变迁逻辑，还能够深刻理解党和国家对民族地区基本公共教育的深切关怀与治理逻辑，并在治理实践中不断完善民族地区基本公共教育政策。从这一角度而言，有必要分析民族地区基本公共教育政策的变迁历程，在变迁历程中理解政策的演进逻辑，在把握演进逻辑理论中指导具体实践。

基于以上背景，本研究尝试回答以下几个核心问题。

构建何种理论分析框架能科学揭示民族地区基本公共教育政策变迁的演进逻辑？在该分析框架下，民族地区基本公共教育政策呈现出怎样的变迁历程和逻辑特征？起源西方的政策变迁理论在民族地区公共政策的实际运用中能否进行修缮？为此，本文试图以"间断—均衡"理论为主要分析框架，研究民族地区基本公共教育政策变迁历程，阐述民族地区基本公共教育政策演进逻辑，并在实践和验证的基础上对"间断—均衡"理论分析框架进行民族地区情景下的修缮。

二 理论框架与研究方法

（一）分析框架

在众多政策过程理论中，"间断—均衡"理论实现了对"渐进式"政策变迁解释的重大突破，在政策变迁研究中占据重要地位②。尽管也有政

---

① 张锁庚：《从问题导向、过程导向到主体导向——公共政策研究的新视角》，《南京社会科学》2008年第3期。

② Prindle D. F., "Importing concepts from biology into political science: The case of punctuated equilibrium", *Policy Studies Journal*, Vol. 40, No. 1, Feb. 2012, p. 211.

策模型用来解释政策变迁历程中的稳定或者间断，但"间断—均衡"理论可以同时解释两者①，为研究足够长时间范围内的政策变迁问题提供了坚实基础②。"间断—均衡"理论起源于西方制度环境，但已经在国内外多个政策领域变迁研究中得到验证，这为"间断—均衡"理论运用于民族地区基本公共教育政策变迁研究提供了前期积累。该理论核心在于制度结构、注意力、政策形象、政策场域以及正负反馈机制。其中，制度结构依赖于理论运用所处的制度环境，影响着整个理论在各个环节的具体应用。

注意力。由于有限理性的存在，使得决策者对政策问题的注意呈现出不成比例的信息处理，因此注意力成为一种稀缺资源，由此"间断—均衡"理论提出了"注意力驱动的政策选择"这一命题。③ 体现在政策中便是在某些年份一些问题或议题被分配了更多注意力，使得相关政策得以出台。而在其他年份，之前关注的政策议题变得"不再重要"，故此被其他新的政策议题取代。

政策图景。政策图景又可以称为政策形象，即政策以何种方式被理解和讨论。在人们对政策的长时间关注中往往包含了所期望的政策信念、政治理想、价值需求等，而基于这些价值层面和情感层面的不同立场会影响到政策形象。

政策场域。政策场域又可以被理解为政策议定场所，由社会中拥有相关政策决策权力的权威机构或团体组成④。它是政策形象的互动场所，当政策支持或反对一方期望改变已有政策形象时，便会促使政策形象在不同政策场域被讨论，从而推动政策保持均衡或发生变迁。

正、负反馈机制。政策垄断由负反馈机制（Negative Feedback）发挥主要作用，即"任何大的政策变化很快就会被反对的群体抵消，背离总是

---

① [美] 保罗·A. 萨巴蒂尔：《政策过程理论》，彭宗超等译，生活·读书·新知三联书店2004年版，第210页。

② Jones B. D., Baumgartner F. R., "From there to here: Punctuated equilibrium to the general punctuation thesis to a theory of government information processing", *Policy Studies Journal*, Vol. 40, No. 1, June 2012, p. 113.

③ Jones B. D., Baumgartner F. R., "A model of choice for public policy", *Journal of Public Administration Research and Theory*, Vol. 15, No. 3, Aug. 2005, p. 31.

④ [美] 弗兰克·鲍姆加特纳、[美] 布赖恩·琼斯：《美国政治中的议程与不稳定性》，曹哲堂、文雅译，北京大学出版社2011年版，第231页。

被控制在一定范围内"①。当政策问题无法在政治子系统内得到解决，便会进入宏观政治系统，此时正反馈机制（Positive Feedback）发生作用，通过强化新的政策形象使得政策均衡被打破，政策面临重大变迁的可能。

尽管"间断—均衡"理论分析框架对政策变迁的路径和作用做出了较为清晰的阐述，但是对政策何时发生"间断"的描述过于抽象。加之政策文本具有的长期性、历史性和多样复杂性，便难以在溯源和回顾中"参与"到政策制定和政策变迁过程中去理解政策发生"间断"的时间节点。可见，"间断—均衡"理论对于政策"间断"的描述缺少概念化的判断②，需要结合政策范式中政策价值理念变迁的概念③，作为判定政策变迁发生"间断"的依据。而政策发生变迁往往与代表政策价值理念的政策总目标相联系，它会随着政策问题变化而不断更新和动态调整，从某种意义上而言，政策总目标变化代表了政策变迁的"间断点"。

除了对政策变迁过程有较为详细的了解，还需要明白驱动政策变迁的动因。"间断—均衡"理论认为，政策变迁的原因主要来自焦点事件驱动、过程驱动、决策系统内部决策者认知导致的代表性连接、政策精英之间共识冲突四个方面④，由此形成了对政策变迁较为完整的理论架构。基于对"间断—均衡"理论的理解，并借鉴政策范式进行相应完善，初步形成如下理论分析框架见图1。

由图1可知，当问题性质发生变化时，在正、负反馈机制作用下的政策形象发生改变，期间正、负反馈机制会强化或者弱化已经建立的政策形象。政策形象在政策场域中被讨论，使得政策维持均衡，或者政策总目标变化进而发生政策间断，走向政策变迁的均衡时期。并且，随着下一次问题性质变化，政策变迁的"间断—均衡"过程往复发生。

---

① ［美］布赖恩·琼斯：《再思民主政治中的决策制定：注意力、选择和公共政策》，李丹阳译，北京大学出版社2010年版，第183页。
② 孟溦、张群：《公共政策变迁的间断均衡与范式转换——基于1978—2018年上海科技创新政策的实证研究》，《公共管理学报》2020年第3期。
③ Hall P. A., "Policy paradigms, social learning, and the state: the case of economic policy making in Britain", *Comparative Politics*, Vol. 25, No. 3, June 1993, p. 37.
④ ［美］布赖恩·琼斯：《再思民主政治中的决策制定：注意力、选择和公共政策》，李丹阳译，北京大学出版社2010年版，第58页。

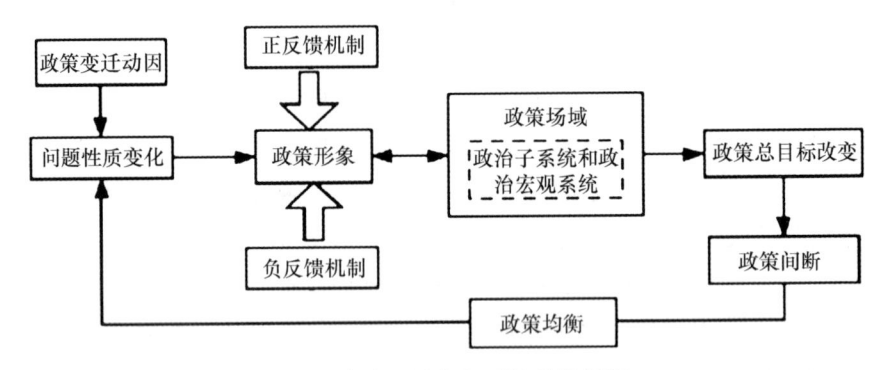

图 1 "间断—均衡"理论分析框架

(二)"间断—均衡"理论分析框架适用的科学性

"间断—均衡"理论适用于解释长时间跨度中的政策变迁问题,能够有效回应民族地区基本公共教育政策变迁的核心问题并对政策变迁做出规律性解释。具体而言,在以下几个方面具有一定的科学性。

第一,民族地区基本公共教育政策变迁历程的时间跨度同"间断—均衡"理论分析框架相适应。"间断—均衡"理论要求政策变迁研究应至少十年起步①,而我国"基本公共服务"理念和政策于 2006 年正式提出②,作为基本公共服务重要内容的基本公共教育,至今也经过了近 15 年的政策变迁历程,符合政策变迁的最低研究时间跨度。并且从十几年的时间跨度而言,民族地区基本公共教育政策历经了不同时代,反映到政策上便是既具有长期稳定性也有重大变迁。政策既是对当时历史时期的反映,也是对当下历史环境的改善与推动,可以说,从民族地区基本公共教育政策变迁的大背景而言,历经了几个具有不同时代意义和特征的历史时期,这同"间断—均衡"理论运用的时间跨度相符合。

第二,从民族区域自治的制度环境而言,制度变迁具备"间断—均衡"理论中制度结构对政策变迁历程影响的条件。民族自治区是民族地区

---

① [美]保罗·A.萨巴蒂尔:《政策过程理论》,彭宗超等译,生活·读书·新知三联书店 2004 年版,第 256 页。
② 杨波:《论基本公共服务均等化的演进特征与变迁逻辑——基于 2006—2018 年政策文本分析》,《西南民族大学学报》(人文社科版)2019 年第 5 期。

的重要部分，尽管我国民族自治区成立时间各有不同，但是党中央均给予了充分的发展机遇和大力支持，各民族地区的基本公共教育政策处于制度变迁的不同程度之中。民族地区基本公共教育政策在民族区域自治制度不断走向完善的过程中，逐步形成了符合民族地区发展的政策道路，凸显出不同历史阶段对"间断—均衡"理论的影响。

第三，民族地区基本公共教育政策决策过程与"间断—均衡"理论中注意力分配的基本命题相适应。"注意力"（attention）最早是心理学的一个概念，即生物体仅会对外界诸多刺激中某一方面的刺激产生反应。"间断—均衡"理论认为，由于有限理性对人类认知能力的限制[1]，使得注意力成为一种稀缺资源，只有突出性的问题才会被带入政策议程[2]。任何分配给一个政策领域的注意力都可能被认为是从其他政策领域抽走的宝贵时间，政府决策都会选择重要议题进行资源配置，并且对政策领域的关注也随着年份变化而发生改变。因此，在不同历史时期，每个决策系统都会倾向于关注一些基本公共教育中的特定问题而不是其他问题，这使得相应出台的政策也有所不同。

综上所述，在政策时间跨度、制度变迁环境和注意力分配三个维度上，民族地区基本公共教育政策变迁与"间断—均衡"理论提出的重要观点有一定的适切性。可以认为，"间断—均衡"理论分析框架运用于民族地区基本公共教育政策变迁分析具有一定的合理性和科学性。

（三）研究方法与数据来源

政策制定过程是一个连续周期，在政策变迁过程中会根据政策实施情况调整、修订和制定后续政策。因此，需要通过运用文本分析法对政策进行分析，不仅能验证政策变迁的"间断—均衡"规律，还能具体展现政策在"间断—均衡"过程中每个阶段所呈现的变迁历程与形态变化。文本分析法是通过对政策文件、工作报告、演讲、新闻等文本进行多维度分析以

---

[1] Simon H. A., "Theories of bounded rationality", *Decision and Organization*, Vol. 1, No. 1, Sep. 1972, p. 89.

[2] ［美］布赖恩·琼斯：《再思民主政治中的决策制定：注意力、选择和公共政策》，李丹阳译，北京大学出版社2010年版，第156页。

获得结论的一种研究方式。它为研究民族地区基本公共教育政策变迁提供了一种"黑箱技术",能够揭示不可直接观察的长时段政策演变过程[①],从而揭示政策变迁所蕴含的信息和规律。

本文选择研究对象的样本主要从地域范围、效度层次、涵盖内容、文本类型、时间维度等层面考虑。其中,地域范围为五个民族自治区代表的民族地区,民族自治区是民族地区的重要组成部分,最能代表民族地区基本公共教育政策变迁的基本情况。

效度层次包括了中央层面与地方层面,民族地区的公共政策包括国家层面的宏观公共政策和自治地区出台的政策[②]。因此,基本公共教育政策面向全国范围,内容势必包括对民族地区的宏观指导与规划。而民族地区层面的政策制定主要依据中央层面明确支持、明令禁止以及"有意模糊"的行为边界,进而实现对地方政策的创新和适应,保障地方实践在与中央大政方针、国家发展战略相一致的同时又结合了本地实际[③]。

涵盖内容主要依据《"十三五"推进基本公共服务均等化规划》中对于基本公共教育服务内容的界定,即包括义务教育、高中阶段教育、普惠性学前教育、继续教育等内容的政策文本。

文本类型基于分析的全面性考虑,包括了政策规划、法律法规、条例、办法、报告等多种样式,这样可以对来自不同类型的基本公共教育政策进行更具包容性和全面性的分析。

时间维度选择"基本公共服务"正式提出是 2006 年。2006 年起始至今,满足"间断—均衡"理论关于政策变迁研究应至少十年起步的要求,并且在 2006 年具有历史意义的重要政策出台,为基本公共教育发展起到了关键性作用。2006 年,我国《义务教育法》将义务教育均衡发展纳入了法制轨道,这同基本公共教育初衷相符合;同年,在《中华人民共和国国民经济和社会发展第十一个五年规划纲要》中,较为明确地提出了"基本公

[①] 黄萃:《政策文献量化研究》,科学出版社 2016 年版,第 98 页。
[②] 王海峰:《民族地区公共政策执行中的影响变量分析》,《西北师范大学学报》(社会科学版)2015 年第 2 期。
[③] 丰雷、郑文博、张明辉:《中国农地制度变迁 70 年:中央—地方—个体的互动与共演》,《管理世界》2019 年第 9 期。

共服务"的理念,并且指出经济社会发展的主要目标之一为"基本公共服务明显加强,国民平均受教育年限增加到9年。"① 尽管没有确切的语句对基本公共服务包括的范围加以明确,但是在这一社会经济发展主要目标中可以看出,2006年国家层面认为的基本公共服务包括了公共教育,"基本公共教育"具备雏形。

政策样本的数据来源主要来自北大法宝网站、中华人民共和国中央人民政府网站、教育部网站、各自治区人民政府网站等。通过多次解读和筛选,最终获得符合标准的政策文本数共计389份,其中中央层面总计120份,民族地区层面总计269份。各民族地区中西藏为25份,其他民族地区样本数量为55—75份,在样本数上确保了各民族地区政策文本数量相对平衡。

三 民族地区基本公共教育政策的演进历程

(一) 政策间断与政策均衡

运用文本分析法对民族地区基本公共教育政策文本进行了详细分析,对政策演进历程的划分主要依据两个方面:一是根据"间断—均衡"理论分析框架中政策总目标的变化即为政策"间断点";二是通过逐年梳理2006—2020年民族地区相关政策的文本数量,观察政策数量的变化趋势判断"间断点"。在结合两者的基础上,确定民族地区基本公共教育政策变迁历程的"间断"与"均衡"。

1. 政策总目标变化

中央层面的基本公共服务政策是国家政治意志和经济社会发展整体规划的权威性载体②,基本公共教育作为基本公共服务的重要内容,受到党和国家的高度重视,并由国家统一规划、指导与推进。在《关于统一规划体系更好发挥国家发展规划战略导向作用的意见》中也指出,"省级规划、

---

① 《中华人民共和国国民经济和社会发展第十一个五年规划纲要》,中国政府网,http://www.gov.cn/gongbao/content/2006/content_268766.htm,2020年5月15日。
② 姜晓萍、郭宁:《我国基本公共服务均等化的政策目标与演化规律——基于党的十八大以来中央政策的文本分析》,《公共管理与政策评论》2020年第6期。

市县级规划依据国家发展规划制定,既要加强与国家级专项规划、区域规划、空间规划的衔接,形成全国'一盘棋',又要因地制宜,符合地方实际,突出地方特色。"① 基于此,以五个自治区为代表的民族地区基本公共教育政策,是在中央层面政策总目标发生变化的情况下出现变迁,在各"间断点"中央出台的主要基本公共教育相关政策和政策总目标如表1所示。

表1　民族地区基本公共教育政策变迁"间断点"主要内容

年份	主要政策文本	政策总目标
2006	义务教育法重新修订、国家"十一五"规划纲要	首次提出基本公共服务及其均等化概念、主要内容等,基本公共教育具备雏形,在民族地区和全国范围内逐步覆盖基本公共教育服务
2007	国家教育事业发展"十一五"规划纲要、西部大开发"十一五"规划、少数民族事业"十一五"规划	
2008	关于进一步促进宁夏经济社会发展的若干意见	
2009	关于进一步促进广西经济社会发展的若干意见	
2010	国家中长期教育改革和发展规划纲要(2010—2020年)	逐步建立与国情相符合的基本公共教育服务体系
2011	关于进一步促进内蒙古经济社会又好又快发展的若干意见	
2012	西部大开发"十二五"规划、国家教育事业发展第十二个五年规划、国家基本公共服务体系"十二五"规划、少数民族事业"十二五"规划	
2013	中共中央关于全面深化改革若干重大问题的决定	要以民生为切入点,以公平可及、群众满意、优质均衡为目标推进基本公共教育均等化
2015	中华人民共和国教育法(2015修正)	
2016	关于加快中西部教育发展的指导意见	
2017	"十三五"推进基本公共服务均等化规划、国家教育事业发展"十三五"规划、西部大开发"十三五"规划	将基本公共教育落脚于提升人民群众的幸福感、获得感和安全感
2018	关于建立健全基本公共服务标准体系的指导意见、中华人民共和国义务教育法(2018修正)	
2019	中国教育现代化2035	
2020	关于新时代推进西部大开发形成新格局的指导意见	

---

① 《中共中央　国务院关于统一规划体系更好发挥国家发展规划战略导向作用的意见》,搜狐网,https://www.Sohu.com/a/280375948_753646,2020年7月13日。

根据表1并结合相关文献认为，在政策变迁的不同"间断点"均有来自中央层面的政策文本使得政策总目标发生改变。2006年，国家层面首次提出"基本公共服务"，并对其概念、内容等方面做出了详细定义，作为基本公共服务重要内容之一的基本公共教育服务也正式出现，各民族地区开始依照国家要求将基本公共教育服务逐步覆盖，并且中央在这一时期相继出台了有关西部大开发、少数民族事业，以及主要针对宁夏和广西两个自治区社会经济发展的政策文件，将基本公共教育置于这些宏观政策的规划中。

2010年，政策总目标转变为"逐步建立与国情相符合的基本公共教育服务体系"，由逐步覆盖走向适应国情发展的适度调整，在此规划中着重关注民族地区基本公共教育事业发展，并延续上一时期在西部大开发和少数民族事业发展中对基本公共教育的重视，此外，还对部分民族地区基本公共教育在经济发展中的战略定位提出了相应建议。

2013年的政策总目标"以民生为切入点，以公平可及、群众满意、优质均衡"为方向加以推进，并由前一阶段的适度调整转变为对基本公共教育"质"的稳步提升。这一时期重点关注了民族地区和民族地区较为集中的中西部教育发展，在相关规划中均对民族地区基本公共教育作出了具体部署。

2017年党的十九大召开，中国特色社会主义进入新时代，主要矛盾转变为人民日益增长的美好生活需要和不平衡不充分的发展之间的矛盾，政策总目标也将基本公共教育落脚于人民幸福感、获得感和安全感，政策变迁走向优质发展阶段。除了延续此前几个政策变迁时期的基本公共服务、国家教育事业和西部大开发等规划，党的十九大报告围绕"优先发展教育事业"作出全面部署，明确提出"建设教育强国是中华民族伟大复兴的基础工程，必须把教育事业放在优先位置，办好人民满意的教育"①，在与时俱进和标准化中提高民族地区基本公共教育的供给水平和质量。

2. 政策文本数量变化

通过对2006—2020年政策文本数量进行整理，并将政策文本数量按照

---

① 《习近平：决胜全面建成小康社会　夺取新时代中国特色社会主义伟大胜利——在中国共产党第十九次全国代表大会上的报告》，新华网，http://www.xinhuanet.com/2017-10/27/c_1121867529.htm，2020年7月15日。

政策效度层级划分民族地区、中央层面、中央层面和民族地区层面的趋势曲线，分层展现民族地区基本公共教育政策文本数量的演进趋势，如图2所示。

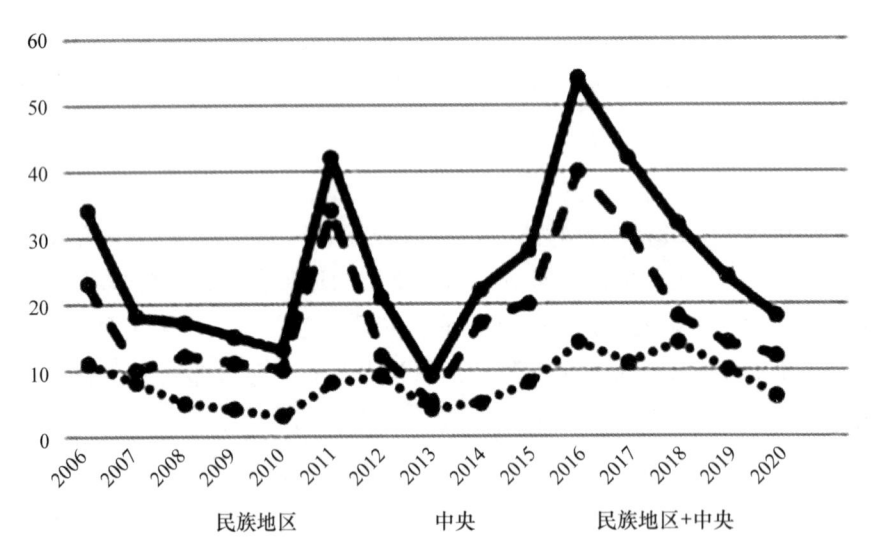

图2　民族地区基本公共教育政策文本数量演进趋势（2006—2020年）

由图2可知，政策数量演进总体上体现出"间断—均衡"的变迁规律。从民族地区层面来看，尽管在实际中地方政策迟滞于中央政策，但是民族地区基本公共教育政策变迁的"间断点"同中央层面的政策"间断点"相符合，并与中央层面政策变迁趋势相符合。这也就可以解释2017年进入新时代，国家《"十三五"推进基本公共服务均等化规划》出台，以及党的十九大召开以后，民族地区大力推进基本公共教育发展，相关政策总和多于中央层面的现象，两个层面的政策变迁趋势也趋同。

从图2政策文本数量变迁趋势来看，中央层面政策变迁的波谷主要在2010年、2013年和2017年，政策数量的波谷表明对基本公共教育这一政策议题的注意力分配较少或者发生了改变，也可以认为是民族地区基本公共教育政策变迁的"间断点"。在两个"间断点"之间为政策变迁的"均衡期"，每个"均衡期"都有政策文本数量的波峰出现，基本公共教育政策议题被分配了较多的注意力。随着波峰和波谷的变化，意味着新一轮的政策"间断—均衡"。

综上分析，2006年至今民族地区基本公共教育政策变迁经历了2010年、2013年和2017年三个主要"间断点"，并具有逐步覆盖阶段（2006—2010年）、适度调整阶段（2011—2013年）、稳步提升阶段（2014—2017年）和2017年以后优质发展阶段四个政策变迁的"均衡期"。

（二）民族地区基本公共教育政策变迁历程

根据"间断—均衡"理论分析框架，民族地区基本公共教育政策变迁呈现出不同阶段，并且在不同历史时期体现出了"间断—均衡"理论分析框架的作用机制，政策形象在正、负反馈机制的作用中发生改变，促成政策发生变迁。

1. 逐步覆盖阶段（2006—2010年）

正反馈机制作用发挥，政策形象发生转变。21世纪伊始，我国实现了"三步走"战略目标中的"国民生产总值再翻一番，达到小康水平"。随着经济的不断发展，各民族地区人民生活水平和质量显著提升，对"精神生活"和个人发展意愿的追求日渐增强，体现在基本公共教育上便是需求侧逐渐丰富化与多样化，这些因素的叠加促成了政策关注各民族地区对基本公共教育需求的普遍呼声。2005年，中央出台《关于进一步加强民族工作加快少数民族和民族地区经济社会发展的决定》，这是指导新世纪新阶段民族工作的纲领性文件，对日后开展民族地区教育、加快发展民族教育、提高民族地区人口素质等方面作出了具体部署。

此后，在《兴边富民行动"十一五"规划》和《少数民族事业"十一五"规划》这两个国家级专项规划中，均表明了要加大对民族地区基本公共教育相关领域的扶持力度，并且在其他各项大政方针中，也体现出要加大对民族地区基本公共教育发展的支持力度和坚定决心。这些大政方针的出台和执行发挥了正反馈机制的作用，为树立"逐步覆盖各个地区和阶段的基本公共教育服务体系"的政策形象发挥了积极作用。

与此同时，各民族地区充分发挥负反馈机制的作用，注重对各地区、各人群、各级各类基本公共教育服务体系的建设与覆盖，强化了这一时期的政策形象。如广西以"富民兴桂"为目标，注重促进各级各类教育协调发展；内蒙古对人口较少民族给予发展基本公共教育的一系列优惠和支持；宁夏采取一系列措施推进实施"百所回民中小学标准化建设工程"，保障当地人民群众接受基本公共教育的权利；西藏强调"办好内地西藏班（校）"，为藏族同胞提供多样化的教育机会；新疆则提出"南疆四地、州的首府城市参照内地高中班和区内初中班的办学模式"，为促进新疆地区基本公共教育发展作出了一系列部署。

2. 适度调整阶段（2011—2013 年）

上一阶段的政策变迁使得民族地区基本公共教育得以逐步覆盖，但是在教育等基本公共服务领域，仍然存在关系群众切身利益的问题较多、部分群众生活比较困难等问题①，这些紧迫的现实状况发挥了正反馈机制的作用。并且国家《基本公共服务体系"十二五"规划》强调，基本公共教育服务体系需要系统规划和整体推进，使得上一时期的政策形象转变为"适度调整基本公共教育政策以解决上述现实问题"。同时在《扶持人口较少民族发展规划（2011—2015 年）》中，还特别关注了民族地区人口较少民族的教育发展问题，从发展基本公共教育的不同维度给予了支持。因此，这一政策的出台在民族地区发挥了正反馈机制的作用，使得"适度调整"这一政策形象得以树立。此后陆续出台的一些相关基本公共教育的政策文件，多次提出要大力支持民族地区基本公共教育发展，促使政策关注各民族地区基本公共教育的切实问题，发挥了负反馈机制的作用，进一步强化这一时期的政策形象。

各民族地区在中央政策纲领性文件指引下，出台的一些政策举措也发挥了负反馈机制的作用。广西指出"基本公共教育服务要向农村地区、边远贫困地区和少数民族人口占 30% 以上地区倾斜"，通过调整资源配置平衡全区基本公共教育发展；内蒙古则采取推进农村牧区基础教育、职业教育和成人教育的"三教统筹"模式，实现农村牧区教育体系和其他地区的平衡发展；宁夏为使教育更好地服务于全区经济社会发展全局，提出了宁夏中南部地区教育移民方案，注重教育对全区发展的平衡与促进作用；西

---

① 胡锦涛：《坚定不移沿着中国特色社会主义道路前进 为全面建成小康社会而奋斗》，人民出版社 2012 年版，第 78 页。

藏旨在建立和完善有中国特色、西藏特点的社会主义现代教育体系，实现基本公共教育同地区特色实际的协同发展；新疆从政治站位的高度，注重发挥基本公共教育服务的跨域式发展和长治久安能力提高，对基本公共教育服务进行了相应调整。

3. 稳步提升阶段（2014—2017 年）

党的十八届三中全会召开后，"以民生为切入点，以公平可及、群众满意、优质均衡"为政策总目标的情况开始发生转变。如在 2014 年召开的中央民族工作会议上，重点强调了教育事关民族地区的民生和发展。

这一系列重要会议和重要讲话发挥了正反馈机制的作用，使得政策形象转变为"稳步提升基本公共教育各个方面"。此后出台的相关政策聚焦于基本公共教育的稳步提升方面，尤其注重补齐民族地区基本公共教育中存在的短板与不足。例如，《关于加快发展民族教育的决定》《关于加快中西部教育发展的指导意见》《"十三五"促进民族地区和人口较少民族发展规划》《西部大开发"十三五"规划》等政策加大了对民族地区基本公共教育的支持力度，体现了负反馈机制的作用，强化了这一时期"稳步提升"的政策形象。

各民族地区基本公共教育政策在"稳步提升"的政策形象中，开始注重教育同其他政策领域的协同，稳步提升基本公共教育在这些领域的作用。如广西提出要将民族特色、民族文化同基本公共教育相结合，发挥教育同文化领域的联动互促；内蒙古提出统筹各项教育工程向民族教育倾斜，把民族团结教育作为常态化机制继续完善；宁夏抓住"一带一路"倡议的发展机遇，积极开展与教育相关的合作和行动；西藏在中央第六次西藏工作座谈会带来的一系列优惠政策下，更加重视教育在稳藏、治藏、兴藏和建藏中的重要作用；新疆面临两个"三期叠加"严峻时期，强调基本公共教育依然要为实现社会稳定和长治久安的总目标服务。

4. 优质发展阶段（2018 年至今）

进入新时代，我国社会的主要矛盾转变为人民日益增长的美好生活需要与不平衡不充分的发展之间的矛盾，我国正处于百年未有之大变局的时代浪潮中。一方面，各族人民群众基本公共教育需求侧的要求更高、更多样、更精准，供给侧需要提供更为优质的服务；另一方面，面对错综复杂的国际和国内形势,教育在维护国家团结统一,促进个人发展、国家发展和民族崛起等多个层面发挥的重要作用愈加显现。这些因素的多重叠加体现了正反馈机制的作用,使得政策形象转变为"注重高质量的优质发展"。习近平同志在 2018 年全国教育大会上强调,"办好人民满意的教育"①。由此,各民族地区出台的相关政策在发展各级各类教育的同时,也更加注重培养德、智、体、美、劳全面发展的社会主义建设者和接班人,将基本公共教育拓展到注重人方方面面的提升上,发挥了正反馈机制的作用,进一步树立了"优质发展"的政策形象。

各民族地区在"优质发展"政策指引中相继出台一系列政策举措,发挥了负反馈机制的作用,强化了这一时期的政策形象。广西实施"教育提升八大工程",推出"十百千万"建设计划,多方推进、多维提升基本公共教育发展质量;内蒙古抓实抓牢农村牧区基本公共教育短板,从各个方面优化基本公共教育资源配置,在整体性视角下提升本民族地区基本公共教育发展的优质化水平;宁夏注重发挥首府银川市的带头作用,推动与南部山区县(区)在基本公共教育方面的协同,通过"以优带弱"的牵引作用为区内其他县(区)提供较为平衡优质的基本公共教育服务;西藏始终坚持党的教育方针,跟党走拥护党,加快构建高质量教育体系;新疆进一步优化发展边境团场教育事业,提升基本公共教育水平和质量,以此筑牢祖国边疆的安全屏障。

四 民族地区基本公共教育政策的变迁逻辑

(一) 政策变迁的逻辑特征

1. 政策变迁的"间断—均衡"与延续性并存

纵观整个民族地区基本公共教育政策变迁历程,发现"间断—均衡"特征明显,但每个政策变迁阶段之间在不同维度上又具有延续性。从政策变迁经历的四个阶段,即逐步覆盖阶段(2006—2010 年)、适度调整阶段

---

① 《习近平出席全国教育大会并发表重要讲话》,中国政府网,http://www.gov.cn/xinwen/2018-09/10/content_5320835.htm,2020 年 8 月 12 日。

（2011—2013年）、稳步提升阶段（2014—2017年）和2017年以后的优质发展阶段可以看出，下一个政策变迁阶段是在上一个阶段基础上不断延续与提升的。在一个时期的基本公共教育政策总目标实现后，由驱动政策变迁的动因促使新的政策形象树立，正反馈机制发挥强化作用，政策目标发生改变，政策变迁进入下一时期。国家和各民族地区出台一系列政策举措发挥负反馈机制作用，强化了这一时期的政策均衡。驱动因素随着时代发展发生变化，新的政策"间断点"出现，打破了原有的政策均衡时期，以此往复构成一个循环的"间断—均衡"政策变迁过程。

在"间断—均衡"的作用机制下，民族地区基本公共教育政策历经四个阶段的政策变迁，体现出政策变迁的"间断性"，每个阶段政策总目标的延续性和发展内容逐渐完善，均体现了政策变迁下一个阶段对上一个阶段的延续和提升。因此，民族地区基本公共教育政策变迁体现了在"间断—均衡"与延续性并存共同作用下的逻辑特征，即政策变迁往往是"间断—均衡"中呈现出螺旋上升的变化形态。

2. 地方政策同中央政策耦合协同

民族地区基本公共教育政策变迁的"间断—均衡"同中央层面在多个维度呈现出耦合协同，但在具体的政策规划和实施中又注重结合地方实际。可以说，中央与地方的政策体系呈现出自上而下的"层级性"及"推进—响应"等显著特征[①]。这就使得民族地区在耦合协同中央层面政策的同时，能够根据本地方的实际情况出台具有地方特色和创新性的基本公共教育政策。

中央层面的基本公共教育政策具有宏观性，是对全国范围内基本公共教育发展的谋篇布局和合理规划，尤其针对民族地区实际情况在不同时期的政策指导、战略规划、座谈会议等起到了很好的导向作用，并且从国家宏观站位上对基本公共教育较为落后的新疆、西藏等民族地区，相继出台的对口支援、财政支持、特殊优惠等政策也发挥了推动作用。另外，在民族区域自治制度下，民族地区在不少治理领域具有自治权，并且根据《民

---

① 文宏：《间段均衡理论与中国公共政策的演进逻辑——兰州出租车政策（1982—2012）的变迁考察》，《公共管理学报》2014年第2期。

族区域自治法》规定，民族自治地方的自治机关在教育等领域享有自治权。因此，民族地区层面的基本公共教育政策是以中央层面出台的政策为目标导向，在中央政策与地方实际的结合中既耦合协同，又兼顾地方特殊需求。

3. 驱动政策变迁的动因存在强度差异

从民族地区基本公共教育政策变迁历程中可以发现，导致民族地区公共政策变迁动因与"间断—均衡"理论分析框架提出的动因有所不同，并存在强度差异。尽管在变迁历程中有来自内部和外部的动因促使政策形象发生改变，诸如经济发展水平、公众需求、重大事件、重要会议等多种动因作用，但民族地区基本公共教育政策主要是遵循中央相关大政方针指引，并在民族区域自治制度中结合本地实际制定、出台和执行相关政策。因此，在党中央审时度势的准确判断和科学领导下，民族地区基本公共教育政策变迁主要遵循"注意力驱动的政策选择"，党中央决策者的注意力转移发挥了很大作用。

决策者面对复杂的政策环境往往难以时刻保持决策的理性，有限理性使得决策者并不能对每个政策问题分配均等的注意力，受到来自许多方面信息的影响，决策者对政策问题的关注形成了"拥挤效应"①。具体体现在，每个政策"间断点"的重要会议、纲领性文件等往往传达了决策者的注意力关注，并且每个时期的注意力分配存在差异。中国共产党坚持以人民为中心，立党为公，执政为民，党的领导切实体现在表达中国人民共同利益的价值观念、路线、政策等方面②，这使得党和国家领导人对某一政策议题的注意力转移与分配，往往能驱动某一政策议题发生变化③，并且政策总目标在变迁历程中也呈现出循序渐进的规律。

（二）民族地区情景中"间断—均衡"理论的修缮

"间断—均衡"理论源起于西方制度环境，虽然在我国多个公共政策

---

① Jones B. D. and Baumgartner F. R., eds., *The politics of attention: How government prioritizes problems*, Chicago, IL, USA: University of Chicago Press, 2005, p. 231.
② 张恒山：《中国共产党的领导与执政辨析》，《中国社会科学》2004 年第 1 期。
③ 陈思丞、孟庆国：《领导人注意力变动机制探究——基于毛泽东年谱中 2614 段批示的研究》，《公共行政评论》2016 年第 3 期。

领域以及民族地区基本公共教育政策变迁中得到了验证，但是在具体运用中与民族地区情景仍然存在一定的差异。一是"间断—均衡"理论分析框架认为，政策形象在政治宏观系统和政治子系统中的不同政治议定场所被讨论，导致了政策变迁的长期均衡和短暂间断，而我国政治子系统和政治宏观系统并不能清晰地划分。二是正、负反馈机制发挥作用的初衷不同，以共识和协商为特征的政策决策模式，不同于西方多党派之间为争夺各自政治利益而产生的竞争①，这使得民族地区公共政策变迁中正、负反馈机制的发挥将以人民为中心并以人民的利益为出发点和落脚点。三是政策变迁动因所发挥的强度有差异。民族地区公共政策变迁动因主要是注意力驱动的政策选择，中国共产党是中国特色社会主义事业的领导核心，在国家主要政策方面拥有关键权力，代表中国最广大人民的根本利益，关注人民群众的基本需求，因此对民族地区基本公共教育问题的注意力分配对相关政策变迁起到了重要的作用。

根据分析结果和以上差异，结合民族地区实际情况与中国公共政策、公共管理的相应特性，本文对"间断—均衡"理论分析框架在民族地区情景中的运用进行了一定程度的修缮，如图3所示。

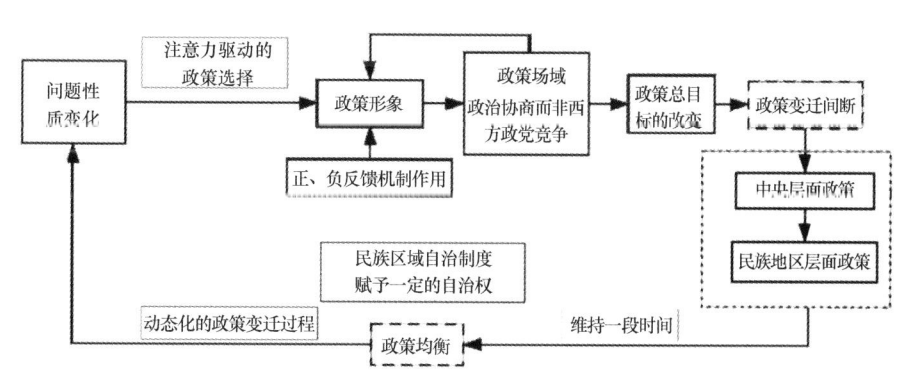

图 3　民族地区情景下的"间断—均衡"理论分析框架

从图3可以看出，民族地区情景下的"间断—均衡"理论分析框架与

---

① 孙欢：《间断平衡框架及在我国政策分析中的适用性：基于政策范式》，《甘肃行政学院学报》2016年第6期。

西方情景有所不同。从政策变迁的动因而言,"注意力驱动的政策选择"使得决策者注意力较其他动因发挥出更加重要的作用,因而在注意力转移中需要对政策形象进行重新树立,并使政策形象在政策场域中反复被论证。在正、负反馈机制的作用下,最终使得政策总目标在符合最广大人民根本利益的情况下发生改变,此时政策变迁的"间断点"出现,政策发生变迁。

从府际关系视角观察民族地区基本公共教育政策变迁发现,首先是中央层面的政策总目标发生变化,然后驱动了民族地区层面的政策变迁,民族区域自治制度的存在为民族地区的政策变迁提供了更多的自主权,在具体的政策制定和实践中凸显出更多的地区特色。在经历一段时间的政策均衡期后,民族地区基本公共教育政策随着动态化的发展环境,又进入下一个"间断—均衡"的循环中去,呈现出动态化的政策变迁过程。

五 结论与讨论

本文基于"间断—均衡"理论分析框架,研究了我国民族地区基本公共教育政策变迁历程,遵循"何时变、如何变、为何变"这一研究脉络揭示出民族地区基本公共教育政策变迁的演进逻辑,并基于实践分析对"间断—均衡"解释框架进行了适用于民族地区情景的修缮,这是日后在把握政策变迁规律的基础上,完善民族地区公共政策的重要议题。

本研究为继续完善民族地区公共政策提供了启示。民族地区的发展历来受到党和国家的高度重视,在不同历史时期均给予了大力支持。但是,由于地方政府在具体治理过程中,受到诸多因素限制,使得公共政策发展水平相对较低,在内容上与本地方实际结合得还不够紧密和灵活。本文以基本公共教育政策变迁为例,发现民族地区公共政策变迁呈现出"间断—均衡"的逻辑特点,政策形象在正、负反馈机制的作用中得以强化或发生改变,并且政策变迁有着循序渐进、螺旋上升的演进规律。因此,在民族地区公共政策制定中,一方面需要回溯历史,在"间断—均衡"的政策变迁历程中把握某项政策所在领域的演进阶段和发展情况,以史为鉴延续事物的发展规律并进一步完善相应的政策;另一方面,在政策变迁中"预测"政策领域的发展方向，未雨绸缪、审时度势，动态化、科学化和精准化地调整政策总目标。

本研究对优化政策注意力配置也提供了启示。注意力驱动的政策选择反映了政策决策者对政策变迁的重要作用。民族地区公共政策的制定和完善主要以中央政策为蓝本，在层级上受到中央层面的驱动，相关政策与中央层面耦合协同。党中央决策者注意力转变使得民族地区公共政策变迁在不同历程内各有侧重，配置的相应资源也有所差异。因此，民族地区需要优化注意力配置，及时并深刻领悟党中央出台的大政方针和讲话精神，把握注意力分配的规律，结合民族地区的实际情况，充分发挥民族区域自治制度优势，优化民族地区相关政策的注意力配置，紧紧跟随中央步伐抓住发展新机遇。

本研究还对进一步拓展"间断—均衡"理论有一定的启示。本文研究发现，民族地区情景下的"间断—均衡"理论分析框架呈现出不同于西方情景的"间断—均衡"，表明了该理论在不同制度环境中的适用性和可持续发展性。同时，本文基于分析过程中体现出的差异，对"间断—均衡"理论分析框架在民族地区的运用进行了一定程度的修缮，这为进一步拓展该理论在不同制度环境和情形下的政策变迁研究提供了有益借鉴。

尽管本文在"理论+实践"的逻辑原则上试图揭开民族地区公共政策决策过程的"黑箱"，揭示公共政策变迁的演进逻辑，但公共政策变迁是一个漫长的历史过程，纷繁复杂的影响因素仍然需要谨慎考虑与实践验证。比如政策变迁历程中"间断—均衡"理论分析框架中的命题、假设、变迁环节等是否可以从量化的维度展开研究，从而将多因素之间的关系加以量化；在不同制度环境中，小到民族地区政策变迁，大到其他制度环境的国家政策变迁，哪些变量发挥了政策驱动的关键作用；不成比例的信息处理是如何影响决策者注意力分配和转移的，在民族区域自治制度下又有何种差异等，这些问题需要在日后的实践中进行更加深入的分析。

文章原载于《西南民族大学学报》（人文社会科学版）2021年第11期，收入本书时略有修订。